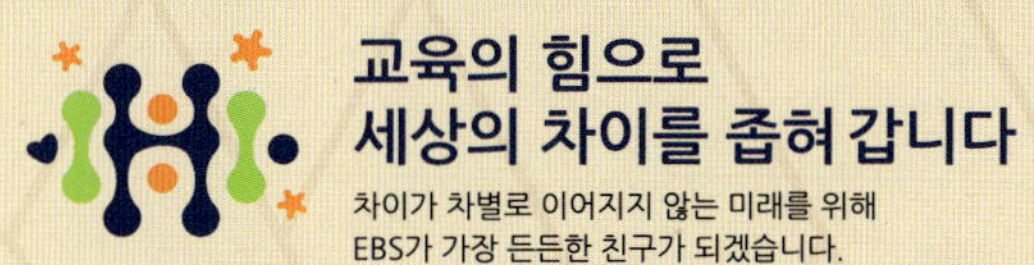

고등학교
입문서
NO. 1

고등
예비
과정

한국사

기획 및 개발

박영민

이은희

본 교재의 강의는 TV와 모바일 APP, EBS 중학사이트(mid.ebs.co.kr),
EBS*i* 사이트(www.ebsi.co.kr)에서 무료로 제공됩니다.

발행일 2024. 11. 1. **4쇄 인쇄일** 2025. 10. 30. **신고번호** 제2017-000193호 **펴낸곳** 한국교육방송공사 경기도 고양시 일산동구 한류월드로 281
표지디자인 ㈜무닉 **편집** ㈜동국문화 **인쇄** 금강인쇄주식회사 **사진** 게티이미지코리아, ㈜아이엠스톡, 이미지파트너스
인쇄 과정 중 잘못된 교재는 구입하신 곳에서 교환하여 드립니다. 신규 사업 및 교재 광고 문의 pub@ebs.co.kr

정답과 해설 PDF 파일은 EBS*i* 사이트(www.ebsi.co.kr)에서 내려받으실 수 있습니다.

교재 내용 문의	**교재 정오표 공지**	**교재 정정 신청**
교재 내용 문의는 EBS*i* 사이트(www.ebsi.co.kr)의 학습 Q&A 서비스를 활용하시기 바랍니다.	발행 이후 발견된 정오 사항을 EBS*i* 사이트 정오표 코너에서 알려 드립니다. 교재 → 교재 자료실 → 교재 정오표	공지된 정오 내용 외에 발견된 정오 사항이 있다면 EBS*i* 사이트를 통해 알려 주세요. 교재 → 교재 정정 신청

내신도 수능도
기본서는 역시, EBS

올림포스

선생님 선택 1위!
수행평가까지 한 권으로

내신 ▬▬▬▬▬▬ 수능

공통국어1, 공통국어2, 문학1 현대문학,
문학2 고전문학, 영어독해 기본1, 영어독해 기본2,
영어독해 9대 변별 유형, 공통수학1,
공통수학2, 대수, 미적분I, 확률과 통계

수능 빌드업

메인북과 워크북으로
탄탄한 수능 기초 쌓기

내신 ▬▬▬▬▬▬ 수능

독서,
대수, 미적분I, 확률과 통계,
영어독해

고등학교
입문서
NO. 1

고등
예비
과정

한국사

구성과 특징 STRUCTURE & FEATURES

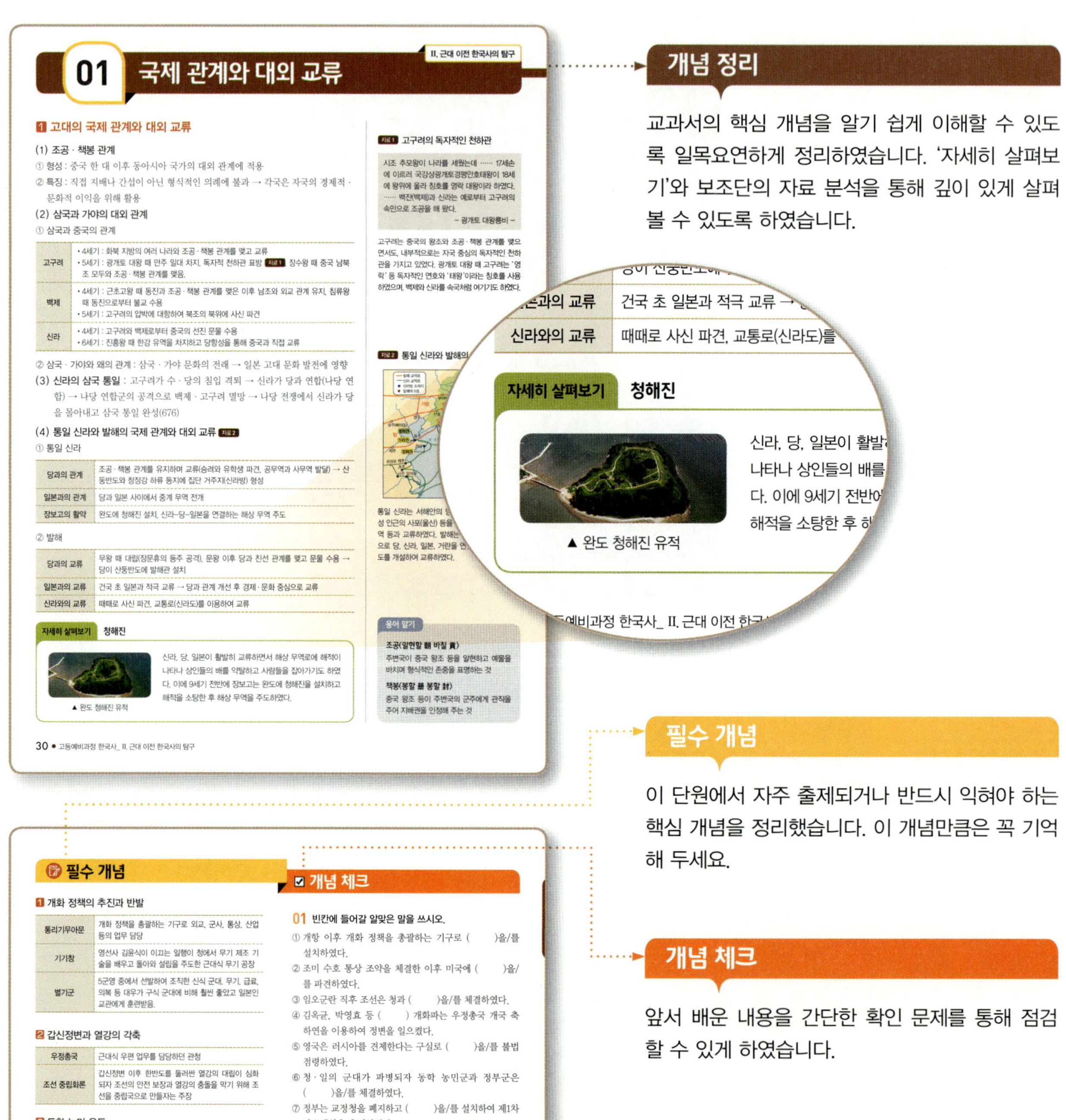

개념 정리

교과서의 핵심 개념을 알기 쉽게 이해할 수 있도록 일목요연하게 정리하였습니다. '자세히 살펴보기'와 보조단의 자료 분석을 통해 깊이 있게 살펴볼 수 있도록 하였습니다.

필수 개념

이 단원에서 자주 출제되거나 반드시 익혀야 하는 핵심 개념을 정리했습니다. 이 개념만큼은 꼭 기억해 두세요.

개념 체크

앞서 배운 내용을 간단한 확인 문제를 통해 점검할 수 있게 하였습니다.

기본 문제

다양한 유형의 문항을 통해 학교 시험에 대비할 수 있도록 하였습니다.

단원 종합 문제

학습한 내용을 최종 마무리할 수 있도록 단원 통합형 문제 등 종합적인 사고를 할 수 있는 문항으로 구성하였습니다.

미리 보는 서술형·논술형

더욱 확대된 서술형·논술형 평가를 대비하기 위한 코너입니다. 서술형·논술형 문항에 막연한 어려움이 있었다면 step 1, 2, 3을 단계별로 따라가면서 극복해 보세요.

차례 CONTENTS

한국사 1

중학교와 달라지는 고등학교, 이렇게 시작하세요

시작이 반! 제대로 시작하기

대입으로의 첫걸음을 딛는 고등학교 생활! 막연한 두려움을 가질 필요는 없습니다. 어디를 향해 출발해야 할지 알고 목표를 명확하게 세운다면 좋은 결과를 얻을 것입니다. 고등학교에서 배우는 내용의 깊이와 낯선 수능 유형 적응이라는 관문이 높게 보이겠지만, 중학교에서 학습한 내용에 근간을 두고 있다는 점을 명심하고 자신감 있게 시작해 봅시다.

수능 첫 관문, 전국연합학력평가

3월에 시행되는 전국연합학력평가는 나의 성취 수준을 가늠할 수 있는 고등학교 1학년 전국 단위 첫 시험으로 중학교 전 범위가 출제범위입니다. 6월, 9월, 10월에도 전국연합학력평가가 시행되며, 고등학교 1학년 공통과목(국어, 수학, 영어, 한국사, 통합사회, 통합과학) 교육과정 순서에 따라 일부 단원까지만 출제범위에 포함됩니다.

고1 3월 전국연합학력평가 출제범위		출제범위
영역(과목)		출제범위
국어		
수학		
영어		중학교 전 범위
한국사		
탐구	사회	
	과학	

대학수학능력시험 출제범위		
영역(과목)		출제범위
국어		화법과 언어, 독서와 작문, 문학
수학		대수, 미적분Ⅰ, 확률과 통계
영어		영어Ⅰ, 영어Ⅱ
한국사		한국사 1, 2
탐구	사회	통합사회
	과학	통합과학

성공적인 대입을 위한 내신 관리의 중요성

대학 입시 전형에서 수시 모집 인원이 차지하는 비중은 70% 내외로 수시 모집 전형은 대체로 높은 내신 성적을 요구합니다. 그러므로 고등학교 입학과 동시에 철저한 내신 관리가 필요합니다. 내신 관리의 가장 중요한 점은 학교 수업에서 강조한 부분이 무엇인지 알고 어떤 문제 유형이 출제되는지 아는 것입니다. 성공적인 학습 성과를 거두기 위해 자신의 적성과 진로에 맞춰 과목을 선택하고, 수동적으로 수업을 듣는 것에 그치지 않고 꾸준히 자기 주도 학습을 하는 것이 중요합니다.

★ EBS 100% 활용하기 (+만점을 위한 학습 습관 기르기)
- 교재에 수록된 문항코드를 검색해 모르는 문제는 강의까지 꼼꼼하게 복습한다.
- 기출은 필수! EBSi에서 기출문제 내려받아 풀고, AI단추를 활용해 취약 영역 중심으로 반복 학습한다.

01 고대 국가의 성장

1 선사 문화와 초기 국가의 성장

(1) 구석기 시대
① 도구 : 주먹도끼 등 뗀석기 사용
② 생활 모습 : 채집과 사냥을 하며 무리 지어 이동 생활, 주로 동굴이나 바위 그늘, 막집에 거주

(2) 신석기 시대
① 도구 : 간석기, 갈돌과 갈판, 빗살무늬 토기 사용 **자료 1**
② 생활 모습 : 농경과 목축 시작, 강가나 바닷가에 움집을 짓고 정착 생활 → 부족 형성

(3) 청동기 시대와 고조선
① 청동기 시대 : 기원전 2000년에서 기원전 1500년경에 시작
 • 도구 : 비파형 동검과 거친무늬 거울 등
 • 생활 모습 : 사유 재산과 계급 발생, 정복 활동 활발, 군장 출현, 고인돌 축조
② 고조선의 성립과 변천

건국	청동기 문화를 바탕으로 건국, 우리 역사상 최초의 국가
발전	• 기원전 4세기경 중국의 연과 경쟁 • 왕 아래에 상, 대부, 장군 등 관직 설치 • 위만 조선 : 위만이 준왕을 몰아내고 집권(기원전 194), 철기 문화를 본격적으로 수용, 한과 한반도 남부의 진 사이에서 중계 무역으로 성장
멸망	한의 침략으로 멸망(기원전 108)

③ 고조선의 사회 모습 : 8조법을 제정하여 사회 질서 유지 **자료 2**

(4) 철기 문화와 여러 나라의 성장
① 철기 문화 : 기원전 5세기경부터 보급, 철제 무기와 철제 농기구 사용, 정복 활동 활발, 농업 생산력 증대
② 여러 나라의 성장 **자료 3**

부여	• 만주 쑹화강 유역 평야 지대에서 성립 • 왕이 중앙을 다스리고 마가, 우가, 저가, 구가 등의 가(加)들이 사출도 관할	
고구려	• 졸본 지역에서 주몽 세력이 건국 • 왕 아래 상가, 고추가 등의 가(加) 존재, 5부 연맹, 나라의 중대한 일은 제가 회의에서 결정 • 제천 행사 : 동맹(10월)	
옥저	함경도 해안 지역에서 성립	왕이 없고 읍군, 삼로가 지배
동예	• 강원도 해안 지역에서 성립 • 제천 행사 : 무천(10월)	
삼한	• 한반도 남부에서 성립(마한·변한·진한) • 신지, 읍차가 지배, 천군이 제사 담당(제정 분리 사회), 신성 지역인 소도 존재 • 5월, 10월에 천신에 대한 제사	

자료 1 신석기 시대의 도구

▲ 갈돌과 갈판　　▲ 빗살무늬 토기

갈돌과 갈판은 식량을 가공하는 데 사용되었고, 빗살무늬 토기는 곡식을 저장하는 등의 용도로 사용되었다.

자료 2 8조법

> 사람을 죽인 자는 즉시 죽이고, 남에게 상처를 입힌 자는 곡식으로 갚는다. 도둑질을 한 자는 노비로 삼는데, 이를 용서받고자 하는 자는 한 사람마다 50만(전)을 내야 한다.
> − 『한서』 −

8조법을 통해 고조선 사회가 생명과 노동력, 사유 재산을 중시하고 계급과 형벌이 있었음을 알 수 있다.

자료 3 여러 나라의 성장

용어 알기

중계 무역(가운데 中 이을 繼 바꿀 貿 바꿀 易)
물품을 수입하여 수수료를 받고 그대로 수출하는 무역 방식

제가 회의(모두 諸 더할 加 모일 會 의논할 議)
고구려의 귀족 회의

② 삼국의 발전

(1) 중앙 집권적 고대 국가로의 발전
① 초기의 삼국 : 여러 부(部)가 모여 형성된 연맹체
② 중앙 집권적 국가로 발전 : 왕권 강화(왕위 세습권 확립), 율령 반포, 불교 수용, 통치 체제 정비(관등제와 공복 제정)

(2) 삼국과 가야의 성립과 발전

고구려	• 태조왕 : 옥저 복속, 랴오둥 지역으로 진출 • 소수림왕 : 태학 설립, 율령 반포, 불교 수용 • 광개토 대왕 : 만주 일대 장악, 신라에 침입한 왜 격퇴, 백제 공격 • 장수왕 : 평양 천도, 남진 정책 추진, 백제의 한성 함락(한강 유역 확보)
백제	• 고이왕 : 한강 유역 장악, 관등제와 공복제 정비 자료4 • 근초고왕 : 마한 잔여 세력 복속, 고구려 평양성 공격 • 무령왕 : 22담로에 왕족 파견 • 성왕 : 중흥을 목적으로 웅진에서 사비로 천도, 신라를 공격하다가 관산성 전투에서 전사
신라	• 초기에는 박·석·김 3성(姓) 중에서 이사금 선출 • 내물왕 : 김씨에 의한 왕위 계승권 확립, 왕호를 마립간으로 변경 • 지증왕 : 국호를 신라, 왕호를 국왕으로 확정 자료5, 우산국 복속 • 법흥왕 : 율령 반포, 불교 공인, 금관가야 복속 • 진흥왕 : 화랑도를 국가적 조직으로 개편, 한강 유역 차지, 대가야 정복, 함경도 지역 진출, 단양 신라 적성비와 순수비 건립
가야	• 금관가야(김해) : 3세기경 가야의 중심 역할 담당, 낙랑군과 왜를 연결하는 중계 무역으로 번성 → 5세기 고구려군의 공격을 받아 쇠퇴 • 대가야(고령) : 5세기 후반 가야의 중심 역할 담당 → 6세기 이후 백제와 신라의 압박으로 쇠퇴

자세히 살펴보기 **4~6세기 삼국의 형세**

4세기에는 백제, 5세기에는 고구려, 6세기에는 신라가 각각 한강 유역을 차지하고 삼국 간의 경쟁에서 주도권을 장악하였다. 백제가 강성할 때 고구려와 신라는 우호적인 관계를 형성하였고, 고구려가 강성할 때 백제와 신라는 나제 동맹을 맺었다. 신라가 강성할 때는 백제와 고구려가 가까운 관계를 유지하였다.

자료4 **백제의 관등제와 공복제**

(백제 고이왕이) 정월에 내신 좌평을 두어 왕명 출납을 맡겼다. …… 병관 좌평은 대외 군사 업무를 각각 맡게 하였다. …… 2월에 6품 이상은 자색 옷을 입고 은꽃으로 관을 장식하고, 11품 이상은 비색 옷을, 16품 이상은 청색 옷을 입게 하였다.

– 『삼국사기』 –

백제는 관등제와 공복제를 정비하여 16관등을 두고 관등에 따라 관복의 색깔을 달리하였다. 한편, 고구려는 10여 관등, 신라는 17관등을 두었다.

자료5 **신라 왕호의 변천**

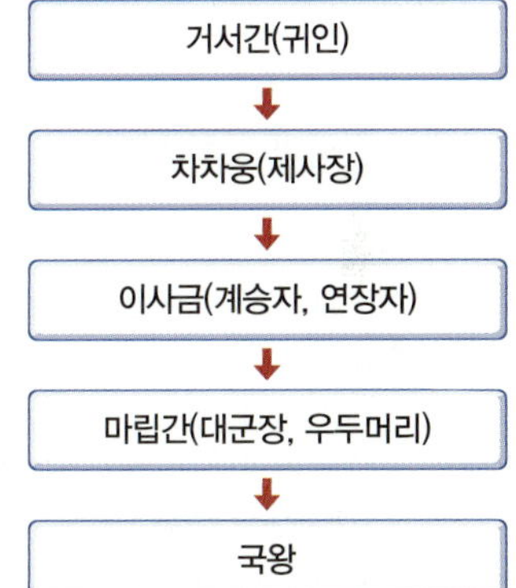

신라는 거서간, 차차웅, 이사금, 마립간 등의 고유어로 통치자를 표현하였다. 특히 내물왕 때 연장자를 의미하는 이사금에서 대군장을 의미하는 마립간으로 왕호가 변경된 것은 왕권이 크게 강화된 것을 보여준다. 이후 지증왕 때 왕호를 국왕으로 바꾸었다.

용어 알기

율령(법 律 명령 令)
형법과 행정법을 가리키는 것으로, 중앙 집권적 국가로 발전하는 과정에 반포됨.

화랑도(꽃 花 사나이 郞 무리 徒)
신라 시대에 화랑을 우두머리로 하는 청소년 조직

순수비(돌 巡 순행 狩 비석 碑)
국왕이 나라 안을 살피며 돌아본 것을 기념해 세운 비석. 신라 진흥왕은 확장된 영토를 돌아보고 4개의 순수비를 세움.

❸ 신라의 삼국 통일과 발해

(1) 신라의 삼국 통일

① 동아시아 정세 변화 : 고구려가 수·당의 침공을 격퇴(살수 대첩, 안시성 싸움)

② 삼국 통일 : 나당 연합군 결성 → 백제 멸망(660) → 고구려 멸망(668) → 나당 전쟁 (신라가 매소성과 기벌포 전투에서 당군 격퇴) → 삼국 통일 완성(676)

(2) 삼국 통일 이후 신라의 통치 체제 정비

① 왕권 강화

- 문무왕 : 삼국 통일 완성
- 신문왕 : 김흠돌의 난을 계기로 귀족 숙청, 관료전을 지급하고 녹읍 폐지, 국학 설립

② 통치 체제 정비

- 중앙 정치 : 집사부 중심(장관인 중시의 역할 강화), 사정부(관리 감찰) 운영
- 지방 행정 : 9주 5소경 체제로 정비 **자료 6**
- 군사 조직 : 9서당(중앙군), 10정(지방군)

③ 신라 말의 혼란 : 혜공왕 이후 왕위 쟁탈전 전개, 호족 성장 → 후삼국 성립(견훤이 후백제, 궁예가 후고구려 건국)

(3) 발해의 건국과 통치 체제

① 건국과 발전

건국	대조영이 고구려 유민과 말갈인을 이끌고 만주 동모산에서 건국(698), 고구려 계승 의식 **자료 7**
발전	• 무왕(8세기 초) : 당과 대립, 당의 산둥 지방 공격 • 문왕(8세기 후반) : 당과 친선 관계, 당의 문물 수용 • 선왕(9세기) : 말갈 세력 대부분 복속, 최대 영토 확보, 이후 주변국에서 해동성국으로 불림.
멸망	지배층의 내분, 거란의 침략으로 멸망(926)

② 발해의 통치 체제

- 중앙 정치 : 3성 6부 설치(당의 제도 수용)
- 지방 행정 : 5경 15부 62주로 정비

자세히 살펴보기 **발해의 중앙 정치 기구**

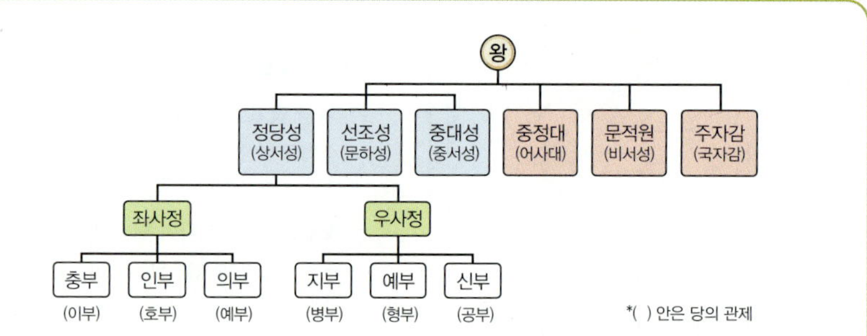

발해는 당의 3성 6부제를 수용하여 중앙 정치 조직을 정비하였으나 명칭과 운영 방식에서 독자성을 보였다. 정당성 아래 6부를 둘로 나누어 좌사정과 우사정이 각각 3부씩 나누어 맡게 하였으며, 6부의 명칭에 유교 덕목을 반영하였다.

자료 6 **9주 5소경**

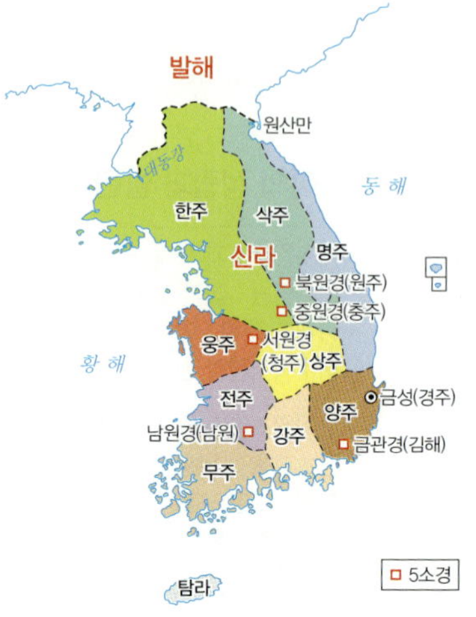

통일 신라는 전국을 9주로 나누고 군사·행정의 요충지에 5소경을 설치하였는데, 5소경은 수도 금성이 동남쪽에 치우친 점을 보완하는 역할을 하였다.

자료 7 **발해의 고구려 계승 의식**

> 우리나라는 고(구)려의 옛 땅을 회복하였으며 부여의 습속을 가지고 있다.
> – 발해 무왕이 일본에 보낸 국서, 『속일본기』 –

발해 무왕이 일본에 보낸 국서에는 발해가 고구려를 계승한 국가임을 분명히 밝히고 있다. 이 밖에 발해와 고구려 문화유산의 유사성 등을 통해 발해가 고구려를 계승한 국가임을 확인할 수 있다.

용어 알기

관료전(벼슬 官 벼슬아치 僚 밭 田)
통일 신라 시대에 관료에게 지급한 토지

해동성국(바다 海 동녘 東 성할 盛 나라 國)
바다 동쪽에 문화가 번성한 나라라는 의미로 중국에서 발해를 가리켜 부르던 말

📝 필수 개념

1 선사 문화와 초기 국가의 성장

움집	땅을 파내고 기둥을 세운 뒤 지붕을 얹어 제작한 주거지
제가 회의	고구려의 귀족 회의 기구
소도	삼한에 있던 신성 지역

2 삼국의 발전

태학	고구려의 최고 교육 기관
단양 신라 적성비	신라 진흥왕이 고구려의 영토였던 적성 지역을 점령하고 세운 비

3 신라의 삼국 통일과 발해

살수 대첩	을지문덕이 이끄는 고구려군이 수의 별동대를 상대로 거둔 큰 승리를 말함.
녹읍	국가에서 귀족 관리 등에게 지급한 일정 지역의 토지로, 조세 수취와 노동력 징발이 가능하였음.
호족	신라 말 지방의 행정권과 군사권을 장악한 세력

☑ 개념 체크

01 빈칸에 들어갈 알맞은 말을 쓰시오.

① (   ) 시대에는 농경과 목축이 시작되었다.

② 고조선은 (   )을/를 제정하여 사회 질서를 유지하였다.

③ 고구려 (   )은/는 태학을 설립하고 불교를 수용하였다.

④ 신라 내물왕은 왕호를 이사금에서 (   )(으)로 변경하였다.

⑤ 신라 신문왕은 관료전을 지급하고 (   )을/를 혁파하였다.

02 옳은 내용에는 ○표, 틀린 내용에는 ×표를 하시오.

① 고구려는 나라의 중대한 일을 제가 회의에서 결정하였다.
(   )

② 백제 고이왕은 22담로에 왕족을 파견하였다.   (   )

③ 고령의 대가야는 3세기경 가야의 중심 역할을 담당하였다.
(   )

④ 신라는 매소성과 기벌포 전투에서 당군을 격퇴하고 삼국 통일을 완성하였다.   (   )

⑤ 발해는 중앙 정치 기구로 3성 6부를 두었다.   (   )

기본 문제

▶ 242016-0001

01 다음 토기를 처음 제작한 시대의 사회 모습으로 옳은 것은?

① 비파형 동검이 사용되었다.

② 농경과 목축이 시작되었다.

③ 상, 대부, 장군 등의 관직이 설치되었다.

④ 읍군과 삼로 등의 지배자가 출현하였다.

⑤ 주로 동굴과 바위 그늘에서 생활하였다.

▶ 242016-0002

02 다음 법률을 제정한 국가에 대한 설명으로 옳은 것은?

> 사람을 죽인 자는 즉시 죽이고, 남에게 상처를 입힌 자는 곡식으로 갚는다. 도둑질을 한 자는 노비로 삼는데, 이를 용서받고자 하는 자는 한 사람마다 50만(전)을 내야 한다.
> – 『한서』 –

① 불교를 수용하였다.

② 우리 역사상 최초의 국가였다.

③ 철기 문화를 바탕으로 성립되었다.

④ 유학 교육을 위해 국학을 설립하였다.

⑤ 나라의 중요한 일을 제가 회의에서 결정하였다.

▶ 242016-0003

03 다음 설명에 해당하는 국가를 쓰시오.

> • 만주 쑹화강 유역 평야 지대에서 성장하였다.
> • 왕이 중앙을 다스리고 마가, 우가, 저가, 구가 등의 가(加)들이 사출도를 관할하였다.
> • 12월에 영고라는 제천 행사를 거행하였다.

(   )

기본 문제

04 (가)에 들어갈 내용으로 옳은 것은? ▶ 242016-0004

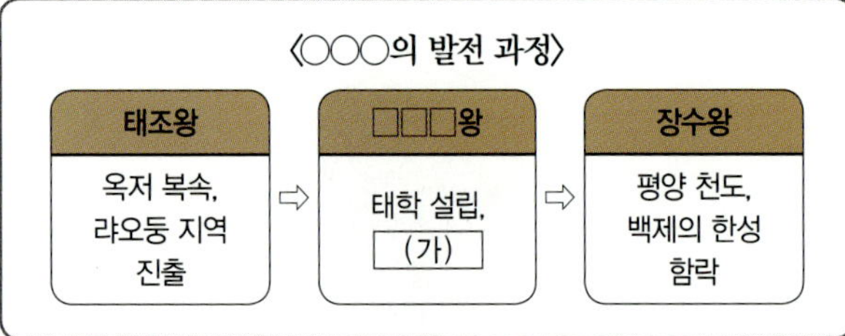

① 우산국 복속
② 22담로에 왕족 파견
③ 당의 산둥 지방 공격
④ 율령 반포와 불교 수용
⑤ 화랑도를 국가적 조직으로 개편

05 밑줄 친 '이 나라'에 대한 설명으로 옳은 것은? ▶ 242016-0005

> 이 나라는 부여와 고구려계 유이민 세력이 한강 유역의 토착 세력과 결합하여 건국하였다. 마한의 여러 소국 중 하나로 출발하여 주변 소국을 병합하며 빠르게 성장하였고, 3세기 고이왕 때는 한강 유역 대부분을 차지하였다.

① 집사부를 설치하였다.
② 금관가야를 복속시켰다.
③ 한의 침략으로 멸망하였다.
④ 웅진에서 사비로 천도하였다.
⑤ 감찰 기구로 사정부를 운영하였다.

06 ㉠, ㉡에 들어갈 알맞은 말을 쓰시오. ▶ 242016-0006

> 4세기 후반 신라의 (㉠)은/는 김씨에 의한 왕위 계승권을 확립하고, 왕의 칭호도 이사금에서 '대군장'을 뜻하는 (㉡)(으)로 바꾸었다.

㉠ : (   )   ㉡ : (   )

07 지도의 형세가 나타난 시기에 있었던 사실로 옳은 것은? ▶ 242016-0007

① 국학이 설립되었다.
② 김흠돌의 난이 일어났다.
③ 백제가 평양성을 공격하였다.
④ 백제와 신라가 동맹을 강화하였다.
⑤ 신라가 기벌포에서 당군을 격퇴하였다.

08 다음 중앙 정치 조직을 운영한 국가에 대한 설명으로 옳은 것은? ▶ 242016-0008

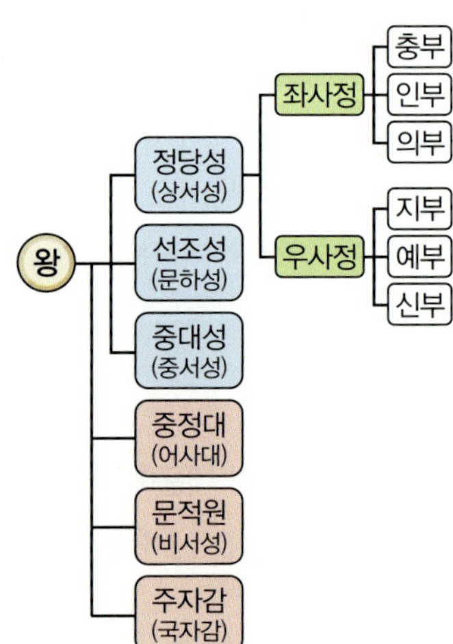

① 중앙군으로 9서당을 두었다.
② 견훤이 완산주에서 건국하였다.
③ 살수에서 수의 군대를 격퇴하였다.
④ 전국을 9주 5소경 체제로 정비하였다.
⑤ 주변국으로부터 해동성국이라 불렸다.

02 고려의 통치 체제

1 고려의 통치 체제 정비

(1) 고려의 건국과 후삼국 통일

① 건국 : 호족 출신인 왕건이 고려 건국(918), 수도 송악(개성)

② 후삼국 통일 : 발해 유민 포용 → 신라 경순왕의 항복(935) → 후백제 멸망(936)

(2) 국가 기틀 확립

태조	• 호족 정책 : 혼인 정책, 성씨 하사, 기인 제도와 사심관 제도 실시 • 북진 정책 : 서경 중시, 청천강 유역까지 영토 확장 • 기타 : 민생 안정을 위해 조세 경감, 훈요 10조
광종	노비안검법 실시, 과거제 실시 자료1 , 호족과 공신 숙청, 공복 제정, 황제 칭호와 독자적 연호 사용
성종	최승로의 시무 28조 수용 → 유교 이념을 바탕으로 통치 질서 확립, 12목에 지방관 파견, 향리 제도 마련, 국자감 정비

(3) 통치 체제 정비

① 중앙 정치 조직 자료2

2성 6부	중서문하성(국정 총괄), 상서성(6부 관리, 정책 집행)
중추원	군사 기밀과 왕명 출납 담당
대간	어사대(감찰 기구)와 중서문하성의 낭사로 구성, 간쟁·봉박·서경권 행사
도병마사	국방 문제 담당	고려의 독자적인 기구, 재신과 추밀의 합의제로 운영
식목도감	법률, 제도 등의 제정·시행 논의	

② 지방 행정 조직

5도	일반 행정 구역(안찰사 파견), 도 아래 주·부·군·현 설치
양계	군사 행정 구역(병마사 파견), 군사 요충지에 진 설치
특징	• 주현보다 속현이 다수 차지, 향리가 행정 실무 담당 • 특수 행정 구역(향·부곡·소) 존재

③ 군사 제도

중앙군	2군(국왕의 친위 부대), 6위(수도와 국경 방어)
지방군	주현군(5도 주둔), 주진군(양계 방어)

④ 관리 선발 제도

과거	• 문과(제술과·명경과) : 문관 선발, 중앙 관리와 일부 향리 및 그 자제가 응시 • 잡과 : 기술관 선발, 일반 백성 응시 가능 • 승과 : 승려를 대상으로 실시
음서	공신이나 5품 이상 관리 자손 등을 무시험으로 관직에 등용
특징	고위 관리가 되려면 과거에 급제하는 것이 유리 → 고려가 골품제 중심의 신라보다 개방적인 사회

자료1 **노비안검법과 과거제 실시**

> • 광종이 노비를 안검(상세히 조사)하여 옳고 그름을 가리도록 명령하였다. 이 때문에 주인을 배반하거나 업신여기는 노비가 셀 수 없이 많아졌다.
> • 광종이 쌍기의 건의를 받아들여 과거를 실시하여 관리를 뽑았다. …… 과거에는 제술업, 명경업과 의업 등의 잡업이 있었다.
> – 『고려사』 –

광종은 본래 양인이었으나 불법으로 노비가 된 사람을 조사하여 양인으로 신분을 회복시켜 주는 노비안검법을 실시하여 호족과 공신 세력을 약화시켰다. 또한 과거제를 실시하여 유학을 공부한 인재를 관리로 선발하여 왕권을 뒷받침하게 하였다.

자료2 **중앙 정치 조직**

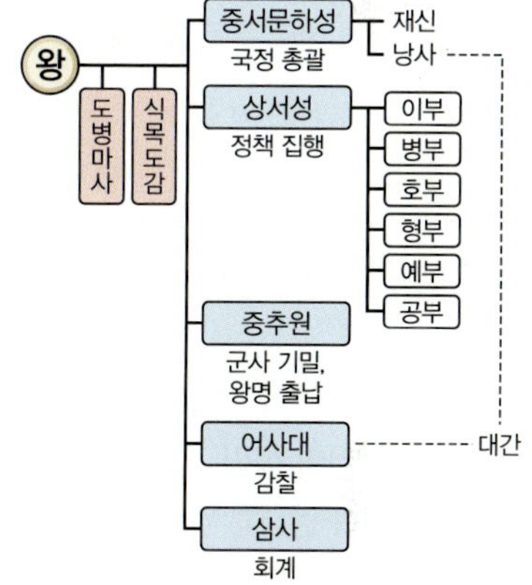

고려는 당의 3성 6부제, 송의 중추원과 삼사 제도를 받아들여 고려의 실정에 맞게 개편해 운영하였다. 또한 도병마사와 식목도감 등 고려만의 독자적인 기구도 운영하였다.

용어 알기

서경(서쪽 西 서울 京)
고려 시대 평양에 설치된 지방 행정 구역. 태조가 북진 정책의 전진 기지로 중시함.

대간(관청 臺 간할 諫)
관리를 감찰하고 국왕에게 간언을 하던 관리

② 문벌 사회의 형성과 무신 정권

(1) 문벌 사회의 형성
① 문벌 : 지배층 중 일부 가문이 여러 대에 걸쳐 고위 관료를 배출하며 형성
② 특권 : 과거와 음서로 관직 진출, 과전과 녹봉을 받고 권력을 이용해 넓은 토지 차지
③ 특징 : 문벌 간에 혼인 관계를 맺어 지위 강화(왕실과의 혼인 중시)

(2) 문벌 사회의 동요
① 문벌의 문제점
- 권력을 이용해 대농장 경영, 고리대로 부 축적, 이자겸이 권력 유지를 위해 금의 사대 요구 수용 등
- 과거로 진출한 신진 관리 등 국왕의 측근 세력과 문벌의 대립

② 이자겸의 난(1126)

배경	대표적 문벌인 경원 이씨가 왕실과 혼인 관계를 이어가며 권력 장악
전개	인종이 측근 세력과 함께 이자겸 제거 시도 → 이자겸이 척준경과 함께 난을 일으켜 정권을 장악하려고 하였으나 실패
영향	왕실의 권위 추락, 문벌 사회 분열 심화

③ 묘청의 서경 천도 운동 **자료3**

배경	인종이 묘청과 정지상 등 서경 세력을 이용해 개혁 추진
전개	서경 세력이 풍수지리설을 내세워 서경 천도 추진, 칭제건원과 금국 정벌 주장 → 김부식 등 개경 세력의 반대 → 묘청 등이 서경에서 난을 일으킴(1135) → 김부식이 이끄는 관군에게 1년여 만에 진압

(3) 무신 정권의 성립
① 무신 정변의 발생 : 무신에 대한 차별 대우, 의종의 실정 등에 반발하여 정중부 등의 무신이 정변을 일으켜 권력 장악(1170)
② 초기 무신 정권 : 중방을 중심으로 국정 운영, 무신 간 권력 다툼으로 집권자가 자주 교체됨.
③ 최씨 무신 정권
- 성립 : 최충헌의 집권 이후 정권 안정 → 4대 60여 년간 지속
- 최충헌 : 최고 권력 기구로 교정도감 설치, 사병 조직인 도방 확대
- 최우 : 정방을 설치해 인사권 장악, 문신 등용

(4) 농민 · 천민의 봉기
① 배경 : 무신 간의 권력 다툼 → 지방 통제력 약화, 무신의 수탈, 신분 질서 동요
② 주요 봉기 : 망이와 망소이의 봉기(공주 명학소), 만적의 봉기 모의(개경, 신분 해방 목표) **자료4**

자료3 서경 천도 운동

묘청 등이 왕에게 건의하기를, "우리들이 보건대 서경 임원역의 땅은 음양가들이 말하는 대화세(大華勢)이니 만약 이곳에 궁궐을 세우고 수도를 옮기면 국가의 혼란을 막을 수 있을 것입니다. 또한 금나라가 공물을 바치며 스스로 항복하고, 주변 36개 나라들이 모두 신하가 될 것입니다."라고 하였다.
— 『고려사』 —

묘청 등 서경 세력은 풍수지리설을 내세워 서경 천도를 추진하였으나, 개경에 근거를 둔 문벌의 반대로 좌절되었다.

자료4 만적의 봉기 모의

사노비 만적 등이 "무신의 난 이래 고관대작이 천민에서 많이 나왔다. 왕후장상(王侯將相)의 씨가 따로 있는가! …… 최충헌을 죽인 뒤 자기 주인을 죽이고, 노비 문서를 불태워 이 땅의 천민을 없애면 우리도 왕후장상이 될 수 있다."라고 말하였다. — 『고려사절요』 —

최충헌 집권 시기에 개경에서는 사노비 만적이 신분 해방을 목표로 노비들을 모아 봉기를 계획하였다. 그러나 계획이 사전에 발각되면서 만적의 봉기 모의는 실패로 끝나고 말았다.

용어 알기

문벌(가문 門 공훈 閥)
대대로 내려오는 그 집안의 신분이나 지위

풍수지리설(바람 風 물 水 땅 地 다스릴 理 말씀 說)
산수의 지형이나 방위를 인간의 길흉화복과 관련지어 도성이나 궁궐, 무덤 자리 등을 찾는 이론이나 주장

❸ 원의 간섭과 공민왕의 개혁 정치

(1) 몽골의 침입과 대몽 항전

① 몽골의 침입 : 몽골의 지나친 공물 요구 → 몽골 사신의 피살 사건을 구실로 침입 (1231) → 강화 체결 → 최씨 무신 정권은 장기 항전을 위해 강화도로 천도 → 이후 몽골이 여러 차례 침입

② 몽골과의 강화 : 강화 협정을 맺고 개경으로 환도(1270)

(2) 원의 내정 간섭

① 고려의 지위 격하 : 원 황실의 부마국 지위 → 왕실 호칭과 관제 격하 `자료 5`

② 영토 상실 : 쌍성총관부(화주), 동녕부(서경), 탐라총관부(제주) 설치

③ 인적·물적 수탈 : 공물과 공녀 요구, 일본 원정 동원(정동행성 설치, 고려의 군인과 물자 징발)

④ 영향 : 몽골풍 유행(변발, 호복 등), 권문세족 성장(친원 세력, 도평의사사 장악), 자주성 손상

(3) 공민왕의 개혁 정치

배경	원의 쇠퇴
반원 정책	기철 등 친원 세력 숙청, 정동행성 이문소 폐지, 쌍성총관부를 공격하여 영토 회복, 관제 복구, 변발 등 몽골풍 금지
왕권 강화 정책	신진 사대부 등용, 교육 기관(성균관) 정비, 전민변정도감 설치(신돈 등용, 권문세족의 경제 기반 약화 및 국가 재정 확대 목적) `자료 6`
결과	권문세족의 반발 속에 공민왕이 시해되면서 개혁 중단

(4) 신진 사대부와 신흥 무인 세력의 성장

① 신진 사대부 : 공민왕의 개혁 과정에서 성장, 성리학 수용, 권문세족의 비리와 불교 폐단 비판

② 신흥 무인 세력 : 홍건적과 왜구의 침략 격퇴 과정에서 성장(최영, 이성계 등)

자세히 살펴보기 **공민왕의 영토 회복**

> 평리 인당과 동지밀직사사 강중경을 서북면 병마사로, 사윤 신순, 유홍, 전 대호군 최영, 전 부정 최부개를 부사로 임명하여 압록강 건너의 여덟 참(站)을 공격하게 하였다. 밀직부사 유인우를 동북면 병마사로, 전 대호군 공천보와 전 종부령 김원봉을 그 부사로 임명하여 쌍성 등지를 회복하게 하였다. ─『고려사』─

원은 고려의 영토를 빼앗아 동녕부, 탐라총관부, 쌍성총관부를 설치하고 그 주변을 직접 지배하였다. 이 중 동녕부와 탐라총관부 지역은 충렬왕 때 원으로부터 돌려받았으나, 쌍성총관부 지역은 공민왕 때 무력으로 되찾았다.

자료 5 **왕실 호칭과 관제 격하**

원 간섭기에는 고려의 2성 6부가 첨의부와 4사로 격하되었다. 최고 관청인 중서문하성이 없어지면서, 도병마사를 개편한 도평의사사가 최고 정무 기구로 발전하였다.

자료 6 **전민변정도감 설치**

> 신돈이 전민변정도감을 설치할 것을 청하고 스스로 판사가 되어 전국에 방을 붙여 알리기를, "근래에 기강이 크게 무너져서 탐욕을 부리는 것이 풍습이 되었다. …… 기한을 넘겨 일이 발각되는 자는 죄를 조사하여 다스릴 것이며, 망령되게 소송하는 자는 도리어 처벌하겠다."라고 하였다. 명령이 나가자 권세가 중에 전민(田民)을 빼앗은 자들이 그 주인에게 많이 돌려주니 전국에서 기뻐하였다. ─『고려사』─

공민왕은 신돈을 등용하고 전민변정도감을 설치하여 권문세족이 불법으로 차지한 땅을 본래 주인에게 돌려주고, 억울하게 노비가 된 양인을 본래 신분으로 되돌려주었다.

용어 알기

강화(화해할 講 화해할 和)
전쟁을 하던 두 나라가 전쟁을 그치고 조약을 맺어 평화를 회복하는 것

변발(땋을 辮, 머리털 髮)
머리 뒷부분만 남겨 놓고 주변의 머리카락을 깎은 후, 남은 머리카락을 뒤로 길게 땋아 늘인 머리

1 고려의 통치 체제 정비

기인 제도	지방 호족의 자제를 수도에 머물게 하여 출신 지역의 일에 자문하게 한 제도
사심관 제도	중앙 고위 관리에게 출신 지역의 부호장 이하의 관직 등을 주관하도록 한 제도
주현과 속현	주현은 수령이 파견된 현, 속현은 수령이 파견되지 않은 현

2 문벌 사회의 형성과 무신 정권

칭제건원	황제를 칭하고 독자적 연호를 사용하는 것
중방	고려 시대 중앙군인 2군 6위의 지휘관으로 구성된 회의 기구

3 원의 간섭과 공민왕의 개혁 정치

정동행성	원이 일본 원정을 위해 설치한 기구였으나, 일본 원정 실패 이후에도 계속 남아 고려의 내정을 간섭함.
전민변정도감	고려 후기 권세가가 불법으로 차지한 토지를 본래 소유주에게 돌려주고 불법으로 노비가 된 양인을 원래 신분으로 되돌리기 위해 설치한 임시 관청

☑ 개념 체크

01 옳은 서술로 완성하시오.

① (광종, 성종)은 노비안검법을 실시하고 과거제를 도입하였다.

② 대간은 (중추원, 어사대)와/과 중서문하성의 낭사로 구성되었다.

③ 초기 무신 정권은 (중방, 정방)을 중심으로 국정을 운영하였다.

④ 공민왕은 (동녕부, 쌍성총관부)를 공격하여 영토를 회복하였다.

02 옳은 내용에는 ○표, 틀린 내용에는 ×표를 하시오.

① 도병마사와 식목도감은 고려의 독자적인 기구였다.

( )

② 고려 시대에는 과거 급제자보다 음서 출신이 고위 관리가 되는 데 유리하였다. ( )

③ 이자겸은 풍수지리설을 내세워 서경 천도를 주장하였다.

( )

④ 최씨 무신 정권은 몽골에 맞서기 위해 제주도로 천도하였다. ( )

기본 문제

▶ 242016-0009

01 (가), (나) 시기 사이에 있었던 사실로 옳은 것은?

> (가) 송악의 호족 출신인 왕건은 폭정을 일삼던 궁예를 몰아내고 신하들의 추대를 받아 왕위에 올랐다.
> (나) 태조 왕건은 왕위 계승을 둘러싸고 내분이 일어난 후백제를 격파하였다.

① 최우가 정방을 설치하였다.
② 견훤이 후백제를 건국하였다.
③ 정중부 등이 정변을 일으켰다.
④ 최승로가 시무 28조를 올렸다.
⑤ 신라 경순왕이 고려에 항복하였다.

▶ 242016-0010

02 밑줄 친 '국왕'에 대한 설명으로 옳은 것은?

> 국왕이 노비를 안검(상세히 조사)하여 옳고 그름을 가리도록 명령하였다. 이 때문에 주인을 배반하거나 업신여기는 노비가 셀 수 없이 많아졌다. 사람들이 모두 탄식하고 왕비도 간곡히 말렸으나 국왕이 받아들이지 않았다.

① 훈요 10조를 남겼다.
② 과거제를 도입하였다.
③ 왕호를 마립간으로 바꾸었다.
④ 12목에 지방관을 파견하였다.
⑤ 신라에 침입한 왜군을 격퇴하였다.

▶ 242016-0011

03 ㉠, ㉡에 해당하는 기구를 쓰시오.

> 고려는 당의 3성 6부제, 송의 중추원과 삼사 제도를 받아들여 고려의 실정에 맞게 개편해 운영하였다. 또한 국방 문제를 담당하는 ㉠ 와/과 법률, 제도 등을 논의하는 ㉡ 등 고려만의 독자적인 기구도 운영하였다.

㉠ : ( )   ㉡ : ( )

▶ 242016-0012

04 지도의 지방 행정 조직을 운영한 국가에 대한 설명으로 옳은 것은?

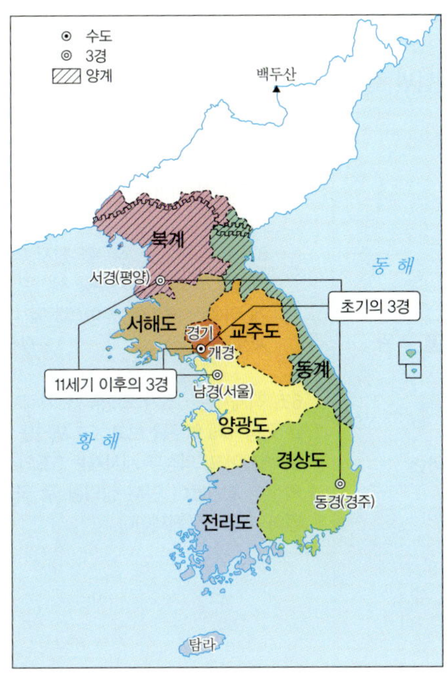

① 22담로에 왕족을 파견하였다.
② 중앙군으로 9서당을 설치하였다.
③ 음서로 관리를 선발하기도 하였다.
④ 화랑도를 국가적 조직으로 개편하였다.
⑤ 제가 회의에서 나라의 중요한 일을 결정하였다.

▶ 242016-0013

05 다음 사건이 일어난 시기를 연표에서 옳게 고른 것은?

> 묘청 등 서경 세력은 풍수지리설을 이용하여 도읍을 서경으로 옮기고, 금을 정벌하자고 주장하였다. 그러나 개경 세력의 반대로 천도가 어려워지자 서경에서 반란을 일으켜 서북 지방의 대부분을 장악하며 한동안 위세를 떨쳤다.

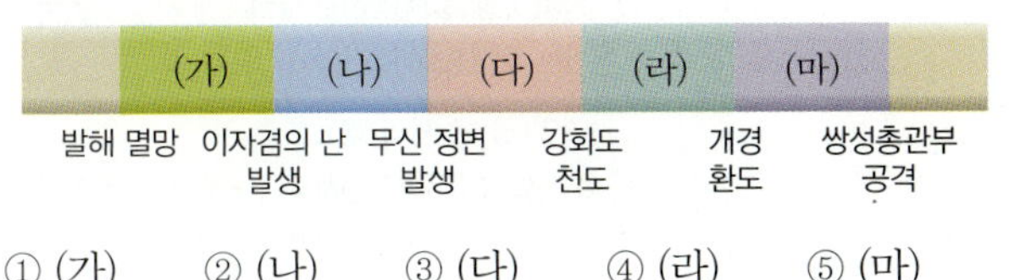

① (가)   ② (나)   ③ (다)   ④ (라)   ⑤ (마)

▶ 242016-0014

06 밑줄 친 '그'에 해당하는 인물을 쓰시오.

> 무신 정권은 그가 권력을 잡으면서 점차 안정되었다. 그는 교정도감을 설치하여 최고 권력 기구로 삼고, 사병 조직이었던 도방을 확대하였다.

(   )

▶ 242016-0015

07 밑줄 친 '의논'이 있었던 시기에 볼 수 있는 모습으로 가장 적절한 것은?

> 충주 부사 우종주가 매번 문서를 처리하는 과정에서 판관 유홍익과 서로 생각이 달랐는데, 몽골병이 쳐들어온다는 말을 듣고, 성 지킬 일을 의논하였다. 그런데 의견 차이가 있어 우종주는 양반 별초를 거느리고, 유홍익은 노비군과 잡류 별초를 거느리며 서로 시기하였다. 몽골병이 오자, 우종주와 유홍익은 양반 별초 등과 함께 성을 버리고 다 도주하고, 오직 노비군과 잡류 별초만이 힘을 합하여 이를 격퇴하였다.
>
> – 『고려사』 –

① 일본 원정에 동원된 군인
② 주자감에서 공부하는 학생
③ 업무를 처리하는 무신 권력자
④ 관리들을 감찰하는 사정부 관원
⑤ 권문세족을 비판하는 신진 사대부

▶ 242016-0016

08 (가)에 들어갈 내용으로 옳은 것은?

> 〈○○○의 개혁 정치〉
> • 기철 등 친원 세력 숙청
> • 정동행성 이문소 폐지
> • 왕실 호칭과 관제 복구
> • [(가)]

① 8조법 제정
② 전민변정도감 설치
③ 태학 설립과 율령 반포
④ 관료전 지급과 녹읍 혁파
⑤ 전국을 9주 5소경 체제로 정비

03 조선의 성립과 발전

1 조선의 성립과 통치 체제 정비

(1) 조선의 건국과 국가 기틀 마련

① 조선의 건국 : 위화도 회군으로 이성계와 신진 사대부가 정치권력 장악 → 과전법 실시 → 정도전 등 급진파 신진 사대부가 정몽주 등 제거 → 조선 건국

② 국가 기틀 마련 : 성리학을 통치 이념으로 삼아 유교적 민본 정치 추구

태조	국호를 조선으로 정하고 한양 천도, 정도전 등 개국 공신이 정치 주도
태종	• 사병 혁파, 6조 직계제 채택 자료1 → 국왕의 국정 주도권 강화 • 호패법 실시, 양전 사업 시행 → 국가 경제 기반 안정
세종	집현전 설치(정책 연구 기관), 경연 활성화, 훈민정음 창제, 의정부 서사제 채택 자료1 → 왕권과 신권의 조화 추구
세조	단종을 몰아내고 즉위, 6조 직계제 실시, 집현전과 경연 폐지, 『경국대전』 편찬 시작
성종	홍문관 설치, 경연 활성화, 『경국대전』 완성·반포 자료2 → 유교적 법치 국가 토대 마련

(2) 통치 체제의 정비

① 중앙 정치
- 의정부와 6조 중심의 정치 운영 : 의정부(국정 총괄, 재상의 합의로 운영), 6조(정책 집행) → 중요 정책은 국왕과 고위 관리가 참여한 회의에서 결정, 경연에서 정책 토론
- 3사 : 사헌부·사간원·홍문관으로 구성, 언론 활동을 통해 권력의 독점과 부정 방지
- 기타 : 승정원(국왕의 비서 기관), 의금부(국가의 큰 죄인을 처벌)

② 지방 행정
- 조직 : 전국을 8도로 나누고 그 아래 부·목·군·현 설치, 향·부곡·소는 일반 군현으로 승격하거나 주변 군현에 통합
- 지방관 파견 : 각 도에 관찰사 파견(수령 지휘·감독), 모든 군현에 수령 파견(행정·사법·군사권 행사)
- 향리 : 수령을 보좌하며 행정 실무 담당, 고려에 비해 지위가 낮아짐.
- 유향소 설치 : 지방 사족이 조직한 향촌 자치 기구, 수령 보좌, 향리의 비리 감시, 풍속 교화

(3) 관리 선발 제도와 교육 제도

관리 선발 제도	• 과거 : 문과·무과·잡과 실시, 원칙적으로 양인이면 응시 가능, 고려와 달리 무과 제도화 • 천거 : 고위 관리 등의 추천으로 관직에 등용 • 음서 : 고려에 비해 대상 축소, 음서 출신은 고위 관리로 승진 불가
인사 관리	상피제 등 실시 → 인사의 공정성 확보, 권력의 집중과 부정 방지
교육 제도	• 중앙 : 성균관(최고 교육 기관), 4부 학당(중등 교육 기관) • 지방 : 향교(각 군현에 설치), 서원(16세기 이후 사림이 설립)

자료1 6조 직계제와 의정부 서사제

- 의정부의 서사를 나누어 6조에 귀속하였다. …… 처음에 왕은 의정부의 권한이 막중함을 염려하여 이를 혁파할 생각이 있었지만, 신중하게 여겨 서두르지 않았는데 이때에 이르러 단행하였다. — 『태종실록』 —
- 6조는 각기 모든 직무를 먼저 의정부에 보고하고, 의정부는 가부를 헤아린 뒤에 왕에게 아뢰어 재가를 받아 6조에 내려보내어 시행한다. — 『세종실록』 —

6조 직계제는 6조가 의정부를 거치지 않고 곧바로 국왕에게 업무를 보고하고 재가를 받아 시행하는 체제이고, 의정부 서사제는 6조의 업무 보고를 의정부 재상들이 먼저 심의한 후 국왕의 재가를 얻어 시행하는 체제이다.

자료2 『경국대전』의 완성

책을 여섯 권으로 만들어 바치니, (세조께서) 『경국대전』이라는 이름을 내리셨다. …… 세조께서 갑자기 승하하시니 지금 임금께서 선왕의 뜻을 받들어 마침내 하던 일을 끝마치고 나라 안에 반포하셨다.
— 『경국대전』 서문 —

조선 왕조의 기본 법전인 『경국대전』은 이전, 호전 등 6전 체제로 편찬되었다. 세조 때 편찬되기 시작한 『경국대전』은 예종을 거쳐 성종 때 완성·반포되었다. 이로써 조선은 성문법에 근거한 통치 질서를 확립하였다.

용어 알기

호패법(이름 號 패 牌 법 法)
조선 시대에 16세 이상 남자에게 신분을 증명하는 호패를 가지고 다니게 한 법

경연(글 經 자리 筵)
고려와 조선 시대 신하들이 국왕에게 유교 경전과 역사 등을 강론하고 토론하는 일

② 사림의 성장과 붕당의 형성

(1) 사림의 성장

① 훈구와 사림

훈구	세조의 즉위를 도운 공신 세력, 고위 관직을 독점하고 권력을 이용하여 재산 축적
사림	• 조선 건국을 반대한 길재 등의 학문 계승, 향촌 자치와 왕도 정치 추구 • 성종이 훈구 견제를 목적으로 3사 언관직에 등용

② 훈구와 사림의 대립 : 사림이 훈구의 비리 · 부정을 비판 → 여러 차례 사화 발생

(2) 사화의 발생

① 무오사화(1498) : 연산군과 훈구가 김종직의 「조의제문」을 빌미로 사림 축출 **자료3**

② 갑자사화(1504) : 연산군이 생모 윤씨의 폐비 사건을 빌미로 훈구와 사림 제거

③ 중종반정과 조광조의 개혁 정치

- 중종반정(1506) : 연산군의 폭정으로 훈구가 반정 주도 → 중종 즉위
- 조광조의 개혁 정치 : 중종이 훈구 견제를 위해 조광조 등용 → 조광조가 급진적 개혁 추진(현량과 실시, 경연과 언론 활성화, 위훈 삭제 추진) **자료4**

④ 기묘사화(1519) : 훈구가 조광조의 개혁에 반발 → 조광조와 다수의 사림 희생

⑤ 을사사화(1545) : 명종 때 외척 간의 권력 갈등 → 훈구와 사림의 피해

(3) 사림의 집권과 붕당의 형성

① 사림의 집권 : 서원과 향약을 기반으로 세력 확대 → 선조 때 정치 주도권 장악

② 붕당의 형성 : 정치적 · 학문적 성향, 출신 지역 차이에 따라 붕당 형성

③ 사림의 분화 : 척신 정치 청산과 이조 전랑의 임명 문제 → 동인과 서인으로 분화

동인	• 선조 즉위 후 중앙 정계에 진출한 사림, 척신 정치의 청산 주장 • 이황과 조식의 학문 계승, 영남 지역의 사림 중심
서인	• 명종 때부터 정치에 참여한 사림, 우호적인 척신 포용 주장 • 이이와 성혼의 제자 중심, 경기와 충청 지방의 사림으로 구성

> **자세히 살펴보기** **동인과 서인의 분화**
>
> 심의겸이 이조 참의로 있을 때 예전의 잘못을 들어 김효원이 전랑이 되는 것에 반대하였지만, 뒤에 김효원은 전랑이 되었다. 그 후 어떤 사람이 심의겸의 동생 심충겸을 전랑으로 천거하자, 김효원이 "이조의 관직이 외척의 물건인가? 심씨 집안에서 차지하려 한단 말이냐?"라고 반대하였다. …… 동인과 서인이라는 말이 여기서 비롯되었으니, 김효원의 집이 동쪽 건천동에 있고 심의겸의 집은 서쪽 정동에 있기 때문이었다.
>
> – 이긍익, 「연려실기술」 –
>
> 사림 중에서 명종 때부터 정치에 참여해 온 기성 사림은 척신 정치 청산에 소극적이었지만, 선조 때 중앙 정계에 진출한 신진 사림은 철저한 척신 정치의 청산을 주장하였다. 여기에 이조 전랑 임명 문제를 놓고 갈등이 더욱 커지면서 사림은 동인과 서인으로 분화되었다.

자료3 **무오사화**

> 유자광이 하루는 소매 속에서 한 권의 책자를 내놓았는데, 바로 김종직의 문집이었다. …… 그리고 즉시 스스로 주석을 만들어 글귀마다 풀이하여 왕게 아뢰기를 "김종직이 우리 전하(세조)를 헐뜯는 것이 이에 이르렀으니, 그 부도덕한 죄는 마땅히 대역으로 논해야 하고, 그가 지은 다른 글도 세상에 남아 있는 것이 마땅치 못하오니, 아울러 모두 불태워 버리소서."라고 하니 왕이 이를 허락하였다.
>
> – 「연산군일기」 –

사림을 지원하던 성종이 죽고 연산군이 즉위하자, 훈구는 김종직이 항우에 의해 폐위된 중국 초나라의 황제 의제를 애도하며 지은 「조의제문」이 단종을 폐위시킨 세조를 비판한 것이라며 사림을 공격하여 무오사화가 일어났다.

자료4 **현량과 실시**

> 지방의 경우에는 관찰사와 수령, 서울의 경우에는 홍문관과 6조의 판서, 그리고 대간에게 모두 능력 있는 사람을 천거하게 하십시오. 그 후 대궐에 모아 놓고 친히 여러 정책과 관련된 대책 시험을 치르게 한다면 인물을 많이 얻을 수 있을 것입니다. – 「중종실록」 –

중종이 훈구 세력을 견제하기 위해 등용한 조광조는 자신과 뜻을 같이하는 사림을 등용하기 위해 현량과 실시를 주장하였다.

용어 알기

사화(선비 士 재앙 禍)
조선 시대 훈구 등의 공격으로 사림 등이 피해를 입은 사건

척신 정치(친척 戚 신하 臣 정사 政 다스릴 治)
조선 명종 때 문정 왕후의 동생인 윤원형 등 외척 세력에 의해 주도된 정치

③ 왜란과 호란

(1) 왜란의 발발과 극복

① 배경 : 3포 왜란과 을묘왜변 발생, 전국 시대를 통일한 도요토미 히데요시의 대외 침략 욕구

② 전개 : 일본군의 조선 침략(임진왜란, 1592) → 조선군의 잇따른 패배, 선조의 의주 피란 및 명에 지원군 요청, 이순신이 이끄는 수군과 의병의 활약 → 조명 연합군의 반격(평양성 탈환) → 명과 일본의 강화 협상 → 강화 협상 결렬 후 일본군의 재침(정유재란, 1597) → 조명 연합군의 일본군 격퇴 → 도요토미 히데요시 사망 후 일본군 철수(1598)

③ 영향

조선	인구 감소, 국토 황폐화, 국가 재정 악화, 문화유산 소실
중국	명의 국력 약화, 여진(후금)의 성장 → 명·청 교체로 이어짐.
일본	도쿠가와 이에야스가 에도 막부 수립, 일본 문화 발전

(2) 광해군의 중립 외교 [자료5]

① 전후 복구 사업 : 토지 개간, 토지 대장과 호적 정비, 국방 강화

② 중립 외교 : 명과 후금 사이에서 중립 외교 → 서인 등 일부 사림의 반발 초래

③ 인조반정(1623) : 서인이 광해군을 몰아내고 인조를 새 왕으로 추대

(3) 호란의 발발

① 정묘호란(1627)

원인	서인의 친명 배금 정책 → 후금 자극
전개	후금이 평안도 가도에 주둔하던 명군의 견제와 조선의 지원 차단 등을 목적으로 침략 → 인조의 강화도 피란, 의병과 관군의 저항 → 화의 성립

② 병자호란(1636)

원인	후금이 국호를 청으로 바꾸고 조선에 군신 관계 요구 → 조선에서 주화론과 척화론(주전론) 대립 [자료6] → 조선이 청의 요구 거부
전개	청 태종이 조선 침략 → 인조가 남한산성으로 피란하여 저항 → 삼전도에서 청에 항복(청과 군신 관계 체결)

자세히 살펴보기 | **정묘호란**

인조반정을 주도한 서인이 친명 배금 정책을 추진하자, 후금은 배후를 위협하는 평안도 가도의 명군을 제거하고, 명과의 교역 중단에 따른 경제적 어려움에서 벗어나고자 조선을 침략하였다. 하지만 정봉수 등이 의병을 일으켜 후금군의 보급로를 차단하였고, 관군의 저항이 계속되자 결국 후금은 조선과 화의를 맺고 철수하였다.

[자료5] 광해군의 중립 외교

국왕이 도원수 강홍립에게 지시하였다. "…… 그대는 명군 장수들의 명령을 그대로 따르지만 말고 신중하게 처신하여 오직 패하지 않는 전투가 되도록 최선을 다하라."
– 『광해군일기』 –

임진왜란 이후 후금과 대결하던 명이 조선에 지원군 파병을 요청하였다. 이에 광해군이 마지못해 군사를 파병하면서 지휘관인 강홍립에게 상황에 따라 대응하도록 지시하였다.

[자료6] 주화론

화친을 맺어 국가를 보존하는 것보다 차라리 의를 지켜 망하는 것이 옳다고 하였으나, 이것은 신하가 절개를 지키는 데 쓰는 말입니다. …… 자기의 힘을 헤아리지 아니하고 경망하게 큰소리를 쳐서 오랑캐들의 노여움을 도발, 마침내는 백성이 도탄에 빠지고 종묘와 사직에 제사 지내지 못하게 된다면 그 허물이 이보다 클 수 있겠습니까?
– 『지천집』 –

청이 조선에 군신 관계를 요구하였을 때, 최명길이 화친을 주장한 글이다. 이처럼 청과 화친하여 전쟁을 피하자는 주화론이 제기되었지만, 당시 대부분의 관리는 청과 맞서야 한다는 척화론(주전론)을 주장하였다. 이에 청이 조선을 침략하여 병자호란이 일어나게 되었다.

용어 알기

왜변(왜국 倭 재난 變)
일본 사람들이 일으킨 변란

반정(돌이킬 反 바를 正)
조선 시대에 잘못된 통치를 하던 왕을 몰아내고 새 왕을 세워 나라를 바로잡던 일

✏️ 필수 개념

1 조선의 성립과 통치 체제 정비

6조 직계제	6조가 의정부를 거치지 않고 왕에게 직접 보고한 후 지시를 받아 업무를 수행하는 국정 운영 방식
의정부 서사제	의정부의 정승들이 6조의 업무를 먼저 심의한 후 국왕에게 보고하고, 국왕의 지시도 의정부를 거친 후 각 관서에 전달하는 국정 운영 방식
3사	조선 시대 언론 활동을 담당하던 사헌부, 사간원, 홍문관을 함께 부르는 말

2 사림의 성장과 붕당의 형성

훈구	세조 즉위를 도운 공신 세력
사림	조선 건국에 반대한 길재 등의 학문을 계승하여 지방에서 성리학 연구와 제자 양성에 힘쓰던 정치 세력
사화	훈구와 사림의 대립 과정에서 사림 등이 피해를 입은 사건

3 왜란과 호란

인조반정	서인의 주도로 광해군을 몰아내고 인조를 새 왕으로 추대한 사건
친명 배금 정책	명을 지원하고 후금을 배척하는 외교 정책

☑️ 개념 체크

01 옳은 내용에는 ○표, 틀린 내용에는 ×표를 하시오.

① 조선 시대 중요 정책은 국왕과 3정승 등 고위 관리가 참여한 회의에서 결정하였다. ( )

② 조선 시대 과거는 문과, 무과, 잡과가 시행되었다. ( )

③ 훈구는 김종직의 「조의제문」을 빌미로 기묘사화를 일으켰다. ( )

④ 광해군은 친명 배금 정책을 추진하였다. ( )

02 빈칸에 들어갈 알맞은 말을 쓰시오.

① ( )은/는 정책 연구 기관으로 집현전을 설치하고 의정부 서사제를 채택하였다.

② 중종이 등용한 조광조는 자신과 뜻을 같이하는 사림을 등용하기 위해 천거제의 일종인 ( ) 실시를 주장하였다.

③ 사림은 척신 정치의 청산과 ( )의 임명 문제를 놓고 동인과 서인으로 분화되었다.

④ 1636년 청 태종의 침략으로 ( )이/가 발발하였다.

기본 문제

▶ 242016-0017

01 다음 국정 운영 방식을 처음 채택한 국왕에 대한 설명으로 옳은 것은?

> 의정부의 서사를 나누어 6조에 귀속하였다. …… 처음에 왕은 의정부의 권한이 막중함을 염려하여 이를 혁파할 생각이 있었지만, 신중하게 여겨 서두르지 않았는데 이때에 이르러 단행하였다.

① 정방을 설치하였다.
② 훈요 10조를 남겼다.
③ 호패법을 실시하였다.
④ 집현전을 폐지하였다.
⑤ 경국대전을 완성하였다.

▶ 242016-0018

02 (가) 기구에 대한 설명으로 옳은 것은?

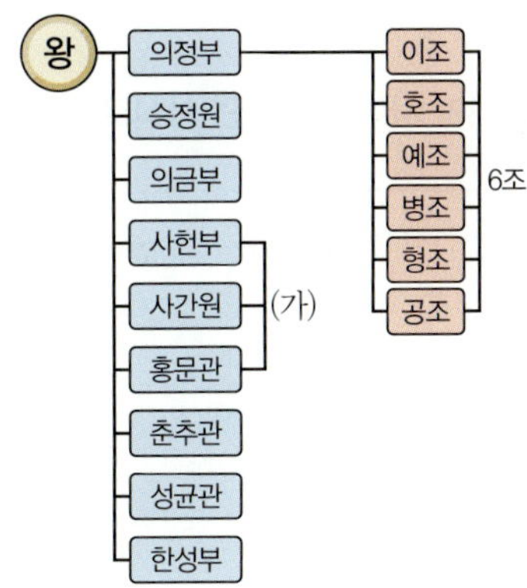

① 국정을 총괄하였다.
② 언론 활동을 담당하였다.
③ 당의 영향을 받아 설치되었다.
④ 재신과 추밀이 참여하는 회의 기구였다.
⑤ 최우가 인사권 장악을 위해 활용하였다.

▶ 242016-0019

03 (가)에 들어갈 용어를 쓰시오.

> 각 도에 파견된 관찰사는 도의 행정을 총괄하며 관할 지역의 [(가)]을/를 지휘·감독하였다. 도 아래의 모든 군현에는 [(가)]이/가 파견되었는데, 이들은 행정·사법·군사권을 행사하였다.

( )

기본 문제

▶ 242016-0020

04 (가) 정치 세력에 대한 설명으로 옳은 것은?

> 15세기 중앙 정치는 세조의 즉위 과정에서 공을 세운 ___(가)___ 이/가 장악하고 있었다. 이들은 고위 관직을 독점하였을 뿐만 아니라, 권력을 이용하여 막대한 토지를 차지하고 재산을 축적하였다. 하지만 그 과정에서 각종 비리와 부정을 저질러 백성의 지탄을 받기도 하였다.

① 중종반정을 주도하였다.
② 서경 천도를 주장하였다.
③ 교정도감을 통해 권력을 행사하였다.
④ 서원을 기반으로 세력을 확대하였다.
⑤ 제가 회의에서 국가의 중대사를 결정하였다.

▶ 242016-0021

05 (가), (나) 시기 사이에 있었던 사실로 옳은 것은?

> (가) 훈구는 김종직의 「조의제문」을 빌미로 사화를 일으켜 사림을 몰아냈다.
> (나) 사림이 이조 전랑의 임명 문제 등을 두고 동인과 서인으로 갈라서면서 붕당이 출현하였다.

① 선조가 의주로 피란하였다.
② 조광조가 개혁을 추진하였다.
③ 망이 · 망소이가 봉기를 일으켰다.
④ 이성계가 위화도 회군을 단행하였다.
⑤ 공민왕이 전민변정도감을 설치하였다.

▶ 242016-0022

06 (가)에 해당하는 붕당을 쓰시오.

> ___(가)___ 은/는 선조 즉위 이후 중앙 정계에 진출한 사림으로, 척신 정치의 청산을 강력히 주장하였다. 이들은 이황과 조식의 학문을 계승한 영남 지역의 사림이 중심을 이루었다.

(   )

▶ 242016-0023

07 밑줄 친 '이 전쟁' 중에 있었던 사실로 옳은 것은?

① 무신 정변이 일어났다.
② 만적 등이 봉기를 모의하였다.
③ 인조가 남한산성으로 피란하였다.
④ 조명 연합군이 평양성을 탈환하였다.
⑤ 군사 행정 구역인 양계가 설치되었다.

▶ 242016-0024

08 다음 자료를 활용한 탐구 활동으로 가장 적절한 것은?

> 국왕이 도원수 강홍립에게 지시하였다. "…… 그대는 명군 장수들의 명령을 그대로 따르지만 말고 신중하게 처신하여 오직 패하지 않는 전투가 되도록 최선을 다하라."

① 병자호란의 결과를 파악한다.
② 3포 왜란의 배경을 살펴본다.
③ 삼별초가 봉기한 이유를 찾아본다.
④ 쌍성총관부가 설치된 계기를 조사한다.
⑤ 광해군이 실시한 중립 외교 정책의 목적을 알아본다.

04 조선 후기의 새로운 흐름

1 조선 후기 정치 운영의 변화와 탕평 정치

(1) 통치 체제의 정비

① 비변사의 기능 강화 : 양 난을 거치며 3정승을 비롯한 고위 관리로 구성원 확대, 국정 총괄 → 왕권 약화, 의정부와 6조의 유명무실화 초래

② 군사 제도 개편

중앙군	훈련도감, 어영청, 총융청, 수어청, 금위영 → 5군영 체제 **자료 1**
지방군	속오군 체제로 정비(양반부터 노비까지 편성)

(2) 붕당 정치의 전개와 변질

① 붕당 정치의 전개

광해군	북인이 정국 주도 → 서인이 주도한 인조반정으로 몰락
인조	서인이 정국을 주도하고 남인의 정치 참여 허용(공존 관계 유지)
현종	두 차례 예송 발생 → 서인과 남인의 대립 심화

② 환국 발생

- 숙종이 정국을 주도하는 붕당을 교체하는 환국을 여러 차례 단행 → 집권 붕당이 상대 붕당을 탄압하면서 붕당 정치 변질
- 서인이 남인을 배척하는 과정에서 노론과 소론으로 분화

(3) 탕평 정치

① 영조의 탕평 정치와 개혁

- 탕평 정치 : 탕평파를 육성하여 국정 운영, 산림 존재 불인정, 서원 정리, 이조 전랑의 권한 약화 **자료 2**
- 개혁 정치 : 균역법 시행, 신문고 부활 등

② 정조의 탕평 정치와 개혁

- 탕평 정치 : 노론 · 소론 · 남인을 고루 관직에 기용, 규장각 육성, 초계문신제 실시, 국왕의 친위 부대인 장용영 설치, 수원 화성 건설
- 개혁 정치 : 통공 정책 실시 → 상업 활동의 자유 확대, 서얼과 노비에 대한 차별 개선, 『대전통편』 편찬

③ 탕평 정치의 한계 : 정치권력이 국왕과 소수의 고위 관리에게 집중

자세히 살펴보기 **수원 화성**

정조는 자신의 정치적 이상을 담아 수원 화성을 건설하였다. 수원 화성은 군사적 방어 기능과 상업 기능이 함께 고려되었고, 동서양의 축성술이 집약된 과학적 · 실용적 구조를 갖추고 있어 1997년 유네스코 세계 유산으로 등재되었다.

자료 1 훈련도감 설치

임금께서 도감을 설치하여 군사를 훈련시키라고 명하시고 나를 도제조로 삼으셨다. 나는 청하기를, "곡식 1천 석을 군량으로 하되 한 사람당 하루에 2되씩 준다 하여 군인을 모집하면 응하는 자가 사방에서 모여들 것입니다."라고 하였다.   - 유성룡, 『서애집』 -

훈련도감은 임진왜란 당시 조총으로 무장한 일본군에 맞서기 위해 설치되었다. 훈련도감의 군인은 급료를 받는 상비군이었고, 조총으로 무장한 포수, 활로 무장한 사수, 칼이나 창으로 무장한 살수 등 삼수병으로 구성되었다.

자료 2 영조의 탕평 정치

근래에 와서 인재 임용이 당목에 들어 있는 사람만으로 이루어지니 …… 이러한 상태가 그치지 않는다면 조정에 벼슬할 사람이 몇 명이나 되겠는가? …… 이조는 탕평의 정신을 수용토록 하라.   -『영조실록』-

영조가 자신의 탕평 의지를 널리 알리기 위해 반포한 탕평 교서이다. 영조는 붕당을 없애자는 자신의 주장에 동의하는 탕평파를 육성하고, 이들을 중심으로 국정을 이끌어 나갔다.

용어 알기

예송(예법 禮 논쟁 訟)
현종 때 효종과 효종비의 국장과 관련된 서인과 남인의 예법에 관한 논쟁. 1차 예송에서는 서인이 승리하였고, 2차 예송에서는 남인이 승리함.

산림(산 山 집단 林)
관직은 없지만 학문적 권위와 세력을 바탕으로 정치적 영향력을 행사하는 인물들

② 세도 정치의 폐단과 흥선 대원군의 개혁 정치

(1) 세도 정치의 폐단과 농민 봉기

① 세도 정치의 전개
- 배경 : 정조 사후 어린 순조가 즉위하면서 일부 외척 세력이 정권 장악
- 전개 : 순조, 헌종, 철종 3대 60여 년 동안 몇몇 세도 가문이 비변사의 고위 관직을 장악하고 권력 독점
- 결과 : 왕권이 약화되고 3사의 언론 기능 상실, 정치 기강의 문란으로 매관매직 성행, 삼정의 문란 심화

② 농민 봉기
- 배경 : 삼정의 문란으로 지배층의 백성 수탈 심화
- 농민의 저항 : 소청, 벽서 등 소극적 형태 → 농민 봉기로 발전

홍경래의 난 (1811) 자료3	• 원인 : 평안도 지역에 대한 차별과 지배층의 수탈 • 전개 : 몰락 양반 등 다양한 세력 참여 → 청천강 지역 대부분 장악 → 정주성 전투에서 관군에게 패배하면서 진압
임술 농민 봉기 (1862)	• 원인 : 삼정의 문란 • 전개 : 단성 농민 봉기와 진주 농민 봉기를 거치면서 전국으로 확산

- 정부 대책 : 암행어사 파견, 삼정이정청 설치 → 성과 미흡

(2) 흥선 대원군의 개혁 정치

① 흥선 대원군의 집권 : 어린 고종의 즉위를 계기로 실질적인 권력 장악
② 통치 체제 정비 : 세도 가문을 약화시키고 인재 등용, 비변사를 축소·폐지하고 의정부(정치 업무)와 삼군부(군사 업무) 기능 부활, 『대전회통』과 『육전조례』 편찬
③ 경복궁 중건
- 목적 : 왕실의 권위 회복
- 과정 : 공사비 마련을 위해 원납전 징수 및 당백전 발행, 백성을 공사에 강제 동원, 양반의 묘지림 벌목
- 결과 : 물가 폭등으로 경제 혼란, 백성과 양반 모두의 반발 초래
④ 수취 체제 정비 : 삼정의 문란 해결 목적

전정	양전 사업 실시 → 토지 대장에서 누락된 토지(은결)를 찾아 세금 부과
군정	호포제 실시(양반에게도 군포 부과) 자료4
환곡	마을 단위로 사창제 실시(향촌에서 자치적으로 운영)

⑤ 서원 정리
- 배경 : 서원이 면세·면역의 특권을 누리며 국가 재정 악화 초래, 제사를 명목으로 주변 지역 농민 수탈
- 과정 : 전국 서원 중 47개만 남기고 모두 철폐
- 결과 : 국가 재정 확충과 민생 안정에 기여, 양반 유생의 반발 초래

자료3 **홍경래의 난**

> 평서대원수는 급히 격문을 띄우노니 관서(평안도) 사람들은 모두 이 격문을 들으라. …… 조정에서 관서를 버림이 썩은 흙과 다름없다. 심지어 권세 있는 집의 노비들도 관서 사람을 보면 반드시 '평안도 놈'이라고 말한다. …… 지금 임금이 나이가 어려 권세 있는 간신배가 그 세를 날로 떨치고, 김조순·박종경의 무리가 국가 권력을 갖고 노니, 어진 하늘이 재앙을 내린다. — 『패림』 —

홍경래가 봉기를 일으키면서 발표한 격문의 일부이다. 홍경래는 신흥 상공업 세력과 광산 노동자, 빈농 등을 모아 평안도 지역 차별과 세도 정권의 수탈에 맞서 봉기하였다.

자료4 **호포제 실시**

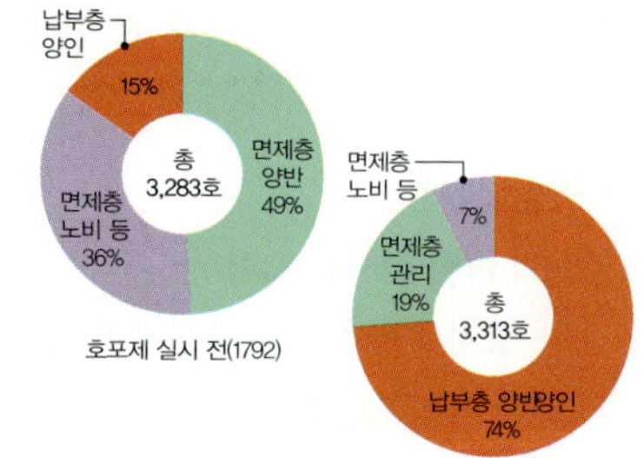

— 김용섭, 「조선 후기 군역제 이정의 추이와 호포법」

흥선 대원군은 군정의 문란을 시정하기 위해 호포제를 실시해 양반에게도 군포를 징수하도록 하였다. 그 결과 군포 부담층이 크게 늘어나 1인당 군포 부담액이 줄어들게 되었다.

용어 알기

원납전(원할 願 거두어들일 納 돈 錢)
스스로 원해서 바치는 돈. 조선 고종 때 흥선 대원군이 경복궁 중건을 위해 거두어들였던 기부금을 말함.

은결(숨길 隱 논밭 단위 結)
조선 시대 세금을 회피하기 위해 불법으로 토지 대장에서 누락시킨 토지

1 조선 후기 정치 운영의 변화와 탕평 정치

비변사	국방 문제를 담당하는 임시 회의 기구로 설치되었으나 임진왜란을 거치면서 최고 권력 기구가 됨.
5군영	조선 후기에 설치된 훈련도감, 어영청, 총융청, 수어청, 금위영을 가리키는 말
환국	국정을 주도하는 붕당과 이를 견제하던 붕당이 교체되면서 정국이 급격하게 바뀌는 현상
탕평 정치	국왕이 정치의 중심에 서서 붕당 간의 세력 균형을 유지하는 정치

2 세도 정치의 폐단과 흥선 대원군의 개혁 정치

세도 정치	순조, 헌종, 철종 3대 60여 년 동안 외척인 일부 세도 가문이 권력을 독점한 정치 형태
삼정	국가의 주요 재정 수입원인 전정(토지세), 군정(군포 징수), 일종의 농민 구제책인 환정(환곡)을 말함.
삼군부	흥선 대원군 때 부활한 군사 업무를 총괄하던 최고 기관
당백전	흥선 대원군이 경복궁 중건을 위해 발행한 고액 화폐

☑ 개념 체크

01 빈칸에 들어갈 알맞은 말을 쓰시오.

① 조선 후기 지방군은 양반부터 노비까지 (　　　) 체제로 편성되었다.

② 인조반정으로 인조가 즉위하면서 (　　　)이/가 정국을 주도하고 남인이 정치에 참여하는 공존 관계가 유지되었다.

③ 정조 사후 어린 순조가 즉위하면서 일부 외척 세력이 정권을 장악한 (　　　)이/가 전개되었다.

④ 흥선 대원군은 왕실의 권위를 높이기 위해 (　　　)을/를 중건하였다.

02 옳은 서술로 완성하시오.

① 조선 후기에는 (집현전, 비변사)이/가 국정을 총괄하는 최고 기구가 되었다.

② (영조, 정조)는 수원 화성을 건설하였다.

③ 평안도 지역에 대한 차별과 지배층의 수탈에 저항해 1811년 (홍경래의 난, 임술 농민 봉기)이/가 일어났다.

④ 흥선 대원군은 군정의 문란을 바로잡기 위해 (호포제, 사창제)를 실시하였다.

기본 문제

▶ 242016-0025

01 (가) 기구에 대한 설명으로 옳은 것은?

> 옛적에 임시로 　(가)　을/를 설치하였는데, …… 이것은 일시적인 전쟁 때문에 설치한 것으로서, 국가의 중요한 모든 일을 다 맡긴 것은 아니었습니다. 그런데 오늘에 와서는 큰일이건 작은 일이건 중요한 것으로 취급되지 않는 것이 없습니다. …… 명칭은 '변방의 방비를 담당하는 것'이라고 하면서 과거 시험과 비빈(妃嬪) 간택까지도 모두 　(가)　에서 합니다.
>
> ─『효종실록』─

① 세종의 정책을 뒷받침하였다.

② 일본 원정을 위해 처음 설치되었다.

③ 재신과 추밀의 합의제로 운영되었다.

④ 의정부와 6조의 유명무실화를 초래하였다.

⑤ 지방 사족에 의해 조직된 향촌 자치 기구였다.

▶ 242016-0026

02 (가) 붕당에 대한 설명으로 옳은 것은?

> 숙종 때에는 국정을 주도하는 붕당과 이를 견제하던 붕당이 교체되면서 정국이 급격하게 바뀌는 환국이 여러 차례 일어났는데, 그 과정에서 　(가)　은/는 노론과 소론으로 나뉘어졌다.

① 인조반정을 주도하였다.

② 서경 천도를 주장하였다.

③ 조광조의 개혁 추진에 반발하였다.

④ 정방을 설치해 인사권을 장악하였다.

⑤ 광해군의 중립 외교 정책을 지지하였다.

▶ 242016-0027

03 다음 설명에 해당하는 군영을 쓰시오.

> • 임진왜란 중에 설치되었다.
> • 급료를 받는 상비군으로 구성되었다.
> • 조총으로 무장한 포수, 활로 무장한 사수, 칼이나 창으로 무장한 살수 등 삼수병으로 조직되었다.

(　　　　　　)

▶ 242016-0028

04 다음 정책을 추진한 국왕에 대한 설명으로 옳은 것은?

> • 국초에 있었던 전례에 따라 창덕궁의 진선문과 시어소의 건명문 남쪽에 신문고를 다시 설치하도록 명하였다.
> • 근래에 와서 인재 임용이 당목에 들어 있는 사람만으로 이루어지니 …… 이러한 상태가 그치지 않는다면 조정에 벼슬할 사람이 몇 명이나 되겠는가? …… 이조는 탕평의 정신을 수용토록 하라.

① 균역법을 시행하였다.
② 초계문신제를 실시하였다.
③ 전민변정도감을 설치하였다.
④ 22담로에 왕족을 파견하였다.
⑤ 친명 배금 정책을 추진하였다.

▶ 242016-0029

05 (가)에 들어갈 내용으로 가장 적절한 것은?

모둠별 토의 질문 평가지

대상 학급 : 1학년 △반

• 과제 : 조선 시대 ○○의 정책에 대한 모둠별 토의 질문 만들기
• 질문 평가

모둠	제출한 질문	평가
1모둠	노론, 소론, 남인을 고루 관직에 기용한 의도는 무엇일까?	적합
2모둠	규장각을 강력한 정치 기구로 육성한 목적은 무엇일까?	적합
3모둠	(가)	적합

① 쌍성총관부 공격의 의미는 무엇일까?
② 사화가 일어나게 된 원인은 무엇일까?
③ 수원 화성을 건설한 이유는 무엇일까?
④ 위화도 회군을 단행한 배경은 무엇일까?
⑤ 우산국을 정벌하게 된 계기는 무엇일까?

▶ 242016-0030

06 다음 자료를 활용한 탐구 활동으로 가장 적절한 것은?

> 평서대원수는 급히 격문을 띄우노니 관서(평안도) 사람들은 모두 이 격문을 들으라. …… 조정에서 관서를 버림이 썩은 흙과 다름없다. 심지어 권세 있는 집의 노비들도 관서 사람을 보면 반드시 '평안도 놈'이라고 말한다. …… 지금 임금이 나이가 어려 권세 있는 간신배가 그 세를 날로 떨치고, 김조순·박종경의 무리가 국가 권력을 갖고 노니, 어진 하늘이 재앙을 내린다.
> – 『패림』 –

① 처인성 전투의 결과를 분석한다.
② 삼별초가 봉기한 이유를 파악한다.
③ 장용영이 설치된 배경을 살펴본다.
④ 홍경래의 난이 일어난 원인을 알아본다.
⑤ 임진왜란 당시 의병의 활약상을 조사한다.

▶ 242016-0031

07 (가) 인물이 추진한 정책으로 옳은 것은?

> 양반 가문, 충신 가문, 효자 및 열녀 가문, 과거 급제자, 현직 관리는 전부 군포가 면제되었다. …… 국왕의 아버지 [(가)] 이/가 의연히 단행하여 군포를 혁파하고 호포를 징수하여, 귀천 없이 국세를 고르게 부담하니 쌓인 폐단이 한꺼번에 정리되었다.
> – 박은식, 『한국통사』 –

① 훈요 10조를 남겼다.
② 통공 정책을 추진하였다.
③ 정동행성 이문소를 폐지하였다.
④ 의정부와 삼군부의 기능을 부활시켰다.
⑤ 훈구 공신을 견제하기 위해 사림을 등용하였다.

▶ 242016-0032

08 (가)에 들어갈 용어를 쓰시오.

> 조선 정부는 임진왜란 때 불타 버린 경복궁을 다시 지으면서 부족한 공사비를 마련하기 위해 원납전을 강제로 걷고 고액 화폐인 [(가)] 을/를 발행하였다.

(   )

▶ 242016-0033

01 (가) 시대의 모습으로 옳은 것은?

① 불교가 전래되었다.
② 고인돌이 제작되었다.
③ 과거제가 도입되었다.
④ 농경과 목축이 처음 시작되었다.
⑤ 한반도 남부에서 삼한이 성립되었다.

▶ 242016-0034

02 밑줄 친 '왕'에 대한 설명으로 옳은 것은?

> 금관국의 김구해가 왕비와 세 명의 아들 노종, 무덕, 무력을 데리고 나라의 창고에 있던 보물을 가지고 와서 항복하였다. 왕이 예로써 대접하고 상등의 벼슬을 주었으며, 본국을 식읍으로 삼게 하였다.
> – 『삼국사기』 –

① 율령을 반포하였다.
② 태학을 설립하였다.
③ 집현전을 설치하였다.
④ 노비안검법을 실시하였다.
⑤ 22담로에 왕족을 파견하였다.

▶ 242016-0035

03 (가) 국가에 대한 설명으로 옳은 것은?

> 부여씨와 고씨가 망한 다음에 김씨의 신라가 남에 있고 대씨의 [(가)] 이/가 북에 있으니 이것이 남북국이다. 마땅히 남북국사가 있어야 하는데 고려가 편찬하지 않은 것은 잘못이다.

① 수도를 송악으로 옮겼다.
② 한의 침략으로 멸망하였다.
③ 주자감에서 인재를 양성하였다.
④ 지방의 요충지에 5소경을 설치하였다.
⑤ 의정부를 두어 국정을 총괄하게 하였다.

▶ 242016-0036

04 다음 건의를 받아들인 국왕이 시행한 정책으로 옳은 것은?

> 신 최승로가 아룁니다. …… 왕이 백성을 다스리는 것은 집집마다 가서 매일 돌보는 것이 아닙니다. 수령을 파견하여 백성의 이익과 손해를 살피는 것입니다. …… 청컨대 외관(外官)을 두십시오.

① 성균관을 정비하였다.
② 교정도감을 설치하였다.
③ 12목에 지방관을 파견하였다.
④ 의정부 서사제를 시행하였다.
⑤ 관료전을 지급하고 녹읍을 폐지하였다.

▶ 242016-0037

05 (가)에 들어갈 사상을 쓰시오.

> 묘청 등 서경 세력은 산이나 땅, 하천 등의 모양이 인간의 운명에 영향을 끼친다는 [(가)] 을/를 근거로 서경 땅이 명당이라며 서경 천도를 추진하고 칭제건원과 금국 정벌을 주장하였다.

(   )

▶ 242016-0038

06 다음 사건이 일어난 시기를 연표에서 옳게 고른 것은?

> 왕이 보현원 문에 들고 여러 신하가 물러날 무렵 이고 등이 임종식 등을 죽였다. 국왕을 호종한 문관과 대소 신료 및 환관이 모두 해를 입었다. 또 개경에 있는 문신 50여 명을 죽인 후, 정중부 등이 왕을 환궁시켰다.

① (가)　② (나)　③ (다)　④ (라)　⑤ (마)

▶ 242016-0039

07 밑줄 친 '이 국가'에 대한 설명으로 옳은 것은?

> 이달에 종묘와 새 궁궐이 준공되었다. …… 뒤에 궁성을 쌓고 동문은 건춘문, 서문은 영추문, 남문은 광화문이라고 하였는데, …… 광화문 남쪽 좌우에는 6조, 사헌부 등 이 국가의 관청이 세워졌다.

① 웅진에서 사비로 천도하였다.
② 나당 연합군의 공격을 받았다.
③ 지방을 8도로 나누어 다스렸다.
④ 화랑도를 국가적 조직으로 개편하였다.
⑤ 제가 회의에서 국가의 중대사를 결정하였다.

▶ 242016-0040

08 (가), (나) 세력에 대한 설명으로 옳은 것은?

> 세조의 즉위 과정에서 공을 세운 (가) 이/가 고위 관직을 독점하자, 성종은 이들을 견제하기 위해 (나) 을/를 등용하였다. (나) 이/가 공론을 내세우며 (가) 의 부정과 비리를 비판하자, 두 세력의 갈등은 점차 깊어졌다.

① (가) – 동인과 서인으로 분화되었다.
② (가) – 친명 배금 정책을 추진하였다.
③ (나) – 중종반정을 주도하였다.
④ (나) – 서원과 향약을 기반으로 세력을 확대하였다.
⑤ (가)와 (나) – 효종의 국장 과정에서 예송을 벌였다.

▶ 242016-0041

09 (가) 전쟁 중에 볼 수 있는 모습으로 가장 적절한 것은?

〈 (가) 의 주요 전투〉

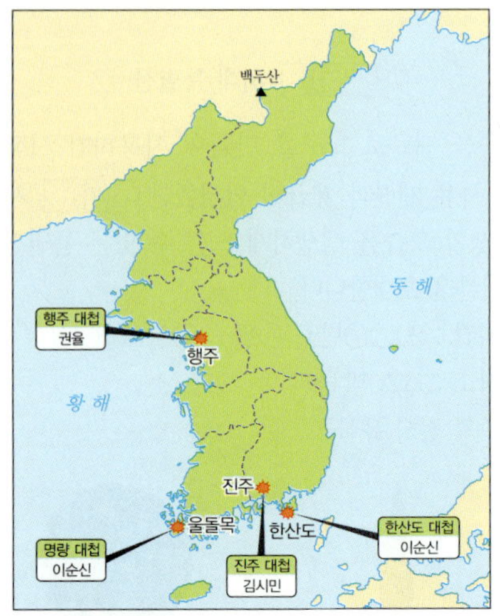

① 남한산성으로 피란한 국왕
② 쌍성총관부를 공격하는 군사
③ 평양성을 탈환하는 조명 연합군
④ 기벌포에서 적군을 격퇴하는 수군
⑤ 중방에서 군사 문제를 논의하는 무신

▶ 242016-0042

10 (가)에 들어갈 내용으로 가장 적절한 것은?

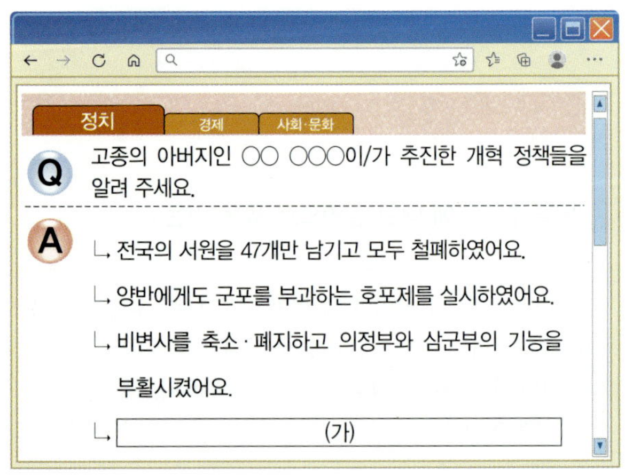

① 훈민정음을 창제하였어요.
② 홍건적과 왜구의 침략을 격퇴하였어요.
③ 탕평파를 육성하여 국정을 운영하였어요.
④ 왕실의 권위를 높이기 위해 경복궁을 중건하였어요.
⑤ 삼정의 문란을 바로잡기 위해 삼정이정청을 설치하였어요.

Step 1 서술형 연습하기 ▶ 242016-0043

자료에 나타난 법률을 통해 알 수 있는 사실을 서술하시오.

> 사람을 죽인 자는 즉시 죽이고, 남에게 상처를 입힌 자는 곡식으로 갚는다. 도둑질을 한 자는 노비로 삼는데, 이를 용서받고자 하는 자는 한 사람마다 50만(전)을 내야 한다.
> ― 『한서』 ―

답 완성하기

자료는 (   )의 일부이다. 이를 통해 (   ) 사회가 생명을 존중하고 노동력과 (   )을/를 중시하였음을 알 수 있다.

Step 2 서술형 훈련하기 ▶ 242016-0044

다음 글을 읽고 물음에 답하시오.

> 신돈이 [(가)]을/를 설치할 것을 청하고 스스로 판사가 되어 전국에 방을 붙여 알리기를, "근래에 기강이 크게 무너져서 탐욕을 부리는 것이 풍습이 되었다. …… 기한을 넘겨 일이 발각되는 자는 죄를 조사하여 다스릴 것이며, 망령되게 소송하는 자는 도리어 처벌하겠다."라고 하였다.
> ― 『고려사』 ―

(1) (가)에 해당하는 기구를 쓰시오.

(   )

(2) (가) 기구를 설치한 목적을 <u>두 가지</u> 이상 서술하시오.

____

____

____

Step 3 논술형 도전하기 ▶ 242016-0045

(가), (나) 국왕을 제시하고, (가), (나) 국왕이 붕당 정치의 폐단을 극복하기 위해 실시한 정책에 대해 400자 이내로 논술하시오.

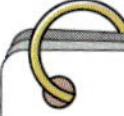

[(가)]

조선의 제21대 국왕

[주요 업적]
• 서원 정리
• 이조 전랑의 권한 약화

[(나)]

조선의 제22대 국왕

[주요 업적]
• 규장각 육성
• 초계문신제 실시

____

____

____

____

____

____

____

01 국제 관계와 대외 교류

1 고대의 국제 관계와 대외 교류

(1) 조공 · 책봉 관계
① 형성 : 중국 한 대 이후 동아시아 국가의 대외 관계에 적용
② 특징 : 직접 지배나 간섭이 아닌 형식적인 의례에 불과 → 각국은 자국의 경제적 · 문화적 이익을 위해 활용

(2) 삼국과 가야의 대외 관계
① 삼국과 중국의 관계

고구려	• 4세기 : 화북 지방의 여러 나라와 조공 · 책봉 관계를 맺고 교류 • 5세기 : 광개토 대왕 때 만주 일대 차지, 독자적 천하관 표방 **자료1** . 장수왕 때 중국 남북조 모두와 조공 · 책봉 관계를 맺음.
백제	• 4세기 : 근초고왕 때 동진과 조공 · 책봉 관계를 맺은 이후 남조와 외교 관계 유지, 침류왕 때 동진으로부터 불교 수용 • 5세기 : 고구려의 압박에 대항하여 북조의 북위에 사신 파견
신라	• 4세기 : 고구려와 백제로부터 중국의 선진 문물 수용 • 6세기 : 진흥왕 때 한강 유역을 차지하고 당항성을 통해 중국과 직접 교류

② 삼국 · 가야와 왜의 관계 : 삼국 · 가야 문화의 전래 → 일본 고대 문화 발전에 영향

(3) 신라의 삼국 통일
고구려가 수 · 당의 침입 격퇴 → 신라가 당과 연합(나당 연합) → 나당 연합군의 공격으로 백제 · 고구려 멸망 → 나당 전쟁에서 신라가 당을 몰아내고 삼국 통일 완성(676)

(4) 통일 신라와 발해의 국제 관계와 대외 교류 **자료2**
① 통일 신라

당과의 관계	조공 · 책봉 관계를 유지하며 교류(승려와 유학생 파견, 공무역과 사무역 발달) → 산둥반도와 창장강 하류 등지에 집단 거주지(신라방) 형성
일본과의 관계	당과 일본 사이에서 중계 무역 전개
장보고의 활약	완도에 청해진 설치, 신라–당–일본을 연결하는 해상 무역 주도

② 발해

당과의 교류	무왕 때 대립(장문휴의 등주 공격), 문왕 이후 당과 친선 관계를 맺고 문물 수용 → 당이 산둥반도에 발해관 설치
일본과의 교류	건국 초 일본과 적극 교류 → 당과 관계 개선 후 경제 · 문화 중심으로 교류
신라와의 교류	때때로 사신 파견, 교통로(신라도)를 이용하여 교류

자세히 살펴보기 청해진

▲ 완도 청해진 유적

신라, 당, 일본이 활발히 교류하면서 해상 무역로에 해적이 나타나 상인들의 배를 약탈하고 사람들을 잡아가기도 하였다. 이에 9세기 전반에 장보고는 완도에 청해진을 설치하고 해적을 소탕한 후 해상 무역을 주도하였다.

자료1 고구려의 독자적인 천하관

시조 추모왕이 나라를 세웠는데 …… 17세손에 이르러 국강상광개토경평안호태왕이 18세에 왕위에 올라 칭호를 영락 대왕이라 하였다. …… 백잔(백제)과 신라는 예로부터 고구려의 속민으로 조공을 해 왔다.
– 광개토 대왕릉비 –

고구려는 중국의 왕조와 조공 · 책봉 관계를 맺으면서도, 내부적으로는 자국 중심의 독자적인 천하관을 가지고 있었다. 광개토 대왕 때 고구려는 '영락' 등 독자적인 연호와 '태왕'이라는 칭호를 사용하였으며, 백제와 신라를 속국처럼 여기기도 하였다.

자료2 통일 신라와 발해의 대외 교류

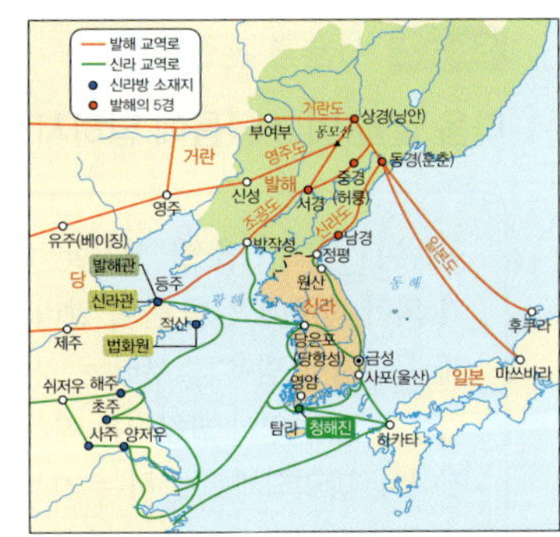

통일 신라는 서해안의 당은포(당항성)와 수도 금성 인근의 사포(울산) 등을 통해 당, 일본, 발해, 서역 등과 교류하였다. 발해는 수도인 상경을 중심으로 당, 신라, 일본, 거란을 연결하는 교통로인 5도를 개설하여 교류하였다.

용어 알기

조공(알현할 朝 바칠 貢)
주변국이 중국 왕조 등을 알현하고 예물을 바치며 형식적인 존종을 표명하는 것

책봉(봉할 冊 봉할 封)
중국 왕조 등이 주변국의 군주에게 관직을 주어 지배권을 인정해 주는 것

2 고려의 국제 관계와 대외 교류

(1) 다원적 국제 질서의 형성

① 고려 초 국제 관계 : 발해를 멸망시킨 거란(요)을 적대시하며 북진 정책 추진, 중국을 통일한 송과 조공·책봉 관계를 맺고 실리 추구

② 거란의 침입과 격퇴

1차 침입	서희의 외교 담판으로 강동 6주 지역 확보
2차 침입	강조의 정변을 구실로 침입하여 개경 함락 → 양규의 선전
3차 침입	강감찬이 귀주에서 거란군을 크게 격퇴(귀주 대첩) → 국경 지역에 천리장성 축조

③ 여진과의 관계

여진 정벌	윤관의 건의로 신기군, 신보군, 항마군 등으로 구성된 별무반 창설 → 여진을 정벌하고 동북 9성 설치 → 여진의 요청과 수비 곤란으로 반환
관계 변화	금을 세운 여진이 고려에 군신 관계 요구 → 이자겸이 정권 유지를 위해 군신 관계 수용

④ 다원적 국제 질서와 독자적 천하관의 형성

- 다원적 국제 질서 형성 : 10~12세기경 고려-거란-송 사이에 세력 균형 유지
- 해동 천하 인식 : 대외적으로 중국 왕조 등과 조공·책봉 관계를 맺으면서도 고려가 중심이 되는 세계가 별도로 존재한다는 독자적 세계관 → 내부적으로 독자적인 연호와 해동 천자 칭호 사용 자료3 , 왕실 용어와 관제도 황제국의 격식을 갖춤.

⑤ 몽골의 침입과 대몽 항쟁

몽골의 침입	몽골의 지나친 공물 요구 → 몽골 사신 피살을 구실로 침입(1231)
대몽 항쟁과 강화	• 대몽 항쟁 : 강화도로 천도(최우) → 처인성 전투(김윤후의 살리타 사살), 충주성 전투 등에서 몽골군 격퇴 등 • 강화 : 몽골과 강화 후 개경 환도(1270)
결과 및 영향	• 문화재 소실 : 초조대장경판과 황룡사 9층 목탑 등 소실 • 삼별초의 항쟁 : 개경 환도에 반대하며 강화도·진도·제주도를 근거지로 항쟁 → 고려·몽골 연합군에 진압됨. • 원의 내정 간섭 : 고려 국왕이 원의 부마가 되어 왕실 용어와 관제 격하

⑥ 원·명 교체와 새로운 국제 질서의 형성

- 홍건적 등의 봉기로 원 쇠퇴 → 공민왕의 반원 정책 추진, 명이 중국을 차지하자 명과 외교 관계 수립
- 명의 철령위 설치 통보 → 고려의 요동 정벌 추진 → 이성계의 위화도 회군 → 이성계와 신진 사대부는 명에 사대하며 관계 개선 시도

(2) 고려의 대외 교류

고려 전기 자료4	• 벽란도가 국제 무역항으로 번성 • 송·거란·여진·일본·아라비아 상인 등이 왕래
원 간섭기	인적·물적 교류 활발 → 고려에서 몽골식 복장과 음식 등 유행(몽골풍), 원의 지배층 사이에서 고려의 풍습 유행(고려양)

자료3 해동 천자

해동 천자이신 지금의 황제에 이르러 부처와 하늘이 도우시니 교화가 널리 퍼져 세상이 다스려지도다. 은혜가 깊으니, 예나 지금이나 드문 일이네. 외국에서 친히 찾아와 모두 의지하니 세상이 편안하고 …….

– 『고려사』, 「풍입송」 –

「풍입송」은 신하들이 왕의 덕을 칭송한 고려 가요이다. 고려 왕을 '해동 천자'라고 칭하고, 황제의 어진 정치로 태평성대를 누린다는 내용을 담고 있다.

자료4 고려 전기의 대외 교류

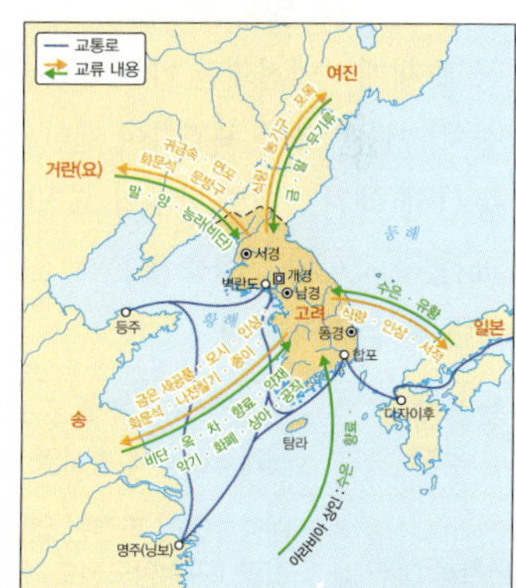

고려 전기 예성강 하구의 벽란도에 드나들었던 아라비아 상인 등에 의해 고려는 '코리아'라는 이름으로 서역 세계에 알려졌을 것으로 추정된다.

해동 천자(바다 海 동녘 東 하늘 天 아들 子)

고려가 황제국 체제를 지향하면서 국왕을 지칭한 용어

환도(돌아올 還 도읍 都)

정부가 수도를 버리고 다른 곳으로 옮겨갔다가 다시 옛 수도로 돌아옴.

부마(곁마 駙 말 馬)

임금의 사위 또는 공주의 남편을 이르는 말

❸ 조선의 국제 관계와 대외 교류

(1) 조선 전기의 국제 관계와 대외 교류

① 명과의 관계 : 사대 외교

- 건국 초 명과의 갈등으로 요동 정벌 추진 → 태종 이후 친선 관계 유지
- 조선은 명과 조공·책봉 관계를 맺고 사대 외교 전개 → 정치적 안정, 선진 문물 수용을 위한 경제·문화적 실리 외교

② 여진·일본 등과의 관계 : 교린 정책

여진	• 회유책 : 경성과 경원에 무역소 설치, 관직과 토지를 주어 귀순 장려 • 강경책 : 세종 때 4군 6진 지역 개척 **자료5** → 삼남 지방의 주민을 이주시키는 사민 정책 추진, 토착민을 토관으로 임명
일본	• 강경책 : 세종 때 이종무가 왜구의 근거지인 쓰시마섬 정벌 • 회유책 : 3포(부산포, 제포, 염포)를 개방하여 제한된 범위 내에서 교역 허용
기타	시암(태국), 자와(인도네시아) 등 동남아시아 국가 및 류큐(오키나와)와 교류

(2) 조선 후기의 국제 관계와 대외 교류

① 임진왜란 이후 일본과의 관계

- 국교 재개 : 임진왜란 이후 수립된 에도 막부의 요청으로 국교 재개 → 부산포에 왜관 설치, 기유약조를 체결하여 제한된 무역 허용(1609)
- 통신사 파견 : 에도 막부의 요청에 따라 새로운 쇼군의 계승을 축하하는 명분 등으로 파견 → 조선의 문화를 일본에 전하여 일본 문화 발전에 큰 영향을 줌.

② 호란 후 청과의 관계

북벌 운동 추진	• 배경 : 병자호란 후 청에 당한 수모를 씻고 명에 대한 의리를 지키자는 분위기 고조 • 전개 : 효종 때 송시열, 이완 등을 등용하여 북벌 운동 추진
북학론 대두	• 배경 : 청에 파견된 연행사 등을 통해 청의 발전상 소개, 서양 문물 전래(천주교, 천리경,「곤여만국전도」등) → 조선의 세계관 변화에 영향 **자료6** • 내용 : 18세기 이후 청의 발달한 문물을 수용하자는 북학론 대두
백두산정계비 건립	• 배경 : 조선과 청 사이에 국경 분쟁 발생 • 과정 : 숙종 때 압록강과 토문강을 경계로 국경을 확정하고 백두산정계비 건립 • 간도 영유권 문제 발생 : 19세기 후반 토문강의 위치에 대해 조선과 청이 서로 다른 주장을 펴면서 발생

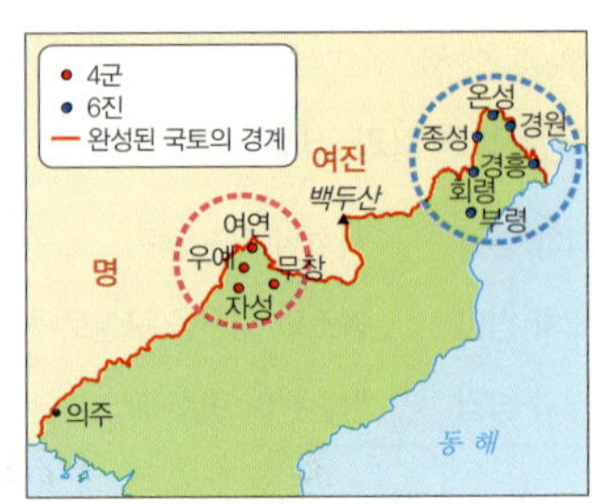

자료5 4군 6진 지역의 개척

세종 때 최윤덕과 김종서가 여진을 몰아내고 4군 6진 지역을 개척하였다. 이로써 조선은 압록강과 두만강을 경계로 하는 국경선을 확정하였다.

자료6 「곤여만국전도」

중국에서 활동하던 선교사 마테오 리치가 제작한 세계 지도가 1603년 조선에 전래된 후, 조선에서 그대로 따라 그린 것이다. 「곤여만국전도」는 중화적 세계관을 갖고 있던 당시 조선 지식인들에게 큰 충격을 주었다.

자세히 살펴보기 북학론의 대두

> 혹자는 "지금 중국을 차지하고 있는 주인은 오랑캐들이다."라고 하면서 배우기를 부끄러워하며, 중국의 옛 법마저도 다 함께 얕잡아 무시해 버린다. …… 진실로 법이 훌륭하고 제도가 아름답다면 오랑캐에게라도 나아가 배워야 하는 법이다. – 박지원,『연암집』–

북학파 실학자인 박지원은 청을 오랑캐라 하여 배우기를 부끄러워하는 당시 조선 양반들의 태도를 비판하였다. 그리고 비록 오랑캐의 문화라 하더라도 우리보다 나은 것이 있다면 마땅히 배워야 한다며 본격적으로 북학을 주장하였다.

용어 알기

사대교린(섬길 事 큰 大 사귈 交 이웃 鄰)
큰 나라를 섬기고 이웃 나라와 가깝게 지내는 외교 정책

북벌(북녘 北 정벌할 伐)
무력으로 북쪽 지방을 정벌하는 일

✏️ 필수 개념

1 고대의 국제 관계와 대외 교류

조공·책봉	조공은 주변국이 중국 왕조 등에 예물을 바치는 것, 책봉은 중국 왕조 등이 주변국 군주의 지배권을 인정해 주는 것
신라방	산둥반도 등지에 설치된 신라인 거주지
청해진	통일 신라의 장보고가 전라남도 완도에 설치한 해상 무역 기지

2 고려의 국제 관계와 대외 교류

강동 6주	거란의 고려 침입 때 서희의 외교 담판으로 확보한 지역
별무반	여진을 상대하기 위해 윤관의 건의로 편성된 기병 중심의 부대
벽란도	고려 시대에 번성한 예성강 하구의 국제 무역항

3 조선의 국제 관계와 대외 교류

4군 6진	조선 세종 때 압록강·두만강 일대의 여진을 몰아낸 뒤 개척한 지역
통신사	에도 막부의 요청을 받아 조선이 일본에 보낸 공식 외교 사절
북학론	청의 문물을 적극 수용하자는 주장

☑ 개념 체크

01 빈칸에 들어갈 알맞은 말을 쓰시오.

① 발해는 교통로인 (   )을/를 설치하여 신라와 교류하였다.

② 예성강 하구의 (   )은/는 고려 시대 국제 무역항으로 번성하였다.

③ 몽골이 고려를 침입하자, 최우는 수도를 (   )(으)로 옮겨 대몽 항쟁을 전개하였다.

④ 세종 때 이종무는 왜구의 근거지인 (   )을/를 토벌하였다.

02 옳은 내용에는 ○표, 틀린 내용에는 ×표를 하시오.

① 신라는 근초고왕 때 한강 유역을 차지하고 당항성을 통해 중국과 직접 교류하였다. (   )

② 고려의 강감찬은 귀주에서 거란군을 크게 격퇴하였다. (   )

③ 고려는 중국과 조공·책봉 관계를 맺으면서도 고려를 중심으로 하는 천하관을 가지고 있었다. (   )

④ 18세기 이후 조선에서는 청의 발달한 문물을 수용하자는 북벌 운동이 제기되었다. (   )

기본 문제

▶ 242016-0046

01 다음 자료를 활용한 탐구 주제로 가장 적절한 것은?

> 시조 추모왕이 나라를 세웠는데 …… 17세손에 이르러 국강상광개토경평안호태왕이 18세에 왕위에 올라 칭호를 영락 대왕이라 하였다. …… 백잔(백제)과 신라는 예로부터 고구려의 속민으로 조공을 해 왔다. – 광개토 대왕릉비 –

① 신라의 삼국 통일
② 고려의 대몽 항쟁
③ 조선의 북벌 운동
④ 위만 조선의 중계 무역
⑤ 고구려의 독자적 천하관

▶ 242016-0047

02 (가) 인물로 옳은 것은?

> [(가)] 이/가 흥덕왕에게 아뢰었다. "중국을 두루 다녀 보니 우리나라 사람들을 노비로 삼고 있습니다. 완도에 청해진을 설치하여 적들이 백성들을 약탈하여 서쪽으로 데려가지 못하게 하소서." …… 왕이 [(가)]에게 군사 1만 명을 주니, 이후로는 해상에서 우리나라 사람을 팔아먹는 자가 없어졌다.

① 김윤후　　② 최승로　　③ 장문휴
④ 장보고　　⑤ 을지문덕

▶ 242016-0048

03 밑줄 친 '이 나라'의 대외 교류에 대한 설명으로 옳은 것은?

> 이 나라는 수도인 상경을 중심으로 당, 신라, 일본, 거란을 연결하는 교통로인 5도를 개설하여 주변국과 교류하였다.

① 발해관을 통해 당과 교류하였다.
② 동진으로부터 불교를 수용하였다.
③ 벽란도에서 각국의 상인과 무역하였다.
④ 당항성을 통해 중국과 직접 교역하였다.
⑤ 중국 남북조 모두와 조공·책봉 관계를 맺었다.

기본 문제

▶ 242016-0049

04 (가)~(다)를 일어난 순서대로 옳게 나열한 것은?

> (가) 강감찬이 귀주에서 거란군을 크게 격퇴하였다.
> (나) 강조의 정변을 구실로 거란군이 침입하여 개경이 함락되었다.
> (다) 서희가 적장 소손녕과 외교 담판을 벌여 강동 6주 지역을 확보하였다.

① (가)-(나)-(다) ② (가)-(다)-(나)
③ (나)-(가)-(다) ④ (나)-(다)-(가)
⑤ (다)-(나)-(가)

▶ 242016-0050

05 (가)에 들어갈 용어로 옳은 것은?

> [한국사 퀴즈 대본]
> 5번 문제입니다.
> 이것은 윤관의 건의로 여진 정벌을 위해 편성된 고려의 특수 부대로, 기병인 신기군, 보병인 신보군, 승려군인 항마군 등으로 구성되었습니다. 이 부대의 명칭은 무엇일까요?
> 정답 : (가)

① 9서당 ② 별무반 ③ 삼별초
④ 화랑도 ⑤ 장용영

▶ 242016-0051

06 밑줄 친 '전쟁' 중에 있었던 사실로 옳은 것은?

> 을유년 1월에 몽골 사신이 압록강을 건너 돌아가다가 도적에게 죽임을 당하였다. 신묘년 8월에 몽골이 이를 구실로 고려를 침략하면서 수십 년간의 전쟁이 시작되었다.

① 최우가 수도를 강화도로 옮겼다.
② 인조가 남한산성에서 항전하였다.
③ 국경 지역에 천리장성이 축조되었다.
④ 이순신이 한산도 해전에서 승리하였다.
⑤ 매소성과 기벌포에서 격전이 벌어졌다.

▶ 242016-0052

07 밑줄 친 '저들'에 대한 조선의 외교 정책으로 옳은 것은?

> 경성·경원 지방에 저들의 출입을 금하지 아니하면 떼 지어 몰려들 우려가 있고, 일절 끊고 금하면 소금과 철을 얻지 못해 변경에 틈이 생길 것입니다. 원하건대, 두 고을에 무역소를 설치하여 저들로 하여금 와서 교역하게 하소서.
> – 『태종실록』 –

① 우산국을 복속시켰다.
② 쓰시마섬을 정벌하였다.
③ 쌍성총관부를 공격하였다.
④ 4군 6진 지역을 개척하였다.
⑤ 부산포, 제포, 염포의 3포를 개방하였다.

▶ 242016-0053

08 ㉠, ㉡에 들어갈 사절단의 명칭을 쓰시오.

> 임진왜란 이후 조선은 에도 막부의 요청으로 (㉠)을/를 파견하였다. (㉠)은/는 조선의 문화를 일본에 전하여 일본 문화 발전에 큰 영향을 끼쳤다. 병자호란 이후 조선은 청에 정기적으로 (㉡)을/를 파견하였다. (㉡)은/는 조선이 청과 서양의 새로운 문물을 받아들이는 통로 역할을 하였다.

㉠ : (   ) ㉡ : (   )

▶ 242016-0054

09 다음 자료를 활용한 탐구 활동으로 가장 적절한 것은?

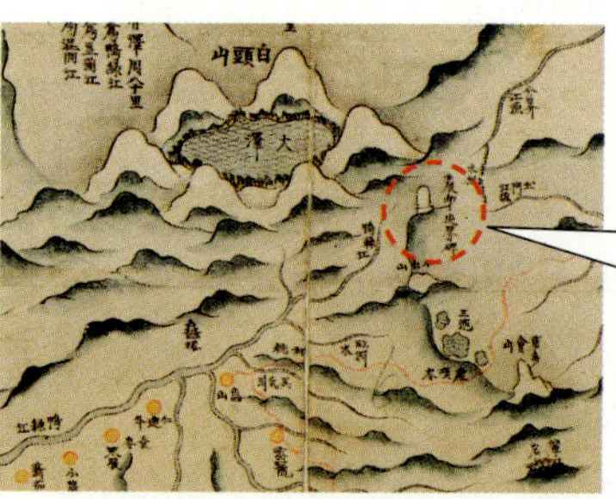

> 오라총관 목극등이 황제의 명을 받들어 국경을 조사하기 위해 여기에 이르러 살펴보니, 서쪽은 압록이며, 동쪽은 토문(土門)이다. 분수령 위에다 돌에 새겨 기록한다.

① 영조의 탕평 정치를 살펴본다.
② 진흥왕이 정복한 지역을 찾아본다.
③ 홍경래의 난이 일어난 원인을 파악한다.
④ 간도 영유권 분쟁의 발생 배경을 조사한다.
⑤ 묘청이 천도를 주장한 지역을 지도에 표시한다.

02 수취 체제와 경제생활

1 고대와 고려의 수취 체제와 경제생활

(1) 삼국의 수취 체제와 경제생활

수취 제도	조세(곡물과 포 징수), 공물(토산물 징수), 역(15세 이상의 남성 동원, 각종 공사에 동원하는 요역과 군대에 복무하도록 하는 군역으로 구분)
경제 생활	• 농업 : 휴한 농경 → 농업 생산력 향상을 위해 철제 농기구 보급, 우경 장려, 수리 시설 확충 • 수공업 : 관청에 장인이 소속되어 필요한 물품 생산 • 상업 : 수도에 시장 개설〔신라는 금성(경주)에 동시 개설〕 • 백성 생활 안정책 : 고구려 고국천왕 때 진대법 실시

(2) 통일 신라와 발해의 수취 체제와 경제생활

통일 신라	• 토지 제도 : 신문왕 때 관리에게 관료전(수조권 행사만 가능)을 지급하고 녹읍(수조권 행사, 노동력 징발 가능) 폐지, 성덕왕 때 백성에게 정전 지급 • 수취 제도 : 조세(생산량의 10분의 1 수취), 공물(토산물 징수), 역(15세 이상 60세 미만의 남성을 대상으로 군역과 요역 부과) • 신라촌락문서 : 세금 징수와 노동력 동원을 목적으로 3년마다 작성, 촌락마다 토지 면적, 인구수, 소·말의 수 등 변동 사항 기록 `자료 1` • 상업 : 금성에 시장 추가 설치, 시장 감독 관청 개설
발해	• 수취 제도 : 조세, 공물, 역 • 경제생활 : 농업(밭농사 중심), 상업(수도 상경과 교통의 요충지에서 발달 → 말과 모피 등 수출), 수공업(금속 가공업과 직물업 등 발달)

(3) 고려의 수취 체제와 경제생활

① 토지 제도

역분전	태조 때 후삼국을 통일하는 과정에서 공을 세운 사람에게 지급함.
전시과 제도	• 내용 : 문무 관리 등에게 전지와 시지를 지급하고 수조권을 행사하게 함. • 변천 : 시정 전시과 → 개정 전시과 → 경정 전시과 `자료 2` • 원칙 : 관직 복무에 대한 대가로 준 것으로 관직에서 물러나거나 사망하면 국가에 반납하는 것이 원칙(단, 공음전 등 일부 세습 가능한 토지 존재)

② 수취 제도

조세	토지를 비옥도에 따라 3등급으로 나누어 생산량의 10분의 1 징수
공물	가호를 단위로 토산물 징수
역	16세 이상 60세 미만의 양인 남성을 대상으로 군역과 요역 부과

③ 경제생활

농업	시비법 발달로 휴경지 축소, 밭농사에 2년 3작의 돌려짓기 보급, 남부 일부 지방에 모내기법 실시, 고려 후기 원에서 들여온 목화 재배 시작
수공업	고려 전기 관청 수공업, 소 수공업 중심 → 고려 후기 민영 수공업, 사원 수공업 발달
상업	개경과 대도시에 시전 및 관영 상점 설치, 삼한통보·활구(은병) 등 화폐 발행
사회 제도	의창(빈민 구제 기관), 상평창(물가 조절 기관) 등 설치

`자료 1` 신라촌락문서

(사해점촌은) 둘레가 5,725보이다. 호수는 모두 11호이다. …… 이 중 3년 전부터 살아온 사람과 지난 3년 사이에 태어난 사람을 합하면 145명이다. …… 말은 모두 25마리인데 이전부터 있었던 것이 22마리이고 지난 3년 사이에 늘어난 말이 3마리다.

신라촌락문서는 1933년 일본 도다이사의 쇼소인(정창원)에서 발견되었다. 통일 신라의 5소경 중 서원경에 속한 촌을 비롯한 4개 촌락의 토지 면적, 인구 구성, 가축의 수 등이 상세하게 기록되어 있다.

`자료 2` 전시과 제도의 변천

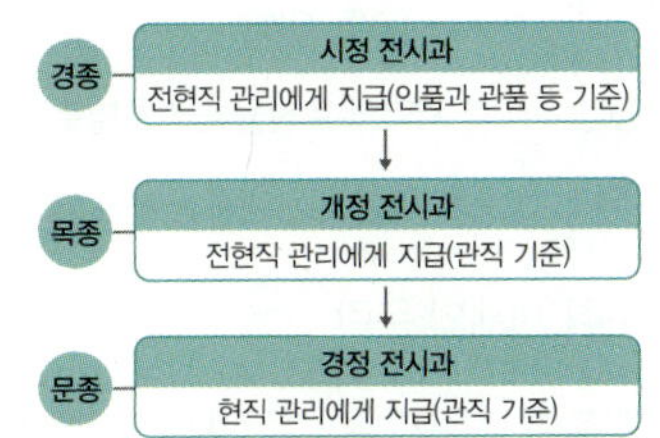

전시과는 처음에는 인품과 관품 등을 기준으로 지급하였으나, 통치 체제가 정비되면서 관직의 높낮이에 따라 지급하도록 개정되었다. 또한 관리들에게 수조권을 나누어 줄 토지가 부족해지자 현직 관리에게만 지급하는 것으로 바뀌었다.

용어 알기

수조권(거둘 收 조세 租 권리 權)
토지에 부과된 조세를 국가 대신 거두어들일 수 있는 권리

시비법(퍼뜨릴 施 비료 肥 법 法)
논과 밭에 거름을 주는 방법

2 조선 전기의 수취 체제와 경제생활

(1) 토지 제도의 변화

① 과전법 [자료 3]
- 내용 : 관직 수행의 대가로 경기 지방의 토지에 대한 수조권을 전현직 관리에게 지급
- 특징 : 받은 사람이 죽으면 국가에 반납하는 것이 원칙

② 직전법
- 배경 : 세습되는 토지(수신전·휼양전 등)의 증가로 지급할 토지 부족
- 내용 : 세조 때 현직 관리에게만 토지의 수조권 지급

③ 관수 관급제
- 배경 : 관리들이 수조권을 남용하여 과다하게 수취하는 문제 발생
- 내용 : 성종 때 관청에서 수확량을 조사하여 징수한 후 해당 관리에게 지급

④ 직전법 폐지 : 16세기 중엽에 수조권 지급 제도 폐지, 관리에게 녹봉(돈이나 곡식, 비단 등)만 지급

(2) 수취 체제의 운영과 변화

① 수취 체제의 정비

전세 (조세)	• 초기 : 과전법 체제에서 수확량의 10분의 1 징수(1결당 최대 30두) • 세종 : 토지의 비옥도와 풍흉을 기준으로 차등 징수하는 전분6등법·연분9등법 시행(1결당 4~20두 징수)
공납	각 지역의 토산물을 가호별로 징수
역	16세 이상 정남에게 군역과 요역 부과

② 수취 체제의 문란

전세(조세)	지주가 내야 할 전세를 소작인에게 강요
공납	공물 징수 과정에서 관리와 상인이 결탁해 공물을 대신 납부하고 농민에게 본래 물품 가격보다 과도한 대가를 징수하는 방납의 폐단 심화
군역	다른 사람을 사서 역을 대신하게 하는 대립과 포를 내고 군역을 회피하는 방군수포가 성행

(3) 조선 전기의 경제생활

① 농본주의 정책 : 국가 재정 확충과 민생 안정을 위해 농업을 중시하는 정책 추진 [자료 4], 검약한 생활을 강조하는 유교적 경제관에 따라 상공업을 적절히 통제

② 경제생활

농업	• 세종 때 우리나라 풍토에 맞는 농사법을 정리한 『농사직설』 편찬 • 2년 3작 확산(밭농사), 남부 지방에 모내기법 확대(논농사) • 시비법 발달로 휴경지 감소, 목화 재배 확대
수공업	관청에 소속된 장인을 동원하여 물품을 제작하는 관영 수공업 발달
상업	• 한성에 시전 설치, 경시서에서 불법적인 상행위 감독 • 장시(15세기 후반 등장 → 16세기 중엽 전국으로 확대)

[자료 3] **과전법**

> 경기는 사방의 근본이니 과전을 설치하여 사대부를 우대한다. 무릇 수도에 거주하여 왕실을 시위하는 자는 직위의 고하에 따라 과전을 받는다. …… 토지를 받는 자가 죽은 후, 그의 아내가 자식이 있고 수신하는 자는 남편의 과전을 모두 물려받고 자식이 없이 수신하는 자의 경우는 반을 물려받는다. 부모가 모두 사망하고 그 자손이 유약한 자는 휼양전으로 아버지의 과전을 전부 물려받고, 20세가 되면 본인의 과에 따라 받는다. — 『고려사』 —

고려 말에 마련된 과전법은 경기 지방의 토지에 한해 관리에게 등급에 따라 수조권을 지급한 제도였다. 과전은 관리가 죽으면 국가에 반환해야 하였지만, 예외적으로 수신전과 휼양전 등은 세습이 가능하였다. 관리가 죽으면 그 부인에게 생활 대책으로 준 토지를 수신전, 죽은 관리의 어린 자녀에게 준 토지를 휼양전이라고 한다.

[자료 4] **농본주의 정책**

> 농업과 양잠은 의식(衣食)의 근원이고 백성의 생명에 관계되는 것이니, 여러 도의 관찰사로 하여금 군현을 나누어 독려하게 하라. — 『태조실록』 —

조선은 건국 초부터 농업을 국가 경제의 근본으로 삼았다. 이에 따라 토지 개간을 장려하여 농경지를 확대하고 저수지 등 수리 시설을 확충하여 농업 생산력을 늘리려고 노력하였다.

용어 알기

방납(막을 防 바칠 納)
하급 관리나 상인 등이 나라에 공물을 대신 바치고 백성들에게 높은 대가를 받아 낸 행위

방군수포(놓을 放 군사 軍 거둘 收 베 布)
군사들을 집으로 돌려보내고 그 대가로 베를 거두어들인 제도

❸ 조선 후기의 수취 체제 개편과 상품 화폐 경제의 발달

(1) 조선 후기의 수취 체제 개편

① 영정법

배경	전분6등법, 연분9등법이 원칙대로 시행되지 못해 관행적으로 최저율의 세액 적용
내용	인조 때 풍흉에 관계없이 토지 1결당 쌀 4~6두 징수
결과	전세 인하로 지주의 부담 감소, 토지가 없는 농민에게 큰 도움이 되지 못함.

② 대동법 [자료 5]

배경	방납의 폐단 심화
시행	광해군 때 경기도에 처음으로 실시 → 양반 지주들의 반대로 전국적으로 시행되는 데 100여 년 소요
내용	공물을 토산물 대신 토지 결수에 따라 쌀(1결당 12두), 무명, 베, 동전 등으로 징수
결과	왕실과 관청에 물품을 납품하는 공인 성장, 상품 화폐 경제의 발달에 기여

③ 균역법

배경	군포 징수 과정에서 규정보다 많이 징수하는 문제 발생(백골징포, 황구첨정, 인징, 족징 등)
내용	영조 때 군포 부담을 1필로 축소, 줄어든 군포 수입을 보충하기 위해 지주에게 결작 부과(1결당 2두), 부유한 상민에게 선무군관포 징수
결과	농민의 군포 부담이 일시적으로 감소 → 결작이 소작인에게 전가되고 군포 징수 과정에서 폐단이 지속되면서 농민의 부담은 다시 증가

(2) 조선 후기의 경제생활

농업	• 모내기법(이앙법)의 확산 : 잡초 제거에 드는 노동력 절감, 단위 면적당 생산력 증대, 벼와 보리의 이모작 확대 • 광작 : 모내기법으로 절감된 노동력을 활용하여 1인당 경작 면적 확대 • 상품 작물 재배 : 쌀의 상품화 진전, 인삼·면화·담배·채소 등의 재배 확대
수공업	• 배경 : 도시 인구의 증가, 대동법의 시행으로 수공업 제품의 수요 증대 • 내용 : 관영 수공업이 쇠퇴하고 민영 수공업 발달, 선대제 수공업이 성행
광업	• 배경 : 민영 수공업의 발달에 따른 광물의 수요 증대, 청과의 무역 증대 • 내용 : 정부가 민간의 광산 채굴 허용, 은광 개발 활발
상업 [자료 6]	• 배경 : 농업·수공업·광업의 생산력 증대, 대동법 시행에 따른 공인의 활동, 도시 인구 증가 • 사상의 성장 : 정조 때 육의전을 제외한 시전 상인의 금난전권 폐지로 사상(경강상인, 송상 등)이 성장, 일부 사상은 독점적 도매상인인 도고로 성장 • 장시 : 18세기 말 이후 전국적 유통망 형성, 일부 장시는 상설 시장으로 발달, 보부상이 활발하게 활동 • 화폐 유통 : 숙종 이후 상평통보의 전국적 유통
대외 무역 [자료 6]	• 공무역인 개시와 사무역인 후시가 발달 • 청과의 무역 : 책문, 중강, 경원 등 국경 지대를 중심으로 무역 • 일본과의 무역 : 부산포에 설치한 왜관을 통해 무역 • 무역 상인 : 만상(의주를 중심으로 대청 무역), 내상(동래를 중심으로 대일 무역), 송상(청과 일본을 연결하는 중계 무역)

[자료 5] 대동법

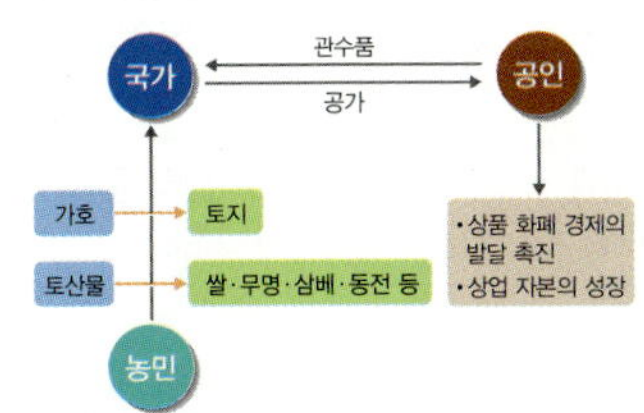

조선 후기에 공물을 토지 결수에 따라 쌀, 무명이나 베, 동전 등으로 징수하는 대동법이 실시되었다. 국가에 필요한 물품을 조달하던 공인의 활동은 상품 화폐 경제 발달에 영향을 주었다.

[자료 6] 조선 후기 상업과 대외 무역

조선 후기에는 국내 상업이 발달하면서 청과 일본을 상대로 한 대외 무역이 발달하였다. 이를 통해 부를 축적한 만상, 송상, 내상 등 대상인이 성장하였다.

1 고대와 고려의 수취 체제와 경제생활

관료전	통일 신라의 신문왕 때 관직 복무의 대가로 관리에게 지급한 토지. 조세를 거둘 수 있는 수조권만 지급함.
신라 촌락문서	통일 신라 때 세금 징수와 노동력 동원을 목적으로 3년마다 작성된 문서
전시과 제도	고려 시대에 문무 관리 등에게 전지와 시지를 지급하고 수조권을 행사하게 한 제도

2 조선 전기의 수취 체제와 경제생활

과전법	고려 말에 마련되어 조선 시대에 운영된 토지 제도. 경기 지방의 토지에 대한 수조권을 전현직 관리에게 지급함.
『농사직설』	세종 때 우리나라 풍토에 맞는 농사법을 정리하여 편찬한 농업 서적

3 조선 후기의 수취 체제 개편과 상품 화폐 경제의 발달

대동법	공물을 토산물 대신 토지 결수에 따라 쌀, 무명, 베, 동전 등으로 납부하게 한 제도
균역법	영조 때 백성의 군포 부담을 1필로 줄여 준 제도
모내기법 (이앙법)	벼농사에서 모판에서 싹을 틔운 모를 논에 옮겨 심는 농법
상평통보	숙종 때 제작하여 전국적으로 유통된 조선의 화폐

☑ 개념 체크

01 빈칸에 들어갈 알맞은 말을 쓰시오.

① 신문왕은 관리에게 수조권 행사가 가능한 토지인 (   )을/를 지급하였다.

② 세종 때 우리나라 풍토에 맞는 농사법을 정리한 (   )이/가 편찬되었다.

③ 대동법의 실시로 국가에 필요한 물품을 조달하던 (   )이/가 성장하였다.

④ 정조 때 육의전을 제외한 시전 상인의 (   )이/가 폐지되었다.

02 옳은 내용에는 ○표, 틀린 내용에는 ×표를 하시오.

① 성덕왕은 백성들에게 정전을 지급하였다. (   )

② 고려는 문무 관리 등에게 전지와 시지의 소유권을 지급하는 전시과 제도를 시행하였다. (   )

③ 영조는 영정법을 실시하여 농민의 군포 부담을 1필로 줄여 주었다. (   )

▶ 242016-0055

01 (가) 문서가 작성된 목적으로 가장 적절한 것은?

> 일본 도다이사 쇼소인(정창원)에서 발견된 [(가)]은/는 통일 이후 신라 촌락의 경제 상황을 보여 주는 중요한 자료이다. [(가)]에는 사해점촌을 비롯한 4개 촌락의 이름, 토지의 종류 및 면적, 호구 수, 가축 및 나무의 종류와 수 등이 상세히 기록되어 있다.

① 상공업의 진흥
② 삼정의 문란 시정
③ 세금 징수와 노동력 동원
④ 권문세족의 권력 기반 약화
⑤ 중국과의 활발한 문물 교류

▶ 242016-0056

02 (가) 토지 제도에 대한 설명으로 옳은 것은?

> 경작지의 면적을 헤아려 기름지고 메마른 것을 나누었다. 문무 관리·군인·한인에 이르기까지 모두 전지와 시지를 나누어 주었다. 이를 [(가)](이)라 한다.

① 신문왕 때 폐지되었다.
② 관리에게 수조권을 지급하였다.
③ 신진 사대부의 경제 기반이 되었다.
④ 수신전, 휼양전의 세습을 허용하였다.
⑤ 노동력을 징발할 수 있는 권리를 부여하였다.

▶ 242016-0057

03 다음 화폐를 발행한 국가에서 볼 수 있는 모습으로 가장 적절한 것은?

▲ 삼한통보

▲ 활구(은병)

① 농사직설을 읽고 있는 수령
② 담배, 인삼을 재배하는 농민
③ 책문 후시에서 무역 활동을 하는 만상
④ 제작한 물품을 공물로 납부하는 소의 주민
⑤ 산둥반도의 신라방으로 가기 위해 배를 타는 유학생

04 (가)에 들어갈 내용으로 가장 적절한 것은?

▶ 242016-0058

> 과전법은 경기 지역의 토지에 한하여 전현직 관리에게 등급에 따라 수조권을 지급하는 제도였다. 과전은 받은 사람이 죽으면 국가에 반납하는 것이 원칙이었으나, 일부 토지가 세습되면서 관리에게 나누어 줄 토지가 부족해졌다. 이에 세조는 _______(가)_______

① 관수 관급제를 시행하였다.
② 현직 관리에게만 토지를 지급하였다.
③ 공을 세운 사람에게 역분전을 나눠 주었다.
④ 관리들의 인품을 기준으로 토지를 분급하였다.
⑤ 관리에게 녹봉을 지급하고 수조권을 폐지하였다.

05 다음 자료를 활용한 탐구 주제로 가장 적절한 것은?

▶ 242016-0059

> • 공물을 방납하는 폐단이 날로 심해져 각 고을에서 생산되는 물건이라도 방납인들이 먼저 대신 납부합니다. 그런 후에 값을 마구 올려 10배의 이익을 취하니, 이것은 백성들의 피땀을 짜내는 것입니다.
> • 나라의 100여 년에 걸친 고질 병폐로서 가장 심한 것은 군역이다. 한 집안의 부자, 조손(祖孫)이 군적에 한꺼번에 기록되어 있거나 3~4명의 형제가 한꺼번에 군포를 납부해야 한다. 또한 황구(黃口)는 젖 밑에서 군정으로 편성되고, 백골(白骨)은 지하에서 징수를 당하며 한 사람이 도망하면 열 집이 보존되지 못한다.

① 무신 정변의 배경
② 고려 문벌 사회의 동요
③ 신라 말 호족 세력의 성장
④ 조선 시대 수취 체제의 문란
⑤ 고려 후기 전민변정도감의 활동

06 밑줄 친 '방법'으로 옳은 것은?

▶ 242016-0060

> 양역을 절반으로 줄이라고 명하였다. "구전은 한 집안에서 거둘 때 주인과 노비의 명분이 문란해진다. 결포는 이미 정해진 세율이 있어 더 부과하기 어렵다. …… 이제는 1필로 줄이는 것으로 온전히 돌아갈 것이니, 경들은 1필을 줄였을 때 생기는 세입 감소분을 보충할 방법을 강구하라."라고 하였다.

① 진대법을 실시하였다.
② 토지 1결당 2두의 결작을 거두었다.
③ 풍흉에 따라 9등급으로 세액을 정하였다.
④ 토지 결수에 따라 쌀, 무명, 동전 등을 징수하였다.
⑤ 육의전을 제외한 시전 상인의 금난전권을 폐지하였다.

07 (가)에 해당하는 농법을 쓰시오.

▶ 242016-0061

> 조선 후기에는 논농사에서 __(가)__ 이/가 전국적으로 확산하였다. __(가)__ 의 실시로 벼와 보리의 이모작이 가능해져 농업 생산력이 더욱 늘어났다. 또한 김매기를 위한 노동력이 줄어들어 개인의 경작 규모가 늘어나는 광작 현상이 나타났다.

(   )

08 다음 자료에 나타난 시기의 경제 상황으로 옳은 것은?

▶ 242016-0062

> 돈은 천하에 유통되는 재화이므로 허적과 권대운 등의 대신이 돈을 만들자고 하였다. 이에 임금께서 호조 등의 관청으로 하여금 상평통보를 주조하여 돈 4백문을 은 1냥의 가치로 정해 시중에 유통시키도록 하였다.

① 청해진이 설치되었다.
② 목화 재배가 시작되었다.
③ 일부 상인이 도고로 성장하였다.
④ 수도에 동시라는 시장이 개설되었다.
⑤ 송의 상인들이 벽란도에 와서 무역하였다.

03 신분제와 사회 구조

1 고대의 신분제와 사회 구조

(1) 신분제의 성립
① 청동기 시대 : 계급 발생 → 지배층 사이 위계 서열이 신분제로 발전
② 고조선 : 8조법에서 노비의 존재 확인 가능
③ 부여 · 초기 고구려 : 가 · 대가(읍락을 지배), 호민(경제적으로 부유), 하호(농업에 종사), 노비 존재 [자료 1]
④ 삼국 시대

귀족 및 관인층	• 정치권력 독점, 사회적 · 경제적 특권 누림. • 신라의 골품제 : 지배층 대상의 신분제 → 정치 · 사회 활동의 범위 엄격히 제한
평민	농업 등 각종 생산 활동에 종사, 국가에 조세와 공물을 납부하고 요역과 군역을 부담
천민	• 대부분은 노비로 왕실과 관청, 귀족에 예속되어 각종 노역에 종사, 재산으로 간주되어 매매 · 증여 · 상속 가능 • 주로 전쟁 포로로 잡혀 오거나 범죄를 지었을 경우 또는 귀족에게 진 빚을 갚지 못한 경우 노비로 전락

자세히 살펴보기 · 신라의 골품제

관 등		골 품				복색
등급	관 등 명	진골	6두품	5두품	4두품	
1	이벌찬					자색
2	이 찬					
3	잡 찬					
4	파 진 찬					
5	대 아 찬					
6	아 찬					비색
7	일 길 찬					
8	사 찬					
9	급 벌 찬					
10	대 나 마					청색
11	나 마					
12	대 사					황색
13	사 지					
14	길 사					
15	대 오					
16	소 오					
17	조 위					

▲ 골품과 관등표

골품제는 신라가 중앙 집권적 고대 국가로 발전하는 과정에서 형성된 신분제이다. 경주에 거주하는 왕족을 비롯한 신라의 지배층을 세분하기 위해 만들어진 것으로 성골과 진골이라는 '골'과 6두품에서 1두품에 이르는 '품'으로 편성되었다. 신라는 골품제를 운영하여 골품에 따라 개인의 정치 활동과 사회 활동의 범위를 엄격하게 제한하였다. 골품제는 관등제와 밀접하게 연관되어 있어 진골은 대아찬 이상까지 오를 수 있었지만, 6두품은 아무리 능력이 뛰어나도 아찬까지만 승진할 수 있었다. 또한 가옥의 규모와 장신구의 재료는 물론 복색이나 수레 등 일상생활도 규제하였다.

(2) 신라 골품제의 변화 : 통일 전후 변화 나타남.

성골 · 진골	최고 신분층, 국가 중대사 결정 → 통일 무렵 성골 소멸
6두품	• 학문적 식견과 실무 능력을 바탕으로 성장 • 골품제로 승진 제한에 불만 → 일부는 당에 건너가 활동, 신라 말 지방 호족과 함께 새로운 사회 건설 모색 [자료 2]
3~1두품	점차 평민처럼 간주됨.

(3) 발해의 신분제
① 신분 구성 : 지배층인 귀족 및 관인층, 피지배층인 평민, 천민으로 구분
② 특징 : 왕족과 귀족은 고구려 유민이 다수, 평민은 말갈인이 다수를 차지

자료 1 · 부여 · 초기 고구려의 사회 구조

• (부여에서는) 읍락에 호민이 있고, 하호라고 불리는 이들은 모두 노복과 같았다.
• 그 나라(고구려)의 대가는 농사를 짓지 않으며 앉아서 먹는 인구가 만여 명이나 되는데, 하호들이 먼 곳에서 식량과 생선, 소금을 갖다가 그들에게 바친다.
– 『삼국지』 위서 동이전 –

부여나 고구려의 읍락에서는 경제적으로 부유한 호민이 하호를 지배하였다. 그리고 이런 읍락들을 중앙의 가들이 나누어 다스렸다. 하호는 노비가 아니었지만, 사회 · 경제적으로 매우 열악한 처지에 있었다.

자료 2 · 신라 말 6두품의 동향

최치원이 당에 유학하여 얻은 바가 많아 (신라에 돌아와) 자기 뜻을 행하려고 하였으나 신라가 쇠퇴하던 때여서 의심과 시기가 많아 용납되지 않았다. …… 방랑하면서 책을 읽고 시를 읊었다. – 『삼국사기』 –

6두품 출신의 유학자인 최치원은 당에 유학하였다가 돌아와 신라 말의 어지러운 사회를 개혁하기 위한 새로운 정치 이념을 제시하였다. 그러나 신분적 한계에 가로막히자 좌절하고 은거하였다. 한편 신라 말 6두품 세력 중 일부는 골품제 사회를 비판하면서 지방의 호족 세력과 연계하여 새로운 사회 건설을 추구하였다.

용어 알기

하호(아래 下 집 戶)
부여, 초기 고구려에서 농업에 종사하는 평민을 일컫는 말

골품제(뼈 骨 품계 品 제도 制)
신라 지배층을 대상으로 한 신분 제도

---

2 고려의 신분제와 사회 구조

(1) 고려의 신분제 : 법적으로 양인과 천인으로 구분(양천제)

양인	지배층	• 왕족, 중앙의 문무 고위 관리 : 과거·음서로 관직 진출 → 일부 문벌 형성 • 상급 향리 : 호장, 부호장이 되어 지방의 행정 실무 총괄, 과거를 치러 중앙 관직에 진출 가능
		중간 계층 : 서리(중앙 관청의 말단 행정), 남반(궁중 업무), 하급 향리(지방 행정), 하급 장교 등 → 직역의 대가로 국가로부터 토지를 받음, 자손에게 신분 세습
	피지배층	• 농민 : 일반 군현에 거주, 백정이라 불림, 조세·공납·역 부담, 법적으로 과거 응시 가능 • 상인, 수공업자 : 중농 정책으로 농민보다 낮은 대우 • 향·부곡·소의 주민 : 일반 군현민보다 많은 세금 부담, 거주지 이전 금지, 과거 응시 제한
천인		• 노비 : 천인의 대다수 차지, 재산으로 간주되어 매매·상속·증여 가능 • 노비의 종류 : 공노비(입역 노비, 외거 노비), 사노비(솔거 노비, 외거 노비) 자료3 • 노비의 신분 세습 : 부모 중 한쪽이 노비이면 그 자녀도 노비가 됨.

(2) 신분 변동 자료4

특징	신라 골품제 사회보다 개방적 → 제한적으로 신분 변동 가능
사례	하급 장교가 전공을 세워 무관으로 상승, 백정이 잡과에 합격하거나 하급 장교로 선발되어 중간 계층으로 성장, 노비가 재산을 모아 주인에게 값을 치르거나 큰 공을 세워 양인이 됨, 향·부곡·소가 일반 군현으로 승격되거나, 일반 군현이 향·부곡·소로 강등되기도 함.

(3) 가족 제도와 여성의 지위

① 가족 제도 : 대체로 일부일처제의 형태, 처가살이가 일반화됨.

② 여성의 지위

특징	사회 활동은 제약을 받았으나, 가족생활에서는 남성에 비해 큰 차별을 받지 않음.
내용	여성도 호주가 가능함, 남녀 구별 없이 태어난 순서대로 호적에 기재함, 여성의 재가가 비교적 자유로움, 재혼한 여성의 자손이 차별받지 않음, 자녀에게 재산을 고르게 상속함, 부모 봉양과 제사도 자녀가 동등하게 부담함, 외가와 친가를 차별하지 않고 모두 중시함.

 고려 시대 여성의 지위

> • 원통 원년 계유년(1333) 남부 덕산리 호주 낙랑군 부인 최씨는 나이 60세로 갑술년생이다. 본관은 경주이다.   – 『여주 이씨 세보』 –
> • 지금은 장가갈 때 남자가 처가로 가게 되어 무릇 자기의 필요한 것을 다 처가의 힘을 빌려 의지하니, 장인·장모의 은혜가 부모와 같습니다.   – 이규보, 『동국이상국집』 –

고려 시대의 여성은 사회 활동에는 제한이 있었지만 일상생활에서는 남성과 거의 대등한 위치에 있었다. 고려 시대의 여성은 호주가 될 수 있었고, 결혼한 후 친정에서 남편과 함께 사는 경우도 많았다. 하지만 역할이 가족 내로 한정되어 있어 관직 진출 등에 제한을 받았다.

자료3 고려 시대 노비의 종류

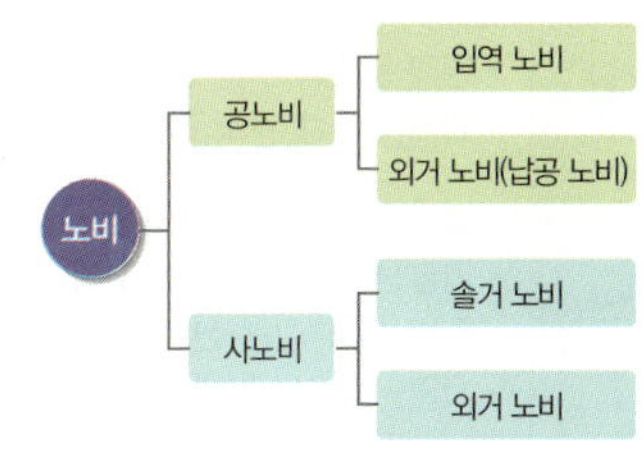

고려 시대 노비는 국가 기관이 소유한 공노비와 개인이 소유한 사노비로 나뉘었다. 공노비는 관청의 잡역에 종사하는 입역 노비와 농업에 종사하며 주인에게 신공을 바치는 외거 노비가 있었다. 사노비는 주인과 같이 살면서 잡일을 하는 솔거 노비와 주인과 따로 살며 신공을 바치는 외거 노비가 있었다.

자료4 고려의 신분 변동

> 평량은 평장사 김영관의 노비이다. 견주에 살면서 농사에 힘써 부자가 되었다. 권세가에게 뇌물을 주고 천인의 신분을 벗어나 양인이 되었으며, 산원동정(하급 명예직) 벼슬을 받았다.   – 『고려사』 –

고려는 엄격한 신분제 사회였지만, 제한적으로 신분 변동이 가능하였다. 노비 중 일부는 재산을 모아 주인에게 값을 치러 양인으로 신분을 상승시킬 수 있었다. 이러한 사실은 고려 사회가 신라의 골품제 사회보다 개방적이었음을 보여 준다.

용어 알기

호장(집 戶 어른 長)
향리의 우두머리로, 해당 고을의 향리들을 통솔하고 행정 실무를 총괄함.

호주(집 戶 주인 主)
한집안의 주인으로서 가족을 거느리며 부양하는 일에 대한 권리와 의무가 있는 사람

❸ 조선의 신분제와 사회 변화

(1) 조선의 신분제 [자료5]

양반	• 원래 문반과 무반 관리를 의미 → 점차 그 가족과 가문까지 범위 확대 • 과거를 통해 관직 진출, 각종 국역 면제, 과전·녹봉을 받아 풍요로운 생활
중인	• 넓은 의미로 양반과 상민의 중간 계층, 좁은 의미로 잡과로 선발된 기술관을 의미 • 기술관(역관, 의관 등)과 하급 관리(서리, 향리) : 전문 기술이나 행정 실무 능력을 바탕으로 직역 세습, 같은 신분끼리 혼인 • 서얼 : 양반의 첩에게서 태어난 자손, 중인과 비슷한 대우, 문과 응시 금지
상민	• 농민, 수공업자, 상인 등에 해당 • 대부분 농민으로 전세·공납·역의 의무를 부담, 법적으로 과거를 통한 관직 진출이 가능하였으나, 현실적으로 과거 응시는 어려움. • 신량역천: 신분은 양인이나 천역을 담당(수군, 봉수군, 역졸 등)
천민	• 노비가 대다수 차지, 백정, 광대, 무당 등도 천민으로 간주 • 노비 : 재산으로 취급(매매, 상속, 증여의 대상), 부모 중 한쪽이 노비면 그 자녀도 노비가 됨. • 노비의 종류 : 공노비(관청에서 일하거나 정해진 액수의 신공을 바침.), 사노비(솔거 노비, 외거 노비) → 사노비 중 외거 노비는 주인과 떨어져 생활하며 재산을 소유(일반 농민과 비슷한 생활)

(2) 조선 후기 신분제의 동요

① 계층 분화

양반층	붕당 정치의 변질로 다수 양반 몰락 → 향반, 잔반으로 몰락
상민층	농업 생산력 증대, 상품 화폐 경제 발달 → 일부 농민은 광작으로 부를 축적, 다수의 농민은 소작농, 임노동자, 영세 상인으로 전락

② 신분 상승을 위한 노력

중인층	• 서얼 : 청요직 진출 허용을 요구하는 집단 상소 운동 전개 → 일부는 정조 때 규장각 검서관에 기용됨. [자료6] • 기술직 중인 : 관직 진출 제한을 없애 달라는 대규모 소청 운동 전개
상민층	납속책과 공명첩 이용, 족보 구매·위조 등의 방법으로 신분 상승
천민층	도망을 가거나 납속책 혹은 군공으로 신분 상승

③ 결과 : 양반의 수 증가, 상민과 노비의 수 감소 → 정부는 양인을 늘리기 위해 영조 때 노비종모법(아버지가 노비라도 어머니가 양인이면 그 자녀를 양인으로 삼는 제도) 실시, 순조 때 공노비 해방

(3) 향촌 지배 질서의 변화

① 배경 : 양 난 이후 사족 중심의 향촌 질서 약화, 일부 부농층이 향촌 사회에서 영향력 확대

② 향전 : 새로이 성장한 부농층(신향)이 수령과 결탁하여 향촌 지배권 장악 시도 → 기존 지배층인 구향과 향촌의 지배권을 둘러싸고 향전 전개

③ 결과 : 사족의 향촌 지배권 약화, 수령의 권한 강화, 사족의 이익을 대변하던 향회는 수령의 조세 부과를 자문하는 기구로 변화

[자료5] 조선의 신분 구조

조선은 양천제를 법제화하여 백성을 자유민인 양인(조세와 국역 부담, 과거 응시 가능)과 비자유민인 천인(각종 천역 담당, 관직 진출 불가능)으로 나누었다. 그러나 양반과 상민을 구분하는 반상제가 일반화되면서 조선의 신분 구조는 양반, 중인, 상민, 천민의 4신분제로 정착되었다.

[자료6] 서얼의 신분 상승 운동

> 유생 황경헌 등이 상소하기를 "적자와 서자의 구별은 한 집안에서만 통용되어야 할 것입니다. …… 저희들은 한번 낮아진 신분이 대대로 후손에게 이어져 영구히 서족이 되어 훌륭한 임금이 다스리는 세상임에도 그저 버려진 사람들이 되어 있습니다."라고 하였다.
> – 『정조실록』 –

양반의 자제이면서도 주요 관직에 진출할 수 없었던 서얼은 제한과 차별을 철폐할 것을 요구하는 집단 상소를 올렸다. 이러한 운동은 성과를 거두어, 정조 때에는 이덕무, 유득공, 박제가 등이 규장각 검서관으로 등용되기도 하였다.

용어 알기

신량역천(신분 身 양인 良 일 役 천할 賤)
신분은 양인이지만 천한 일을 하는 계층

납속책(바칠 納 곡식 粟 정책 策)
국가의 재정 부족을 해결하기 위해 곡식을 바치게 하고 그 대가로 일정한 혜택을 주던 정책

📝 필수 개념

1 고대의 신분제와 사회 구조

신분	혈통이나 가문 등에 따라 구분되는 사람의 지위나 자격 등으로 대대로 세습되면서 개인의 정치적·사회적 활동 범위 등을 제한함.
골품제	신라의 지배층을 대상으로 한 폐쇄적 신분제로 성골과 진골, 6두품~1두품으로 구분됨.

2 고려의 신분제와 사회 구조

문벌	여러 대에 걸쳐 고위 관리를 배출하고 폐쇄적인 혼인 관계를 맺으면서 형성된 지배층
백정	고려 시대에 특정한 직역을 가지지 않고 농업에 종사하던 일반 백성

3 조선의 신분제와 사회 변화

서얼	양반의 양인 첩에서 태어난 '서자'와 천민 출신 첩에서 태어난 '얼자'를 함께 부르는 말
납속책	국가의 재정 부족을 해결하거나 구호 사업을 위해 곡물을 바치게 하고, 그 대가로 일정한 혜택을 주던 정책
공명첩	이름 적는 곳이 비어 있는 명목상의 관직 임명장으로, 임진왜란 이후 부족한 재정을 보충하기 위해 조선 정부가 발급함.
노비종모법	아버지가 노비라도 어머니가 양인이면 그 자식은 양인이 되도록 한 법

☑ 개념 체크

01 빈칸에 들어갈 알맞은 말을 쓰시오.

① 부여, 초기 고구려에서는 농업에 종사하는 평민을 (　　　)(이)라고 하였다.

② 고려 시대의 (　　　)은/는 여러 대에 걸쳐 고위 관리를 배출하고 폐쇄적인 혼인 관계를 맺으며 형성된 지배층을 말한다.

③ 조선은 영조 때 아버지가 노비라도 어머니가 양인이면 그 자녀도 양인이 되게 하는 (　　　)을/를 실시하였다.

02 옳은 내용에는 ○표, 틀린 내용에는 ×표를 하시오.

① 신라는 골품제를 운영하여 골품에 따라 개인의 정치 활동 범위를 제한하였다. (　　　)

② 고려 시대에 특정한 직역을 가지지 않고 농업에 종사하는 이들을 향리라고 한다. (　　　)

③ 조선 후기에는 신향과 구향이 향촌 사회의 주도권을 두고 대립하는 향전이 벌어졌다. (　　　)

기본 문제

▶ 242016-0063

01 교사의 질문에 대한 학생의 답변으로 가장 적절한 것은?

이것은 고구려 고분 벽화에 등장하는 어느 귀족의 손님맞이 모습입니다. 집 주인이나 손님과 달리 상을 차리는 사람의 모습이 작게 묘사된 점이 특징입니다. 이 고분 벽화를 통해 추론할 수 있는 사실은 무엇일까요?

① 신분제가 존재하였어요.

② 풍수지리설이 유행하였어요.

③ 노비종모법이 시행되었어요.

④ 양반층의 계층 분화가 이루어졌어요.

⑤ 화랑도가 국가적 조직으로 개편되었어요.

▶ 242016-0064

02 다음 규제가 이루어졌던 국가의 모습으로 옳은 것은?

진골의 방은 길이와 너비가 24자를 넘지 못하고 장식 기와를 덮지 못하며, 겹처마를 만들지 못한다. …… 4두품에서 백성의 방은 길이와 너비가 15자를 넘지 못하고 느릅나무를 쓰지 못하며, 우물천장을 시설하지 못하고 장식 기와를 덮지 못한다.

① 귀족들이 제가 회의에 참가하였다.

② 교육 기관으로 주자감이 설립되었다.

③ 골품에 따라 관등 승진이 제한되었다.

④ 과거제를 통해 신분 이동이 가능하였다.

⑤ 훈구와 사림의 대립으로 사화가 발생하였다.

기본 문제

▶ 242016-0065

03 (가)에 들어갈 내용으로 옳은 것은?

〈한국사 스피드 퀴즈〉

① 양반 ② 백정 ③ 향리
④ 중인 ⑤ 6두품

▶ 242016-0066

04 다음 자료를 활용한 탐구 주제로 가장 적절한 것은?

- 명학소 사람 망이가 무리를 불러 모아서 공주를 공격하여 함락하자, 조정에서 그 소를 충순현으로 승격하고, 현령과 현위를 두어 달래었다.
- 평량은 평장사 김영관의 노비이다. 견주에 살면서 농사에 힘써 부자가 되었다. 권세가에게 뇌물을 주고 천인의 신분을 벗어나 양인이 되었으며, 산원동정(하급 명예직) 벼슬을 받았다.

① 고려 문벌 사회의 모순
② 고려 사회의 신분 변동
③ 신라 말 지방 호족의 성장
④ 통일 신라의 민족 융합 정책
⑤ 조선 후기 신분 질서의 동요

▶ 242016-0067

05 (가)에 대한 설명으로 옳은 것은?

양반의 자식이라도 첩에게서 태어난 (가) 은/는 문과에 응시할 수 없었으며, 대체로 중인과 비슷한 대우를 받았다.

① 거주 이전의 자유가 없었다.
② 매매, 상속, 증여의 대상이 되었다.
③ 스스로 성주 또는 장군이라 칭하였다.
④ 신분은 양인이지만 천역에 종사하였다.
⑤ 규장각 검서관으로 기용되기도 하였다.

▶ 242016-0068

06 (가)에 해당하는 단어를 쓰시오.

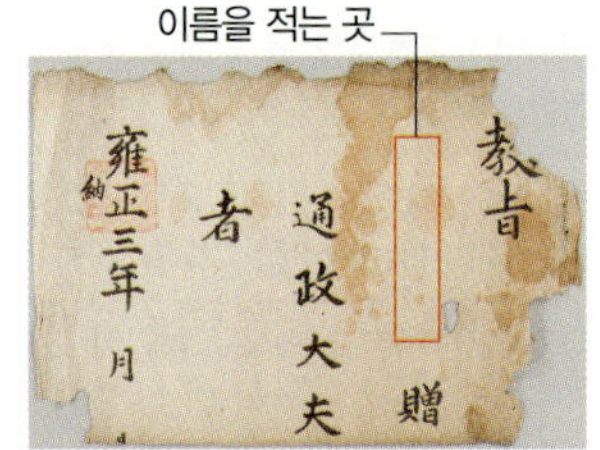

이것은 이름 적는 곳이 비어 있는 명목상의 관직 임명장인 (가) 이다. 조선 정부는 임진왜란 이후 재정 부족 문제를 해결하기 위해 곡식 등을 바친 사람에게 (가) 을/를 발급하였다.

(   )

▶ 242016-0069

07 다음 명령이 내려진 당시에 볼 수 있는 모습으로 가장 적절한 것은?

임금이 백성에게 임할 때는 귀천과 내외를 구별하지 않고 하나같이 나의 백성이니, '노(奴)'다, '비(婢)'다 하며 구분하는 것이 어찌 백성을 한결같이 보는 뜻이겠는가? 공노비 6만 6천여 명을 모두 양인으로 삼고, 승정원에 명하여 노비 문서를 모아 돈화문 밖에서 불태우도록 하라.

① 녹읍 폐지에 반발하는 귀족
② 만적과 봉기를 모의하는 노비
③ 무신 정변에 참여하는 하급 군인
④ 노비안검법의 시행을 알리는 관리
⑤ 족보를 위조하여 양반으로 신분이 상승한 상민

04 다양한 사상과 문화 교류

1 고대의 사상과 문화 교류

(1) 불교의 수용과 발달

삼국 시대	• 수용 : 고구려는 소수림왕, 백제는 침류왕 때 수용, 신라는 법흥왕 때 공인(이차돈의 순교) • 특징 : 왕권 강화(불교식 왕명 사용, 왕즉불 사상), 귀족 중심의 신분 질서 정당화(업설), 호국 불교(백제의 미륵사, 신라의 황룡사 9층 목탑 등 대규모 사찰·탑 건립)
통일 신라	• 원효 : 일심 사상과 화쟁 사상 주장, 아미타 신앙 전파(불교의 대중화에 기여) 자료1 • 의상 : 화엄 사상 정립(사회 통합에 기여), 영주 부석사 등 사찰 건립, 관음 신앙 전파 • 혜초 : 인도와 중앙아시아를 순례하고 『왕오천축국전』 저술 • 선종의 유행 : 신라 말 확산, 참선 수행을 통한 깨달음 중시, 지방 호족의 후원 • 불교문화의 발달 : 경주 불국사, 경주 석굴암 석굴, 승탑과 탑비 조성(선종의 영향)
발해	왕실과 귀족을 중심으로 성행, 고구려 불교 계승 → 발해 석등, 이불병좌상

(2) 유학의 도입과 발달

삼국 시대	고구려(태학, 경당 설립), 백제(오경박사 설치), 신라(임신서기석) 자료2
통일 신라	• 국학 설립(신문왕), 독서삼품과 마련(원성왕) • 도당 유학생 : 6두품 출신이 다수(최치원 등) → 골품제 비판
발해	6부 명칭을 유교 덕목으로 정함, 주자감 설립, 당에 유학생 파견(빈공과 합격)

(3) 도교와 풍수지리설의 유행

도교	불로장생과 현세의 이익 추구, 귀족 사회를 중심으로 유행 → 고구려(고분 벽화의 사신도), 백제(산수무늬 벽돌, 백제 금동 대향로 자료3)
풍수지리설	신라 말 선종 승려들이 소개 → 금성 중심 국토관에 변화, 지방 호족의 세력 확대에 이용

(4) 국제적 문화 교류

① 삼국과 가야

중국과의 교류	한자, 유학, 불교, 도교, 과학 등 수용
서역과의 교류	아프라시아브 궁전 벽화의 고구려 사신(추정), 신라 고분에서 출토된 유리그릇 등
일본과의 교류	백제(유교 경전, 불교·천문·역법·의술 등), 가야(토기), 고구려(종이·먹 제조 기술 등), 신라(조선술 등)의 문화 전파 → 아스카 문화 발전에 영향

② 통일 신라와 발해

서역과의 교류	통일 신라(아라비아 상인의 방문), 발해(소그드 은화 등 출토)
일본과의 교류	통일 신라(유교·불교문화), 발해(음악 등)의 문화 전수 → 하쿠호 문화 발전에 영향

자세히 살펴보기 **삼국 문화의 일본 전파**

삼국 시대의 금동 미륵보살 반가 사유상과 일본의 고류사 목조 미륵보살 반가 사유상이 유사한 점을 통해 삼국의 문화가 일본 고대 문화의 발전에 큰 영향을 끼쳤음을 알 수 있다.

◀ 금동 미륵보살 반가 사유상(좌), 고류사 목조 미륵보살 반가 사유상(우)

자료1 **원효의 불교 대중화**

> 원효가 노래를 지어 세상에 퍼뜨렸다. …… 가난하고 무지한 사람들도 부처의 이름을 알게 되었고, 모두 '나무(아미타불)'를 칭하게 되었으니 원효의 교화가 컸다. – 『삼국유사』 –

원효는 불교 교리를 쉬운 노래로 만들어 부르면서 아미타 신앙을 전파하여 불교 대중화에 기여하였다. 아미타 신앙은 내세에 아미타불이 있는 극락 세계에 다시 태어나기를 바라는 신앙이다.

자료2 **임신서기석**

임신서기석에는 신라의 두 청년이 유교 경전 공부에 힘쓸 것을 약속한 내용이 새겨져 있다. 이는 신라 시대 유학이 발달하였음을 보여 준다.

자료3 **백제 금동 대향로**

백제 금동 대향로는 불교와 도교의 상징을 정교하게 묘사하고 있다. 상단부 뚜껑에는 도교의 신선들이 살고 있다는 삼신산을, 하단부 몸체에는 불교를 상징하는 연꽃 봉오리를 표현하였다.

용어 알기

왕즉불(임금 王 곧 卽 부처 佛)
왕이 곧 부처라는 말

빈공과(손님 賓 바칠 貢 과거 科)
중국 당에서 외국인을 대상으로 보던 과거 시험

불로장생(아닐 不 늙을 老 길 長 날 生)
늙지 아니하고 오래 삶.

② 고려의 사상과 문화 교류

(1) 유학의 발달과 역사서의 편찬

① 유학의 발달

전기	광종(과거제 실시), 성종(최승로의 시무 28조 수용 → 유교 정치 이념 확립)
중기	문벌 사회가 안정되며 점차 보수화(최충, 김부식) → 무신 정변 이후 침체
후기	안향에 의해 본격적으로 성리학 소개 → 이제현이 원의 학자와 교류하며 성리학에 대한 이해 심화 → 고려 말 신진 사대부가 성리학을 개혁 사상으로 삼아 사회 모순 개혁에 앞장섬.

② 교육 기관의 설립

관학	중앙의 국자감, 지방의 향교
사학	최충의 9재 학당을 비롯한 사학 12도 융성 → 관학 교육 위축

③ 역사서의 편찬

중기	『삼국사기』(김부식) : 우리나라에서 현존하는 가장 오래된 역사서, 유교적 합리주의 사관 반영, 기전체 형식
후기	• 무신 정변과 몽골의 침입을 겪으며 자주 의식을 강조한 역사서 편찬 → 이규보의 『동명왕편』(고구려 계승 의식), 일연의 『삼국유사』와 이승휴의 『제왕운기』(단군을 우리 민족의 시조로 서술) 자료4 • 고려 말 정통성과 대의명분을 강조한 성리학적 유교 사관 대두 : 이제현의 『사략』

(2) 불교의 발달

① 숭불 정책 : 대규모 사찰 건립, 불교 행사 개최(연등회, 팔관회), 승과 제도와 국사·왕사 제도 실시

② 불교 통합·개혁 운동

의천	해동 천태종 창시(교종의 입장에서 선종 통합 시도), 교관겸수 제창
지눌	• 수선사를 중심으로 결사 운동 전개 자료5 • 선종을 중심으로 교종 포용(선교 일치의 사상 체계 확립), 돈오점수와 정혜쌍수 강조
요세	천태종 중심으로 백련사 결사 조직, 참회·수행 강조 → 지방민이 호응

(3) 도교와 풍수지리설의 유행

도교	국가의 안정과 왕실 번영 기원 → 국가 차원의 도교 행사(초제) 개최
풍수지리설	예언적 도참사상과 결합하여 널리 유행, 묘청의 서경 천도 운동과 남경 설치 등에 영향

(4) 고려의 문화유산 : 자기(상감 청자), 대장경(초조대장경, 팔만대장경), 불화(『수월관음도』), 불상(논산 관촉사 석조 미륵보살 입상), 석탑(개성 경천사지 10층 석탑)

(5) 고려의 문화 교류

전기	송(역사서와 불경, 자기 기술 등 도입), 거란(대장경 전래)과 교류
후기	원과 교류 → 만권당 설립(원의 학자와 교류), 문익점(목화 도입)·최무선(화약 제조)의 활약

자료4 **이승휴의 『제왕운기』**

> 환인에게 서자가 있었는데, 환웅이라고 하였다. (환인이 환웅에게) 이르기를, "내려가서 삼위태백에 이르러 널리 인간을 이롭게 하라."라고 하였다. …… 아이를 낳아 이름을 단군이라 하였다. (단군은) 조선 지역에 자리 잡고 왕이 되었다.

몽골 침략의 위기를 겪은 뒤 편찬된 『제왕운기』는 단군을 우리 민족의 시조로 서술하여 자주성을 드러냈다.

자료5 **지눌의 수선사 결사 운동**

> 하루는 같이 공부하는 사람 10여 인과 약속하였다. "마땅히 명예와 이익을 버리고 산림에 은둔하여 같은 모임을 맺자. 항상 선(禪)을 익히고 지혜를 고르는 데 힘쓰고, 예불하고 경전을 읽으며 힘들여 일하는 것에 이르기까지 각자 맡은 바 임무에 따라 경영한다."
> – 『권수정혜결사문』 –

무신 집권기에 지눌은 불교 본연의 모습을 찾으려는 신앙 결사 운동을 전개하였다. 그는 수선사 결사를 중심으로 독경, 참선, 노동에 고루 힘써야 한다는 개혁 운동을 펼쳐 개혁적인 승려와 지방민의 호응을 얻었다.

용어 알기

팔관회(여덟 八 관계할 關 모일 會)
불교와 다양한 토착 신앙이 어우러진 종교 행사

초제(제사 지낼 醮 제사 祭)
도교 의례의 하나로 국가와 왕실의 안녕을 위해 하늘에 지내는 제사

도참사상(그림 圖 예언 讖 생각 思 생각 想)
미래의 길흉화복을 예측하는 사상

3 조선의 사상과 문화 교류

(1) 조선 전기의 사상과 문화 교류

① 성리학의 발달

- 건국 초 : 민생 안정과 부국강병을 위해 성리학 이외의 학문과 사상도 수용 → 자주적인 문화 · 실용적인 과학 기술 발전

훈민정음 창제	백성들이 문자를 쉽게 익혀 자신의 의사를 표현하게 하려는 목적에서 세종 때 창제 · 반포 → 유교 윤리 보급, 서리의 행정 실무에 이용
과학 기술 발전	• 측정 기구 : 앙부일구 · 자격루(시간 측정), 측우기(강우량 측정) • 천문학 : 천상열차분야지도 제작(태조), 『칠정산』 편찬(세종, 한양 기준 역법서)

자세히 살펴보기 조선 전기 과학 기술의 발달

 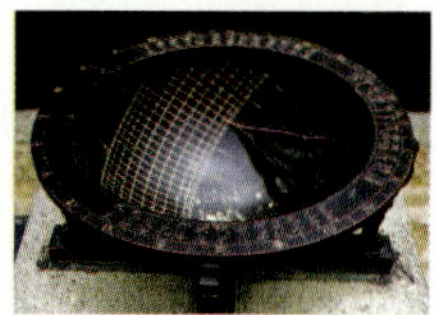 

조선 전기에는 부국강병과 민생 안정을 위한 실용적 학문이 발달하였다. 특히 농업과 밀접한 관련이 있는 천문학이 크게 발달하고, 각종 측정 기구들이 제작되었다.

▲ 천상열차분야지도　　▲ 앙부일구　　▲ 측우기

- 16세기 중반 이후 성리학 연구 심화 : 인간의 심성 문제 등 논의

이황	• 도덕적 행위의 근거로 심성 중시, 근본적이며 이상주의적 경향 • 『주자서절요』, 『성학십도』 저술 • 임진왜란 전후 이황의 사상이 일본에 전해져 에도 막부의 성리학 발달에 기여
이이	• 이황에 비해 현실적, 개혁적 경향 → 통치 체제의 정비와 수취 제도의 개혁 등 다양한 개혁 방안 제시 • 『동호문답』, 『성학집요』 저술

② 성리학적 사회 규범의 정착

- 유교 윤리 보급 노력 : 윤리 · 의례서 편찬(세종 때 『삼강행실도』 **자료6**, 성종 때 『국조오례의』), 『소학』과 『주자가례』 보급 → 향촌에서도 성리학적 사회 윤리 확산
- 서원과 향약의 확산

서원	• 설립 : 주세붕이 최초로 백운동 서원 설립 **자료7** • 기능 : 선현에 대한 제사와 교육 기능 담당 • 영향 : 지방 사족의 여론 형성, 사족의 권위 강화
향약	• 의미 : 향촌 사회의 전통적인 공동 조직에 유교 윤리를 결합한 향촌 자치 규약 • 기능 : 지방 사족 주도 → 풍속 교화, 향촌 질서 유지에 기여

③ 불교와 그 밖의 사상

불교	억불 정책(불교 사원이 소유한 토지와 노비 회수, 승려 수 제한)으로 위축
도교	위축되었으나 정부가 소격서를 설치하고 강화 참성단에서 초제를 거행하기도 함.
풍수지리설	한양 천도에 반영, 양반 묘지 선정에 영향

자료6 『삼강행실도』

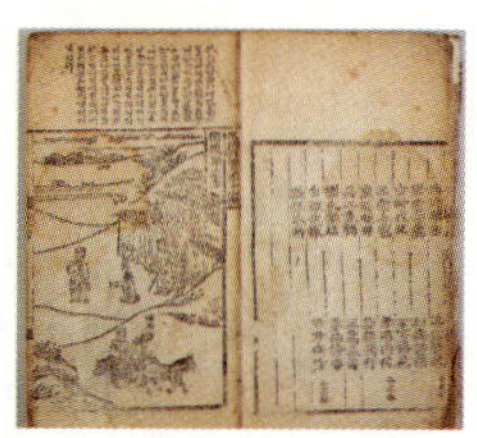

『삼강행실도』는 모범이 될 만한 충신과 효자, 열녀들을 뽑아 그 행적을 그림으로 그리고 설명을 덧붙인 윤리서이다. 세종 때 편찬되어 백성을 교화하는 기본 지침서로 널리 보급되었다.

자료7 서원

▲ 영주 소수 서원

서원은 사림의 주도로 지방에 건립된 교육 기관이다. 중종 때 주세붕이 세운 백운동 서원을 시작으로 각 지방에 많은 서원이 설립되었다. 국왕은 현판, 서적, 토지 등을 내려 서원의 활동을 지원하기도 하였다. 백운동 서원은 이황의 건의로 국왕으로부터 '소수 서원'이라는 현판을 받았다.

용어 알기

열녀(굳셀 烈 여자 女)
절개가 굳은 여자

억불(누를 抑 부처 佛)
불교를 억제함.

소격서(밝을 昭 격식 格 관청 署)
조선 시대에 도교의 초제를 맡아 보던 관청

(2) 조선 후기의 사상과 문화 교류

① 실학의 등장 : 성리학이 조선 후기의 사회 문제를 해결하는 데 한계 노출 → 실증적 연구 방법으로 사회 모순을 해결하려는 학문 경향 대두

농업 중심의 개혁론	• 특징 : 자영농 육성을 위한 토지 제도 개혁 주장 • 인물 : 유형원(균전론), 이익(한전론), 정약용(여전론) 자료8
상공업 중심의 개혁론	• 특징 : 상공업 진흥과 기술 혁신 강조, 청과의 교류를 통한 선진 문물 수용 주장(북학파) → 19세기 개화사상으로 계승 • 인물 : 유수원(직업적 평등 주장), 홍대용(기술 혁신과 문벌 제도 폐지 주장), 박지원(『열하일기』 저술, 수레와 선박, 화폐 유통의 필요성 제기), 박제가(『북학의』 저술, 소비를 통한 생산력 증대와 청과의 통상 확대 주장) 자료9

② 국학의 발달 : 중국 중심 세계관 비판 → 우리의 역사, 지리, 언어 등 연구

역사	• 안정복 : 『동사강목』 저술(한국사의 독자적 정통성 제시, 중국 중심의 역사관 탈피) • 유득공 : 『발해고』 저술(발해의 역사 정리) • 한치윤 : 『해동역사』 저술(고조선~고려의 역사를 실증적으로 서술)
지리	• 이중환 : 『택리지』 편찬(각 지방의 자연환경과 풍속, 인물 등을 수록) • 김정호 : 「대동여지도」 제작(산맥·하천·포구·도로망 등을 자세히 표기)

③ 천주교 수용과 동학 창시

천주교	• 수용 : 17세기경 서학으로 소개 → 18세기 후반 남인 계열의 일부 학자들에 의해 신앙으로 수용 • 확산 : 평등사상과 내세 사상을 내세워 민간에 확산 • 정부의 대응 : 제사 의식 거부(성리학적 사회 질서 부정)를 이유로 탄압
동학	• 창시 : 경주의 몰락 양반 최제우가 창시(1860) • 확산 : 시천주 사상을 바탕으로 인간 평등 강조, 후천개벽 주장 → 민중의 호응으로 교세 확장 • 정부의 대응 : 세상을 어지럽히고 백성을 속인다는 죄명으로 최제우 처형, 동학 탄압

④ 서민 문화의 발달

배경	서민의 사회·경제적 지위 향상, 서당 교육의 확대
내용	• 문학 : 한글 소설(『홍길동전』, 『춘향전』 등), 사설시조(형식에 구애받지 않고 감정을 사실적으로 묘사) • 공연 : 판소리와 탈놀이(양반의 위선 비판, 사회 부정과 비리 풍자) • 회화 : 풍속화(김홍도와 신윤복이 대표적), 민화

자세히 살펴보기 | **조선 후기 서민 문화의 발달**

▲ 김홍도의 「씨름」

▲ 신윤복의 「단오풍정」

▲ 「까치와 호랑이」(민화)

조선 후기에 서민 문화가 발달하면서 사람들의 일상생활을 그린 풍속화와 생활 공간을 장식한 민화가 유행하였다.

자료8 **정약용의 농업 중심 개혁론**

여(閭 : 마을)에는 여장을 두고 1여의 농토를 그곳에 사는 사람들이 함께 다스리고 같이 농사짓게 하되, 내 땅 네 땅의 구별이 없고, 오직 여장의 명령에 따르게 하는 것이다. …… 추수할 때 곡식의 수확을 전부 여장의 집에 운반해 놓고, 그 곡물을 나누되 먼저 나라에 바치는 세금을 떼어 놓고, 그다음은 여장의 녹(봉급)을 주고, 그 나머지를 가지고 장부에 기준하여 분배한다.
– 정약용, 『여유당전서』 –

정약용은 공동 소유 및 공동 경작 후 노동량에 따라 생산물을 분배하는 여전론을 주장하였다.

자료9 **박제가의 상공업 중심 개혁론**

비유컨대, 재물은 대체로 우물과 같다. 퍼내면 차고, 버려두면 말라 버린다. 그러므로 비단옷을 입지 않아 나라에 비단 짜는 사람이 없으면 여공이 쇠퇴하고 …… 장인의 일이 없어지면 그 기술과 재주는 사라지게 된다.
– 박제가, 『북학의』 –

박제가는 재물을 우물에 비유하며 소비 촉진을 통한 생산력의 증대를 강조하였다. 또한 상공업의 발전을 내세우며 청과의 통상 확대를 주장하였다. 이러한 상공업 중심의 개혁론을 주장한 실학자들을 '북학파'라고 불렀는데, 박제가의 『북학의』라는 책 이름이 그 계기가 되었다.

용어 알기

시천주(모실 侍 하늘 天 주인 主)
모든 사람의 마음속에 한울님을 모시고 있다는 사상

민화(백성 民 그림 畵)
이름이 알려지지 않은 작가가 실용을 목적으로 그린 그림

📝 필수 개념

1 고대의 사상과 문화 교류

원효	아미타 신앙을 전파하여 불교의 대중화에 기여한 신라의 승려
선종	참선 수행으로 깨달음을 얻는 것을 중시하는 불교 종파
독서삼품과	통일 신라의 원성왕 때 유교 경전의 이해 수준을 시험하여 관리 등용에 활용하고자 마련한 제도

2 고려의 사상과 문화 교류

『삼국사기』	김부식 등이 삼국 시대의 역사를 유교적 합리주의 사관에 따라 편찬한 책으로, 우리나라에서 현존하는 가장 오래된 역사서
지눌	수선사 결사 운동을 전개하고 선종 중심으로 불교 통합 운동을 전개한 고려의 승려
팔만대장경	고려 시대에 부처의 힘으로 몽골의 침입을 물리치려는 염원을 담아 조판한 대장경

3 조선의 사상과 문화 교류

실학	조선 후기 사회·경제적 변동에 따른 사회 모순의 해결책을 모색하는 과정에서 등장한 학문 경향
동학	최제우가 창시한 종교로, 시천주 사상을 바탕으로 인간 평등 강조

☑ 개념 체크

01 빈칸에 들어갈 알맞은 말을 쓰시오.

① 원효는 (　　　) 신앙을 전파하여 불교의 대중화에 크게 기여하였다.

② 의천은 (　　　)을/를 창시하고, 교종을 중심으로 선종을 통합하려고 하였다.

③ 조선 후기 현실 사회의 문제를 탐구하고 이를 해결하려는 학문 경향인 (　　　)이/가 등장하였다.

02 옳은 내용에는 ○표, 틀린 내용에는 ×표를 하시오.

① 삼국 통일 이후 신라는 국자감을 설치하여 유학을 교육하였다. (　　　)

② 일연은 단군을 우리 민족의 시조로 내세운 『삼국유사』를 저술하였다. (　　　)

③ 세종은 백성에게 유교 윤리를 보급하기 위하여 『삼강행실도』를 편찬하였다. (　　　)

기본 문제

▶ 242016-0070

01 밑줄 친 '이 나라'에서 볼 수 있는 모습으로 가장 적절한 것은?

두 부처가 나란히 앉아 있는 모습의 이불병좌상은 대조영이 건국한 이 나라의 대표적인 문화유산이다. 광배와 연꽃의 모양 등에서 고구려 불교의 영향을 찾을 수 있다.

◀ 이불병좌상

① 주자감에서 공부하는 학생
② 농사직설을 읽고 있는 수령
③ 팔만대장경을 조판하는 장인
④ 판소리 공연을 관람하는 상인
⑤ 경주 석굴암 석굴 조성에 동원된 석공

▶ 242016-0071

02 다음 자료에 해당하는 제도의 명칭을 쓰시오.

학생들은 글을 읽어 세 등급으로 벼슬길에 나아갔다. 『춘추좌씨전』이나 『예기』 또는 『문선』을 읽어 통달하고 『논어』와 『효경』에도 밝은 자를 상(上)으로, 『곡례』, 『논어』, 『효경』을 읽은 자를 중(中)으로, 『곡례』, 『효경』을 읽은 자를 하(下)로 하였다.

– 『삼국사기』 –

(　　　　　　　　)

▶ 242016-0072

03 다음 문화유산을 활용한 탐구 주제로 가장 적절한 것은?

▲ 고구려의 강서 고분 사신도 중 「현무도」

▲ 백제의 산수무늬 벽돌

① 불교의 수용　　② 도교의 유행　　③ 동학의 확산
④ 성리학의 발전　　⑤ 풍수지리설의 영향

기본 문제

▶ 242016-0073

04 밑줄 친 '이 인물'의 활동으로 옳은 것은?

① 서경 천도를 주장하였다.
② 해동 천태종을 창시하였다.
③ 영주 부석사를 건립하였다.
④ 선종을 중심으로 교종을 포용하였다.
⑤ 왕오천축국전이라는 여행기를 남겼다.

▶ 242016-0074

05 (가) 서적에 대한 설명으로 옳은 것은?

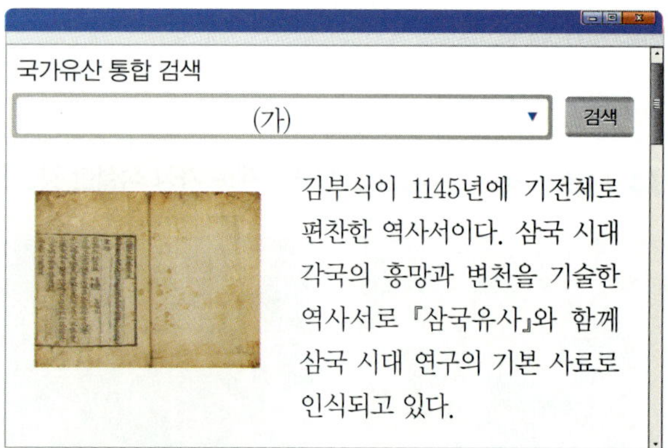

국가유산 통합 검색

(가)　　　　　검색

김부식이 1145년에 기전체로 편찬한 역사서이다. 삼국 시대 각국의 흥망과 변천을 기술한 역사서로 『삼국유사』와 함께 삼국 시대 연구의 기본 사료로 인식되고 있다.

① 성리학적 사관이 반영되었다.
② 발해를 우리 역사에 편입하였다.
③ 고구려 계승 의식을 담은 영웅시이다.
④ 단군을 우리 민족의 시조로 서술하였다.
⑤ 우리나라에서 현존하는 가장 오래된 역사서이다.

▶ 242016-0075

06 밑줄 친 '이 책'의 명칭을 쓰시오.

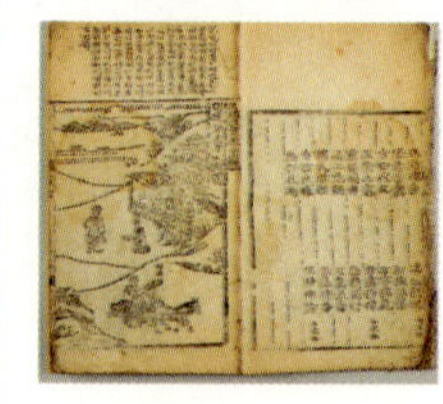

이 책은 모범이 될 만한 충신과 효자, 열녀들을 뽑아 그 행적을 그림으로 그리고 설명을 덧붙인 윤리서이다. 세종 때 편찬되어 백성을 교화하는 기본 지침서로 널리 보급되었다.

(　　　　　　　　)

▶ 242016-0076

07 다음 인물에 대한 설명으로 옳은 것은?

① 여전론을 제시하였다.
② 대동여지도를 제작하였다.
③ 별무반 편성을 건의하였다.
④ 백운동 서원을 건립하였다.
⑤ 상공업 진흥을 주장하였다.

▶ 242016-0077

08 교사의 질문에 대한 학생의 답변으로 가장 적절한 것은?

① 몽골풍이 유행하였어요.
② 상감 청자가 등장하였어요.
③ 한글 소설이 널리 읽혔어요.
④ 경주 불국사가 창건되었어요.
⑤ 광개토 대왕릉비가 건립되었어요.

단원 종합 문제

01 (㉠)에 들어갈 알맞은 말을 쓰시오.

▶ 242016-0078

> 전쟁으로 악화되었던 신라와 당의 관계는 8세기 전반 이후 회복되었다. 두 나라 사이에는 사신뿐 아니라 유학생·상인 등이 활발하게 오갔고, 산둥반도 등지에 신라인의 집단 거주 지인 (㉠)이/가 형성되었다.

(   )

02 (가)의 침입에 대한 고려의 대응으로 옳은 것은?

▶ 242016-0079

> ☐(가)☐의 장수가 10만여 명의 군사를 이끌고 침략하였다. 강감찬이 흥화진에 이르러 큰 줄로 소가죽을 꿰어 성 동쪽의 개천을 막아서 기다렸다. 적이 도착하자, 막고 있던 물줄기를 터뜨리고 복병을 일으켜 크게 이겼다.

① 완도에 청해진을 설치하였다.
② 당과 군사 동맹을 체결하였다.
③ 이종무를 보내 쓰시마섬을 정벌하였다.
④ 서희를 보내 적장과 외교 담판을 벌였다.
⑤ 별무반을 편성하고 동북 9성을 축조하였다.

03 (가)에 들어갈 내용으로 가장 적절한 것은?

▶ 242016-0080

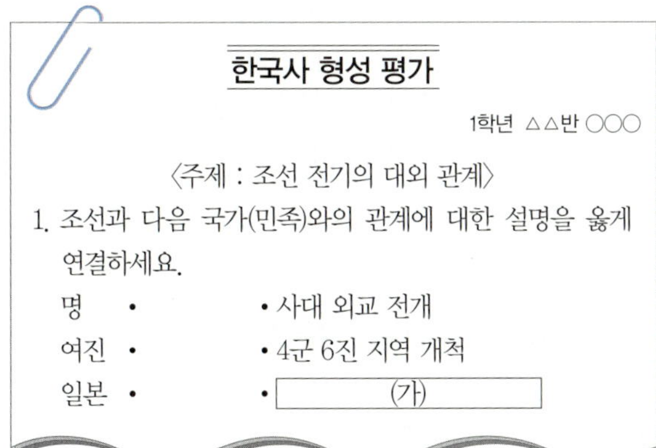

① 정기적으로 연행사 파견
② 장문휴를 보내 산둥반도 공격
③ 장기 항전을 위한 강화도 천도
④ 부산포, 제포, 염포의 3포 개항
⑤ 쌍성총관부를 공격하여 영토 탈환

04 (가) 국가에서 볼 수 있는 모습으로 가장 적절한 것은?

▶ 242016-0081

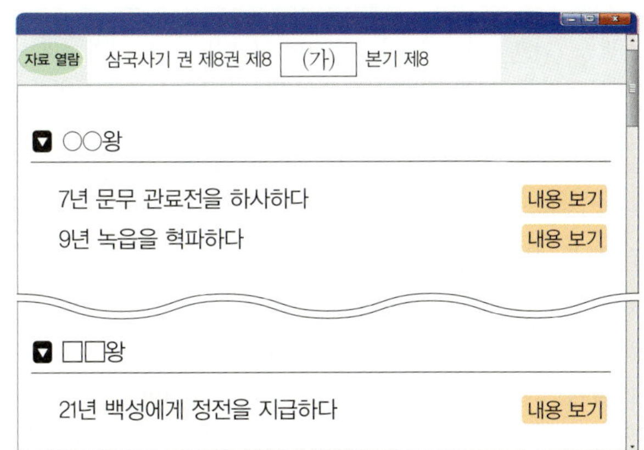

① 담로에 파견되는 왕족
② 공녀로 원에 끌려가는 여성
③ 신라촌락문서를 작성하는 촌주
④ 낙랑과 왜로 철을 운송하는 상인
⑤ 상평통보로 세금을 납부하는 농민

05 교사의 질문에 대한 학생의 답변으로 가장 적절한 것은?

▶ 242016-0082

① 진대법이 실시되었어요.
② 전시과 제도가 운영되었어요.
③ 철제 농기구가 사용되기 시작하였어요.
④ 만상, 송상 등의 사상이 활동하였어요.
⑤ 벽란도가 국제 무역항으로 번성하였어요.

▶ 242016-0083

06 (가) 신분에 대한 설명으로 옳은 것은?

> 광종 7년, [(가)] 을/를 안검하여 그 시비를 가려내게 하였다. 그러자 그 주인을 등지는 자가 많아지고 윗사람을 능멸하는 풍조가 크게 행해져, 사람들이 모두 탄식하고 원망하였다. 이에 왕후가 간곡히 말렸으나 왕은 받아들이지 않았다.

① 매매·상속·증여의 대상이 되었다.
② 백정이라 불리는 농민이 대다수였다.
③ 골품에 따라 최고 관등에 오르지 못하였다.
④ 화백 회의에 참여하여 국가 중대사를 논의하였다.
⑤ 특수 행정 구역에 살며 거주 이전의 자유가 제한되었다.

▶ 242016-0084

07 자료의 상황이 나타난 시기의 사회 모습으로 옳은 것은?

> • 흉년이 들었으므로 진휼을 베풀기 위하여 가선대부·통정대부 등의 공명첩 2만 장을 만들어 8도에 나누어 보내어 팔도록 하였다.
> • 옷차림은 신분의 귀천을 나타내는 것이다. 그런데 어찌된 까닭인지 근래 이것이 문란해져 상민과 천민이 갓을 쓰고 도포를 입는 것이 마치 조정의 관리나 선비같이 한다.

① 망이와 망소이가 봉기를 일으켰다.
② 양반 중심의 신분 질서가 흔들렸다.
③ 제가들이 사출도를 나누어 다스렸다.
④ 사회 질서 유지를 위해 8조법이 시행되었다.
⑤ 호족이 지방에서 독립적인 세력으로 성장하였다.

▶ 242016-0085

08 다음 문화유산을 남긴 국가에 대한 설명으로 옳은 것은?

> 임신년 6월 16일에 두 사람이 함께 맹세하여 쓴다. 하늘 앞에 맹세하노니, 지금부터 3년 이후에 충과 도를 체득하고 과실이 없기를 맹세한다. …… 이보다 앞서 신미년 7월 22일에 크게 맹세하였는데, 『시경』·『상서』·『예기』·『춘추전』을 차례로 3년 안에 습득하기로 맹세하였다.

① 국학을 설립하였다.
② 수원 화성을 축조하였다.
③ 3성 6부제를 운영하였다.
④ 팔만대장경을 조판하였다.
⑤ 웅진에서 사비로 천도하였다.

▶ 242016-0086

09 (가) 학문에 대한 설명으로 옳은 것은?

> [(가)] 은/는 인간의 심성과 우주의 이치를 탐구하는 학문으로, 원 간섭기인 충렬왕 때 안향에 의해 본격적으로 소개되었다. 이제현 등은 만권당에서 원의 학자들과 교류하면서 [(가)] 에 대한 이해를 심화하였다.

① 불로장생과 현세구복을 추구하였다.
② 이차돈의 순교를 계기로 공인되었다.
③ 신진 사대부들의 사상적 기반이 되었다.
④ 묘청의 서경 천도 운동에 영향을 끼쳤다.
⑤ 중국을 다녀온 사신들에 의해 서학으로 소개되었다.

▶ 242016-0087

10 ㉠, ㉡에 들어갈 알맞은 말을 쓰시오.

> 사림이 성장하면서 16세기 이후 각 지방에는 (㉠)이/가 설립되고 (㉡)이/가 보급되었다. (㉠)은/는 훌륭한 유학자들의 제사를 지내고 학문을 연구하기 위한 교육 기관이었다. (㉡)은/는 향촌 자치 규약으로, 풍속을 교화하고 향촌 질서를 유지하는 데 기여하였다.

㉠ : (   ) ㉡ : (   )

Step 1 서술형 연습하기　▶ 242016-0088

다음 지도의 전래가 지식인들의 세계관에 끼친 영향을 서술하시오.

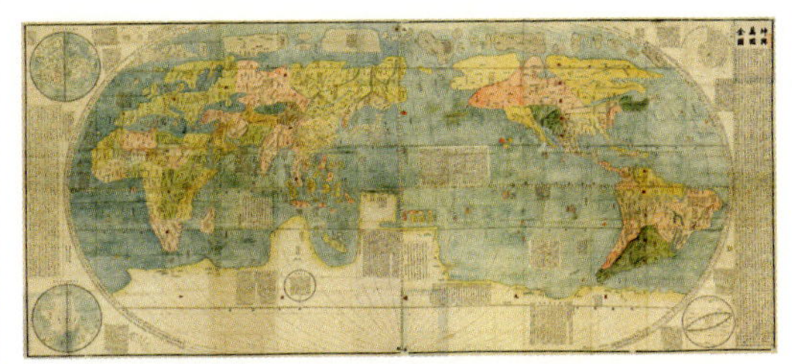

이 지도는 중국에서 활동하던 선교사 마테오 리치가 제작한 세계 지도가 1603년 조선에 전래된 후, 조선에서 그대로 따라 그린 것이다.

답 완성하기

자료에 나타난 지도는 (　　　　　)(으)로 (　　　　　) 중심의 세계관이 동요하는 데 영향을 끼쳤다.

Step 2 서술형 훈련하기　▶ 242016-0089

다음 글을 읽고 물음에 답하시오.

16세기 이후 방납의 폐단이 심해지자 조선 정부는 ［ (가) ］을/를 실시하였다. ［ (가) ］은/는 집집마다 토산물로 거두던 공물을 토지 결수에 따라 쌀, 베, 무명, 동전 등으로 징수한 제도였다.

⑴ (가) 제도의 명칭을 쓰시오.

⑵ (가) 제도의 시행이 끼친 영향을 두 가지 이상 서술하시오.

Step 3 논술형 도전하기　▶ 242016-0090

밑줄 친 ㉠, ㉡을 제안한 대표 학자의 이름과 주장을 300자 내외로 논술하시오.

성리학이 사회 문제를 해결하는 데 한계점을 노출하면서 조선 후기에 실증적 연구 방법으로 사회 모순을 해결하려는 학문 경향인 실학이 등장하였다. 실학은 크게 토지 제도 개혁에 중점을 둔 ㉠농업 중심의 개혁론과 상공업 발전과 기술 혁신에 중점을 둔 ㉡상공업 중심의 개혁론으로 나뉘었다.

01 국제 질서의 변동과 개항

1 동아시아의 질서 변화와 양요

(1) 서구 열강의 동아시아 침략

청	• 개항 : 제1차 아편 전쟁(1840~1842)에서 영국에 패배 → 난징 조약 체결(1842) • 근대적 개혁 : 양무운동(중체서용) 추진, 메이지 유신을 모델로 변법자강 운동 추진
일본	• 개항 : 미국의 요구 수용 → 미일 화친 조약 체결(1854), 미일 수호 통상 조약 체결(1858) • 근대적 개혁 : 메이지 정부 주도로 메이지 유신 추진
조선	• 이양선 출몰 : 18세기 후반부터 접근, 서양 열강이 통상을 요구 • 러시아가 청으로부터 연해주 획득 → 러시아와 국경을 접한 조선의 위기의식 고조

(2) 병인박해와 병인양요

① 병인박해 : 흥선 대원군이 프랑스를 이용하여 러시아 견제 시도 → 실패, 천주교 금지 여론 확산 → 천주교 신자와 프랑스 선교사 처형

② 병인양요(1866)

전개	• 병인박해를 구실로 프랑스 함대의 강화도 침략, 통상 조약 체결 요구 • 문수산성에서 한성근 부대, 정족산성에서 양헌수 부대 항전
결과	프랑스군이 외규장각 도서 등 각종 문화유산을 약탈하고 철수

(3) 남연군 묘 도굴 미수 사건(1868) 〔자료 1〕

배경	독일 상인 오페르트가 통상을 요구하였으나 조선 정부가 거절
전개	오페르트 일행이 덕산에 있는 흥선 대원군의 아버지 남연군의 묘를 도굴하려다 실패
결과	서양인에 대한 거부감 확산, 흥선 대원군의 통상 수교 거부 의지 강화

(4) 신미양요와 척화비 건립

① 제너럴 셔먼호 사건(1866) : 미국인 소유 상선 제너럴 셔먼호가 대동강을 거슬러 올라와 교역 요구 및 난동 → 분노한 평양 주민이 관군과 함께 불태워 침몰시킴.

② 신미양요(1871)와 척화비 건립

전개	미국이 제너럴 셔먼호 사건을 구실을 조선에 배상금 지불과 통상 요구 → 조선 정부 거부 → 미국 함대의 강화도 침략 → 미군이 초지진에 상륙하고 덕진진 점령 → 미군이 광성보를 공격 → 어재연 부대가 광성보에서 항전하였으나 패배
결과	미군 철수, 흥선 대원군이 전국 각지에 척화비 건립 〔자료 2〕

자세히 살펴보기 **척화비**

서양 오랑캐가 침범하는데 싸우지 않는 것은 화친을 주장하는 것이요, 화친을 주장하는 것은 나라를 파는 일이다. 이를 자손만대에 경계하노라. 병인년에 짓고 신미년에 세운다.

신미양요 이후 흥선 대원군은 서양과의 통상 수교 거부 의지를 널리 알리기 위해 척화비를 전국에 세워 항전의 의지를 높였다. 흥선 대원군의 통상 수교 거부 정책은 자주적 노력이라는 평가와 근대화를 지연시켰다는 평가가 엇갈린다.

자료1 **오페르트의 서신에 대한 조선 정부의 답변**

너희 나라와 우리나라 사이에는 원래 왕래도 없었고 또 서로 은혜를 입거나 원수진 일도 없었다. 그런데 이번 덕산 묘소에서 저지른 사건은 어찌 인간으로서 차마 할 수 있는 일이 겠는가? 또한 방비가 없는 것을 엿보아 몰래 침입하여 소동을 일으키고 무기를 약탈하며 백성들의 재물을 강탈한 것도 사리로 볼 때 어찌할 수 있는 일이겠는가? 이런 지경에 이르렀기 때문에 우리나라 신하와 백성들은 단지 힘을 다하여 한마음으로 너희 나라와는 한 하늘을 이고 살 수 없다는 것을 다짐할 따름이다. — 『고종실록』 —

오페르트의 남연군 묘 도굴 시도는 실패하였지만, 흥선 대원군이 서양에 대한 통상 수교 거부 정책을 더 강하게 추진하는 배경이 되었다.

자료2 **어재연 장군 수자기**

수자기는 장수를 뜻하는 '수(帥)' 자가 적혀 있는 깃발로 신미양요 때 어재연이 광성보 전투에서 사용하였다. 미군은 광성보를 함락한 후 수자기를 전리품으로 가져갔다.

용어 알기

통상(통할 通 장사할 商)
외국과 서로 물건을 사고팖.

수교(닦을 修 사귈 交)
나라와 나라 사이에 교제를 맺음.

양요(바다 洋 어지러울 擾)
조선 후기에 서양의 침략으로 일어난 난리

2 조선의 개항

(1) 통상 개화론의 등장

① 중심인물 : 박규수, 오경석, 유홍기 등

박규수	박지원의 손자, 청에 사신으로 다녀온 후 서양 문물 수용 필요 주장
오경석	역관, 청을 오가며 『해국도지』, 『영환지략』 등의 서양 문물을 다룬 서적 유입
유홍기	의관, 오경석이 들여온 서적을 접하면서 문호 개방의 필요성에 공감

② 주장 : 부국강병을 위한 문호 개방 필요, 서양과 통상 주장

(2) 고종의 친정 및 개항의 배경

① 서계(외교 문서) 사건 : 메이지 유신 이후 일본 국왕을 황상으로 표현한 서계 작성 → 조선은 내용과 형식에 이의를 제기하며 접수 거부 → 일본 내에서 정한론 대두

② 통상 수교 거부 정책 완화 : 흥선 대원군이 물러나고 고종이 직접 정치 → 통상 수교 거부 정책 완화

(3) 운요호 사건과 강화도 조약의 체결

① 운요호 사건(1875) : 일본이 군함 운요호를 강화도에 파견하여 초지진을 공격하고 영종도에 상륙하여 살인과 약탈을 자행

② 강화도 조약(조일 수호 조규, 1876)

성격	• 외국과 맺은 최초의 근대적 조약 • 일본에 유리한 불평등 조약
내용	• 조선이 자주국임을 규정 • 부산 외 2개 항구(원산, 인천) 개항 • 해안 측량권 허용 • 영사 재판권(치외 법권) 인정 등
부속 조약 자료 3	• 조일 수호 조규 부록 : 개항장에서 일본 화폐 사용, 개항장 내 일본인 거류지 설정 등 • 조일 무역 규칙 : 양곡의 수출입 허용, 수출입 상품에 대한 관세 규정 미비로 체결 이후 사실상 무관세로 무역

(4) 서구 열강과의 조약 체결

① 조미 수호 통상 조약(1882)

배경	• 청의 알선 : 러시아와 일본 견제 의도 • 제2차 수신사 김홍집이 들여온 『조선책략』 유포 자료 4
내용	• 영사 재판권 허용 • 최초로 최혜국 대우 인정 • 거중 조정과 관세 부과 등
성격	서양과 맺은 최초의 조약이자 불평등 조약

② 기타 열강과의 수교 : 영국, 독일, 러시아, 프랑스 등과 조약 체결 → 만국 공법에 기초한 근대적 조약 체제로 편입

자료 3 강화도 조약의 부속 조약

> • 조일 수호 조규 부록
> 　제7관 일본 인민은 본국에서 통용되는 여러 화폐로 조선 인민이 보유하고 있는 물자와 교환할 수 있다.
> • 조일 무역 규칙
> 　제6칙 조선국 항구에 머무르는 일본인은 쌀과 잡곡을 수출입할 수 있다.

일본은 강화도 조약 체결 이후 부속 조약을 추가로 체결하여 조선을 경제적으로 침략할 수 있는 기반을 마련하였다.

자료 4 『조선책략』

> 조선의 땅은 실로 아시아의 요충지에 자리 잡고 있어 …… 러시아가 아시아의 강토를 공략하려 한다면 반드시 조선이 첫 번째 대상이 될 것이다. …… 러시아를 막는 책략은 무엇인가? 오직 중국과 친하며(親中) 일본과 연결하고(結日) 미국과 연합(聯美)함으로써 자강을 도모하는 길뿐이다.

제2차 수신사 김홍집이 들여와 유포된 『조선책략』은 조미 수호 통상 조약 체결에 영향을 주었으며, 영남 만인소 사건이 일어나는 배경이 되기도 하였다.

용어 알기

정한론(칠 征 한국 韓 논할 論)
일본에서 제기된 조선을 정벌해야 한다는 주장

거류지(살 居 머무를 留 땅 地)
조약에 따라 외국인의 거주와 상업 활동을 허가한 지역

거중 조정(살 居 가운데 中 조절할 調 정돈할 整)
제3국이 분쟁 당사국 사이에서 분쟁을 원만히 해결하도록 조정하는 일

1 동아시아의 질서 변화와 양요

중체서용	중국의 전통적인 체제를 유지하면서 서양의 근대 과학 기술을 수용하겠다는 것
이양선	모양이 다른 배, 즉 서양 배를 가리키는 것
병인박해	병인년에 흥선 대원군이 프랑스 선교사를 포함하여 많은 천주교도를 처형한 사건

2 조선의 개항

영사 재판권	영사가 주재국에 거주하는 자국민을 본국의 법에 따라 재판하는 권한. 즉, 외국인이 현재 거주하는 국가의 법률을 적용받지 않는 특권
최혜국 대우	조약을 맺은 한 나라가 제3국에 부여한 가장 유리한 조건을 조약 상대국에도 부여하는 것으로 조미 수호 통상 조약 때 처음으로 허용됨. 그러나 이후 일본을 비롯한 서구 열강에 허용되어 이권 침탈의 배경이 됨.

☑ **개념 체크**

01 빈칸에 들어갈 알맞은 말을 쓰시오.

① 프랑스군은 병인박해를 구실로 강화도를 침략하였는데, 이를 (   )(이)라고 한다.

② 미국은 (   ) 사건을 구실로 조선에 통상을 요구하며 신미양요를 일으켰다.

③ 흥선 대원군은 신미양요 이후 전국에 (   )을/를 건립하여 통상 수교 거부 의지를 널리 밝혔다.

④ 조선은 1875년에 일어난 (   ) 사건을 계기로 일본과 강화도 조약을 체결하였다.

⑤ 황준헌이 쓴 『조선책략』은 조선이 (   )와/과 수교를 맺어야 한다는 주장을 뒷받침하였다.

02 옳은 내용에는 ○표, 틀린 내용에는 ×표를 하시오.

① 신미양요 당시 양헌수 부대가 정족산성에서 항전하였다. (   )

② 독일 상인 오페르트 일행은 흥선 대원군의 묘를 도굴하려다 실패하였다. (   )

③ 강화도 조약에 따라 조선은 일본에 최혜국 대우를 인정하였다. (   )

④ 강화도 조약의 부속 조약으로 원산과 인천이 개항되었다. (   )

⑤ 조미 수호 통상 조약은 서양과 맺은 최초의 조약이자 불평등 조약이다. (   )

기본 문제

▶ 242016-0091

01 다음 보고서가 작성된 배경으로 가장 적절한 것은?

> 꽤 가난해 보이는 강화읍에는 각하에게 보내드릴 만한 것이 별로 없습니다. 그러나 조선 국왕이 간혹 거처하는 저택에는 서적들로 가득 찬 도서관(외규장각)이 있습니다. 위원회는 공들여 포장한 340권을 수집하였는데 기회가 닿는 대로 프랑스로 발송하겠습니다.

① 병인양요가 발발하였다.
② 임술 농민 봉기가 일어났다.
③ 조일 수호 조규가 체결되었다.
④ 전국 각지에 척화비가 건립되었다.
⑤ 제2차 수신사 김홍집이 조선책략을 들여왔다.

▶ 242016-0092

02 다음 사건들을 순서대로 옳게 배열한 것은?

> (가) 어재연 부대가 광성보에서 미군에 맞서 항전하였다.
> (나) 양헌수 부대가 정족산성에서 프랑스군에 맞서 싸웠다.
> (다) 미국인 소유 상선 제너럴 셔먼호가 대동강을 거슬러 올라와 통상을 요구하였다.
> (라) 독일 상인 오페르트 일행이 남연군의 묘를 도굴하려다 실패하였다.

① (가)–(나)–(라)–(다)   ② (나)–(가)–(라)–(다)
③ (다)–(나)–(라)–(가)   ④ (다)–(라)–(가)–(나)
⑤ (라)–(다)–(나)–(가)

▶ 242016-0093

03 다음 명령이 내려진 배경으로 가장 적절한 것은?

> 흉악한 적들을 무찌르다가 수많은 총알을 고슴도치의 털처럼 맞아서 마침내 순직하였으니, …… 죽은 진무 중군 어재연에게 특별히 병조 판서와 지삼군부사의 관직을 내리노라.

① 미국이 강화도를 침략하였다.
② 서경 천도 운동이 전개되었다.
③ 망이·망소이가 봉기를 일으켰다.
④ 국왕이 남한산성으로 피란하였다.
⑤ 한성근 부대가 문수산성에서 항전하였다.

▶ 242016-0094

04 다음 자료를 활용한 탐구 활동으로 가장 적절한 것은?

> 남의 무덤을 파는 것은 예의가 없는 행동에 가깝지만 무력을 동원하여 백성들을 도탄 속에 빠뜨리는 것보다 낫기 때문에 하는 수 없이 그렇게 하였습니다. 본래는 여기까지 관을 가져오려고 하였으나 과도한 것 같아서 그만두고 말았습니다. …… 귀국의 안위(安危)가 오히려 귀하의 처리에 달려 있으니 만약 나라를 위하는 마음이 있거든 관리 한 명을 보내서 좋은 대책을 강구하는 것이 어떻겠습니까?
> – 아리망(亞里莽, allemand) 수군 제독 오페르트 –

① 장용영의 설치 목적을 조사한다.
② 삼별초가 항쟁한 근거지를 살펴본다.
③ 홍경래가 봉기를 일으킨 이유를 파악한다.
④ 조미 수호 통상 조약의 주요 내용을 분석한다.
⑤ 남연군의 묘를 도굴하려다 실패한 서양인을 찾아본다.

▶ 242016-0095

05 다음 조약에 대한 설명으로 옳은 것만을 보기 에서 고른 것은?

> **제7관** 조선국 연해의 도서와 암초를 조사하지 않아 매우 위험하므로 일본국 항해자가 자유로이 해안을 측량하도록 허가한다.
> **제10관** 일본국 인민이 조선국이 지정한 각 항구에서 죄를 범하였을 경우 모두 일본국이 심리하여 판결한다.

보기
ㄱ. 거중 조정의 내용이 포함되었다.
ㄴ. 최초로 맺은 근대적 조약이었다.
ㄷ. 비변사가 설치되는 결과를 가져왔다.
ㄹ. 부산 외 2개 항구가 개항되는 계기가 되었다.

① ㄱ, ㄴ   ② ㄱ, ㄷ   ③ ㄴ, ㄷ
④ ㄴ, ㄹ   ⑤ ㄷ, ㄹ

▶ 242016-0096

06 다음 자료에 나타난 사건이 끼친 영향으로 옳은 것은?

> 일본 군함이 강화도 초지진으로 접근하여 상륙을 시도하였다. 이 배가 접근하자 조선 측 포대에서 포를 발사하여 이를 저지하였다. 군함은 보복 포격을 가하는 한편, 영종도에 상륙하여 관아와 민가를 방화하고 살육을 저지른 후 물러갔다. 이 군함이 바로 운요호이다. 나중에 일본은 운요호의 침입을 마실 물을 구하기 위한 것이라 하였으나 이는 구실에 불과하였다.

① 임진왜란이 발발하였다.
② 북벌 운동이 추진되었다.
③ 일본에서 정한론이 일어났다.
④ 일본이 통신사 파견을 요청하였다.
⑤ 일본이 강화도 조약 체결을 요청하였다.

▶ 242016-0097

07 일본 주재 청의 외교관인 황준헌의 저술로 '조선이 러시아의 남하를 저지하기 위해 청, 일본, 미국과 연합해야 한다.'라는 내용이 담긴 책의 명칭을 쓰시오.

(   )

▶ 242016-0098

08 다음 조약에 대한 설명으로 옳지 않은 것은?

> **제1관** 조선과 미국 인민들은 각각 영원히 화평하고 우애 있게 지낸다. 만약 제3국으로부터 불공정하거나 업신여김을 당하면, 일단 확인하고 서로 도와주며, 중간에서 잘 조처하여 두터운 우의를 보여 준다.
> **제14관** 조약을 체결한 뒤에 통상 무역, 상호 교류 등에서 본 조약에 부여되지 않은 어떠한 권리나 특혜를 다른 나라에 허가할 때는 자동적으로 미국 관민에게도 똑같이 주어진다.

① 청이 조약 체결을 주선하였다.
② 서구 열강과 최초로 체결되었다.
③ 사실상 무관세 무역을 규정하였다.
④ 최혜국 대우 조항을 처음 인정하였다.
⑤ 영사 재판권에 대한 내용이 포함되었다.

02 근대 국가 수립을 위한 노력

1 개화 정책의 추진과 반발

(1) 개화 정책의 추진

① 통리기무아문 설치(1880) : 개화 정책 총괄, 12사를 두어 실무 담당

② 군대 개편 : 5군영 → 2영(무위영과 장어영), 신식 군대인 별기군 설치

③ 외교 사절과 시찰단의 파견

수신사	• 강화도 조약 체결 이후 일본에 파견되어 근대 문물 시찰 • 제1차 김기수(1876), 제2차 김홍집(1880) 파견
조사 시찰단 자료 1	• 국내의 개화 반대 여론 고조 → 암행어사로 가장, 비밀리에 파견 • 박정양, 어윤중, 홍영식 등으로 구성(1881) • 일본 정부 기관 및 산업 시설 시찰 후 보고서 제출
영선사	• 전기, 화학, 외국어 등과 근대식 무기 제조법 습득 등을 목적으로 파견(1881) • 김윤식이 유학생과 기술자 인솔 • 귀국 후 근대적 무기 제조 공장인 기기창 설치 주도
보빙사	• 미국과 수교 후 미국 공사의 부임에 대한 답례로 파견(1883) • 민영익, 홍영식 등으로 구성, 일부는 유럽을 거쳐 귀국

(2) 위정척사 운동의 전개

① 내용

구분	배경	활동	주요 인물
1860년대	서양 세력의 침략과 통상 수교 요구(병인양요 등)	• 척화주전론 주장 • 통상 수교 거부 정책 지지	이항로, 기정진 등
1870년대	강화도 조약 체결 추진	• 왜양일체론 주장 자료 2 • 일본의 개항 요구 반대	최익현 등
1880년대	• 정부의 개화 정책 추진 • 『조선책략』 유포	• 개화 정책 추진 반대 • 미국과의 수교 반대(영남 만인소)	이만손, 홍재학 등

② 의의와 한계

의의	서양과 일본의 침략에 반대하는 반외세 · 반침략의 성격 → 1890년대 이후 항일 의병 운동으로 계승
한계	성리학에 바탕을 둔 양반 중심 사회 질서 유지

(3) 임오군란(1882)

배경	• 개화 정책에 대한 반발, 신식 군대인 별기군 창설, 구식 군인 차별 • 개항 이후 일본의 경제 침탈로 인한 곡물 가격 폭등 → 백성들의 불만 고조
전개	구식 군인 봉기, 도시 빈민 합세 → 정부 고관의 집, 일본 공사관, 궁궐 습격 → 일본인 교관 살해, 왕비 피신 → 흥선 대원군의 재집권(통리기무아문과 별기군 폐지, 5군영 부활 등 개화 정책 중단) → 청군 파견(군란 진압, 흥선 대원군 납치), 왕비 환궁, 민씨 세력의 재집권
결과 및 영향	• 청의 내정 간섭 : 청군의 조선 주둔, 청이 조선에 마건상(마젠창)과 묄렌도르프를 고문으로 파견하여 내정과 외교 간섭 • 제물포 조약 체결 : 일본에 배상금 지불, 일본 공사관에 경비병 주둔 허용 • 조청 상민 수륙 무역 장정 체결 : 허가받은 청 상인의 내륙 진출 가능

동래부 암행어사 이헌영은 뜯어 보아라. 일본 조정 논의와 국세 형편, 풍속 · 인물, 교빙 · 통상 등의 대략을 염탐하는 것이 좋겠다. …… 일본 배를 빌려 타고 건너가 해관을 관장하는 사무를 비롯한 크고 작은 일들을 보고 듣되 이에 필요한 날짜의 길고 짧음에 구애받지 말고 낱낱이 탐지해서 이를 별도의 문서로 조용하게 보고하라.

조선 정부는 당시 이만손 등이 영남 만인소를 올리는 등 개화 정책을 비판하는 여론이 거세지자 조사 시찰단을 암행어사로 임명하여 비밀리에 파견하였다.

자료 2 최익현의 왜양일체론

저들이 비록 왜인이라고 하나 실은 양적(서양 오랑캐)입니다. 강화가 한번 이루어지면 사학(邪學) 서적과 천주의 초상화가 교역하는 가운데 들어올 것입니다. 그렇게 되면 얼마 안 가서 사학이 온 나라 안에 퍼지게 될 것입니다.

강화도 조약이 체결될 무렵, 최익현은 왜양일체론을 제기하며 개항 반대 운동을 전개하였다.

용어 알기

수신사(닦을 修 믿을 信 벼슬 使)
조선이 개항 후 일본에 보내던 외교 사절

시찰(볼 視 살필 察)
돌아다니면서 실제 사정을 살펴봄.

위정척사(지킬 衛 바를 正 물리칠 斥 간사할 邪)
바른 것(성리학)을 지키고 사악한 것(서구 문물)을 물리친다는 것

만인소(일만 萬 사람 人 소통할 疏)
만 명 내외의 많은 선비가 올린 상소

② 갑신정변과 열강의 각축

(1) 개화파의 분화

① 시기 : 임오군란 전후

② 내용

구분	주요 인물	개혁 방법	대청 외교
온건 개화파 자료 3	김윤식, 김홍집, 어윤중 등	• 청의 양무운동이 모델 • 동도서기론의 입장에서 점진적 개화 정책 추진	청과의 전통적인 우호 관계 중시
급진 개화파	김옥균, 박영효, 홍영식 등	• 일본의 메이지 유신이 모델 • 문명 개화론의 입장에서 급진적 개화 정책 추진	청의 내정 간섭에서 벗어나 자주독립 수호

(2) 갑신정변(1884)

① 배경

국내	김옥균이 재정 문제 해결을 위한 일본으로부터의 차관 도입 실패 → 급진 개화파의 영향력 약화
국외	• 청이 베트남 문제로 프랑스와 대립하면서 조선에서 청군 일부 철수 • 일본 공사의 군사적 지원 약속

② 전개

- 정변 발발 : 급진 개화파가 우정총국 개국 축하연을 이용하여 민씨 정권의 고관들을 살해하고 권력 장악
- 개화당 정부 수립 : 개혁 정강 발표(청에 대한 사대 폐지, 의정부와 6조를 근대적 내각 제도로 개편, 문벌 폐지 및 인민 평등권 확립, 조세 제도 개혁 등)
- 청의 개입과 일본군의 철수로 실패, 민씨 세력 재집권
- 김옥균, 박영효 등은 일본으로 망명

③ 결과 및 영향

- 한성 조약 : 조선이 일본에 배상금 지불, 일본 공사관 신축 비용 배상
- 톈진 조약 자료 4 : 청과 일본 양국 군대의 동시 철수, 앞으로 조선에 파병할 때 상호 통보 규정

④ 의의와 한계

의의	청의 간섭에서 벗어나 자주적 근대 국가 수립 시도
한계	• 소수의 개화파 인사가 준비가 부족한 상태에서 급진적으로 추진 • 일본에 군사적으로 의존, 민중의 지지를 받지 못함.

(3) 갑신정변 이후의 국내외 정세

거문도 사건 (1885~1887)	조선과 러시아 간에 비밀 외교 교섭 진행 → 영국이 러시아 견제를 구실로 거문도 불법 점령 → 청의 중재로 거문도에서 영국군 철수
조선 중립화론 대두	• 부들러 : 청, 러시아, 일본의 보장에 의한 중립화론을 조선 정부에 제안 • 유길준 : 열강에 조선의 중립을 보장받아 독립을 유지한다는 중립화론 구상

자료 3 온건 개화파의 주장

> 그들의 종교는 사교이므로 마땅히 음탕한 음악이나 미색처럼 여겨서 멀리해야 하겠지만, 그들의 기계는 이로워서 이용후생 할 수 있으니 농기구·의약·병기·배·수레 같은 것을 제조하는 데 무엇을 꺼리며 하지 않겠는가? 그들의 종교는 배척하고, 기계를 본받는 것은 진실로 병행하여도 사리에 어그러지지 않는다.

온건 개화파는 종교와 사상 등 전통적인 유교 질서를 지키면서 기계 등 서양의 과학 기술을 받아들이자는 동도서기론의 입장에서 개화 정책을 추진하려 하였다.

자료 4 톈진 조약

> 제1조 청은 조선에 주둔시키고 있는 군대를 철수하고, 일본은 공사관 호위를 위해 조선에 주둔시킨 군대를 철수한다.
> 제3조 장래 조선에 변란이나 중대한 사건이 있어 청일 양국 또는 한 나라가 파병하고자 할 때는 사전에 상호 문서를 보내 알게 할 것이요, 그 사건이 진정되면 즉시 철병하여 다시 주둔하지 않는다.

조선에 군대를 주둔하고 있던 청과 일본은 톈진 조약을 체결하여 양국 군대를 동시에 철수하고, 조선에 군대를 파견할 때 서로 알리기로 하였다.

용어 알기

동도서기(동녘 東 길 道 서녘 西 그릇 器)
동양의 도덕 등을 그대로 유지하고 서양의 기술 등을 받아들이자는 것

문명 개화(글월 文 밝을 明 열 開 될 化)
서양의 기술뿐만 아니라 문화와 풍속까지 수용해야 한다는 주장

차관(빌릴 借 항목 款)
국가 간에 자금을 빌려 쓰고 빌려줌.

정강(정사 政 벼리 綱)
정부가 국민에게 약속하는 정책의 큰 줄기

❸ 동학 농민 운동

(1) 농촌 사회의 동요와 교조 신원 운동

① 농촌 사회의 동요
- 농촌 경제 악화 : 일본 상인의 곡물 유출로 곡물 가격 폭등, 외국산 면직물 유입으로 면직물 수공업 타격
- 조세 부담 증가 : 외국과의 분쟁에 따른 배상금 지불, 개화 정책을 위한 재정 지출 증가, 집권층의 부정부패

② 교조 신원 운동

내용	교조 최제우의 억울한 누명을 풀어줄 것과 포교의 자유 요구
전개	공주와 삼례 집회, 보은 집회 등을 거치면서 종교적 요구에서 탐관오리 처벌과 외세 배척 등의 정치적 요구로 확대

(2) 고부 농민 봉기

배경	고부 군수 조병갑이 만석보를 쌓게 하고 물세를 강제로 징수하는 등 비리와 수탈 자행
전개	전봉준 등이 사발통문을 돌려 봉기 호소 → 고부 관아 점령, 만석보 파괴 → 정부가 새 군수를 임명하여 잘못을 바로잡겠다고 약속하자 농민들 스스로 해산

(3) 동학 농민군의 제1차 봉기

배경	안핵사 이용태가 고부 농민 봉기 주모자 탄압
전개	무장에서 농민군 봉기 → 4대 강령 발표, 보국안민과 제폭구민 주장 → 황토현과 황룡촌에서 관군에 승리 → 전주성 점령 (1894. 4.)

▲ 동학 농민 운동의 전개 과정

(4) 전주 화약 체결

배경	조선 정부가 청에 지원병 요청, 청군과 일본군의 조선 출병
전개	농민군이 폐정 개혁을 조건으로 정부와 전주 화약 체결 후 해산, 정부의 교정청 설치 및 자주적 개혁 추진, 농민군은 전라도 각지에 집강소를 설치하고 폐정 개혁 추진 **자료 5**

(5) 동학 농민군의 제2차 봉기

배경	조선 정부의 청군과 일본군 철수 요구 → 일본군이 내정 개혁을 핑계로 철수 거부 후 경복궁 기습 점령 → 청일 전쟁 발발 **자료 6**
전개	동학 농민군의 재봉기 → 논산에서 북접과 남접 합류, 한성으로 북상 → 공주 우금치 전투에서 농민군이 일본군과 관군에게 패배(1894. 11.) → 전봉준 등 동학 농민군 지도자 체포, 농민군 잔여 세력 진압

(6) 동학 농민 운동의 의의

① 농민군의 개혁 요구가 갑오개혁에 일부 반영
② 농민군의 잔여 세력이 항일 의병 운동에 참여

자료 5 집강소의 폐정 개혁 실천

> 동학도는 각 읍에 할거하여 집강소를 세우고 서기와 집사 등의 임원을 두니 완전히 하나의 관청이었다. …… 고을 군수는 다만 이름만 있을 뿐 행정을 맡을 수 없었다. 심지어는 고을 군수를 추방하니 아전들이 모두 동학당에 들어 목숨을 부지하였다. …… 전봉준은 동학도에 의지하여 혁명을 꾀하고 있었다. …… 부호들은 흩어지고 천민들은 …… 부호들의 재산을 빼앗아 쌓인 원수를 갚으려고 하였다.

동학 농민군은 집강소를 설치하여 행정과 치안을 담당하는 한편, 폐정 개혁을 실천에 옮겼다.

자료 6 제2차 봉기의 배경

> 심문자 : 1894년 9월 다시 봉기한 것은 무슨 이유인가?
> 전봉준 : 일본이 개화라 칭하며 군대를 거느리고 우리 서울에 들어와 밤중에 왕궁을 공격하여 임금을 놀라게 하였다. 이에 초야의 선비와 백성들이 충군애국의 마음으로 의병을 규합하고 일본인과 접전하여 그 책임을 묻고자 함이었다.
> 심문자 : 재차 기포한 것을 일본 군사가 궁궐을 침범하였다고 한 까닭에 다시 일어났다 하니 다시 일어난 후에는 일본 병사에게 무슨 행동을 하려 하였느냐.
> 전봉준 : 궁궐을 침범한 연유를 따져 묻고자 하였다.

전봉준의 재판 기록을 통해 동학 농민군의 제2차 봉기 배경을 알 수 있다.

용어 알기

사발통문(모래 沙 사발 鉢 통할 通 글월 文)
주동자가 드러나지 않게 이름을 빙 둘러 적은 통문

관아(벼슬 官 마을 衙)
벼슬아치들이 모여 나랏일을 처리하던 곳

안핵사(누를 按 실상을 조사할 覈 벼슬 使)
지방에 생긴 사건을 조사하기 위해 보낸 관리

4 갑오개혁

(1) 청일 전쟁과 삼국 간섭
① 청일 전쟁 : 일본의 승리, 시모노세키 조약(랴오둥반도와 타이완 할양 등) 체결
② 삼국 간섭 : 청이 일본에 랴오둥반도 할양 → 러시아가 프랑스, 독일을 끌어들여 랴오둥반도의 반환 권고 → 일본은 청에 랴오둥반도를 돌려주고 배상금을 받음.

(2) 제1차 갑오개혁(1894)
① 배경 및 경과 : 경복궁을 점령한 일본의 개혁 강요 → 흥선 대원군을 섭정으로 하는 김홍집 내각 수립, 군국기무처 설치 및 개혁 추진
② 내용

정치	• 청의 연호 폐지 → 개국 기년 사용 • 궁내부 신설 → 왕실 사무와 정부 사무 분리 • 6조를 80아문으로 개편, 과거제 폐지
경제	탁지아문으로 재정 일원화, 은본위 화폐 제도 채택, 조세 금납제 실시, 도량형 통일
사회	• 공·사노비 제도 혁파, 신분제 철폐 • 봉건적 악습 타파(조혼 금지, 과부 재가 허용, 연좌제 폐지)

(3) 제2차 갑오개혁
① 경과 : 청일 전쟁에서 승기를 잡은 일본의 간섭 → 군국기무처 폐지, 김홍집·박영효 연립 내각 수립 → 고종이 홍범 14조 반포 [자료7]
② 내용

정치	의정부 → 내각으로 개편, 8도 → 23부로 개편, 사법권 독립(재판소 설치)
사회	교육입국 조서 반포, 한성 사범 학교 관제 제정 등

(4) 제3차 갑오개혁(을미개혁, 1895)
① 경과 : 삼국 간섭 이후 친미·친러 세력 중심의 내각 수립 → 일본이 명성 황후 시해(을미사변) → 김홍집, 유길준 등의 친일 내각 구성
② 내용 : 단발령 공포, 태양력 사용, '건양' 연호 사용, 종두법 실시 등 [자료8]
③ 영향 : 을미사변과 단발령에 분노한 의병 봉기 → 아관 파천(고종이 러시아 공사관으로 거처를 옮긴 사건, 1896) → 개혁 중단

(5) 갑오개혁의 의의와 한계

의의	• 개화파의 개혁 의지와 동학 농민군의 사회 변혁 요구 반영 • 차별적 신분제 폐지 → 평등 사회의 기틀 마련 • 내각 중심의 정치 실시 → 전제 군주제 극복 시도
한계	• 조선 침략의 발판 구축을 위한 일본의 강요 • 민중의 지지를 이끌어 내지 못함.

[자료7] 홍범 14조

1. 청에 의존하는 생각을 버리고 자주독립의 기초를 세운다.
4. 왕실 사무와 국정 사무를 나누어 서로 혼동하지 않는다.
6. 납세는 법으로 정하고 함부로 세금을 거두지 않는다.
13. 민법, 형법을 제정하여 국민의 생명과 재산을 보전한다.

제2차 갑오개혁 중에 국정 개혁의 기본 강령이라고 할 수 있는 홍범 14조를 발표하였다.

[자료8] 을미개혁

우리는 달력을 태양력으로 바꾸고, 새로운 연호를 채택하고, 복색을 바꾸고, 머리카락을 잘랐다. …… 의복과 머리 모양의 변화는 백성들로 하여금 옛 관습을 버리고 새로운 규칙을 따르게 함으로써 세계관을 바꿔 줄 것이다. 짐은 이미 머리카락을 잘랐으니, 짐의 신민 중 그 누구도 따르지 않으면 안 된다.

을미사변 이후 친일 내각은 단발령을 공포하고 태양력을 사용하였다.

[용어 알기]

할양(나눌 割 넘겨줄 讓)
땅이나 물건 일부를 떼서 남에게 줌.

은본위제(은 銀 근본 本 자리 位 제도 制)
일정량의 은을 화폐 단위로 하는 제도

도량형(법도 度 헤아릴 量 저울대 衡)
길이, 부피, 무게 따위의 단위를 재는 법

연좌제(인연 緣 앉을 坐 제도 制)
범죄인과 특정 관계에 있는 사람에게 연대 책임을 지게 하고 처벌하는 제도

5 독립 협회와 대한 제국의 광무개혁

(1) 독립 협회의 창립과 특징

① 창립(1896) : 아관 파천 이후 러시아의 영향력 확대, 서구 열강의 이권 침탈 심화, 미국에서 귀국한 서재필이 정부의 지원으로 독립신문 창간 → 이후 독립 협회 창립 주도

② 특징

- 독립문 건립을 위한 모금에 참여하면 누구나 회원으로 수용
- 독립문 건립, 독립 공원 조성
- 독립관에서 토론회 개최 : 신교육 보급, 의회 설립, 산업 개발 등을 주제로 삼음.

(2) 대한 제국의 수립(1897)

배경	• 독립 협회를 중심으로 고종의 환궁을 요구하는 여론 고조 • 연호를 제정하고, 국가의 위신을 높이기 위해 황제 칭호 사용 주장
경과	고종이 경운궁으로 돌아와 '광무'라는 연호 제정 → 환구단에서 황제 즉위식 거행 이후 '대한 제국' 수립 선포

(3) 독립 협회의 활동과 해산

① 만민 공동회 개최를 통한 이권 수호 운동 전개 : 러시아의 군사 고문과 재정 고문 철수, 부산의 절영도 조차 요구 철회

② 의회 설립 운동 : 관민 공동회 개최(1898), 헌의 6조 `자료 9` 결의 후 고종의 재가 → 의회식 중추원 관제 반포

③ 독립 협회 해산 : 보수 세력이 독립 협회가 공화정을 실시하려 한다고 모함 → 고종이 독립 협회 해산 명령 → 독립 협회는 만민 공동회를 개최하여 항의 → 정부는 황국 협회와 군대를 동원하여 독립 협회 강제 해산

(4) 광무개혁의 내용과 한계

① 특징 : 구본신참(옛것을 근본으로 새로운 것을 참작한다.)의 원칙에 따른 점진적 개혁 표방

② 내용

정치	대한국 국제 반포(1899) : 황제의 무한한 군주권 규정 `자료 10`
군사	궁궐 안에 원수부 설치 → 황제가 군 통수권 직접 장악
경제	• 내장원이 전국의 철도와 광산 등 관할 • 양지아문과 지계아문 설치, 지계(근대적 토지 소유 증명서) 발급 • 식산흥업 정책 실시 : 서북 철도국 설치, 근대식 공장과 회사 설립
교육	상공 학교와 광무 학교 설립, 유학생 파견

③ 한계 : 민권 보장을 소홀히 함, 일본 등 열강의 간섭에서 벗어나지 못함.

(5) 대한 제국의 외교 활동

① 한청 통상 조약 체결(1899) : 청일 전쟁에서 패한 청과 대등한 입장에서 조약 체결

② 벨기에, 덴마크와 국교 수립, 국제 적십자사 등의 국제기구 가입

`자료 9` **헌의 6조**

> 1. 외국인에 의지하지 않고 관민이 협력하여 전제 황권을 공고히 할 것
> 2. 정부가 외국인과 체결하는 모든 조약은 정부 대신과 중추원 의장이 합동 날인하여 시행할 것
> 3. 국가 재정은 탁지부에서 관장하고 예산과 결산을 인민에게 공포할 것
> 4. 중대 범죄는 공개 재판을 시행하되, 피고의 인권을 존중할 것
> 5. 칙임관을 임명할 때는 정부에 자문을 구하여 그 과반수가 동의하면 임명할 것

1898년 정부 대신들까지 참여한 관민 공동회에서 관민이 합심하여 국정을 운영하자는 헌의 6조를 결의하였다.

`자료 10` **대한국 국제**

> 제1조 대한국은 세계 만국이 공인한 자주독립 제국이다.
> 제2조 대한국의 정치는 과거 500년간 전래되었고, 앞으로 만세토록 불변할 전제 정치이다.
> 제3조 대한국 대황제는 무한한 군권(군주권)을 지니고 있다.

대한 제국은 독립 협회를 해산시킨 후 대한국 국제를 반포하여 대한국이 자주독립 국가이며 황제가 전제 정치를 실시한다는 점을 분명히 하였다.

용어 알기

고문(돌아볼 顧 물을 問)
어떤 분야에 대하여 전문적 지식과 풍부한 경험을 가지고 의견을 제시하는 사람

통수권(거느릴 統 우두머리 帥 권리 權)
군대 전체를 지휘·통솔하는 권리

📝 필수 개념

1 개화 정책의 추진과 반발

통리기무아문	개화 정책을 총괄하는 기구로 외교, 군사, 통상, 산업 등의 업무 담당
기기창	영선사 김윤식이 이끄는 일행이 청에서 무기 제조 기술을 배우고 돌아와 설립을 주도한 근대식 무기 공장
별기군	5군영 중에서 선발하여 조직한 신식 군대. 무기, 급료, 의복 등 대우가 구식 군대에 비해 훨씬 좋았고 일본인 교관에게 훈련받음.

2 갑신정변과 열강의 각축

우정총국	근대식 우편 업무를 담당하던 관청
조선 중립화론	갑신정변 이후 한반도를 둘러싼 열강의 대립이 심화되자 조선의 안전 보장과 열강의 충돌을 막기 위해 조선을 중립국으로 만들자는 주장

3 동학 농민 운동

만석보	조병갑이 농민을 강제로 동원하여 만든 저수 시설
보국안민	나라를 도와서 백성을 편안히 한다는 뜻
제폭구민	폭정을 제거하여 백성을 구한다는 뜻
집강소	전라도 일대에 동학 농민군이 설치한 자치 기구
교정청	전주 화약 체결 후 정부가 폐정을 개혁하기 위해 설치한 기구
북접과 남접	충청도 지역의 동학 조직을 북접, 전라도 지역의 동학 조직을 남접이라고 함.

4 갑오개혁

군국기무처	제1차 갑오개혁을 주도한 기구. 제1차 갑오개혁이 끝나고 폐지
개국 기년	조선이 건국된 1392년을 기점으로 연도를 표기하는 방식. 1894년은 개국 503년

5 독립 협회와 대한 제국의 광무개혁

환구단	황제가 하늘에 제사를 지내는 제단
만민 공동회	근대적 민중 집회로 1898년에 여러 차례 개최되어 열강의 이권 침탈을 규탄하고, 민권 신장 등을 요구
중추원 관제	고종이 중추원을 의회 형태로 개편하여 발표한 관제. 관선 25명, 민선 25명의 의원으로 구성
대한국 국제	독립 협회 해산 이후 대한 제국의 정치가 전제 군주제임을 확실히 하기 위해 반포
원수부	황제 직속의 군 통수 기관으로 경운궁에 설치되었으며, 황제가 대원수를 맡아 육해군을 통솔함.
식산흥업 정책	생산을 늘리고 산업을 일으키는 정책

☑ 개념 체크

01 빈칸에 들어갈 알맞은 말을 쓰시오.

① 개항 이후 개화 정책을 총괄하는 기구로 (　　　)을/를 설치하였다.

② 조미 수호 통상 조약을 체결한 이후 미국에 (　　　)을/를 파견하였다.

③ 임오군란 직후 조선은 청과 (　　　)을/를 체결하였다.

④ 김옥균, 박영효 등 (　　　) 개화파는 우정총국 개국 축하연을 이용하여 정변을 일으켰다.

⑤ 영국은 러시아를 견제한다는 구실로 (　　　)을/를 불법 점령하였다.

⑥ 청·일의 군대가 파병되자 동학 농민군과 정부군은 (　　　)을/를 체결하였다.

⑦ 정부는 교정청을 폐지하고 (　　　)을/를 설치하여 제1차 갑오개혁을 추진하였다.

⑧ 을미사변 이후 고종이 (　　　) 공사관으로 피신하는 사건이 일어났다.

⑨ 관민 공동회에서 관민이 합심하여 국정을 운영하자는 (　　　)을/를 결의하였다.

⑩ 광무개혁으로 근대적 토지 소유 증명서인 (　　　)을/를 발급하였다.

02 옳은 내용에는 ○표, 틀린 내용에는 ×표를 하시오.

① 제1차 수신사로 갔던 김기수가 『조선책략』을 가지고 돌아왔다. (　　　)

② 청의 근대식 무기 제조법과 군사 훈련법을 배우기 위해 청에 영선사 일행을 파견하였다. (　　　)

③ 최익현 등은 왜양일체론을 내세워 강화도 조약 체결을 반대하였다. (　　　)

④ 임오군란 이후 조선과 일본은 조일 수호 조규를 체결하였다. (　　　)

⑤ 을미사변은 청의 개입과 일본군의 철수 등으로 실패하였다. (　　　)

⑥ 갑신정변 이후 한반도를 둘러싼 열강의 대립이 심해지자, 부들러는 중립화론을 주장하였다. (　　　)

⑦ 고부 농민 봉기는 고부 군수 이용태의 비리와 수탈이 원인이었다. (　　　)

⑧ 동학 농민군은 전라도 일대에 교정청을 설치하여 폐정 개혁을 실천에 옮겼다. (　　　)

⑨ 제2차 갑오개혁 때 단발령을 공포하였다. (　　　)

⑩ 대한 제국은 을미개혁을 추진하였다. (　　　)

01 ▸ 242016-0099
다음 군제 개편이 실시된 당시 볼 수 있는 모습으로 가장 적절한 것은?

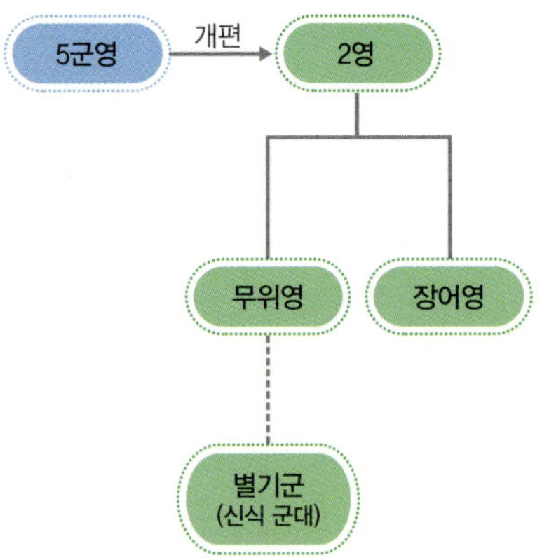

① 주자감에서 공부하는 학생
② 만민 공동회에 참여하는 상인
③ 수선사 결사를 제창하는 승려
④ 통리기무아문에서 정책을 논의하는 관리
⑤ 인민 평등권의 제정을 발표하는 개화당 인사

02 ▸ 242016-0100
다음 조약에 대한 설명으로 옳은 것은?

> • 일본국이 입은 손해, 공사를 호위한 해군과 육군 비용 중에서 50만 원을 조선국에서 낸다.
> • 일본 공사관에 군사 약간을 두어 경비를 서게 한다.

① 최혜국 대우를 규정하였다.
② 임오군란의 결과 체결되었다.
③ 영선사가 파견되는 계기가 되었다.
④ 일본에 영사 재판권을 허용하였다.
⑤ 척화비가 건립되는 데 영향을 주었다.

03 ▸ 242016-0101
밑줄 친 '우리 당'에 대한 설명으로 옳은 것은?

> 일본에서 차관 교섭에 실패한 김옥균은 "지금 자금 없이 아무것도 할 수 없고, 빈손으로 귀국하면 집권 사대당은 나를 비판하며 궁지에 몰아넣을 것이다. …… 우리 당과 사대당은 공존할 수 없기에 최후의 선택만이 남아 있다."라고 하였다.

① 점진적 개혁을 추구하였다.
② 일본의 메이지 유신을 본받으려 하였다.
③ 청과 전통적인 관계를 유지하려 하였다.
④ 동도서기의 입장에서 개혁을 추진하였다.
⑤ 조선의 전통적 유교 질서를 유지하려 하였다.

04 ▸ 242016-0102
다음 주장이 제기된 시기를 연표에서 옳게 고른 것은?

> 1. 고부성을 격파하고 조병갑을 효수할 것
> 1. 군기창과 화약고를 점령할 것
> 1. 군수에게 아부하여 백성을 침탈한 탐학한 관리를 엄벌할 것
> 1. 전주 감영을 함락하고 서울로 바로 향할 것

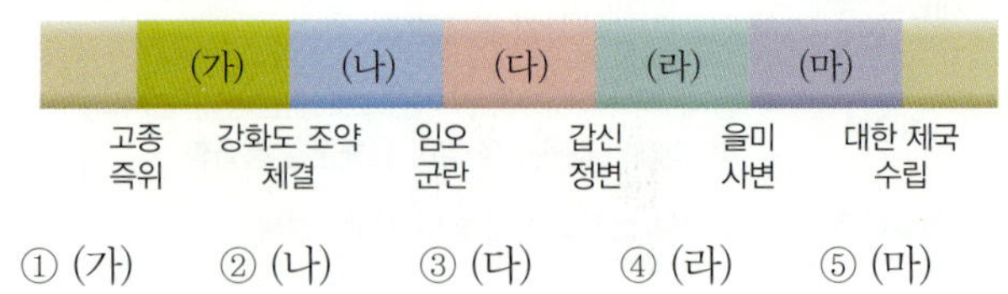

① (가)　② (나)　③ (다)　④ (라)　⑤ (마)

▶ 242016-0103

05 다음 상황이 전개된 배경으로 가장 적절한 것은?

우리 정부는 왕명을 받들어 교정청을 설치하여 …… 폐정의 몇 가지를 개혁하였는데 모두 동학당이 사정을 하소연한 일이었다. 자주적 개혁을 추진함으로써 일본인들의 요구와 끼어듦을 막고자 하였다.

① 별무반이 조직되었다.
② 전주 화약이 체결되었다.
③ 홍범 14조가 반포되었다.
④ 아관 파천이 단행되었다.
⑤ 삼정이정청이 설치되었다.

▶ 242016-0104

06 다음에서 설명하는 기구의 명칭을 쓰시오.

입법과 정책 결정 기능을 수행한 초정부적 기구였다. 1894년에 설치되어 국정 전 분야에 걸쳐 3개월 동안 약 210건의 개혁안을 의결하였다.

(   )

▶ 242016-0105

07 (가) 단체의 활동으로 옳은 것만을 보기 에서 고른 것은?

조선의 자주독립을 널리 알리기 위해 독립문을 건립한 (가) 은/는 민중의 정치의식을 높이기 위해 다음과 같은 주제로 토론회를 개최하였다.
• 조선의 급선무는 인민의 교육에 있다.
• 우리 국토를 남에게 빌려주는 것은 온당치 못하다.
• 의회를 설립하는 것이 정치상 제일 긴요하다.

보기
ㄱ. 위정척사 운동을 전개하였다.
ㄴ. 청의 문물을 수용할 것을 주장하였다.
ㄷ. 관민 공동회에서 헌의 6조를 결의하였다.
ㄹ. 러시아의 절영도 조차 요구를 반대하였다.

① ㄱ, ㄴ   ② ㄱ, ㄷ   ③ ㄴ, ㄷ
④ ㄴ, ㄹ   ⑤ ㄷ, ㄹ

▶ 242016-0106

08 (가) 정부에 대한 설명으로 옳은 것은?

독립 협회가 해산된 이후 (가) 은/는 강력한 황제권을 확립하려 하였다. 1899년에 대한국 국제를 반포하여 (가) 의 정치가 전제 정치임을 분명히 하였고, 황제가 육해군 통솔권, 입법권, 행정권, 사법권 등을 가진다고 규정하였다.

① 4군 6진 지역을 개척하였다.
② 정동행성 이문소를 폐지하였다.
③ 3사를 두어 권력 독점을 견제하였다.
④ 5경 15부 62주의 지방 행정 체계를 갖추었다.
⑤ 근대적 토지 소유 증명 문서인 지계를 발급하였다.

▶ 242016-0107

09 (가), (나)가 발표된 시기 사이에 있었던 사실로 옳은 것은?

(가) 1. 외국인에 의지하지 않고 관민이 협력하여 전제 황권을 공고히 할 것
2. 정부가 외국인과 체결하는 모든 조약은 정부 대신과 중추원 의장이 합동 날인하여 시행할 것
3. 국가 재정은 탁지부에서 관장하고 예산과 결산을 인민에게 공포할 것
4. 중대 범죄는 공개 재판을 시행하되, 피고의 인권을 존중할 것
(나) **제1조** 대한국은 세계 만국이 공인한 자주독립 제국이다.
제2조 대한국의 정치는 과거 500년간 전래되었고, 앞으로 만세토록 불변할 전제 정치이다.
제3조 대한국 대황제는 무한한 군권(군주권)을 지니고 있다.

① 장용영이 설치되었다.
② 독립 협회가 해산되었다.
③ 대한 제국의 수립이 선포되었다.
④ 우정총국 개국 축하연이 개최되었다.
⑤ 청과 일본이 톈진 조약을 체결하였다.

03 개항 이후 사회·경제의 변화와 문화 변동

1 개항 이후 열강의 경제 침탈과 변화

(1) 일본 상인의 경제 침투

① 조일 수호 조규 부록 : 개항장에서 일본 화폐 사용, 거류지 무역(개항장 10리 이내)
→ 객주, 여각, 보부상 등의 중개 상인을 매개로 무역
② 조일 무역 규칙 : 양곡의 수출입 허용(양을 제한하지 않음.), 사실상 무관세 무역
③ 영국산 면제품을 싸게 들여와 팔고 쌀, 콩 등을 사들임. → 면직물 수공업 농민 타격, 곡물 가격 급등으로 식량 부족

(2) 청과 일본 상인의 상권 경쟁

배경	임오군란 이후 청의 영향력 강화
조청 상민 수륙 무역 장정 체결(1882) 자료 1	청 상인의 특권 보장(양화진과 한성에서 상점 개설 허용, 영사 재판권 인정, 허가를 받은 청 상인의 내지 통상 허용 등) → 청 상인의 본격 진출
조일 통상 장정 체결 (1883)	일본 상품에 관세 부과, 곡물 유출 제한 규정, 최혜국 대우 규정(이후 일본 상인도 내지 통상 가능)
청일 전쟁 이후	일본이 조선 상권 독점, 일본산 면제품 판매

(3) 제국주의 열강의 경제 침탈

① 배경 : 아관 파천 이후 열강의 이권 침탈 심화, 광업과 교통·통신 시설 이권 요구
② 일본의 토지 약탈 : 철도 부지와 군용지 확보를 구실로 토지 약탈, 동양 척식 주식 회사 설립(1908) → 황무지나 공유지 등 약탈
③ 화폐 정리 사업 자료 2

주도	일본인 재정 고문 메가타
내용	• 전환국 폐쇄(화폐 발행권 상실) • 백동화 등을 일본 제일 은행권으로 교환 • 백동화를 갑, 을, 병 3종으로 구분(구화폐와 신화폐의 기본 교환 비율은 2:1)
영향	농민, 상인, 자본가 등에게 큰 타격, 일본이 대한 제국의 금융 지배

 열강의 이권 침탈

러시아는 광산 채굴권과 삼림 채벌권을 가져갔고, 미국은 광산 채굴권과 철도, 전차 부설권을 얻었다. 영국, 독일, 프랑스 등도 각종 이권을 획득하였다. 철도 부설권은 식민지 지배의 주요 수단이었는데, 경부선 부설권을 가진 일본이 경인선과 경의선 부설권까지 넘겨받아 한반도의 철도를 완성하였다.

자료 1 **조청 상민 수륙 무역 장정**

> **제4조** 중국 상인이 조선의 양화진과 한성에 들어가 영업소를 개설한 경우를 제외하고 각종 화물을 내지로 운반하여 상점을 차리고 파는 것을 허가하지 않는다. …… 내지로 들어가려는 자는 지방관이 발급한 허가증이 있어야 한다.

임오군란 이후 청은 허가를 받으면 개항장 밖에서도 활동할 수 있는 내지 통상권을 얻었다.

자료 2 **화폐 정리 사업**

> 질이 나쁜 백동화는 바꿔 주지 않는다. 상태가 매우 양호한 갑종 백동화는 개당 2전 5리의 가격으로 새 돈과 교환하여 주고, 상태가 좋지 않은 을종 백동화는 개당 1전의 가격으로 정부에서 매수하며, …… 단, 형질이 조악하여 화폐로 인정하기 어려운 병종 백동화는 매수하지 않는다. – 「관보」, 1905 –

화폐 정리 사업 당시 백동화는 품질에 따라 셋으로 구분하여 갑종과 을종은 일부만 가치를 인정해 주고, 병종은 교환 대상에서 제외하였다.

용어 알기

장정(글 章 규정 程)
조목으로 나누어 정한 규정

척식(넓힐 拓 불릴 殖)
국외 영토나 미개지를 개척하여 자국민의 이주와 정착을 정책적으로 도움.

부설(펼 敷 설치할 設)
다리나 철도 등을 설치함.

2 경제 자주권 수호 운동

(1) 방곡령 선포 자료3
① 내용 : 흉년이나 재해 등으로 곡물 유출을 막기 위해 지방관이 방곡령을 선포
② 사건 : 함경도(1889), 황해도(1890) 지방관이 방곡령 선포 → 일본이 '1개월 전 통지' 규정 위반을 이유로 방곡령 철회 요구 → 방곡령 철회, 배상금 지불

(2) 상권 수호 운동과 이권 수호 운동
① 상권 수호 운동

배경	외국 상인의 내륙 진출
내용	• 객주를 비롯한 조선 상인 : 상회사 설립(대동 상회, 장통 상회 등) • 시전 상인 : 상가 문을 닫고 외국 상인의 철수 요구, 황국 중앙 총상회 조직(1898)

② 이권 수호 운동

배경	아관 파천 이후 열강의 이권 침탈 심화
내용	• 독립 협회의 활동 : 러시아의 재정 고문 철수, 절영도 조차 요구 저지, 한러 은행 폐쇄 등 자료4 • 일본의 황무지 개간권 요구 → 농광 회사 설립, 보안회가 반대 운동 전개 → 일본의 요구 철회

(3) 국채 보상 운동의 전개

배경	일본의 강요로 거액의 차관 도입 → 나랏빚 급증
전개	대구에서 서상돈 등이 국채 보상 운동 제창(1907) → 한성에서 국채 보상 기성회 조직 → 대한매일신보 등 언론 기관이 모금 운동에 앞장섬. → 전국으로 확산
결과	통감부의 탄압과 방해로 실패

자세히 살펴보기 국채 보상 운동

지금 우리들은 정신을 새로이 하고 충의를 떨칠 때이니 국채 1,300만 원은 우리 한(韓) 제국의 존망에 직결된 것입니다. 이것을 갚지 못하면 나라가 망할 것은 필연적인 사실이나, 지금 국고에서는 도저히 갚을 능력이 없으며, 만일 나라에서 갚지 못한다면 그때는 이미 삼천리 강토는 내 나라 내 민족의 소유가 못 될 것입니다.
— 대한매일신보, 1907. 2. 21. —

▲ 국채 보상 운동 기념비 (대구 중구)

국채 보상 운동은 대한매일신보, 황성신문 등 언론 기관이 앞장서 전국으로 확대되었다. 그러나 통감부가 국채 보상 운동을 항일 운동으로 보고 양기탁에게 보상금을 횡령하였다는 누명을 씌워 구속하는 등 탄압하였다. 결국 국채 보상 운동은 목적을 이루지 못하고 중단되었다.

자료3 방곡령 규정

제37관 조선국에서 가뭄, 수해, 전쟁 등의 일로 인하여 국내 식량 결핍을 우려하여 일시 쌀 수출을 금지하려고 할 때는 1개월 전에 지방관이 일본 영사관에 통지하여 미리 그 기간을 항구에 있는 일본 상인들에게 전달하여야 한다.

개항 이후 일본 상인이 조선에서 곡물을 사들이면서 곡물 가격이 폭등하고 식량이 부족해졌다. 이에 조일 통상 장정에 근거하여 방곡령이 선포되었다.

자료4 독립 협회의 이권 수호 운동

대한이 자주 권리를 스스로 행사하는 것이 가능함은 러시아도 스스로 아는 바이니 대한의 권리를 지키고 러시아의 정론을 좇아 러시아 사관과 러시아 고문관을 모두 곧 물러가도록 결정하여 러시아 공사에게 회신하는 것이 당연하다고 여기는 것은 우리 대한 이천만 동포 형제가 한가지로 원하는 바이다.
— 독립신문, 1898 —

독립 협회는 만민 공동회를 개최하여 러시아 재정 고문의 철수를 요구하였다. 독립 협회의 외세 배척 운동은 주로 러시아를 대상으로 삼았으며, 일본의 침략 의도를 제대로 파악하지 못하였다.

용어 알기

황국(황제 皇 나라 國)
황제가 다스리는 나라

국채(나라 國 빚 債)
나라의 빚

03 개항 이후 사회·경제의 변화와 문화 변동

❸ 개항 이후 근대 문물의 도입과 사회 변화

(1) 근대 교육의 시작

1880년대	원산 학사(함경도 덕원, 최초의 근대적 학교), 육영 공원(근대적 관립 학교), 배재 학당과 이화 학당(개신교 선교사들이 설립한 사립 학교)
1890년대	교육입국 조서 반포(1895) [자료5], 한성 사범 학교, 소학교, 외국어 학교 등 각종 관립 학교 설립
1900년대	애국 계몽 운동 단체 등의 사립 학교(오산 학교, 대성 학교 등) 설립

(2) 근대 언론과 국학의 발달

① 신문 발행

종류	한성순보(1883, 개화 정책 홍보), 독립신문(1896, 최초의 민간 신문), 제국신문, 황성신문, 대한매일신보(영국인 베델 발행)
탄압	일제가 신문지법(1907)을 통해 탄압

② 국학 연구

국어	• 갑오개혁 이후 공문서에 한문과 한글 함께 사용 • 국문 연구소 설립(1907) : 지석영·주시경 등, 한글 연구
국사	• 박은식 : 나라의 정신으로 혼 강조 • 신채호 : 「독사신론」 발표(민족을 역사 서술의 주체로 인식), 위인전 저술(『을지문덕전』, 『이순신전』 등)

(3) 근대 의식의 확산

① 평등 의식 확대 : 갑신정변, 동학 농민 운동, 갑오개혁 등을 통해 신분제 폐지 [자료6]

② 근대 민권 의식 성장 : 독립 협회의 자유 민권 운동 전개 → 신체의 자유, 재산권 보호, 언론·집회의 자유 주장

③ 여성의 사회의식 변화 : 여성 교육 관심 증대, 여학교 설립 증가, 「여권통문」 발표

(4) 근대 시설의 도입

① 내용

교통·통신	전신, 우편(우정총국), 전차, 철도(경인선, 경부선, 경의선) 등 도입
전기	경복궁에 전등 설치, 한성 전기 회사 설립
의료 시설	광혜원(제중원), 대한 의원, 자혜 의원 등 설립
건축	독립문, 명동 성당, 러시아 공사관, 덕수궁 석조전 등 건립

② 의의와 한계

의의	일상생활의 편리, 시공간 개념 변화(정확한 시간 파악 필요)
한계	외국의 기술과 자본에 의존, 제국주의 열강의 침략 목적으로 설치

[자료5] 교육입국 조서

세계의 정세를 보면 부강하고 독립하여 사는 모든 나라는 다 국민의 지식이 밝기 때문이다. 이제 짐은 정부에 명하여 널리 학교를 세우고 인재를 길러 새로운 국민의 학식으로써 국가 중흥의 큰 공을 세우고자 하니, 국민은 나라를 위하는 마음으로 덕과 체와 지를 기를지어다. 왕실의 안전이 국민의 교육에 있고, 국가의 부강도 국민의 교육에 있도다.

고종이 제2차 갑오개혁 때 발표하여 이후 여러 관립 학교가 세워지는 데 영향을 끼쳤다.

[자료6] 백정 출신 박성춘의 관민 공동회 연설

이 사람은 바로 대한에서 가장 천한 사람이고 매우 무식합니다. 그러나 임금께 충성하고 나라를 사랑하는 뜻은 대강 알고 있습니다. …… 관리와 백성이 마음을 합하여 우리 대황제의 훌륭한 덕에 보답하고 국운이 영원토록 무궁하게 합시다.

갑오개혁 때 신분제가 법적으로 폐지되었으나 사회적 차별은 여전하였다. 이러한 상황에서 백정 출신이 연설을 하였다는 점을 통해 평등사상이 점차 확산되고 있었음을 알 수 있다.

용어 알기

관립(관청 官 세울 立)
국가 기관에서 세움.

교육입국(가르칠 敎 기를 育 설 立 나라 國)
교육을 통해 나라를 튼튼하게 세움.

✍ 필수 개념

1 개항 이후 열강의 경제 침탈과 변화

조청 상민 수륙 무역 장정	임오군란 이후 청 상인의 특권 보장(허가받은 청 상인은 조선의 내륙에서 활동 가능)
동양 척식 주식회사	일본이 토지와 자원을 약탈하고 일본인 이민을 지원하기 위해 설립

2 경제 자주권 수호 운동

방곡령 사건	함경도와 황해도 지방관이 선포한 방곡령에 대해 일본이 규정 위반을 이유로 철회를 요구하자, 조선 정부가 방곡령을 철회하고 배상금을 지불
황국 중앙 총상회	시전 상인들이 외국 상인들의 침투에 대항하여 상권을 수호하기 위해 조직한 단체

3 개항 이후 근대 문물의 도입과 사회 변화

육영 공원	보빙사의 건의로 설치된 관립 학교. 외국인 교사를 초빙하여 양반 자제와 관리를 대상으로 근대 학문 교육
한성순보	정부가 박문국에서 발행한 최초의 근대적 신문
독립신문	최초의 근대적 민간 신문으로 한글판과 영문판으로 발행
대한매일신보	영국인 베델이 발행, 항일 언론 활동을 통해 일본의 침략 행위 폭로, 국채 보상 운동을 지원함.
여권통문	1898년 한성 북촌 여성 300여 명이 뜻을 모아 작성한 여권 선언서

☑ 개념 체크

01 빈칸에 들어갈 알맞은 말을 쓰시오.

① 강화도 조약의 부속 조약으로 개항장으로부터 10리 이내에서 (　　　) 무역이 실시되었다.

② 함경도와 황해도 등의 지방관은 (　　　)을/를 근거로 방곡령을 선포하였다.

③ 독립 협회는 (　　　) 재정 고문을 철수시켰다.

02 옳은 내용에는 ○표, 틀린 내용에는 ×표를 하시오.

① 화폐 정리 사업은 당백전 등을 일본 제일 은행권으로 교환하는 것이었다. 　　　　　　　　　　(　　　)

② 국채 보상 운동은 대한매일신보 등 언론의 지원을 받았다. 　　　　　　　　　　　　　　　(　　　)

③ 보빙사로 다녀온 민영익 등의 건의로 1886년에 관립 학교인 원산 학사가 문을 열었다. 　　　(　　　)

기본 문제

▶ 242016-0108

01 다음 주장이 제기된 배경으로 가장 적절한 것은?

> 외국인들이 내지에 와서 점포를 열어 장사를 하고 전답을 사들이면 대한 인민의 상권이 외국인에게 모두 돌아가고 …… 우리나라 각 지방의 외국 상인들을 모두 내보내고 가옥과 전답 구매를 일체 엄금하여 대한 인민의 상업을 흥하게 하여 달라.

① 삼정의 문란이 극심하였다.
② 시전 상인의 금난전권이 폐지되었다.
③ 일본이 황무지 개간권을 요구하였다.
④ 조청 상민 수륙 무역 장정이 체결되었다.
⑤ 국가 재정 확보를 위해 공명첩이 발급되었다.

▶ 242016-0109

02 다음 자료를 활용한 탐구 활동으로 가장 적절한 것은?

> **제2조** 구화폐 은 10냥은 신화폐 금 1환에 맞먹는 비율로 정부의 편의에 따라 점차로 교환하거나 환수한다.
> **제4조** 구 백동화의 교환을 끝내는 기한은 만 1년 이상으로 탁지부 대신이 편의에 따라 정한다.
> **제5조** 구 백동화의 교환 기간이 끝난 후에는 그 통용을 금지한다. 단, 통용을 금지한 후 6개월 동안은 공납(公納)에는 쓸 수 있게 한다.

① 당백전이 발행된 계기가 무엇인지 조사한다.
② 방납의 폐단을 시정하기 위한 정책을 파악한다.
③ 대한 제국에서 지계를 발급한 기관을 알아본다.
④ 송상, 만상 등 사상이 성장하는 과정을 분석한다.
⑤ 제일 은행권이 한국 화폐로 유통된 배경을 찾아본다.

▶ 242016-0110

03 (가) 명령에 대한 설명으로 옳은 것은?

> 이달 20일 함경도의 상황을 보고 받았는데, 그 내용은 다음과 같았다.
> "큰 침수를 당하여 많은 곡식이 피해를 입었는데, 콩 등의 종류는 더욱 심하여 모두 흉작이 될 것이라고 합니다. 식량난을 겪을 것이 장차 불 보듯 훤하여 [(가)]을/를 선포하려 하오니, 일본 공사에게 알려 주십시오."

① 각 지역의 지방관이 선포할 수 있었다.
② 조일 무역 규칙의 규정을 근거로 하였다.
③ 근대적 토지 소유를 인정하려는 목적이었다.
④ 상품 화폐 경제가 발달하는 데 영향을 끼쳤다.
⑤ 현물 대신 쌀, 포목, 동전 등으로 내게 하였다.

▶ 242016-0111

04 (가) 단체의 명칭을 쓰시오.

> 우리(시전 상인)가 중심으로 본회를 설치하고 규칙을 만들었으니 …… 이름은 [(가)](으)로 하고 중앙 각 점포가 함께 회의하여 점포의 경계를 정하되, 동쪽으로는 철물교, 서쪽으로는 송교, 남쪽으로는 작은 광교, 북쪽으로는 안현까지 외국인의 상업 행위를 허락하지 말고, 그 경계 밖의 우리나라 각 점포는 본회에서 관할할 것이다.

(   )

▶ 242016-0112

05 다음 자료에 나타난 민족 운동에 대한 설명으로 옳은 것은?

> 나라 위하는 마음과 백성으로서의 도리에 어찌 남녀가 다르리오. 듣자 하니 국채를 갚으려고 이천만 동포가 석 달간 담배를 아니 피우고, 금전을 모은다 하니 …… 우리는 여자인 까닭에 이 몸에 값진 것이 다만 패물뿐이다. 그러나 큰 산이 흙덩이를 사양치 아니하고 큰 바다가 가는 물을 가리지 아니하기로, 적은 것으로 큰 것을 도우리오.

① 독립 협회가 주도하였다.
② 을미사변에 반발하여 일어났다.
③ 화폐 정리 사업의 배경이 되었다.
④ 통감부의 탄압과 방해로 실패하였다.
⑤ 군국기무처가 설치되는 계기가 되었다.

▶ 242016-0113

06 (가) 신문의 명칭을 쓰시오.

> 한국 내 신문이 가진 권력이란 비상한 것이다. 나(이토 히로부미)의 백 마디 말보다 신문의 기사 한 줄이 한국인을 훨씬 감동시킨다. 이에 더해 지금 한국에서 외국인(영국인)이 발간하는 [(가)]은/는 확증이 있는 일본의 제반 악정(惡政)을 반대하여 한국인을 선동함이 그칠 날이 없으니, 이에 관해서는 통감인 내가 책임을 질 수밖에 없다.

(   )

▶ 242016-0114

07 다음 자료를 활용한 탐구 주제로 가장 적절한 것은?

> • 우렁차게 토하는 기적 소리에 / 남대문을 등지고 떠나 나가서 / 빨리 부는 바람의 형세 같으니 / 날개 가진 새라도 못 따르겠네. / 늙은이와 젊은이 섞여 앉았고 / 우리 내외 외국인 같이 탔으나 / 내외 친소 다 같이 익혀 지내니 / 조그마한 딴 세상 절로 이루었네.   – 「경부 철도가」 –
> • 그놈이 쇠를 많이 먹어서 그런지 간간이 지르는 소리가 일단 쇳소리라 만일 우리나라 인민은 계속 어리석고, 그놈은 점차 왕성해지면 장차 전국의 쇳조각이라고는 구경할 수 없을 것이다. 그놈이 왕래하는 곳마다 인민이 견딜 수가 없어 전토와 가옥을 부치지 못하고 청산에 묻힌 백골까지도 보전치 못할 것이다.   – 대한매일신보 –

① 서민 문화의 발달
② 제1차 갑오개혁의 내용
③ 황국 중앙 총상회의 활동
④ 근대 문물의 수용과 변화
⑤ 실학의 대두와 북학 사상

04 국권 침탈과 국권 수호 운동

1 일제의 국권 침탈 [자료1]

(1) 러일 전쟁과 일제의 침략

① 러일 전쟁 발발(1904) : 한반도를 둘러싸고 러시아와 일본의 대립 심화 → 대한 제국은 국외 중립 선언(일본은 무시) → 일본이 러시아를 기습 공격

② 한일 의정서(1904) : 한국 내 군사 기지 사용권 확보

③ 재정·외교 고문 용빙에 관한 협정서(제1차 한일 협약, 1904) : 메가타(재정 고문), 스티븐스(외교 고문) 파견 → 한국의 재정과 외교 간섭

④ 일본의 한국 지배에 대한 열강의 인정

가쓰라·태프트 밀약 (1905)	일본이 미국의 필리핀 지배 인정, 미국이 일본의 한국 지배 인정
제2차 영일 동맹(1905)	일본이 영국의 인도 지배 인정, 영국은 일본의 한국 지배 인정

⑤ 러일 전쟁 종결 : 포츠머스 조약(1905) → 일본이 러시아로부터 한국에 대한 독점적 지배권 인정받음.

(2) 을사늑약의 체결과 저항

① 을사늑약(1905) [자료2]

과정	군대를 동원하여 궁궐을 포위하고 고종과 대신들을 위협하여 강제 체결
결과	대한 제국의 외교권 박탈, 통감부 설치(초대 통감으로 이토 히로부미 부임)

② 을사늑약에 대한 저항

• 외교적 노력

친서 작성	• 고종이 미국과 독일 등에 친서를 보냄. • 헐버트와 알렌 등을 통해 미국에 도움 호소
특사 파견	• 네덜란드 헤이그에서 열린 만국 평화 회의에 이상설, 이준, 이위종 파견 • 을사늑약의 불법성 폭로 목적 → 일본의 방해와 열강의 무관심으로 성과를 거두지 못함.

• 언론 : 을사늑약의 부당함을 알리는 '시일야방성대곡'이 황성신문에 실림.

• 자결 : 민영환과 조병세 등

(3) 고종의 퇴위와 대한 제국의 국권 피탈

① 한일 신협약(정미 7조약, 1907)

과정	헤이그 특사 파견을 구실로 고종을 강제로 퇴위시킨 후 순종 즉위, 순종에게 체결 강요
결과	• 법령 제정 등에 있어 통감의 권한 강화 • 비밀 각서(부수 각서)에 따라 행정 각 부에 일본인 차관 임명, 대한 제국의 군대 해산

② 기유각서 체결(1909) : 대한 제국의 사법권을 빼앗음.

③ 한국 병합 조약(1910) : 대한 제국의 국권 강탈 → 대한 제국은 일본의 식민지가 됨.

[자료1] 국권 피탈 과정

러일 전쟁 발발
↓
한일 의정서
↓
재정·외교 고문 용빙에 관한 협정서
↓
• 가쓰라·태프트 밀약(일·미)
• 제2차 영일 동맹
• 포츠머스 조약(러·일)
↓
을사늑약
↓
한일 신협약
↓
한국 병합 조약

[자료2] 을사늑약

제2조 일본 정부는 한국과 타국 간에 현존하는 조약의 실행을 완전히 하는 책임을 맡고, 한국 정부는 금후에 일본 정부의 중재를 거치지 아니하고 국제적 성질을 가진 어떠한 조약이나 약속을 맺지 않을 것을 약속한다.

제3조 일본 정부는 그 대표자로 하여금 한국 황제 폐하의 밑에 1명의 통감을 두되, 통감은 오로지 외교에 관한 사항을 관리하기 위해 경성에 주재하고 친히 한국 황제 폐하를 알현할 권리를 가진다.

을사늑약은 일본의 위협 속에서 강제로 체결되었으며, 이에 따라 설치된 통감부는 대한 제국의 내정 전반을 간섭하였다.

용어 알기

용빙(품팔이 傭 찾아갈 聘)
사람을 쓰려고 맞아들임.

늑약(굴레 勒 맺을 約)
억지로 맺은 조약

차관(둘째 次 벼슬 官)
궁내부와 각 부에 둔 장관 아래 관직

② 항일 의병 운동과 의열 투쟁

(1) 을미의병 [자료 3]

배경	을미사변, 단발령 실시(1895)
주도	유인석, 이소응 등 위정척사 사상을 가진 유생층
활동	친일 관리 처단, 지방 관청과 일본군 공격
해산	아관 파천 후 고종이 단발령 철회, 해산 권고 조칙 발표 → 대부분 활동 중단, 일부는 활빈당을 조직하여 투쟁

(2) 을사의병

배경	을사늑약 체결(1905)
주도	민종식, 최익현, 신돌석(평민 출신) 등
활동	• 민종식 : 충청도 홍주성 점령 • 최익현 : 전라도에서 의병을 일으킴. → 관군 출동으로 항전 중지 → 쓰시마섬으로 끌려가 순국 • 신돌석 : 경상도와 강원도 일대에서 유격전 전개

(3) 정미의병

배경	고종의 강제 퇴위, 대한 제국의 군대 해산(1907)
특징	• 해산 군인의 가담으로 의병의 전투력 강화 → 의병 전쟁으로 발전 • 각국 영사관에 의병을 국제법상 교전 단체로 인정해 줄 것 호소
연합	13도 창의군 결성 → 서울 진공 작전 전개(1908) → 실패

(4) 호남 의병의 활약

① 활동 : 서울 진공 작전 후에도 활발한 활동 지속, 유격 전술 전개

② 일본의 '남한 대토벌' 작전(1909) : 호남 지역의 의병과 양민 무차별 학살, 의병 활동 위축

(5) 항일 의병 운동의 특징과 의의

① 특징

• 초기에는 유생 주도의 봉건적 질서 강조 → 이후 다양한 계층 참여 [자료 4]

• 군사력 열세 극복, 강한 독립 정신과 자주 의식을 보여 줌.

② 의의 : 일제의 한국 강점 지연, 무장 독립 전쟁의 밑거름이 됨.

(6) 의열 투쟁의 전개

① 나철 등 : 자신회 조직, 을사오적 암살 시도

② 장인환 · 전명운 : 미국의 샌프란시스코에서 외교 고문이었던 스티븐스 처단(1908)

③ 안중근 : 이토 히로부미를 하얼빈에서 처단(1909)

④ 이재명 : 매국노 이완용을 명동 성당 앞에서 습격

⑤ 의의 : 독립 투쟁 확산 계기, 우리의 주권 수호 의지와 일제의 한국 침략에 대한 부당성을 전 세계에 널리 알리는 데 크게 기여

[자료 3] **을미의병**

> 국모의 원수를 생각하며 이미 이를 갈았는데, 참혹함이 더욱 심해져 임금께서 머리를 깎이고 의관을 찢기는 지경에 이른 데다가 또 이런 망극한 화를 당하였으니 …… 우리 부모로부터 받은 머리를 깎았으니 이 무슨 변괴인가?

을미의병은 유생들이 주도하여 유교 윤리를 수호하고 일제를 몰아내려 하였다.

[자료 4] **정미의병 시기 의병장의 신분 · 직업별 분포**

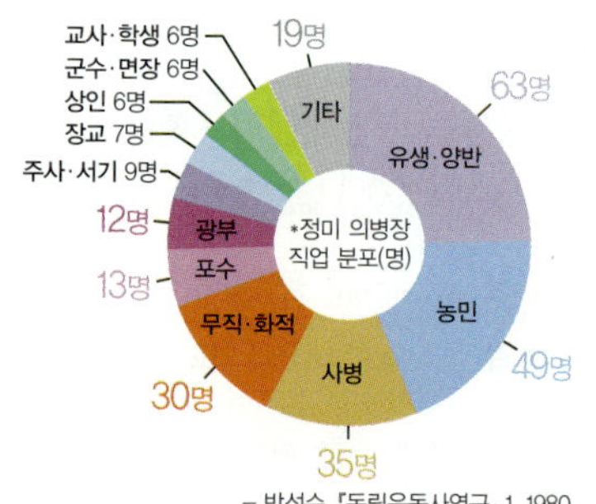

− 박성수, 「독립운동사연구」 1. 1980

정미의병 때에는 해산 군인 등이 참여하였고, 의병 주도 계층도 다양해져서 유생뿐 아니라 농민, 군인, 평민 의병장이 다수를 이루었다.

용어 알기

활빈당(살 活 가난할 貧 무리 黨)
넉넉한 사람의 재물을 빼앗아다가 어려운 사람을 구원해 주는 도둑의 무리

유격전(놀 遊 칠 擊 싸움 戰)
적의 뒤나 측면을 소규모 군대가 기습하거나 파괴하는 전투

교전(주고받을 交 싸움 戰)
서로 병력을 가지고 전쟁하는 것

❸ 애국 계몽 운동

(1) 애국 계몽 운동의 특징

① 사회 진화론의 영향 → 국권 수호를 위한 실력 양성 주장
② 목표 : 산업 진흥, 인재 양성, 민중 계몽 등

(2) 애국 계몽 운동 단체의 결성

보안회	일본이 황무지 개간권 요구 → 보안회가 반대 운동 전개 → 저지
헌정 연구회	의회를 설립하여 입헌 정치 실현 목표 → 일제의 탄압으로 해산
대한 자강회 자료 5	• 활동 : 전국에 지회 설치, 강연회 개최, 월보 간행 • 해산 : 고종의 강제 퇴위 반대 운동 전개 → 통감부의 탄압

(3) 교육과 언론 활동

교육	• 기호 흥학회, 서북 학회 조직 : 기관지 발행, 강연회 개최 • 사립 학교 설립 : 근대 문물 학습, 민족의식 고취
언론	대한매일신보 : 국채 보상 운동 후원(전국으로 확산시키는 데 기여), 의병 투쟁에 호의적인 기사 게재(일본의 침략상 폭로, 민족의식 고취)

(4) 신민회의 활동

주도	• 안창호, 양기탁 등이 주도 • 비밀 결사 형태로 조직
목표	• 국권 회복과 신국가 건설 지향 • 경제적 · 군사적 실력 양성 추진
활동	• 오산 학교(이승훈, 정주) 자료 6 , 대성 학교(안창호, 평양) 설립 • 태극 서관(서적 출판과 대중 계몽), 자기 회사(민족 산업 육성) 운영 • 국외 독립운동 기지 건설(남만주 삼원보에 신흥 강습소 설립)
해체	일제가 조작한 105인 사건으로 와해(1911)

(5) 간도와 독도

간도	• 대한 제국 관할 : 이범윤을 간도 관리사로 임명하여 간도 주민 직접 관할 • 간도 협약(1909) : 일제가 남만주 철도 부설권과 탄광 채굴권을 얻는 대가로 간도를 청의 영토로 인정
독도	• 개항 이후 일본 어민의 불법 침입 증가 → 육지 주민을 울릉도로 이주, 관리 파견 • 일본의 최고 행정 기관 태정관이 독도와 울릉도가 일본과 관계없음을 명확히 함(1877). • 대한 제국 칙령 제41호(1900) 공포 : 울릉도를 군으로 승격시켜 독도 관할 → 국가 공식 기관지인 『관보』에 게재 • 일제의 강탈 : 러일 전쟁 중 일본이 강점, 시마네현 고시 제40호를 통해 독도를 불법적으로 일본 영토에 편입(1905) → 불법적인 영토 침탈

자료 5 대한 자강회

> 무릇 나라의 독립은 오직 자강에 달려 있다. …… 자강의 방도는 다른 곳에 있지 않고 교육을 진작하고 산업을 일으키는 데 있으니, 무릇 교육이 일어나지 않으면 민지(民智)가 열리지 않고 산업이 일어나지 않으면 국부가 증가하지 못하는 것이다. 교육과 산업의 발달이 곧 자강의 방도임을 알 수 있다.

대한 자강회를 비롯한 애국 계몽 운동 단체는 교육과 산업 진흥 등을 통한 실력 양성으로 국권을 수호하려 하였다.

자료 6 오산 학교 개교식 연설

> 지금 나라가 기울어져 가는데 우리가 그저 앉아 있을 수는 없다. 이 아름다운 강산, 선인들이 지켜온 강토를 원수인 일본인들에게 내어 맡긴다는 것은 차마 있어서는 아니 된다. …… 총을 드는 사람, 칼을 드는 사람도 있어야 할 것이다. 그러나 그보다도 더 귀중한 일은 백성들이 깨어 일어나는 일이다. 세상이 어떻게 돌아가는지를 모르고 있으니 그들을 깨우치는 것이 제일 급선무이다.

신민회는 교육과 산업 분야에서 다양한 활동을 전개하며 실력을 양성하려 하였다.

용어 알기

입헌 정치(설 立 법 憲 정사 政 다스릴 治)
헌법에 따라 하는 정치

서관(글 書 집 館)
책을 갖추어 놓고 팔거나 사는 가게

영유권(거느릴 領 있을 有 권리 權)
일정한 영토를 차지하여 가지는 권리

1 일제의 국권 침탈

재정·외교 고문 용빙에 관한 협정서	일본인 메가타와 미국인 스티븐스가 파견되는 근거가 됨.
을사늑약	강제로 체결되어 대한 제국의 외교권을 박탈당하고 통감부가 설치되는 근거가 됨.

2 항일 의병 운동과 의열 투쟁

13도 창의군	1907년에 조직된 의병 연합 부대로 이인영이 총대장, 허위가 군사장에 추대됨.
안중근 의거	을사늑약 체결을 주도하고 통감으로 부임했던 이토 히로부미를 하얼빈에서 처단한 의거

3 애국 계몽 운동

사회 진화론	다윈의 진화론을 바탕으로 생물 진화론의 적자생존, 자연 도태 이론을 인간 사회에 적용하고자 한 주장
105인 사건	데라우치 총독 암살을 모의하였다고 일제가 조작한 사건으로 1심에서 105명에게 유죄 판결이 내려졌고, 신민회가 와해됨.

☑ 개념 체크

01 빈칸에 들어갈 알맞은 말을 쓰시오.

① 고종은 을사늑약의 부당성을 국제적으로 알리기 위해 네덜란드의 (   )에 특사를 파견하였다.

② 일본은 고종을 강제로 퇴위시킨 후 (   )의 체결을 강요하였다.

③ 정미의병 때 13도 창의군이 결성되어 (   ) 진공 작전을 벌였다.

④ (   )은/는 고종의 강제 퇴위 반대 운동을 전개하다 해산당하였다.

02 옳은 내용에는 ○표, 틀린 내용에는 ×표를 하시오.

① 을사늑약으로 대한 제국의 외교권이 박탈되었다. (   )

② 러일 전쟁 중에 한일 신협약이 체결되었다.   (   )

③ 안중근은 하얼빈에서 이토 히로부미를 처단하였다.

(   )

④ 일제가 황무지 개간권을 요구하자 보안회가 주도하여 이를 철회시켰다.   (   )

⑤ 신민회는 국외 독립운동 기지를 건설하여 연해주에 신흥 강습소를 설립하였다.   (   )

기본 문제

▶ 242016-0115

01 다음 협정서에 대한 설명으로 옳은 것은?

> 대한 제국 정부는 일본 정부가 추천한 일본인 1명을 재정 고문으로 삼아 대한 제국 정부에 용빙하여 재무에 관한 사항은 일체 그의 의견을 물어서 시행해야 한다.

① 러일 전쟁 중에 체결되었다.
② 거중 조정 조항이 포함되었다.
③ 통감부 설치의 근거가 되었다.
④ 삼별초가 항쟁하는 배경이 되었다.
⑤ 황준헌이 지은 조선책략의 영향을 받았다.

▶ 242016-0116

02 다음 상황이 전개된 결과로 옳은 것은?

> 이토는 군대를 인솔하여 입궐하였다. 총포와 창검을 궁전에 빽빽하게 늘어세우고 여러 대신과 협의하였다. 참정대신 한규설이 극력 반대하니 이토는 헌병에게 명해 그를 별실에 가두었다. …… 이토가 말하였다. "참정대신은 반대하였으나 여러 대신이 좋다 하였으니 이 안은 결정된 것이오."라고 하며 외부대신 도장을 빼앗아 날인하였다.
>
> – 박은식, 『한국독립운동지혈사』 –

① 아관 파천이 단행되었다.
② 6조 직계제가 채택되었다.
③ 전국에 척화비가 건립되었다.
④ 대한 제국의 외교권이 박탈되었다.
⑤ 이만손 등이 영남 만인소를 올렸다.

▶ 242016-0117

03 다음 자료에 나타난 사건이 끼친 영향으로 가장 적절한 것은?

> 대한 제국 황제 폐하의 특명에 의해 헤이그 평화 회의 대표로 파견된 전 의정부 참찬 이상설, 전 대한 제국 평리원 검사 이준, 전 상트페테르부르크 주재 대한 제국 공사관의 서기관 이위종은 각국 대표 여러분에게 우리나라의 독립이 1884년 여러 강대국에 의해 보장·승인되었음을 주지시켜 드리고자 합니다.

① 삼국 간섭이 일어났다.
② 홍범 14조가 반포되었다.
③ 전주 화약이 체결되었다.
④ 고종이 강제로 퇴위당하였다.
⑤ 청과 일본의 군대가 동시에 철수하였다.

▶ 242016-0118

04 밑줄 친 '의병'에 대한 설명으로 옳은 것은?

> 국모의 원수를 생각하며 이미 이를 갈았는데, 참혹한 일이 더하여 우리 부모에게서 받은 머리털을 풀 베듯이 베어 버리니 이 무슨 변고란 말인가. 이에 감히 <u>의병</u>을 일으키고 마침내 이 뜻을 세상에 포고한다.

① 13도 창의군을 조직하였다.
② 관군과 합세하여 적에 맞서 싸웠다.
③ 해산 군인이 가담하여 전투력이 강화되었다.
④ 이른바 남한 대토벌 작전으로 피해를 입었다.
⑤ 고종의 해산 권고 조칙으로 대부분 해산하였다.

▶ 242016-0119

05 밑줄 친 ㉠이 가리키는 사건을 쓰시오.

> 오호라, ㉠<u>작년 10월에 저들이 한 행위</u>는 만고에 일찍이 없던 일로서, 억압으로 한 조각의 종이에 조인하여 5백 년 전해 오던 종묘사직이 드디어 하룻밤에 망했으니, 천지신명도 놀라고 조종의 영혼도 슬퍼하였다.…… 나라가 이와 같이 망해 갈진대 어찌 한번 싸우지 않을 수 있는가. 또 살아서 원수의 노예가 되기보다는 죽어서 충의의 혼이 되는 것이 나을 것이다.
>
> – 최익현, 『면암집』 –

(   )

▶ 242016-0120

06 다음 요구에 대한 대응으로 가장 적절한 것은?

> 1. 한국 궁내부는 전국 13도의 관청 소속과 민간 소속 외에 산림·천택(개천과 못)·진황지(버려두어 거칠어진 땅)의 개간을 일본인 나가모리에게 허가할 것
> 2. 나가모리는 특허에 기인하여 자기 재산을 들여서 위에서 지정한 황무지를 개척하되, 개간일로부터 만 5개년 후부터 궁내부에 세금을 납부할 것
> 3. 합동 기한은 50개년으로 정하되, 사후에 다시 약정할 것

① 개인적인 의열 투쟁을 전개하였다.
② 대한 자강회가 월보를 간행하였다.
③ 이소응과 유인석 등이 의병을 일으켰다.
④ 만민 공동회에서 철회 요구를 결의하였다.
⑤ 보안회가 반대 운동을 전개하여 철회시켰다.

▶ 242016-0121

07 (가) 단체에 대한 설명으로 옳은 것은?

> [(가)]은/는 남만주로 집단 이주하려고 기도하고, 조선 본토에서 재력이 상당한 사람들을 그곳에 이주시켜 토지를 사들이고 촌락을 세워 새 영토로 삼았다. 그리고 다수의 청년 동지를 모집, 파견하여 한인 단체를 일으키며, 학교를 세워 민족 교육을 실시하고, 나아가 무관 학교를 설립하여 문무를 겸하는 교육을 실시하면서, 기회를 엿보아 독립 전쟁을 일으켜 구한국의 국권을 회복하려고 하였다. – 105인 사건 판결문 –

① 서울 진공 작전을 추진하였다.
② 태극 서관과 자기 회사를 운영하였다.
③ 집강소를 통해 폐정 개혁을 추진하였다.
④ 고종 강제 퇴위 반대 운동을 주도하였다.
⑤ 독립문 건립을 위한 모금 운동을 전개하였다.

단원 종합 문제

▶ 242016-0122

01 다음 주장에 대한 설명으로 옳은 것은?

> 양반을 제거하여 그 뿌리를 뽑지 않는다면 국가의 패망은 기어코 앉아서 기다리는 꼴이 될 뿐입니다. 전하께서 하루 빨리 무식 무능하고 수구 완고한 간신배를 축출하시고, 문벌을 폐하고 인재를 골라 중앙 집권의 기초를 확립하여 백성들의 신용을 얻으시고, 널리 학교를 설립하여 인민의 지식을 깨우치게 하시옵소서. 외국의 종교를 유입하여 교화를 돕는 것도 하나의 방편이 될 것입니다.
> — 『고균 김옥균전』 —

① 위정척사 운동에 해당한다.
② 흥선 대원군의 정책을 지지하였다.
③ 최익현, 이만손 등으로 계승되었다.
④ 메이지 유신을 개혁의 모델로 삼았다.
⑤ 강화도 조약 체결 과정에서 제기되었다.

▶ 242016-0123

02 밑줄 친 '이들'에 해당하는 사절단의 명칭을 쓰시오.

> <u>이들</u>은 1881년 일본 정부 기관 및 산업 시설 시찰을 목적으로 파견되었다. 박정양, 홍영식 등의 관료로 구성되었으며, 당시 개화 정책에 반대하는 여론이 높아 암행어사로 가장하여 비밀리에 파견되었다.

(   )

▶ 242016-0124

03 밑줄 친 '실패'의 원인으로 옳은 것은?

> 개화당의 실패는 우리에게 매우 애석한 일이다. 어찌 일본인이 진심으로 김옥균을 성공하게 하고, 성의 있게 조선의 운명을 위해 노력하겠는가? 일본이 청으로부터의 독립을 권하고 원조까지 약속하였지만, 사실은 조선과 청의 악감정을 도발하여 그 속에서 이익을 얻으려는 속셈이었다.

① 일본의 강요로 시작되었다.
② 전제 군주제를 지향하였다.
③ 청의 군사적 개입이 있었다.
④ 청일 전쟁에서 일본이 승리하였다.
⑤ 농민이 주도한 아래로부터의 개혁이었다.

▶ 242016-0125

04 다음 편지가 작성된 배경으로 가장 적절한 것은?

> 양호 창의군의 영수 전봉준이 호서순상 합하(충청 감사 박제순)께 글을 올립니다. …… 일본 오랑캐가 구실을 만들어 군대를 동원하여 우리 임금을 핍박하고 우리 백성을 근심하게 하니 어찌 이대로 참을 수 있겠습니까. …… 왕조 오백 년의 길러 주신 은혜에 보답하고자 하니 합하도 잘 살피시어 죽음으로써 의를 함께 하기를 간절히 바랍니다.

① 정묘호란이 발발하였다.
② 위화도 회군이 단행되었다.
③ 교조 신원 운동이 전개되었다.
④ 임술 농민 봉기가 발생하였다.
⑤ 일본군이 경복궁을 점령하였다.

▶ 242016-0126

05 (가), (나) 조약에 대한 설명으로 옳은 것은?

> (가) **제2조** 중국 상인이 조선 항구에서 만일 개별적으로 고소를 제기할 일이 있을 경우 중국 상무 위원에게 넘겨 심의 판결한다.
> **제4조** 중국 상인이 조선의 양화진과 한성에 들어가 영업소를 개설한 경우를 제외하고 각종 화물을 내지로 운반하여 상점을 차리고 파는 것을 허가하지 않는다. …… 내지로 들어가려는 자는 지방관이 발급한 허가증이 있어야 한다.
> (나) **제1관** 앞으로 대한국과 대청국은 영원히 우호를 다지며 …… 모두 서로 도와야 하며 중간에서 잘 조처하여 두터운 우의를 보인다.
> **제5관** 재한국 중국 인민이 범법한 일이 있을 경우에는 중국 영사관이 중국의 법률에 따라 심판 처리하며, 재중국 한국 인민이 범법한 일이 있을 때는 한국 영사관이 한국의 법률에 따라 심판 처리한다.

① (가) – 대한 제국이 청과 체결하였다.
② (가) – 조선의 영사 재판권을 인정하였다.
③ (나) – 갑신정변이 계기가 되었다.
④ (나) – 청일 전쟁의 영향을 받았다.
⑤ (가)와 (나) – 체결 이후 수신사가 파견되었다.

▶ 242016-0127

06 (가) 단체의 명칭을 쓰시오.

> 대한 제국이 수립된 후에도 열강의 이권 침탈이 계속되었고, 민권 보장이 제대로 이루어지지 않았다. 이에 (가) 은/는 만민 공동회를 개최하여 러시아 등 열강의 이권 침탈을 규탄하였다. 또한 자유 민권 운동 등을 전개하여 신체의 자유와 재산권 보호 등을 위해 노력하였다.

( )

▶ 242016-0128

07 밑줄 친 '민족 운동'의 명칭을 쓰시오.

> [한국 근현대사의 현장을 찾아서]
> 대구광역시 중구 태평로2가에는 김광제, 서상돈 등이 일제의 경제 침탈에 맞서 전개한 민족 운동 기념비가 세워져 있다. 기념비의 측면에는 아래의 찬사가 새겨져 있다.
> 겨레 바탕 뛰어나나 갈기갈기 갈라지자 / 힘 모자라 억울하고 가난하여 서럽더라 / 이웃이라 도우는 척 덮어씌운 빚덩어리 / 벗어 보자 횃불 든 곳 우리 대구 여기더라 / 삼천리 방방곡곡 남녀노소 가슴 가슴 / 그 불길 활활 타서 광복으로 이어졌네

( )

▶ 242016-0129

08 (가) 조약의 결과로 옳은 것은?

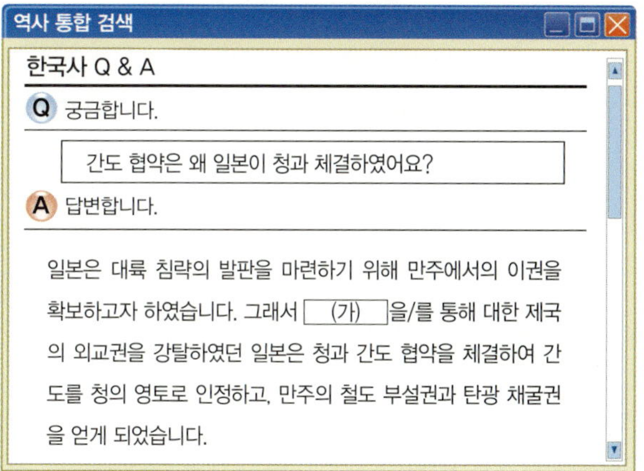

① 통감부가 설치되었다.
② 4군 6진 지역이 개척되었다.
③ 부산, 원산, 인천이 개항되었다.
④ 제너럴 셔먼호 사건이 일어났다.
⑤ 메가타가 재정 고문으로 파견되었다.

▶ 242016-0130

09 다음 자료를 활용한 탐구 활동으로 가장 적절한 것은?

> 각 군의 인사가 의병을 일으켜 적을 토벌하였는데, 유인석은 제천에서, 이소응은 춘천에서, 홍건, 이설, 김복한은 홍주에서 일어났다. 춘천은 서울과 가깝고 군사가 강성하였으므로 서울이 크게 진동하였다. 역적이 두려워하여 비로소 강제로 머리 깎는 일을 정지하고 오로지 방비에만 뜻을 두었는데, 이범진이 그 사이에 일을 주선하여, 주상 및 동궁을 모시고 아관으로 파천하고 훈계하는 글을 내려 특별히 단발령을 정지하였다.
> – 「면암집」 –

① 삼정이 문란한 사례를 분석한다.
② 신미양요의 전개 과정을 찾아본다.
③ 을미의병을 주도한 세력을 파악한다.
④ 외규장각 도서가 약탈된 과정을 정리한다.
⑤ 해산 군인들이 의병에 가담하게 된 계기를 조사한다.

▶ 242016-0131

10 (가)에 들어갈 내용으로 가장 적절한 것은?

〈수행 평가 보고서〉
- 과제 : (가) 에 관한 자료 수집 및 정리
- 수집 자료
- 오산 학교 개교식 연설과 대한 자강회 월보 사진

> 지금 나라가 기울어져 가는데 우리가 그저 앉아 있을 수는 없다. …… 총을 드는 사람, 칼을 드는 사람도 있어야 할 것이다. 그러나 그보다도 더 귀중한 일은 백성들이 깨어 일어나는 일이다. 세상이 어떻게 돌아가는지를 모르고 있으니 그들을 깨우치는 것이 제일 급선무이다.

① 항일 의거 활동
② 서울 진공 작전의 전개
③ 애국 계몽 운동의 사례
④ 집강소의 폐정 개혁 실천
⑤ 교육입국 조서 반포의 영향

미리 보는 서술형·논술형

Step 1 서술형 연습하기　▶ 242016-0132

다음 상소를 올리게 된 배경을 서술하시오.

> 미국은 우리가 본래 모르던 나라입니다. 쓸데없이 다른 사람의 종용을 받아 우리 스스로 (미국을) 끌어들이면, 풍랑과 바다의 온갖 험난함을 무릅쓰고 건너와서 우리 신하들을 피폐하게 하고 우리 재물을 없앨 것입니다. 만에 하나 우리의 허점을 엿보고 업신여겨 어려운 청을 하거나 과도한 비용을 떠맡긴다면 장차 어떻게 대응하겠습니까.

답 완성하기

제2차 수신사로 일본에 갔던 (　　　　)이/가 가지고 온 (　　　　)이/가 널리 유포되면서 (　　　)(와)과의 수교가 추진되었다.

Step 2 서술형 훈련하기　▶ 242016-0133

다음 글을 읽고 물음에 답하시오.

> 중군 (어재연) 이하의 사람들이 나라를 위하여 목숨을 바친 사실에 대해서는 이번 보고 문서에서 비로소 자세히 알게 되었다. 그 충성과 용맹이 마치 그 사람들을 직접 보는 듯하다. 몸소 칼날을 무릅쓰고 흉악한 <u>적</u>을 죽이다가 <u>적</u>의 공격이 집중되는 바람에 결국 목숨을 바치고 말았으니, 그 빛나는 큰 절개는 적의 간담을 서늘하게 하고 군사들의 마음을 고무시킬 만하다. 그러므로 진무 중군 어재연에게 특별히 병조 판서와 지삼군부사의 관직을 내리노라.

(1) 밑줄 친 '적'이 누구인지 쓰시오.

　　　　　　　　　　（　　　　　　　　　）

(2) 위 자료에 나타난 사건을 설명하시오(단, '누가, 언제, 왜, 어디서, 무엇을 했나'가 드러나야 함.).

____

____

____

Step 3 논술형 도전하기　▶ 242016-0134

다음 주장을 한 문장으로 요약하고, 이 주장에 대한 자신의 의견을 **조건**에 유의하여 300자 이내로 논술하시오.

> 군신, 부자, 부부, 붕우, 장유의 윤리는 하늘이 만들어 인간의 성품에 부여한 것입니다. 온 천지에 영원히 변할 수 없는 이치로 위에 있어서 '도(道)'가 됩니다. 백성을 편하게 하고 국가를 이롭게 하는 배, 수레, 병기, 농기는 밖에 나타나 '기(器)'가 됩니다. 신이 바꾸고자 하는 것은 '기'이지 '도'가 아닙니다. …… 널리 인재를 선발하여 기계를 제조하는 관원으로 임명하고, 외국을 다니면서 기계를 만드는 법을 배워 오도록 하시옵소서.

조건

1. 찬성 또는 반대의 견해를 선택할 것
2. 자신의 주장을 뒷받침하는 근거를 반드시 1가지 제시할 것

____

____

____

____

____

01 제국주의 질서와 일제의 식민 통치 정책

1 일제의 무단 통치와 민족 분열 통치(이른바 '문화 정치')

(1) 일제의 식민 통치 제도
① 조선 총독부 설치(1910) : 일제 강점기 식민 통치의 최고 기관
- 총독 : 일본의 육·해군 대장 중에서 임명, 입법·사법·행정·군사권 장악
- 관제 : 정무총감(행정 담당), 경무총장(치안 담당)

② 중추원 : 한국인의 정치 참여 선전 목적, 조선 총독의 형식적인 자문 기구, 친일파 등을 임명

(2) 무단 통치
① 헌병 경찰 제도
- 헌병 사령관이 경무총장 겸임, 헌병이 일반 경찰 업무 및 행정 업무에 관여
- 헌병 경찰의 권한 : 재판 없이 즉결 처분권 행사(범죄 즉결례) 가능

② 공포 분위기 조성 : 조선 태형령 제정 `자료1`, 일반 관리와 교원의 제복 및 칼 착용

③ 기본권 박탈 : 언론·집회·출판·결사의 자유 등 기본권 제한·박탈, 각종 계몽 단체 해산

④ 제1차 조선 교육령(1911) : 한국인과 일본인의 차별 교육 실시
- 우민화 교육 : 고등 교육 제한(보통 교육과 실업 교육 위주로 편성), 과학 교육 미흡, 일본어 교육 중시 → 식민 지배에 대한 순응과 노동력 활용 목적
- 민족 교육 탄압 : 사립 학교와 서당 등 민족 교육 기관 탄압

(3) 민족 분열 통치(이른바 '문화 정치')
① 배경 : 3·1 운동(1919) 이후 일제가 무단 통치의 한계 인식, 국제 여론 악화

② 목적 : 이른바 '문화 정치'를 통해 한국인의 저항 무마, 친일 세력 양성을 통한 민족 분열 도모

③ 이른바 '문화 정치'의 내용과 본질

구분	내용(표방)	본질(실상)
총독 자격	문관도 임명 가능	실제 임명된 문관 출신 총독은 없음.
통치 방식	• 헌병 경찰제를 보통 경찰제로 전환 • 조선 태형령 폐지 • 관리와 교원의 제복 착용 폐지	• 경찰력 강화 • 치안 유지법 제정(1925) `자료2`
기본권	• 언론·집회·출판·결사의 자유 제한적 허용 • 한국인에게 신문(조선일보, 동아일보 등) 발행 허용	• 식민 통치를 인정하는 범위 내에서 허용 • 신문에 대한 검열 강화로 기사 삭제 또는 정간 조치 등 실시
참정권	도 평의회, 부·면 협의회를 통해 한국인을 지방 행정에 참여하게 하겠다고 선전	실제 의결권이 없는 자문 기구에 불과
교육 제도	제2차 조선 교육령 제정(1922) → 보통학교 수업 연한을 6년으로 연장, 대학 설립 가능하도록 개정	• 학교 부족 • 유상 교육으로 한국인의 보통 학교 취학률 저조

자료1 조선 태형령

> 제1조 3개월 이하의 징역 또는 구류에 처해야 할 자는 그 정상에 따라 태형에 처할 수 있다.
> 제7조 태형은 태 30 이상일 경우에는 이를 한 번에 집행하지 않고 30을 넘길 때마다 1 횟수를 증가시킨다. 태형의 집행은 하루 한 회를 넘을 수 없다.
> 제11조 태형은 감옥 또는 즉결 관서에서 비밀리에 행한다.
> 제13조 본령은 조선인에 한하여 적용한다.

일본은 자국에서는 태형을 폐지하였으나, 한국에서는 1912년 조선 태형령을 제정하였다. 이는 한국인에게만 차별적으로 적용된 악법이었다. 일제는 3·1 운동 이후인 1920년 조선 태형령을 폐지하였다.

자료2 치안 유지법

> 제1조 국체(천황제)를 변혁하거나 사유 재산 제도를 부인하는 것을 목적으로 결사를 조직하거나 이에 가입한 자는 10년 이하의 징역 또는 금고에 처한다.
> 제7조 이 법은 이 법의 시행 구역 외에서 죄를 범한 자에게도 적용한다.
> — 『조선 총독부 관보』, 1925 —

1925년에 일제가 국체나 사유 재산제를 부정하는 자를 탄압할 목적으로 제정한 법률이다. 일제는 이를 바탕으로 사회주의자와 독립운동가를 탄압하였다.

용어 알기

태형(볼기칠 笞 형벌 刑)
작은 가시나무 회초리로 볼기를 치는 형벌

계몽(열 啓 어리석을 蒙)
인습적인 사회 관념의 어리석은 것에서 벗어나 자주적이고 합리적인 인식을 갖게 깨우침.

2 민족 말살 통치와 전시 동원 체제

(1) 일제의 침략 전쟁 확대와 일본의 패망

① 일본의 중국 침략 : 대공황 극복을 빌미로 만주 사변(1931) 자행, 만주국 수립 (1932) → 중일 전쟁 발발(1937)

② 제2차 세계 대전 : 유럽에서 추축국과 연합국의 무력 충돌로 제2차 세계 대전 발발 (1939) → 일본의 진주만 기습 공격으로 태평양 전쟁 발발(1941) → 미국의 원자 폭탄 투하와 소련군의 대일전 참전 → 일본의 항복(1945)

(2) 국가 총동원 체제의 형성

① 국가 총동원법 제정(1938) : 본격적으로 한반도의 인력과 물자 수탈 전개

② 인적 자원 수탈

- 병력 동원 : 육군 특별 지원병제, 학도 지원병제, 징병제 등을 실시하여 한국인을 전쟁에 동원
- 노동력 징발 : 국민 징용령·여자 정신 근로령 등을 통해 한국인 노동력을 수탈(징용), 특히 여성들을 일본군 '위안부'로 조직적·강제적 동원

(3) 민족 말살 통치

목적	일제가 침략 전쟁을 확대하며 한국인의 민족의식을 말살하여 전쟁에 동원 → 황국 신민화 정책 추진 **자료 3**
내용	• 내선 일체와 일선 동조론 강조 • 황국 신민 서사 암송, 신사 참배, 궁성 요배, 일본식 성명 사용 등을 강요 **자료 4** • 한국어 교육을 사실상 금지, 일본어 사용 강요 • 조선일보와 동아일보 폐간(1940) • 소학교의 명칭을 국민학교로 개칭(1941)

자세히 살펴보기　　일제의 황국 신민화 정책

[황국 신민 서사 (아동용)]

1. 우리는 대일본 제국의 신민입니다.
2. 우리는 마음을 합하여 천황 폐하에게 충의를 다합니다.
3. 우리는 인고 단련하여 훌륭하고 강한 국민이 되겠습니다.

[일본식 성명 강요를 위한 방침]

- 창씨를 하지 않은 사람의 자녀에 대해서는 각급 학교의 입학과 진학을 거부한다.
- 창씨를 하지 않은 사람을 징용 대상자로 우선 지명하고, 배급에서 제외한다.

일제는 일본 국왕에게 충성을 맹세하는 황국 신민 서사를 억지로 외우게 하였고, 1939년에는 한국인의 성과 이름을 일본식으로 바꾸도록(창씨개명) 강요하는 법령을 공포하였다. 이는 한국인의 정신을 말살하고 일본 국왕에 대한 숭배 사상을 주입함으로써 한국인을 침략 전쟁에 효율적으로 동원하려는 목적이었다.

자료 3 황국 신민화 정책의 수단으로 이용된 애국반

> 모든 동리에는 애국반이 설치되었는데, 이에 속한 한국인들은 매일 일어나자마자 집합하여 구령에 맞춰 이른바 궁성 요배를 하고, '황국 신민의 서사'를 낭송한다. …… 애국반원은 매일 이른바 '국가'를 위한 의무 노동에 동원된다. …… 일제는 '내선 일체' 등 기만적인 구호를 외치면서 한국인을 마취시키기에 혈안이 되어 있다.　　– 『한국 청년』, 1940 –

일제는 1938년에 지역 사회와 공장, 회사 등에 애국반을 조직하고, 이를 통해 한국인의 생활을 감시하고 통제하려 하였다. 일제는 이 조직을 이용하여 침략 전쟁에 필요한 노동력과 자원을 동원하기도 하였다.

자료 4　　신사 참배

일제는 서울 남산에 조선 신궁을 짓고 전국 각지에 신사를 세워 참배할 것을 강요하였다.

용어 알기

황국 신민화(황제 皇 나라 國 신하 臣 백성 民 될 化)
한국인을 황국, 즉 일본의 신하가 되는 백성으로 바꾸려고 했던 정책

내선 일체(안 內 빛날 鮮 하나 一 몸 體)
내지, 즉 일본과 조선은 한 몸과 같다는 주장

1 일제의 무단 통치와 민족 분열 통치(이른바 '문화 정치')

조선 총독부	일제가 대한 제국의 국권을 빼앗은 후 설치한 식민 통치 최고 기관
헌병 경찰 제도	1910년대 헌병이 일반 경찰 업무 수행, 즉결 처분권 행사
조선 태형령	무단 통치 시기에 일제가 한국인에게만 태형을 적용한 법령
치안 유지법	일제가 사회주의 세력과 독립운동가를 탄압하기 위해 1925년에 제정한 법률

2 민족 말살 통치와 전시 동원 체제

국가 총동원법	일제가 인력과 물자를 수탈하기 위해 1938년에 제정하여 한반도에도 적용한 법령
내선 일체	조선 총독부가 내세운 한국인과 일본인이 하나라는 주장
황국 신민화 정책	민족 말살 통치 시기에 일제가 한국인을 일본 국왕에게 충성하는 백성으로 만들기 위해 추진한 정책
지원병제, 징병제	일제가 한국인을 침략 전쟁에 동원

☑ 개념 체크

01 빈칸에 들어갈 알맞은 말을 쓰시오.

① 일제는 1910년대에 무단 통치의 일환으로 (   ) 경찰 제도를 실시하였다.

② 일제는 1925년에 사회주의 운동 등을 탄압하기 위해 (   )을/를 제정하였다.

③ 일제는 국가 총동원법 제정 이후 (   )을/를 통해 한국인을 일본의 광산, 군수 공장 등에 동원하였다.

④ 일제는 민족 말살 통치를 실시하면서 소학교를 (   )(으)로 개칭하였다.

02 옳은 내용에는 ○표, 틀린 내용에는 ×표를 하시오.

① 일제는 1912년 제1차 한일 협약을 체결하여 한국인에게만 태형을 적용하였다.　　　　　　(   )

② 3·1 운동의 영향으로 일제는 무단 통치를 대신하여 이른바 민족 말살 통치를 실시하였다.　　　(   )

③ 일제는 1920년대에 자문 기구로 도 평의회와 부·면 협의회를 설치하였다.　　　　　　　　(   )

④ 일제는 중일 전쟁을 일으킨 후 한국인의 민족의식을 말살하기 위해 황국 신민 서사 암송을 강요하였다.　　　　　　　　　　　　　　　　(   )

▶ 242016-0135

01 (가)에 들어갈 내용으로 가장 적절한 것은?

수행 평가 보고서

• 주제 : [(가)]
• 조사 방법 : 문헌 조사, 인터넷 검색, 박물관 견학 등
• 수집 자료

▲ 칼을 짚고 앉아 있는 교사와 학생　　　▲ 태형 도구

① 무단 통치의 실상
② 전시 동원 체제의 강화
③ 이른바 문화 정치의 기만성
④ 의병 투쟁의 확산과 일제의 탄압
⑤ 일본의 한국 병합 과정에서 겪은 민족 수난

▶ 242016-0136

02 (가) 시기에 볼 수 있는 모습으로 가장 적절한 것은?

독서 기록장
1학년 △반 △△번 이름 : ○○○

■ 도서명 : 『만세전』
■ 저자 : 염상섭
■ 소개 : 헌병 경찰 제도가 시행된 [(가)] 시기 식민지 한국의 상황을 현실적으로 나타낸 소설이다.
■ 기억에 남는 구절 : 선생님이 사벨(칼)을 차고 교단에 오르는 나라가 있는 것을 보셨습니까? 나는 그런 나라의 백성이외다. …… 교원의 허리에서 그 장난감 칼을 떼어 놓을 날은 언제일지? 숨이 막힙니다.

① 군사 훈련을 받는 별기군
② 황국 신민 서사를 암송하는 학생
③ 만민 공동회에서 연설을 듣는 상인
④ 화폐 정리 사업 실시에 놀라는 상인
⑤ 105인 사건으로 체포되는 신민회 회원

03 밑줄 친 ㉠이 적용된 시기에 있었던 사실로 옳지 <u>않은</u> 것은?

▶ 242016-0137

사료로 보는 한국사

- 핵심적 친일 인물을 골라 그 인물로 하여금 귀족, 양반, 유생, 부호, 교육가, 종교가에 침투하여 각종 친일 단체를 조직하게 한다.
- 친일적인 민간 유지들에게 편의와 원조를 주고, 수재 교육의 이름 아래 많은 친일 지식인을 긴 안목으로 키운다.

– 사이토 총독, 「조선 민족 운동에 대한 대책」 –

<u>해제</u> 자료는 3·1 운동의 영향으로 ㉠통치 방식을 변경한 조선 총독부의 사이토 총독이 발표한 「조선 민족 운동에 대한 대책」 중 일부이다. 이처럼 일제는 사회 각 분야에 친일 조직을 확대하고 친일파의 수를 증가시켜 우리 민족 운동의 분열을 유도하고자 하였다.

① 치안 유지법이 제정되었다.
② 황국 중앙 총상회가 조직되었다.
③ 조선일보와 동아일보가 발행되었다.
④ 부·면 협의회가 민선으로 구성되었다.
⑤ 헌병 경찰제가 보통 경찰제로 변경되었다.

04 다음 자료를 활용한 탐구 주제로 가장 적절한 것은?

▶ 242016-0138

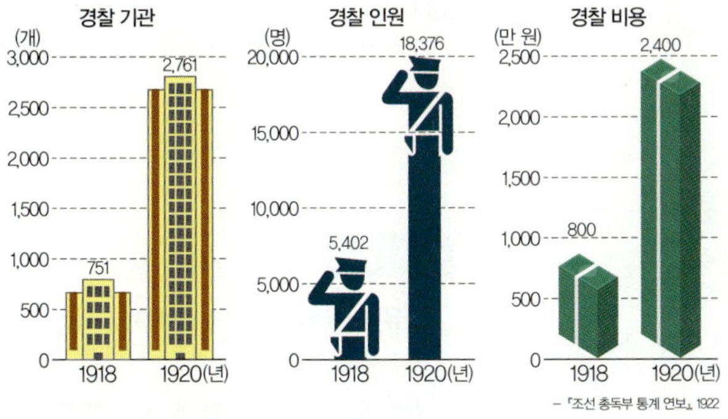

– 「조선 총독부 통계 연보」, 1922

① 을미개혁의 추진
② 애국 계몽 운동의 전개
③ 황국 신민화 정책의 영향
④ 이른바 문화 정치의 실상
⑤ 통리기무아문이 추진한 개화 정책의 내용

05 다음 법령의 명칭을 쓰시오.

▶ 242016-0139

제1조 국체(천황제)를 변혁하거나 사유 재산 제도를 부인하는 것을 목적으로 결사를 조직하거나 이에 가입한 자는 10년 이하의 징역 또는 금고에 처한다.
제7조 이 법은 이 법의 시행 구역 외에서 죄를 범한 자에게도 적용한다.

– 「조선 총독부 관보」, 1925. 4. 27. –

(   )

06 다음 글의 암송이 강요된 시기에 있었던 사실로 옳은 것만을 보기 에서 고른 것은?

▶ 242016-0140

- 우리들은 대일본 제국의 신민입니다.
- 우리들은 마음을 합하여 천황 폐하에게 충의를 다합니다.
- 우리들은 인고 단련하여 훌륭하고 강한 국민이 되겠습니다.

보기

ㄱ. 대한국 국제가 반포되었다.
ㄴ. 조선 태형령이 적용되었다.
ㄷ. 일본식 성명 사용이 강요되었다.
ㄹ. 여성들이 일본군 '위안부'로 강제 동원되었다.

① ㄱ, ㄴ　　② ㄱ, ㄷ　　③ ㄴ, ㄷ
④ ㄴ, ㄹ　　⑤ ㄷ, ㄹ

07 다음 자료를 활용한 탐구 활동으로 가장 적절한 것은?

▶ 242016-0141

모든 동리에는 애국반이 설치되었는데, 이에 속한 한국인들은 매일 일어나자마자 집합하여 구령에 맞춰 이른바 궁성 요배를 하고, …… 일제는 '내선 일체' 등 기만적인 구호를 외치면서 한국인을 마취시키기에 혈안이 되어 있다.

① 헌병 경찰의 권한을 조사한다.
② 광무개혁의 개혁 내용을 파악한다.
③ 군국기무처가 설치된 배경을 살펴본다.
④ 제1차 조선 교육령이 끼친 영향을 알아본다.
⑤ 일제가 추진한 민족 말살 통치의 사례를 찾아본다.

02 경제 구조의 변화와 경제생활

1 1910~1920년대 일제의 경제 수탈 정책

(1) 1910년대 경제 수탈 정책

① 토지 조사 사업(1910~1918) 자료1

목적	• 명분 : 공정한 지세 부담과 근대적인 토지 소유권 확립 • 실상 : 지세 수입을 늘려 식민지 지배의 경제적 기반 확보, 일본인이 쉽게 토지를 차지할 수 있도록 함.
내용	정해진 기간 내에 토지 소유권자가 직접 신고한 토지만 소유지로 인정(신고주의 방식)
결과	• 토지 수탈 : 이전에 통감부가 국유지로 편입한 황실 소유의 토지를 조선 총독부 소유지로 편입 → 동양 척식 주식회사에 헐값으로 불하함. • 농민 몰락 : 일제가 지주의 소유권만 인정, 관습법적으로 보장받던 농민의 경작권(경작 관행) 부정 → 농민들이 불리한 계약의 소작농으로 전락, 화전민이 되거나 만주·연해주 등지로 이주

② 일제의 산업 장악

- 회사령 공포(1910) : 기업을 설립할 때 조선 총독의 허가를 받게 함. → 한국인의 기업 설립 억제
- 산업 통제 강화 : 어업령, 삼림령, 조선 광업령 등 공포 → 한국의 각종 자원 독점
- 기간 시설 구축 : 도시와 항구를 연결하는 철도·도로 건설 및 정비, 항만 시설 확충 → 농산물, 자원 등을 일본으로 이출하고 일본 상품을 한국에서 판매하는 것이 용이해짐.

자세히 살펴보기   **회사령**

> 제1조 회사의 설립은 조선 총독의 허가를 받아야 한다.
> 제5조 회사가 본령이나 본령에 의거하는 명령과 허가의 조건을 위반하거나 공공질서와 선량한 풍속에 반하는 행위를 할 때, 조선 총독은 사업의 정지와 회사의 해산을 명한다.

일제는 1910년 회사령을 공포하여 한국에서 회사를 설립할 때 조선 총독의 허가를 받도록 하였다. 그리고 조선 총독의 명령만으로도 회사를 해산시킬 수 있게 하였다.

---

(2) 1920년대 경제 수탈 정책

① 산미 증식 계획(1920~1934) 자료2

목적	일본의 공업화 진전에 따른 식량 부족 → 한국에서 쌀을 확보하여 해결
내용	토지 개량 및 개간, 품종 개량, 수리 시설 확충(수리 조합 조직)
결과	증산량 이상의 쌀이 일본으로 이출(국내 식량 사정 악화 → 만주에서 잡곡 수입), 수리 조합비 등 증산 비용을 농민이 부담(농민 생활 피폐)

② 일제 자본의 지배 강화

- 회사령 폐지(1920) : 회사 설립을 신고제로 변경 → 일본 기업의 한국 진출이 쉬워짐.
- 관세 폐지(1923) : 일본 상품에 대한 관세 폐지 → 일본 상품의 가격 경쟁력에 도움

자료1 **토지 조사령**

> 제1조 토지의 조사 및 측량은 본령에 의한다.
> 제4조 토지 소유자는 조선 총독이 정하는 기간 내에 주소, 씨명, 명칭 및 소유지의 소재, 지목, 자번호, 사방의 경계표, 등급, 지적, 결 수를 임시 토지 조사 국장에게 신고해야 한다. 단, 국유지는 보관 관청이 임시 토지 조사 국장에게 통지해야 한다.
> – 『조선 총독부 관보』 –

일제는 1912년 토지 조사 사업의 근간이 되는 토지 조사령을 공포하였다. 표면적으로는 공정한 지세 부담과 생산력의 증진 등을 내세웠지만 실질적으로 조선 총독부의 지세 수입을 증대시키기에 적합한 체제를 만드는 데 목적이 있었다.

자료2 **쌀 생산량과 일본으로의 이출량**

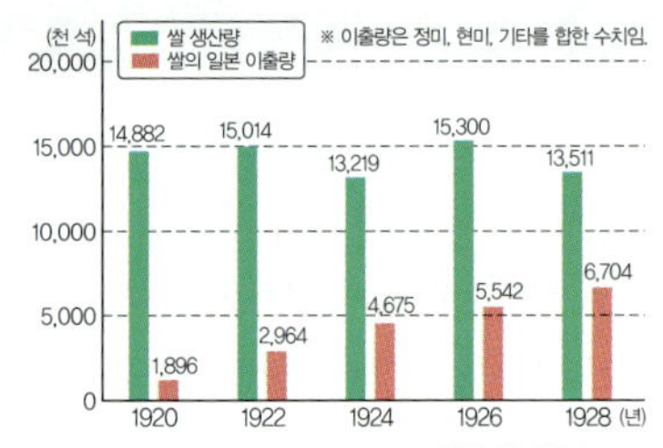

일제가 실시한 산미 증식 계획의 결과 늘어난 쌀 생산량보다 일본으로의 쌀 이출량이 더 많았다. 또한 한국 농민들은 높은 소작료, 종자 개량비, 비료 대금, 수리 조합비 등으로 생활이 더욱 어려워졌다. 이로 인해 몰락한 농민들은 화전민, 도시 빈민이 되거나 만주, 연해주, 일본 등지로 이주하였다.

용어 알기

국유지(나라 國 있을 有 땅 地)
나라가 차지하는 토지

산미 증식 계획(낳을 産 쌀 米 더할 增 번성할 殖 셈 計 그을 畫)
일본이 한반도에서 쌀 생산량을 증가시켜서 일본에 필요한 쌀을 공급하려고 추진했던 계획

2 전시 통제 경제와 수탈의 강화

(1) 일제의 대륙 침략과 병참 기지화 정책

① 식민지 공업화 정책의 추진
- 배경 : 대공황, 일제의 대륙 침략과 만주국 수립
- 목적 : 일본 독점 자본의 한국 진출, 한국의 값싼 노동력과 자원 활용, 대륙 침략을 위한 군수 물자의 원활한 공급, '일본 – 한국 – 만주'의 경제 블록화
- 과정 : 북부 지방에 중화학 공업 집중 육성 → 중일 전쟁 이후 일제의 군수 물자 생산 기지 역할(병참 기지화 정책의 본격화) **자료 3**
- 한계 : 일본 경제의 일부로서 추진된 공업화에 불과, 일본인이 고급 기술을 독점하고 한국인은 단순 노무직에 종사, 공업 생산이 북부 지방에 편중

② 남면북양 정책
- 배경 : 대공황 이후 세계 각국의 보호 무역 정책에 따른 원료 부족 우려
- 내용 : 남부에 면화, 북부에 양 사육 강요 → 일본 방직업에 필요한 공업 원료 수탈

(2) 농촌의 상황

① 농촌 진흥 운동 추진(1932~1940)

배경	대공황의 영향으로 농촌 경제의 어려움 가중, 농민 운동 확산
전개	춘궁 퇴치, 부채 근절 등을 목표로 내세우며 가마니 짜기 등 권장
한계	농민 개인의 책임과 정신력만 강조 → 소작료 인하, 자영농 육성 등 실질적인 문제 해결 못함.

② 조선 농지령 제정(1934)
- 내용 : 지주의 자의적인 소작권 이동 금지 등 규정
- 한계 : 실제 운영 과정에서 지주의 권리만을 옹호, 높은 소작료 해결 못함.

(3) 일제의 전시 물자 수탈

① 배경 : 중일 전쟁, 태평양 전쟁 등 일제의 침략 전쟁 확대
② 국가 총동원법 제정(1938): 본격적으로 한반도의 인력과 물자 수탈 전개 **자료 4**
③ 물적 자원 수탈 : 금속과 미곡에 대한 공출 제도 실시, 산미 증식 계획 재개, 식량 배급제 시행

자세히 살펴보기 「신고산 타령」을 개사한 「화물차 가는 소리」

신고산이 우루루 화물차 가는 소리에 / 지원병 보낸 어머니 가슴만 쥐어뜯고요. / 어랑어랑 어허야 양곡 배급 적어서 콩깻묵 먹고서 사누나. …… 신고산이 우루루 화물차 가는 소리에 / 금붙이 쇠붙이 밥그릇마저 모조리 긁어 갔고요. /

함경도 지역 민요인 「신고산 타령」을 개사한 곡이다. 1930년대 이후 일제가 추진한 식량 배급제, 공출 제도 등으로 고통받는 민중의 삶을 짐작할 수 있다.

자료 3 조선 총독의 대륙 병참 기지에 관한 훈시

이번 사변(중일 전쟁)에서 우리 조선은 상당량의 군수 물자를 공출하여 어느 정도 효과를 올렸다. …… 그러나 아직 불충분하며 중국 대륙 작전군에 대해 일본으로부터의 해상 수송이 차단당하는 경우가 있더라도, 조선의 힘만으로 보충할 수 있도록 조선 산업 분야를 다 각화하며 특히 군수 공업의 육성에 역점을 두어야 한다.

– 동아일보, 1938. 9. 1. –

1937년 중일 전쟁을 일으킨 일제는 한국을 대륙 침략에 필요한 물자와 인력을 공급하는 병참 기지로 만들고자 하였다.

자료 4 국가 총동원법

제1조 국가 총동원이란 전시에 국방 목적을 달성하기 위해 국가의 전력을 가장 유효하게 발휘하도록 인적·물적 자원을 통제, 운용하는 것을 말한다.
제4조 정부는 전시에 국가 총동원상 필요할 때에는 칙령이 정하는 바에 따라 제국 신민을 징용하여 총동원 업무에 종사하게 할 수 있다.

일제는 본격적으로 침략 전쟁을 확대하면서 국가 총동원법을 공포하여 전시 동원 체제를 강화하였다. 국가 총동원법은 인적 자원과 물적 자원 수탈의 근거가 되었다.

용어 알기

병참 기지화(군사 兵 역참 站 터 基 땅 地 될 化)
일제가 대륙 침략 및 태평양 전쟁을 위해 한반도를 전쟁 및 군수 물자의 공급 기지로 이용한 정책

남면북양(남녘 南 면화 綿 북녘 北 양 羊)
남쪽에서는 면화, 북쪽에서는 양을 기르도록 한 정책

춘궁(봄 春 궁할 窮)
추수한 곡식이 떨어지고 새로운 곡식은 여물지 않아서 겪게 되는 봄철의 궁핍함.

1 1910~1920년대 일제의 경제 수탈 정책

토지 조사령	일제가 토지 조사 사업을 실시하기 위해 1912년에 제정한 법령
회사령	한국인이 회사 설립 시 조선 총독의 허가를 받도록 한 법령
산미 증식 계획	일본의 공업화 진전에 따라 자국 내 식량이 부족해지자 한국에서 쌀을 확보하여 해결하고자 함.
회사령 폐지	허가제를 신고제로 전환, 일본 기업이 본격적으로 한국에 침투

2 전시 통제 경제와 수탈의 강화

병참 기지화 정책	중일 전쟁 이후 일제가 한반도를 군수 물자 생산 기지로 만들기 위해 추진한 정책
남면북양 정책	남부에 면화, 북부에 양 사육 강요
농촌 진흥 운동	춘궁 퇴치, 부채 근절 등을 목표로 내세우며 가마니 짜기 등 권장
공출	금속류(→ 군수 물자 생산), 미곡(→ 군량미 확보)

개념 체크

01 빈칸에 들어갈 알맞은 말을 쓰시오.

① 일제는 1910년 조선 총독의 허가를 받아야만 회사를 설립할 수 있도록 규정한 (　　　)을/를 제정하였다.

② 일제가 실시한 (　　　)의 결과 늘어난 쌀 생산량보다 일본으로의 쌀 이출량이 더 많았다.

③ 중일 전쟁을 일으킨 일제는 1938년 (　　　)을/를 제정하여 한국의 인적 · 물적 자원을 수탈하였다.

④ 일제는 중일 전쟁을 일으킨 후 군량미 확보를 위해 미곡 (　　　) 제도를 시행하였다.

02 옳은 내용에는 ○표, 틀린 내용에는 ×표를 하시오.

① 일제는 무단 통치를 실시하던 1910년대에 토지 조사 사업을 추진하였다. (　　　)

② 일제는 1920년에 회사 설립을 신고제에서 허가제로 바꾸었다. (　　　)

③ 일제는 부족한 식량 문제를 해결하고자 한국에서 쌀을 확보하기 위해 산미 증식 계획을 실시하였다. (　　　)

기본 문제

▶ 242016-0142

01 다음 법령의 시행 결과 나타난 사실로 옳지 <u>않은</u> 것은?

> 제1조 토지의 조사 및 측량은 본령에 의한다.
> 제4조 토지 소유자는 조선 총독이 정하는 기간 내에 주소, 씨명, 명칭 및 소유지의 소재, …… 등급, 지적, 결 수를 임시 토지 조사 국장에게 신고해야 한다.

① 조선 총독부의 지세 수입이 증가하였다.
② 몰락한 농민들이 만주, 연해주 등지로 이주하였다.
③ 황실 소유의 토지가 조선 총독부의 소유지가 되었다.
④ 근대적인 토지 소유 증명 문서인 지계가 발급되었다.
⑤ 농민이 가지고 있었던 관습적인 경작권이 부정되었다.

▶ 242016-0143

02 다음 법령이 적용된 시기에 추진된 일제의 경제 정책으로 옳은 것은?

> 제1조 회사의 설립은 조선 총독의 허가를 받아야 한다.
> 제5조 회사가 본령이나 본령에 의거하는 명령과 허가의 조건을 위반하거나 공공질서와 선량한 풍속에 반하는 행위를 할 때, 조선 총독은 사업의 정지와 회사의 해산을 명한다.

① 어업령을 공포하였다.
② 삼정이정청을 설치하였다.
③ 미곡 공출제를 시행하였다.
④ 화폐 정리 사업을 실시하였다.
⑤ 황해도에 방곡령을 선포하였다.

▶ 242016-0144

03 (가)에 들어갈 내용으로 가장 적절한 것은?

> 천도교에서 발행하던 『개벽』 제6호에는 다음과 같은 기사가 실려 있다. "경신년 4월 1일 태형 및 회사령 폐지령이 발포되었다. …… 회사령은 전 데라우치 총독 때 제정된 것으로 여러 곳에서 많은 비난을 받던 중 이제 폐지되었는데, 그 결과 ⎯⎯ (가) ⎯⎯"라고 전하고 있다.

① 원산 총파업이 발생하였다.
② 치안 유지법이 제정되었다.
③ 고액 화폐인 당백전이 발행되었다.
④ 청장년이 징용으로 군수 공장에 동원되었다.
⑤ 기업 설립이 허가제에서 신고제로 변경되었다.

▶ 242016-0145

04 다음 그래프를 활용한 탐구 활동으로 가장 적절한 것은?

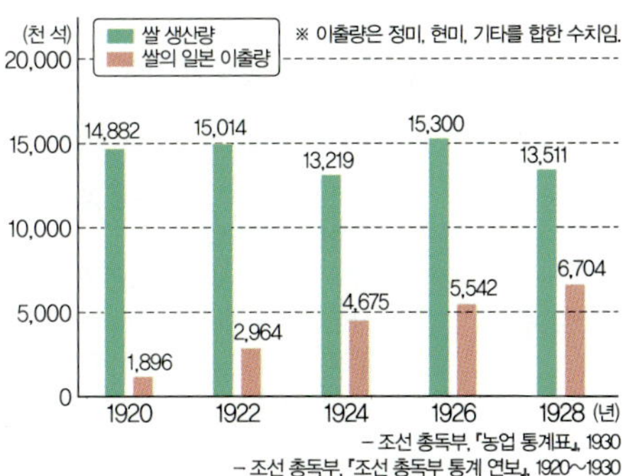

① 갑오개혁의 주요 내용을 찾아본다.
② 임술 농민 봉기의 배경을 알아본다.
③ 대동법 실시가 끼친 영향을 파악한다.
④ 산미 증식 계획의 전개 과정을 살펴본다.
⑤ 조일 통상 장정에 수록된 조항을 분석한다.

▶ 242016-0146

05 다음 법령이 시행된 배경으로 옳은 것은?

> **제1조** 국가 총동원이란 전시에 국방 목적을 달성하기 위해 국가의 전력을 가장 유효하게 발휘하도록 인적·물적 자원을 통제, 운용하는 것을 말한다.
> **제4조** 정부는 전시에 국가 총동원상 필요할 때에는 칙령이 정하는 바에 따라 제국 신민을 징용하여 총동원 업무에 종사하게 할 수 있다.

① 별기군이 창설되었다.
② 사창제가 마련되었다.
③ 중일 전쟁이 발발하였다.
④ 군국기무처가 설치되었다.
⑤ 조선 중립화론이 제기되었다.

▶ 242016-0147

06 밑줄 친 '이 정책'에 해당하는 명칭을 쓰시오.

> 일제는 대공황에 따른 서구 열강의 보호 무역으로 어려움을 겪던 일본 방직 자본가에게 값싼 원료를 공급하기 위해 이 정책을 실시하였다. 이에 따라 남부 지방에서는 면화를 재배하고 북부 지방에서는 양을 기르도록 강요하였다.

(   )

▶ 242016-0148

07 다음 증언 내용에 나타난 시기에 볼 수 있는 모습으로 가장 적절한 것은?

① 헌병 경찰에게 심문을 받는 농민
② 신사 참배를 강요받는 한국인 학생
③ 국채 보상 운동에 성금을 내는 여성
④ 동양 척식 주식회사 설립을 논의하는 일본인
⑤ 황국 중앙 총상회 창립 행사에 참여하는 시전 상인

▶ 242016-0149

08 (가) 법률이 적용된 시기에 있었던 사실로 옳지 <u>않은</u> 것은?

① 징병제가 추진되었다.
② 국민 징용령이 발표되었다.
③ 치안 유지법이 제정되었다.
④ 병참 기지화 정책이 시행되었다.
⑤ 황국 신민 서사 암송이 강요되었다.

03 민족 운동의 전개와 분화

1 1910년대 민족 운동과 3·1 운동

(1) 1910년대 국내외 민족 운동

① 국내 항일 비밀 결사의 활동

독립 의군부	• 조직 : 임병찬 등이 고종의 밀명을 받아 조직(1912) • 목표 : 국권을 회복하고 고종을 황제로 복위(복벽주의 표방) • 활동 : 전국적인 의병 봉기 계획, 일제에 국권 반환 요구서 제출 추진 → 일제에 발각되어 해체됨.
대한 광복회 자료 1	• 조직 : 박상진을 총사령으로 하여 결성(1915), 군대식 조직 • 목표 : 공화정 형태의 국민 국가 수립 • 활동 : 만주에 무관 학교 설립 추진, 군자금 모금, 친일 부호 처단 등 → 해체 이후 김좌진 등 일부 회원이 만주에서 무장 투쟁 지속

② 국외 민족 운동

북간도	한인 집단촌 형성(용정촌, 명동촌), 간민회 조직, 서전서숙·명동 학교 설립(민족 교육 실시), 중광단 조직(→ 북로 군정서로 개편)
서간도	신민회가 주도 → 삼원보에 신한민촌 건설, 경학사 조직, 신흥 강습소 운영(군사 교육·독립군 양성, 신흥 무관 학교로 발전)
상하이	신한청년당(1918) : 김규식을 파리 강화 회의에 대표로 파견
연해주	블라디보스토크에 신한촌 건설, 권업회 조직, 대한 광복군 정부 수립(1914, 이상설과 이동휘 중심)
미주	• 대한인 국민회 : 장인환·전명운의 의거를 계기로 결성(1910) • 대조선 국민군단 : 박용만이 하와이에서 결성 → 군사 훈련 전개

(2) 3·1 운동

① 배경

- 국외 : 레닌의 약소민족 해방 운동 지원 선언, 미국 대통령 윌슨의 민족 자결주의 대두, 일본 도쿄에서 한국인 유학생들이 2·8 독립 선언 발표 자료2
- 국내 : 고종의 서거 → 종교계와 학생들을 중심으로 대규모 시위 계획

② 전개

- 시작 : 종교계(천도교, 기독교, 불교) 및 학생 중심으로 준비 → 민족 대표는 태화관, 학생과 시민들은 탑골 공원에서 독립 선언 → 비폭력 만세 시위 전개
- 전개 : 서울, 평양, 원산 등에서 독립 선언과 만세 시위가 시작되어 전국으로 확산, 농촌 시위는 주로 장날을 이용하여 전개, 식민 통치 기관 습격, 일제의 가혹한 진압(제암리 학살 사건 등), 국외로 확산(간도, 연해주, 일본, 미주 등)

③ 의의 및 영향

국내	• 일제 강점기 최대 규모의 항일 운동 : 독립의 의지를 세계에 알림. • 대한민국 임시 정부 수립의 계기 : 독립운동의 구심점이 필요함을 인식 • 항일 운동의 활성화 : 무장 투쟁, 노동·농민 운동 등 다양한 민족 운동의 활성화 • 일제 통치 방식의 변화 : 무단 통치에서 이른바 '문화 정치'로 전환
국외	중국 5·4 운동 등에 영향

자료1 **대한 광복회 강령**

> 1. 일반 부호로부터 의연금을 받는 한편 일본인이 불법 징수한 세금을 압수하여 이로써 무장을 준비한다.
> 2. 남북 만주에 사관 학교를 설치하고 인재를 양성하여 사관(士官)으로 채용한다.
> 7. 무력이 완비되는 대로 일본인 섬멸전을 단행하여 최후의 목적을 이룬다.

대한 광복회는 독립군을 길러 일제를 몰아내는 것을 목표로 삼았으며, 민주 공화제의 근대 국가 수립을 지향하였다. 군자금을 모아 만주에 무관 학교를 설립하려 하였으며 친일파 처단 활동을 전개하였다.

자료2 **2·8 독립 선언**

> 조선 청년 독립단은 아(我) 2천만 민족을 대표하여 정의와 자유의 승리를 얻은 세계 만국 앞에 독립을 달성하기를 선언하노라. …… 이에 우리 민족은 일본이나 혹은 세계 각국이 우리 민족에게 자결의 기회를 부여하기를 요구하며 만일 그렇게 되지 못한다면, 우리 민족은 생존을 위하여 자유의 행동을 취하여 독립을 얻기를 선언하노라.

일본에 유학 중이던 한국인 학생들이 결성한 조선 청년 독립단은 1919년 2월 일본 도쿄에서 2·8 독립 선언서를 발표하여 파리 강화 회의에서 논의되었던 민족 자결주의에 입각한 한국의 독립을 주장하였다. 이 선언은 3·1 운동이 일어나는 데 영향을 주었다.

용어 알기

복벽주의(회복할 復 임금 辟 주인 主 옳을 義)
물러난 임금을 복위시키거나 무너진 왕정을 다시 세우려는 사상이나 이념

의거(옳을 義 들 擧)
정의를 위하여 일으킨 거사

❷ 대한민국 임시 정부의 수립과 활동

(1) 대한민국 임시 정부의 수립

① 배경 : 3 · 1 운동 이후 독립운동의 역량을 결집할 필요성 대두

② 여러 지역에 수립된 임시 정부
- 대한 국민 의회(1919. 3.) : 연해주에서 성립
- 대한민국 임시 정부(1919. 4.) : 중국 상하이에서 독립운동가들이 임시 의정원을 만들어 임시 정부 구성
- 한성 정부 (1919. 4.) : 국내에서 13도 대표가 모여 정부 수립 선포

③ 대한민국 임시 정부의 통합 [자료 3]
- 방법 : 한성 정부의 법통을 계승하고 대한 국민 의회의 일부를 통합
- 정부 위치 : 상하이(서양 열강의 외교 공관이 많아 외교 활동에 유리한 곳)
- 정부 명칭 : 대한민국 임시 정부
- 정부 형태 : 임시 의정원(입법) · 국무원(행정) · 법원(사법)으로 구성, 초대 대통령에 이승만, 국무총리에 이동휘 추대 → 우리 역사상 최초의 삼권 분립에 기초한 민주 공화제 정부 수립

(2) 대한민국 임시 정부의 활동

국내 연락망	연통제(국내외를 연결하는 비밀 행정 조직), 교통국(비밀 통신 기관) 등 운영
자금 모금 [자료 4]	독립 공채 발행, 연통제나 교통국을 통하거나 이륭 양행(만주), 백산 상회(부산) 등을 이용하여 국민 의연금 모금
군사 활동	국무원 산하에 군무부 설치, 직할 군단(광복군 사령부, 육군 주만 참의부) 편성
외교 활동	파리 강화 회의에 독립 청원서 제출, 미국에 구미 위원부 설치
기타	한일 관계 사료집 간행, 기관지로 독립신문 발간

(3) 국민 대표 회의와 임시 정부의 변화

① 배경 : 일제에 의해 연통제 · 교통국 조직 붕괴, 외교 활동의 성과 미흡, 민족 운동의 방법을 둘러싼 논쟁(무장 투쟁론, 외교론, 실력 양성론 등) → 신채호 등이 이승만의 국제 연맹 위임 통치 청원 문제 등을 비판하며 국민 대표 회의 소집 요구

② 국민 대표 회의 개최(1923)

목적	대한민국 임시 정부의 새로운 노선 및 활로 모색
경과	창조파(새로운 정부 수립 주장)와 개조파(임시 정부의 조직 개편 주장) 대립
결과	회의 결렬로 다수의 독립운동가 이탈 → 대한민국 임시 정부의 활동 침체

③ 대한민국 임시 정부의 변화
- 지도부 개편 : 이승만 탄핵 → 박은식이 제2대 대통령으로 선출
- 체제 개편 : 국무령 중심의 집단 지도 체제로 개편(1925)

[자료 3] 임시 정부의 통합

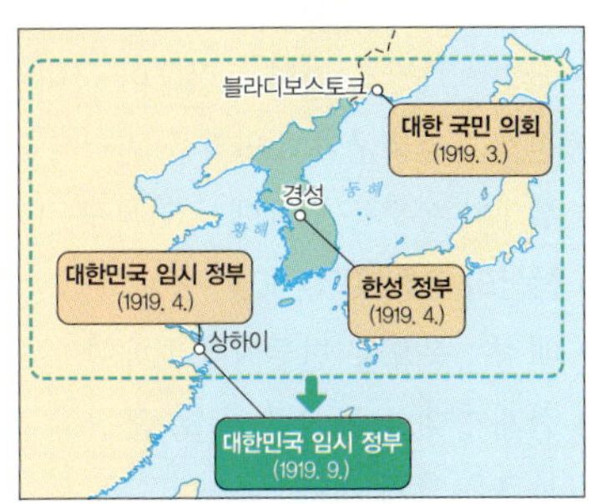

1919년 9월 한성 정부의 정통성을 계승하고 상하이의 대한민국 임시 정부와 연해주의 대한 국민 의회 일부를 통합한 대한민국 임시 정부가 상하이에 수립되었다.

[자료 4] 독립 공채

대한민국 임시 정부는 독립운동 자금을 조달하기 위해 광복 후 상환할 것을 약속하고 그 증서로 독립 공채를 발행하였다. 독립 공채는 연통제와 교통국을 통해 국내에도 들어왔고, 미주 지역 등 국외 동포에게도 판매되었다.

용어 알기

연통제(잇닿을 聯 통할 通 제도 制)
대한민국 임시 정부가 국내와 연결하여 서로 통하여 자금을 확보하거나 정보를 획득하던 제도

탄핵(잘못 彈 꾸짖을 劾)
대통령 · 국무 위원 · 법관 등을 국회에서 소추하여 해임하거나 처벌하는 일

❸ 무장 독립 투쟁과 의열 투쟁

(1) 봉오동 전투와 청산리 대첩 [자료 5]

① 봉오동 전투(1920. 6.)
- 배경 : 북간도 지역 독립군이 국내 진공 작전 전개
- 전개 : 일본군이 두만강을 건너 추격 → 홍범도가 이끄는 대한 독립군 등 독립군 연합 부대가 봉오동 일대에서 일본군을 기습하여 격파

② 청산리 대첩(1920. 10.)
- 배경 : 봉오동 전투에서 패배한 일제가 대규모 병력을 동원하여 독립군 추격
- 전개 : 대한 독립군, 북로 군정서(김좌진) 등 독립군 연합 부대가 청산리 일대에서 일본군을 크게 격파

(2) 독립군의 시련

간도 참변	일제가 청산리 대첩을 전후하여 독립군의 근거지를 없앤다는 구실로 무고한 간도의 한인들에 대한 무차별 학살 자행
자유시 참변	• 배경 : 북만주로 이동한 독립군 부대가 러시아 혁명군(적군)의 지원을 기대하고 자유시로 이동 • 내용 : 독립군 부대 내부의 주도권 분쟁과 러시아 혁명군에 의한 무장 해제 과정에서 많은 독립군이 희생(1921) → 일부 독립군이 만주로 귀환

(3) 독립군의 재정비

3부의 성립	• 배경 : 간도 참변, 자유시 참변 이후 만주 독립운동 세력의 조직 정비 노력 • 3부 성립 : 참의부, 정의부, 신민부 조직(민정 기관과 군정 조직을 갖춘 자치 정부의 성격)
3부의 통합	• 배경 : 일제와 만주 군벌의 미쓰야 협정 체결(1925)로 독립군의 활동 위축, 민족 유일당 운동 전개 • 결과 : 남만주의 국민부(조선 혁명당과 조선 혁명군 결성), 북만주의 혁신 의회(해체 후 한국 독립당 결성, 한국 독립군 조직)로 재편

(4) 의열 투쟁의 전개

의열단	• 결성 : 3·1 운동 이후 만주 지역에서 김원봉을 중심으로 조직(1919) • 지침 : 신채호의 「조선 혁명 선언」을 지침으로 삼아 활동 [자료 6] • 목표 : 일제 요인, 친일파 등 침략 원흉 처단, 식민 통치 기관 파괴 • 주요 활동 : 김상옥(종로 경찰서에 폭탄 투척), 나석주(동양 척식 주식회사에 폭탄 투척) 등의 의거 • 변화 : 의열 투쟁의 한계를 인식하고 조직적인 항일 무장 투쟁을 위해 1920년대 후반 중국의 황푸 군관 학교에 들어가 군사 훈련을 받음.
한인 애국단	• 결성 : 대한민국 임시 정부에 활기를 불어넣기 위해 김구가 조직(1931) • 주요 활동 : 이봉창의 일왕 암살 시도(1932), 윤봉길의 상하이 훙커우 공원 의거(1932) • 영향 : 중국 국민당 정부가 대한민국 임시 정부를 지원하는 계기가 됨.

[자료 5] 봉오동 전투와 청산리 대첩

1920년 홍범도가 이끄는 대한 독립군 등은 봉오동으로 일본군을 유인하여 지형을 이용한 매복 작전으로 큰 승리를 거두었다(봉오동 전투). 이후 김좌진의 북로 군정서를 비롯한 여러 독립군 연합 부대는 백운평, 완루구, 어랑촌, 고동하 등 청산리 일대에서 일본군을 크게 무찔렀다(청산리 대첩).

[자료 6] 조선 혁명 선언

> 강도 일본이 우리의 국호를 없애며 우리의 정권을 빼앗으며, 우리 생존의 필요조건을 다 박탈했다. …… 일본 강도 정치 곧 이민족 정치가 우리 조선 민족 생존의 적임을 선언하는 동시에 우리는 혁명 수단으로 우리 생존의 적인 강도 일본을 멸망시키는 것이 곧 우리의 정당한 수단임을 선언하노라.

의열단을 이끌던 김원봉의 요청을 받은 신채호는 1923년 「조선 혁명 선언」을 작성하였다. 이를 통해 신채호는 실력 양성론과 외교론 등의 독립운동 방략을 비판하고 무장 투쟁에 나설 것을 주장하였다.

용어 알기

참변(참혹할 慘 변할 變)
뜻밖에 당하는 참혹한 재앙이나 사고

의열(옳을 義 세찰 烈)
정의로운 일을 맹렬히 실행함.

4 실력 양성 운동

(1) 물산 장려 운동 자료7

① 배경 : 회사령 폐지(일본 자본의 한국 진출), 한·일 간 관세 철폐 소식(한국인 자본가의 위기의식 고조)

② 목적 : 민족 기업과 자본을 보호·육성 → 경제적 자립 도모

③ 전개

- 평양에서 조만식 등이 조선 물산 장려회 설립(1920) → 서울에서 조선 물산 장려회 결성(1923) → 전국으로 확산
- 일본 상품 배격, 토산품 애용, 금주·금연, 생활 개선 등 추진 → '내 살림 내 것으로', '조선 사람 조선 것' 등의 구호 제시

④ 결과 : 일제의 탄압과 방해로 큰 성과를 거두지 못함, 일부 기업가와 상인에 의한 토산품 가격 상승 → 사회주의자들의 비판 초래

(2) 민립 대학 설립 운동 자료8

배경	일제가 한국인에게 기초적인 교육의 기회만 제공 → 고등 교육을 통한 민족의 실력 양성 도모
전개	이상재 등이 조선 민립 대학 기성회 조직(1923) → 전국적인 모금 운동 전개
결과	일제의 방해와 탄압 및 가뭄·수해로 중단, 일제가 회유책으로 경성 제국 대학 설립(1924)

(3) 문맹 퇴치 운동

① 목적 : 농민 등을 대상으로 문자 보급과 민중 계몽을 도모

② 전개

- 문자 보급 운동 : 조선일보사 주도로 전개, 한글 교재를 제작하여 보급
- 브나로드 운동 : 동아일보사 주도로 전개, '배우자, 가르치자, 다 함께 브나로드'라는 구호 제시

③ 조선 총독부의 탄압 : 1935년 이후 농촌 계몽 운동 전면 금지

(4) 실력 양성 운동의 의의와 한계

① 의의 : 근대적 발전과 민족 독립의 토대 마련

② 한계 : 일제가 허용하는 범위 안에서 전개, '선 실력 양성, 후 독립'을 내세웠으나 점차 실력 양성만을 강조하는 방향으로 변화

(5) 자치 운동의 대두

① 배경 : 일부 민족주의 계열의 지식인, 지주, 자본가들이 일제의 식민 지배 인정, 정치적 실력을 양성하자는 주장 펼침(이광수, 최린, 김성수 등).

② 자치 운동 : 조선 총독부 아래에 자치 정부나 자치 의회 설립 주장

③ 결과 : 민족주의 세력이 타협적 민족주의와 비타협적 민족주의로 분화

자료7 조선 물산 장려회 취지서(1923)

우리에게 먹을 것이 없고 입을 것이 없고 의지하여 살 것이 없으면 우리의 생활은 파괴될 것이다. …… 조선 사람은 조선 사람이 지은 것을 사 쓰고, 조선 사람은 단결하여 그 쓰는 물건을 스스로 제작하여 공급하기를 목적하노라.

1920년 회사령이 철폐되고 곧이어 한·일 간의 관세가 철폐된다는 소식이 알려지자 민족 경제의 자립을 이루려는 물산 장려 운동이 추진되었다. 한편 사회주의 진영은 물산 장려 운동을 상인이나 자본가 계급 일부의 이익만을 추구하는 운동이라고 비판하기도 하였다.

자료8 조선 민립 대학 기성회 발기 취지서 (1923)

우리의 운명을 어떻게 개척할까? 정치냐, 외교냐, 산업이냐? 물론 이와 같은 일이 모두 필요하도다. 그러나 그 기초가 되고 요건이 되며, 가장 급무가 되는 수단은 교육 아니면 안 된다. …… 그러므로 이제 우리 조선인도 세계 속에서 문화 민족의 일원으로 다른 나라 사람과 어깨를 나란히 하여 우리들의 생존을 유지하며 문화의 창조와 향상을 기도하려면, 대학의 설립을 빼고는 다시 다른 길이 없도다.

3·1 운동 이후 한국인을 위한 고등 교육 기관을 설립하기 위해 민립 대학 설립 운동이 전개되었다. 이상재 등이 중심이 된 조선 교육회의 제안에 전국 각지에서 호응하여 서울에서 조선 민립 대학 기성회가 조직되었다.

용어 알기

관세(빗장 關 세금 稅)
국가가 일정한 경계선을 넘는 화물에 대하여 매기는 세금

5 신간회와 학생 항일 운동

(1) 민족 유일당 운동

① 사회주의 사상의 확산과 영향
- 사회주의 사상 수용 : 연해주와 일본 등지의 한인과 유학생이 수용
- 확산 : 3·1 운동 이후 청년·지식인층을 중심으로 확산 → 조선 공산당 결성(1925)
- 영향 : 민족 운동 세력이 민족주의 계열과 사회주의 계열로 분화, 일제가 치안 유지법을 제정(1925)하여 사회주의 운동 탄압

② 6·10 만세 운동
- 배경 : 사회주의 세력의 성장, 일제의 수탈과 식민지 교육에 대한 반발, 순종의 서거
- 준비 : 사회주의 계열, 천도교 계열, 학생 단체가 만세 시위 계획 → 일제 경찰에게 발각되어 지도부(사회주의 계열과 천도교 계열) 사전 검거
- 전개 : 순종의 장례일에 조선 학생 과학 연구회를 비롯한 학생 단체를 중심으로 만세 시위 전개 → 시민들의 합세로 확대
- 영향 : 민족주의 계열과 사회주의 계열 간에 민족 협동 전선의 토대 마련, 동맹 휴학이 전개되는 등 항일 학생 운동 성장

③ 신간회의 창립과 활동

배경	• 국내외에서 민족 유일당 운동 전개 • 비타협적 민족주의 세력이 자치론을 주장하는 타협적 민족주의 세력을 비판하며 사회주의와의 연대 모색 • 정우회 선언(1926) : 사회주의 계열의 정우회가 비타협적 민족주의 세력과의 연대 주장 자료9
창립	• 비타협적 민족주의 세력과 사회주의 세력의 연합으로 신간회 창립(1927) → 이후 4만여 명의 회원을 가진 대규모 단체로 성장 • 강령 : 정치적·경제적 각성 촉진, 공고한 단결, 기회주의 일체 부인
발전	일제 강점기 국내 최대 규모의 단체로 발전
활동	• 순회 강연회 개최, 농민·노동 운동과 학생·여성 운동 등 여러 사회 운동과 연계 • 광주 학생 항일 운동 당시 진상 조사단을 파견하고 민중 대회 계획
해소	• 민중 대회 준비 중 지도부 체포 → 새로 구성된 지도부가 온건한 활동 방향 모색 • 코민테른의 방침 변화 : 계급 투쟁을 강조하며 민족 통일 전선에 부정적 • 사회주의 세력이 신간회의 해소 주장 → 전체 대회에서 통과(1931)

(2) 광주 학생 항일 운동(1929) 자료10

① 배경 : 일제의 식민지 차별 교육, 6·10 만세 운동 이후 학생 운동 조직 확대
② 발단 : 일본인 남학생이 한국인 여학생을 희롱한 사건 → 한·일 학생 간의 충돌 발생
③ 전개 : 경찰 등이 일본인 학생에게 유리하게 사건 처리 → 광주 지역 학생 총궐기 → 전국적인 규모의 항일 운동으로 확산
④ 의의 : 3·1 운동 이후 최대 규모의 항일 민족 운동

자료9 **정우회 선언**

> 민족주의적 세력에 대해서는 그 부르주아 민주주의적 성질을 명백하게 인식하는 한편 우리와 과정적 동맹을 맺을 수 있음을 충분히 인정하여, 그것이 타락한 형태로 나타나지 않는 것을 전제로 해서 적극적으로 제휴하여 대중의 개량적인 이익을 위해서도 이전의 소극적인 태도를 버리고 분연히 싸워야 할 것이다.

정우회는 사회주의 단체로, 이 선언을 통해 사회주의 세력과 비타협적 민족주의 세력과의 제휴를 주장하였다. 이를 계기로 1927년 신간회가 창립되었다.

자료10 **광주 학생 항일 운동 당시 격문**

> 장엄한 학생 대중이여! 최후까지 우리의 슬로건을 지지하라! 그리하여 궐기하라! 싸우자! 굳세게 싸우자!
> 1. 검거된 학생을 즉시 우리의 손으로 탈환하자.
> 4. 교우회의 자치권을 획득하자.
> 7. 조선인 본위의 교육 제도를 확립하자.
> 8. 식민지 노예 교육 제도를 철폐하자.

한·일 학생의 충돌을 계기로 광주의 한국인 학생들은 동맹 휴학을 하고 총궐기하였다. 광주의 학생들은 구속된 학우의 석방, 식민지 교육의 철폐 등을 주장하며, 일제의 편파적 조처에 저항하였다.

용어 알기

신간회(새로울 新 줄기 幹 단체 會)
'고목에서 새로운 가지가 솟는다.'라는 고사(新幹出古木)에서 유래된 명칭으로, 좌우의 여러 조직을 한데 모아 새로운 싹과 줄기를 틔운다는 의지를 모은 단체

민족 유일당 운동(백성 民 겨레 族 오직 唯 하나 一 무리 黨 옮길 運 움직일 動)
다양한 민족 운동 세력을 하나로 통합하여 독립운동의 역량을 강화하려는 움직임

1 1910년대 민족 운동과 3·1 운동

독립 의군부	임병찬 등이 고종의 밀명을 받아 조직, 국권을 회복하고 고종을 황제로 복위(복벽주의 표방)시키는 것이 목표
대한 광복회	박상진을 총사령으로 하여 결성(군대식 조직), 공화정 형태의 국민 국가 수립을 목표로 삼음.
3·1 운동	종교계 및 학생을 중심으로 준비 → 민족 대표는 태화관, 학생과 시민들은 탑골 공원에서 독립 선언 → 비폭력 만세 시위 전개 → 전국 및 해외로 확산

2 대한민국 임시 정부의 수립과 활동

임시 정부의 통합	한성 정부의 법통을 계승하고 대한 국민 의회 일부 통합
연통제	대한민국 임시 정부의 국내 비밀 행정 조직망
국민 대표 회의	독립운동의 새로운 방향을 모색하기 위해 1923년 개최된 회의

3 무장 독립 투쟁과 의열 투쟁

봉오동 전투	홍범도가 이끈 대한 독립군 등 독립군 연합 부대가 봉오동 계곡에서 일본군을 공격해 승리
청산리 대첩	일본군이 훈춘 사건을 일으켜 만주로 진격 → 청산리 부근에서 김좌진의 북로 군정서, 홍범도의 대한 독립군 등 독립군 연합 부대가 일본군 대파
의열단	김원봉 등이 결성, 식민 통치 기관 파괴 등의 활동, 김익상, 김상옥, 나석주 등 활동
한인 애국단	김구가 주도하여 결성, 대한민국 임시 정부 활성화, 이봉창과 윤봉길의 의거

4 실력 양성 운동

물산 장려 운동	민족 기업과 자본을 보호·육성하여 경제적 자립 실현을 목적으로 일본 상품 배격, 토산품 애용, 금주·금연 등 추진
민립 대학 설립 운동	이상재 등 민족 지도자들이 한국인을 위한 고등 교육 실현을 위해 대학 설립을 목표로 추진
문맹 퇴치 운동	문자 보급 운동(조선일보사), 브나로드 운동(동아일보사)

5 신간회와 학생 항일 운동

6·10 만세 운동	순종 서거를 계기로 전개된 시위로 민족 협동 전선의 토대 마련
신간회	민족 유일당 운동의 결과 결성된 단체로 여러 사회 운동과 연계, 광주 학생 항일 운동 지원
광주 학생 항일 운동	한·일 학생의 충돌이 계기가 되어 전개된 시위, 3·1 운동 이후 최대 규모의 항일 민족 운동으로 발전

01 빈칸에 들어갈 알맞은 말을 쓰시오.

① 임병찬 등이 고종의 밀명을 받아 (　　　)을/를 조직하였다.

② 신민회가 남만주 지역의 삼원보에 (　　　)을/를 설립하여 독립군을 양성하였다.

③ 1919년 일본 도쿄에서 유학생들이 (　　　) 독립 선언을 발표하였다.

④ 1919년 수립된 대한민국 임시 정부는 외교 활동에 유리한 (　　　)에 위치하였다.

⑤ 대한민국 임시 정부는 국내와 연락하여 효과적으로 독립 운동을 전개하고자 (　　　)와/과 교통국을 운영하였다.

⑥ 신채호는 김원봉의 요청에 따라 1923년 (　　　)을/를 작성하여 무력 투쟁에 의한 민중의 직접 혁명을 강조하였다.

⑦ (　　　) 선언을 계기로 1927년에 사회주의 세력과 비타협적 민족주의 세력이 연대하여 신간회를 결성하였다.

⑧ 신간회는 1929년에 일어난 (　　　)을/를 지원하였다.

02 옳은 내용에는 ○표, 틀린 내용에는 ×표를 하시오.

① 대한 광복군 정부는 1914년 블라디보스토크에서 이상설, 이동휘 등을 중심으로 수립되었다. (　　　)

② 윌슨 대통령이 제창한 민족 자결주의는 1919년에 일어난 6·10 만세 운동에 영향을 주었다. (　　　)

③ 3·1 운동은 중국 상하이에서 대한 광복회가 수립되는 데 영향을 주었다. (　　　)

④ 1923년 개최된 국민 대표 회의는 창조파와 개조파의 대립으로 결국 결렬되었다. (　　　)

⑤ 한인 애국단은 김원봉이 대한민국 임시 정부의 침체를 극복하기 위해 상하이에서 1931년에 조직하였다. (　　　)

⑥ 한인 애국단의 윤봉길은 상하이 홍커우 공원에서 의거를 감행하였다. (　　　)

⑦ 김좌진이 이끈 북로 군정서 등 독립군 연합 부대는 1920년 청산리에서 일본군을 격파하였다. (　　　)

⑧ 조선 민립 대학 기성회는 경성 제국 대학을 설립하였다. (　　　)

01 (가) 단체에 대한 설명으로 옳은 것은?

► 242016-0150

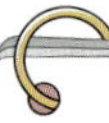

☆ 한국사 퀴즈 대회 대본

다음은 1910년대에 활동한 국내 항일 비밀 결사에 대한 문제입니다.

이 단체는 임병찬 등이 고종의 밀명을 받아 1912년에 조직하였는데, 의병 전쟁을 계획하고 일제에 국권 반환 요구서를 제출할 것을 계획하던 중 조직이 발각되었습니다. 이 단체의 이름은 무엇일까요?

정답은 ☐(가)☐ 입니다.

① 복벽주의를 추구하였다.
② 관민 공동회를 개최하였다.
③ 105인 사건으로 와해되었다.
④ 국채 보상 운동을 주도하였다.
⑤ 교조 신원 운동을 전개하였다.

► 242016-0151

02 (가)~(다) 지역에서 있었던 사실로 옳은 것은?

〈1910년대 국외 민족 운동이 전개된 주요 지역〉

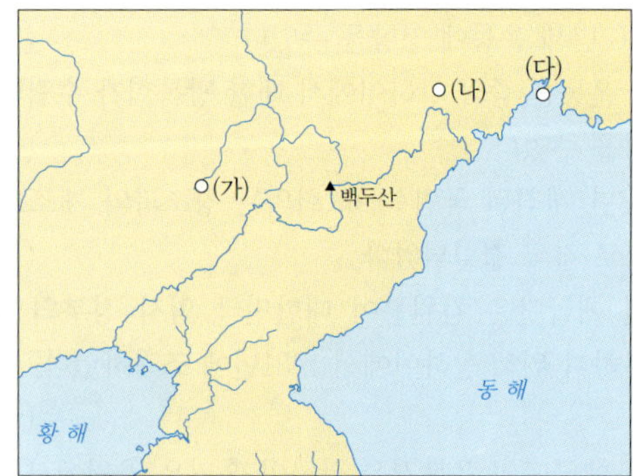

① (가) – 권업회가 조직되었다.
② (가) – 대한인 국민회가 창설되었다.
③ (나) – 신한청년당이 결성되었다.
④ (다) – 명동 학교가 세워졌다.
⑤ (다) – 대한 광복군 정부가 수립되었다.

03 밑줄 친 '이 운동'의 영향으로 가장 적절한 것은?

► 242016-0152

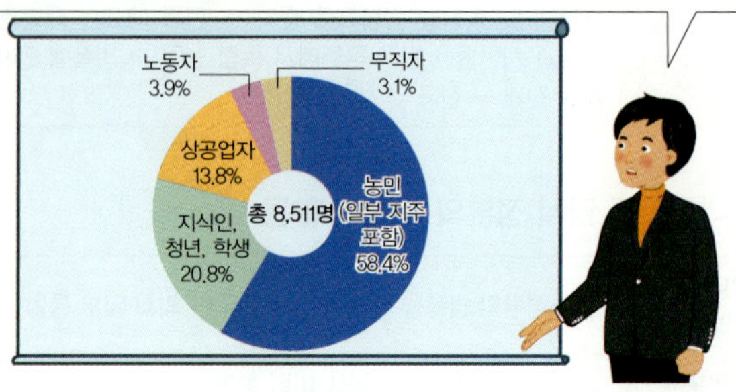

① 삼정이정청이 설치되었다.
② 제물포 조약이 체결되었다.
③ 통리기무아문이 설치되었다.
④ 헤이그에 특사가 파견되었다.
⑤ 이른바 문화 정치가 실시되었다.

► 242016-0153

04 (가)의 활동으로 옳은 것은?

☐(가)☐ 은/는 민족 운동에 필요한 자금을 조달할 목적으로 독립 공채를 발행하였다. 독립 공채의 액면 금액은 1,000원, 500원, 100원 3종이었다. 독립 공채의 판매 금액은 연통제와 교통국 등을 통해 ☐(가)☐ 에 전달되어 군자금 등 독립운동 자금으로 활용되었다.

① 원수부 설치
② 구미 위원부 설치
③ 교육입국 조서 반포
④ 조미 수호 통상 조약 체결
⑤ 일제의 황무지 개간권 요구 철회

► 242016-0154

05 (가), (나) 시기 사이에 있었던 사실로 옳은 것은?

(가) 김좌진이 이끈 북로 군정서 등 독립군 연합 부대는 청산리 일대에서 일본군을 공격하여 큰 승리를 거두었다.
(나) 만주의 독립운동 세력은 흩어진 조직을 정비하였고, 그 결과 참의부, 정의부, 신민부 등 3부가 성립되었다.

① 국민부와 혁신 의회가 결성되었다.
② 13도 창의군이 서울 진공 작전을 전개하였다.
③ 자유시 참변으로 다수의 독립군이 희생되었다.
④ 미쓰야 협정으로 만주 지역의 독립군이 타격을 입었다.
⑤ 홍범도의 대한 독립군 등이 봉오동 전투에서 승리하였다.

06 ▸ 242016-0155

06 (가) 단체에 대한 설명으로 옳은 것은?

① 독립문을 건립하였다.
② 헌의 6조를 결의하였다.
③ 홍경래의 주도 아래 봉기하였다.
④ 조선 혁명 선언을 활동 지침으로 삼았다.
⑤ 고종의 강제 퇴위 반대 시위를 전개하였다.

▸ 242016-0156

07 자료에 나타난 민족 운동에 대한 설명으로 옳은 것은?

① 김옥균, 박영효 등이 주도하였다.
② 일부 사회주의자의 비판을 받았다.
③ 대동법이 시행되는 결과를 가져왔다.
④ 대구에서 시작하여 전국으로 확산되었다.
⑤ 홍범 14조의 반포에 영향을 받아 시작되었다.

▸ 242016-0157

08 (가)에 해당하는 단체의 명칭을 쓰시오.

[사료로 보는 한국사]

> 1. 우리는 정치적·경제적 각성을 촉진한다.
> 2. 우리는 단결을 공고히 한다.
> 3. 우리는 기회주의를 일체 부인한다.

[해제] 자료는 비타협적 민족주의자들과 사회주의자들이 연합하여 창립한 (가) 의 강령이다. 이 강령에서 '기회주의'는 타협적 민족주의 세력을 가리킨다.

(   )

▸ 242016-0158

09 (가) 단체에 대한 설명으로 옳은 것은?

〈1920년대 국내 민족 운동의 흐름〉

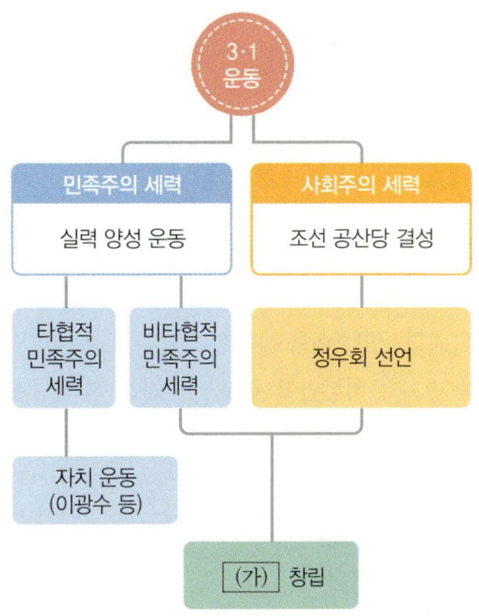

① 전주 화약을 체결하였다.
② 백두산정계비를 건립하였다.
③ 태극 서관과 자기 회사를 운영하였다.
④ 이봉창과 윤봉길이 단원으로 활동하였다.
⑤ 광주 학생 항일 운동 당시 진상 조사단을 파견하였다.

▸ 242016-0159

10 (가) 운동에 대한 설명으로 옳은 것은?

> (가) 재판 당시 학생들의 발언
> • 이병립 : 순종 황제의 장례일에 격문을 뿌리며 만세를 부른 목적은 세 살 난 어린아이라도 다 알 일인데 물을 필요가 없다.
> • 박하균 : 조선의 형편은 당신들이 더 잘 알 텐데 나에게 물을 것이 없다. 조선 사람들은 지금 거진 다 못 살게 된 상태이다.
> • 이선호 : 이 같은 행동을 한 목적은 자유를 부르짖으면 반드시 자유가 온다는 굳은 신념 아래서 자유를 얻기 위해 한 것이다.

① 통감부의 탄압으로 중단되었다.
② 독립 협회의 주도로 전개되었다.
③ 민족 협동 전선의 토대가 되었다.
④ 수신사를 파견하는 계기가 되었다.
⑤ 대한민국 임시 정부 수립에 영향을 주었다.

04 사회·문화의 변화와 대중 운동

1 사회와 생활 양식의 변화

(1) 교통의 발달

철도	X자형 간선 철도망 완성
영향	교류 확대, 이동 시간 단축, 일제의 대륙 침략과 수탈에 활용

(2) 도시의 발달과 도시 빈민의 형성 [자료 1]

① 도시화 : 개항장과 기차역 부근의 신흥 도시, 공업 도시

• 도시 이원화 : 일본인과 한국인의 거주지로 분리(일본인 거주지가 도시의 중심이 됨.)

• 경성의 변화 : 일본인이 주로 거주하는 지역(남촌)과 한국인이 주로 거주하는 지역(북촌)으로 생활공간이 나뉨.

② 도시 빈민의 형성 : 몰락한 농민의 도시 빈민화(토막민)

(3) 농촌 사회의 변화

① 1910년대 : 토지 조사 사업으로 일본인 지주의 대토지 소유 확대

② 1920년대 : 산미 증식 계획으로 한반도가 일본인의 식량 공급지가 됨. → 농민들의 삶 악화

③ 농촌 사회의 변화 : 일본인 지주의 대토지 소유 확대, 일부 한국인 지주층과 부농층이 조선 총독부 정책에 적극 호응하면서 영농 규모 확대 → 많은 농민이 자소작농이나 소작농으로 몰락, 화전민이나 광산 노동자, 도시 빈민 등으로 전락

④ 농촌 진흥 운동 전개 : 대공황으로 인한 농업 공황, 농민 운동 확산 → 농민의 자력갱생을 내세우며 농촌 운동 전개(춘궁 퇴치, 부채 근절 목표) → 근본적 문제 해결 못함.

(4) 의식주 생활의 변화

① 대중문화 : 백화점으로 대표되는 자본주의적 소비문화 확산, 신문·잡지 등을 통해 대중문화 확산, 양복·양장을 즐기는 자본주의적 소비 계층 등장

② 의식주 생활

의생활	• 양복, 양장 확산 → '모던 걸', '모던 보이'라고 불리는 사람들 등장 [자료 2] • 많은 한국인은 한복을 입거나 개량 한복 착용, 일제의 의복 생활 통제(중일 전쟁 이후 국민복과 몸뻬 착용 강요)
식생활	짜장면, 호떡 등의 중국 음식 전래, 우동·어묵 등 일본 음식 전래, 청량음료, 식용유, 조미료 등이 일본에서 전래, 커피, 빵, 아이스크림, 맥주 등의 서양 식품 소비, 일반 서민들은 식량 부족을 겪음.
주생활	• 도시의 주택 문화가 생활의 편리성에 맞추어 급속히 변경 • 상류층이 거주하는 2층 양옥과 문화 주택이 곳곳에 설립 • 개량 한옥이나 서민 주택인 영단 주택도 많이 지어짐, 농촌은 여전히 초가나 기와로 된 전통 한옥이 많음.

[자료 1] 식민지 도시의 차별적인 모습

일제 강점기 경성은 일본인 거주 지역 혼마치 일대의 번화한 모습(위)과 도시 외곽 토막민 거주지 빈민촌의 열악한 모습(아래)이 공존하였다.

[자료 2] 모던 걸과 모던 보이

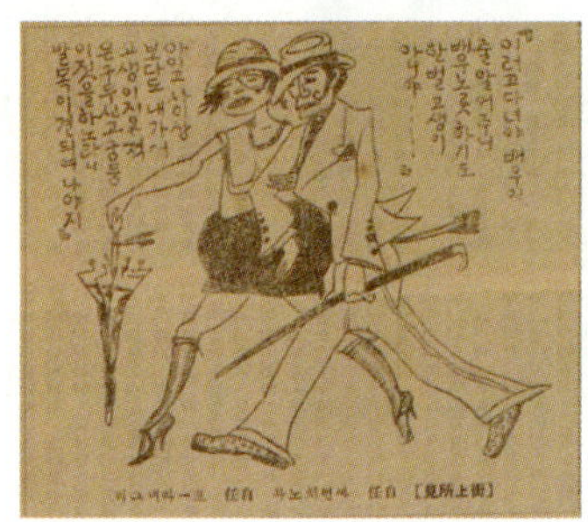

1920년대 경성에는 '모던 걸'과 '모던 보이'라고 불리는 사람들이 나타났다. 이들은 주로 단발머리와 양장, 양복 차림으로 한껏 멋을 부리고 쇼핑과 외식을 즐겼다.

용어 알기

토막민(흙 土 장막 幕 백성 民)
땅을 파고 위에 거적 따위를 얹고 흙을 덮어 추위나 비바람만 가릴 정도로 임시로 지은 집에 사는 사람

양장(큰 바다 洋 꾸밀 裝)
옷차림이나 머리 모양을 서양식으로 꾸밈.

② 다양한 사회 운동의 전개

(1) 다양한 사상의 확산

① 배경 : 제1차 세계 대전 이후 자유와 평등을 내세우며 유행한 다양한 사상들(자유주의, 사회주의 등)이 국내에 유입

② 확산 : 농민 운동, 노동 운동, 여성 운동 등 여러 계층의 사회 운동에 큰 영향을 끼침.

(2) 농민 운동

배경	토지 조사 사업과 산미 증식 계획으로 소작농 증가, 높은 소작료와 수리 조합비 부담으로 어려움 가중 → 화전민, 도시 빈민(토막민), 해외 이주민 증가
전개	• 소작인 조합 등을 결성하여 소작료 인하와 소작권 이동 반대 등 요구 → 1930년대 이후 혁명적 농민 조합을 결성하여 항일 투쟁 전개 • 암태도 소작 쟁의(1923~1924) : 지주의 수탈에 맞서 소작료 인하 요구 관철 **자료 3**

(3) 노동 운동

배경	식민지 공업화에 따른 도시 노동자 수 증가 → 저임금, 장시간 노동, 민족 차별 등 열악한 노동 환경
전개	• 노동조합을 결성하여 임금 인상, 노동 조건 개선 등 요구 → 1930년대 이후 혁명적 노동조합을 결성하여 항일 투쟁 전개 • 원산 총파업(1929) : 원산의 석유 회사에서 벌어진 한국인 노동자 구타 사건을 계기로 발생 → 수개월 동안 투쟁 지속 → 일제의 탄압으로 실패

(4) 여러 계층의 사회 운동

① 청년 · 학생 운동 : 3 · 1 운동 이후 청년 · 학생이 항일 운동의 주체로 성장 → 6 · 10 만세 운동, 광주 학생 항일 운동에 적극 참여

② 여성 운동 : 여성들의 사회적 인식 확대, 차별과 억압에 저항 → 여성 단체 결성, 계몽 활동 전개 → 민족 유일당 운동으로 근우회 창립(1927)

③ 소년 운동 : 방정환이 주도한 천도교 소년회 중심으로 어린이를 온전한 인격체로 존중하려는 활동 전개 → 어린이날 제정, 잡지『어린이』발행 **자료 4**

④ 형평 운동 : 일제 강점기에도 백정에 대한 사회적 차별 여전 → 진주에서 조선 형평사 조직(1923), 백정에 대한 차별 철폐 · 권리 보장 주장

자세히 살펴보기 조선 형평사

> 공평은 사회의 근본이고 사랑은 인간의 본성이다. 우리는 계급을 타파하고 모욕적 칭호를 폐지하며 교육을 장려하여, 우리도 참다운 인간이 되고자 함이 본사(本社)의 취지이다. 지금까지 백정은 어떠한 지위와 압박을 받아 왔던가? 과거를 회상하면 종일 통곡과 피눈물을 금할 수 없다. — 조선 형평사 창립 취지문(1923) —

1923년에 진주 백정 이학찬 등이 중심이 되어 백정에 대한 사회적 차별 철폐를 목적으로 조선 형평사를 창립하고 형평 운동을 전개하였다.

자료 3 암태도 소작 쟁의

> 목포 무안면 암태도 사람들이 과중한 소작료를 경감하라고 각 지주에게 교섭한 일이 있었다. 문재철이란 자가 지독히 동의하지 않았다. …… 그 후 가해자 측은 방면되었으나 피해자 측 13명은 소요를 일으킨 죄가 있다 해 경찰서에서 재판소로 넘겼다. …… 13명의 방면을 바라던 600여 명의 암태도 사람들은 소식을 듣고 분노해 목포지청에 모여 항의했다.

전라남도 신안 암태도에서 지주 문재철의 과도한 소작료 징수에 맞서 소작 쟁의가 일어났다. 암태 소작인회를 중심으로 1년여에 걸친 투쟁 끝에 소작료 인하를 이루었다.

자료 4 어린이날 포스터

천도교 소년회의 활동을 주도한 방정환은 5월 1일 어린이날 기념행사를 개최하였다. 이후 어린이날은 5월 첫 일요일로 바뀌었다가 광복 후에 5월 5일로 확정되었다.

용어 알기

쟁의(다툴 爭 의논할 議)
서로 자신의 의견을 주장하고 논쟁을 벌임.

❸ 민족 문화 수호 운동의 전개

(1) 한글 연구
① 조선어 연구회(1921) : 가갸날 제정, 기관지 『한글』 발행, 한글 연구와 보급에 힘씀.
② 조선어 학회(1931) : 조선어 연구회를 확대·개편하여 조직, 문맹 퇴치 운동 지원, 한글 맞춤법 통일안과 표준어·외래어 표기법 제정, 우리말(조선말) 큰사전 편찬 사업 추진 → 조선어 학회 사건(1942)으로 타격

(2) 한국사 연구
① 일제의 역사 왜곡 : 조선사 편수회를 통해 식민 사관(정체성론, 타율성론, 당파성론 등)을 유포하여 식민 통치 정당화 시도
② 민족주의 사학 : 한국사의 독자성과 주체성 및 민족정신 강조
  · 박은식 : 국혼 중시, 『한국통사』와 『한국독립운동지혈사』 저술 【자료5】
  · 신채호 : 『조선사연구초』와 『조선상고사』 저술
  · 정인보 등에게 계승 → 조선학 운동 전개
③ 사회 경제 사학 : 백남운이 『조선사회경제사』를 통해 한국사가 세계사의 보편적인 발전 법칙에 따라 발전하였다고 주장 【자료6】
④ 실증 사학 : 문헌 고증을 통한 객관적 역사 서술 추구, 진단 학회의 활동, 『진단 학보』 발행

(3) 종교계의 활동

개신교	교육 운동, 신사 참배 거부 운동
천도교	『개벽』·『신여성』 등 잡지 발간, 청년·여성·소년 운동 등 대중 운동 전개
불교	사찰령 폐지 운동, 한용운의 항일 운동과 불교 개혁 운동
천주교	고아원, 양로원 설립 등 사회사업 추진, 의민단 결성(항일 무장 투쟁)
원불교	개간과 저축 강조하여 자립정신 고취, 허례허식 폐지와 남녀평등 주장
대종교	단군 숭배, 만주에서 중광단 결성(항일 무장 투쟁 전개)

(4) 문화·예술 활동
① 문학 : 3·1 운동 이후 낭만주의, 사실주의, 신경향파 등 다양한 문예 사조 출현, 저항 작가(이육사, 윤동주 등) 활동
② 음악 : 1920년대 이후 가곡·동요 창작(홍난파, 윤극영 등)
③ 미술 : 전통 회화 계승, 서양화 발전
④ 연극·영화 : 도쿄 유학생들이 토월회 조직, 1920년대 이후 영화가 대중문화로 성장(나운규의 「아리랑」 등), 1930년대 극예술 연구회 등 활동
⑤ 예술 활동의 변질 : 일제가 자국의 침략 미화에 예술가들 동원·강요 → 친일적 예술 활동 증가

자료5 **박은식의 민족주의 사학**

> 옛사람이 말하기를 나라는 멸망할 수 있으나 그 역사는 결코 없어질 수 없다고 하였으니, 이는 나라가 형체라면 역사는 정신이기 때문이다. 이제 우리나라의 형체는 없어져 버렸지만, 정신은 살아남아야 할 것이다. 이것이 내가 역사를 쓰는 까닭이다.
> ─ 『한국통사』 ─

박은식은 민족주의 사학자로서 일제 식민 사관의 역사 왜곡에 맞서 국혼을 강조하였으며, 『한국통사』, 『한국독립운동지혈사』 등을 저술하였다.

자료6 **백남운의 사회 경제 사학**

> 조선 사회의 역사적 발전의 전 과정은 …… 외관적인 소위 특수성은 다른 문화 민족의 역사적 발전 법칙과 구별되어야 하는 독자적인 것은 아니며, 세계사의 일원론적 역사 법칙에 의하여 다른 민족과 거의 같은 궤도로 발전 과정을 거쳐 온 것이다.
> ─ 『조선사회경제사』 ─

백남운은 『조선사회경제사』 등에서 한국사가 세계사의 보편적인 발전 법칙에 따라 발전하였다고 주장하며 식민 사관의 정체성론을 반박하였다.

용어 알기

정체성론(머무를 停 막힐 滯 성품 性 논할 論)
한국의 역사가 개항 이전까지 고대 일본과 비슷한 역사 발전 단계에 머물렀으며, 발전 없이 정체되었다는 주장

📝 필수 개념

1 사회와 생활 양식의 변화

도시화	개항장과 기차역 부근의 신흥 도시, 공업 도시 발달, 주로 일본인과 한국인의 거주지로 분리
모던 걸, 모던 보이	양복과 양장 차림으로 쇼핑과 외식을 즐기는 사람을 가리키는 말

2 다양한 사회 운동의 전개

농민 운동	암태도 소작 쟁의
노동 운동	원산 총파업
여성 운동	여성계의 민족 유일당 운동의 결과 근우회 결성
소년 운동	방정환 주도로 어린이날 제정, 잡지 『어린이』 발행
형평 운동	백정에 대한 사회적 차별 반대 운동

3 민족 문화 수호 운동의 전개

조선어 학회	한글 맞춤법 통일안과 표준어 제정, 우리말(조선말) 큰사전 편찬 사업 추진
민족주의 사학	한국사의 독자성과 주체성 및 민족정신 강조, 박은식과 신채호가 대표적
사회 경제 사학	한국사가 세계사의 보편적인 발전 법칙에 따라 발전하였다고 주장, 백남운이 대표적

✅ 개념 체크

01 빈칸에 들어갈 알맞은 말을 쓰시오.

① 일제 강점기 경성은 일본인이 주로 거주하는 남촌과 한국인이 주로 거주하는 (　　　)(으)로 생활 공간이 나뉘었다.

② (　　　)은/는 우리말(조선말) 큰사전 편찬을 추진하였다.

③ 『한국통사』를 저술한 (　　　)은/는 일제 식민 사관의 역사 왜곡에 맞서 국혼을 강조하였다.

02 옳은 내용에는 ○표, 틀린 내용에는 ×표를 하시오.

① 1923년에 전라남도 암태도의 농민들이 높은 소작료 등에 저항하며 소작 쟁의를 일으켰다. (　　)

② 1923년 백정에 대한 사회적 차별 철폐를 주장하며 백정 등이 진주에서 삼정이정청을 조직하였다. (　　)

③ 백남운은 『조선사회경제사』에서 한국의 역사가 세계사의 보편적 발전 법칙에 따라 발전해 왔다고 주장하여 식민 사관의 정체성론을 비판하였다. (　　)

기본 문제

▶ 242016-0160

01 지도에 나타난 철도 건설로 인해 나타난 사실로 옳지 않은 것은?

① 철도역 부근이 신흥 도시로 성장하였다.

② 일제의 대륙 침략에 철도가 이용되었다.

③ 한국의 각종 물자를 수탈하는 데 활용되었다.

④ 아관 파천 시기에 열강의 이권 침탈이 심화되었다.

⑤ 국내는 물론 만주 등으로 오가는 사람들이 많아졌다.

▶ 242016-0161

02 교사의 질문에 대한 학생의 답변으로 가장 적절한 것은?

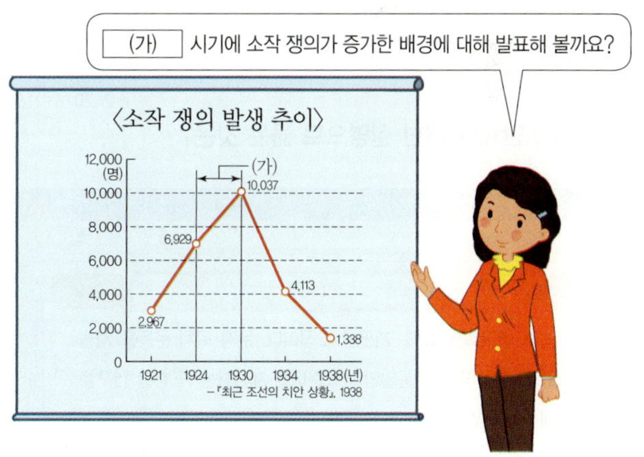

① 일제가 미곡 공출 제도를 시행하였어요.

② 광무개혁이 추진되어 지계가 발급되었어요.

③ 헌병 경찰에 의한 무단 통치가 시행되었어요.

④ 혁명적 농민 조합이 항일 투쟁을 전개했어요.

⑤ 농민들이 수리 조합비 부담 등으로 어려움을 겪었어요.

기본 문제

▶ 242016-0162

03 밑줄 친 '그'의 활동으로 옳은 것은?

① 진단 학보를 발간하였다.
② 원산 총파업을 이끌었다.
③ 영화 아리랑을 제작하였다.
④ 천도교 소년회를 조직하였다.
⑤ 근우회의 결성을 주도하였다.

▶ 242016-0163

04 밑줄 친 '본사'에 해당하는 단체의 명칭을 쓰시오.

공평은 사회의 근본이고 사랑은 인간의 본성이다. 우리는 계급을 타파하고 모욕적 칭호를 폐지하며 교육을 장려하여, 우리도 참다운 인간이 되고자 함이 본사(本社)의 중요한 뜻이다. 지금까지 백정은 어떠한 지위와 압박을 받아 왔던가? …… 따라서 이 문제를 선결하는 것이 우리들의 급선무라고 설정함은 당연한 것이다.

(   )

▶ 242016-0164

05 (가) 단체에 대한 설명으로 옳은 것은?

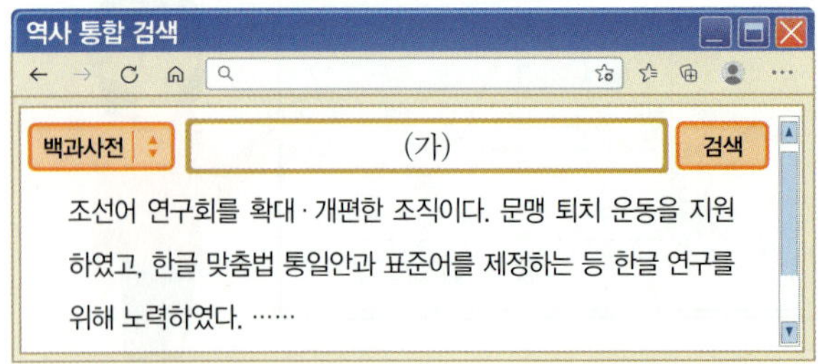

① 관민 공동회를 개최하였다.
② 국채 보상 운동을 전개하였다.
③ 고종의 강제 퇴위를 반대하였다.
④ 조만식 등이 평양에서 설립하였다.
⑤ 우리말(조선말) 큰사전의 편찬을 시도하였다.

▶ 242016-0165

06 다음 인물에 대한 설명으로 옳은 것은?

① 독립문을 건립하였다.
② 한국통사를 저술하였다.
③ 진단 학회를 조직하였다.
④ 왜양일체론을 주장하였다.
⑤ 이토 히로부미를 처단하였다.

▶ 242016-0166

07 (가) 종교에 대한 설명으로 옳은 것은?

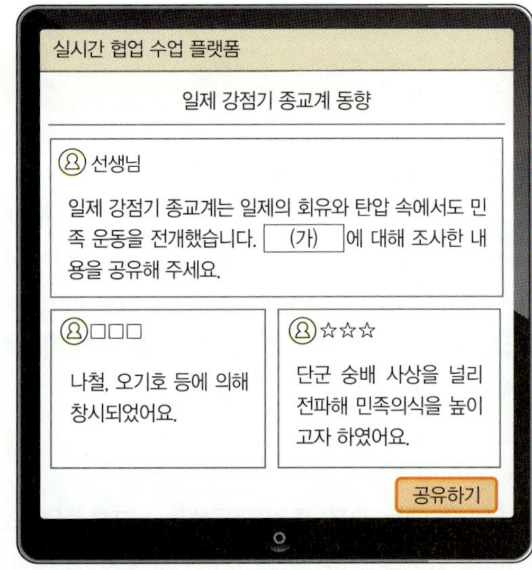

① 교조 신원 운동을 전개하였어요.
② 사찰령 폐지 운동을 전개하였어요.
③ 중광단을 조직하여 항일 무장 투쟁을 전개하였어요.
④ 개벽, 신여성 등의 잡지를 만들어 민족의식을 높였어요.
⑤ 허례허식 폐지, 금주, 단연 등 새 생활 운동을 전개하였어요.

05 독립 국가 건설 노력

1 항일 전선 통합 노력과 무장 투쟁(1930~1940년대)

(1) 한중 연합 작전(1930년대) [자료 1]

① 배경 : 만주 사변(1931)으로 중국 내 반일 감정이 높아짐.

② 전개 : 독립군은 중국군과 함께 일본에 맞서 무장 투쟁을 전개

북만주	• 한국 독립당 → 한국 독립군(지청천) 결성 • 중국군과 연합하여 쌍성보, 대전자령 등에서 일본군을 크게 물리침.
남만주	• 조선 혁명당 → 조선 혁명군(양세봉) 편성 • 중국군과 함께 영릉가, 흥경성 일대에서 일본군에 승리함.

③ 결과
- 한국 독립군은 만주를 떠나 중국 관내로 이동
- 조선 혁명군은 양세봉의 죽음 이후 세력 약화

(2) 만주 항일 유격 투쟁

① 시기 : 일제의 만주 침략 이후

② 배경 : 중국 공산당 내에서 민족과 노선과 관계없이 반일 통일 전선을 주장 → 동북 항일 연군의 조직, 한국인의 가담

③ 동북 항일 연군의 한국인 유격대 : 함경도 일대에서 사회주의 세력과 민족주의 세력 통합 → 조국 광복회 조직 → 국내로 들어와 일제의 행정 기관 공격(보천보 전투, 1937)

(3) 조선 민족 혁명당(민족 혁명당)

① 배경 : 만주 사변 이후 많은 독립운동가가 중국 관내로 이동 → 독립운동 세력의 통합 운동 전개

② 1935년 난징에서 민족주의 세력과 사회주의 세력 대부분을 통합한 중국 관내 최대 규모의 민족 통일 전선 정당으로 결성(대한민국 임시 정부 유지를 주장한 김구 등은 불참) → 김원봉이 주도하자 일부 민족주의 세력 이탈

(4) 중일 전쟁 이후 항일 전선 통합 노력

① 한국 광복 운동 단체 연합회(1937) : 김구, 조소앙, 지청천 등이 결성

② 조선 민족 전선 연맹(1937) : 조선 민족 혁명당을 중심으로 결성

(5) 조선 의용대 [자료 2]

창설	• 중일 전쟁 발발 이후 김원봉 등이 중국 국민당 정부의 지원을 받아 창설(1938) • 조선 민족 전선 연맹 산하의 무장 조직(중국 관내에서 결성한 최초의 한국인 무장 단체)
활동	정보 수집, 포로 심문, 후방 교란 등의 활동
분화	• 화북 이동 세력 : 조선 의용대 화북 지대(호가장 전투 등에 참전) → 조선 의용군으로 개편 (1942) • 잔류 세력 : 김원봉의 지휘로 한국광복군에 합류(1942)

[자료 1] **한국 독립군과 중국군의 합의**

> 1. 한·중 양군은 최악의 상황이 오는 경우에도 장기간 항전할 것을 맹세한다.
> 3. 전시의 후방 전투 훈련은 한국 장교가 맡고 한국군에 필요한 군수품은 중국군이 공급한다.
>
> – 한국광복군 사령부, 『광복』 2 –

만주 사변 이후 반일 감정이 높아지자 중국은 한국의 독립군과 함께 일본군에 맞섰다. 이 과정에서 독립군은 수차례 전투에서 중국군과 함께 일본군을 물리쳤다.

[자료 2] **조선 의용대의 성립과 분화**

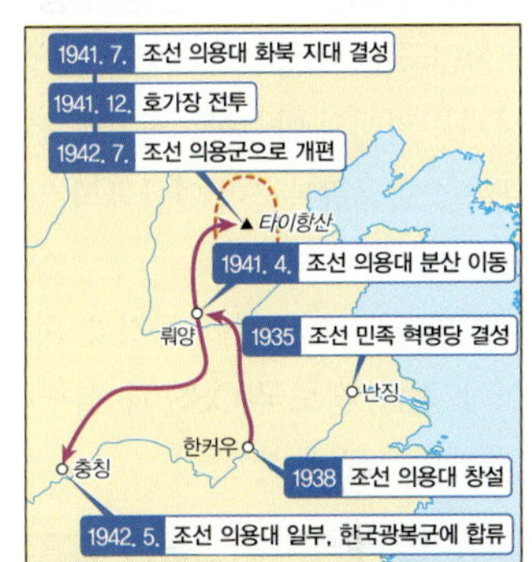

조선 의용대의 일부는 화북으로 이동하여 조선 의용대 화북 지대를 결성하였고, 남은 이들은 한국 광복군에 합류하였다.

용어 알기

중국 관내(가운데 中 나라 國 문빗장 關 안 內)
만리장성의 동쪽 관문인 산하이관을 기준으로 남쪽의 중국 본토를 의미함.

한국사 2

❷ 광복을 위한 노력과 건국 준비 활동

(1) 대한민국 임시 정부의 이동과 충칭 정착 [자료 3]

① 배경 : 윤봉길 의사의 상하이 훙커우 공원 의거 후 일제의 탄압을 피해 이동

② 한국 독립당(1940) : 한국 국민당(김구), 한국 독립당(조소앙), 조선 혁명당(지청천) 등 민족주의 계열이 합당하여 결성 → 김구가 위원장, 대한민국 임시 정부의 여당 역할

③ 대한민국 임시 정부의 체제 변화

- 충칭 정착 이후 한국광복군 창설(1940, 총사령관에 지청천), 주석제(주석에 김구)로 개편
- 조선 민족 혁명당 계열 인사 및 조선 의용대 일부 합류

(2) 대한민국 건국 강령 발표(1941)

① 시기 : 아시아 · 태평양 전쟁 발발 직전, 일제의 패망에 대비

② 대한민국 건국 강령

- 조소앙의 삼균주의에 기초 → 민주 공화정 수립, 토지 개혁, 대기업 국유화, 무상 교육
- 8 · 15 광복 이후 대한민국 정부 수립과 제헌 헌법 제정에 큰 영향을 끼침.

(3) 한국광복군의 독립 전쟁 수행

① 대한민국 임시 정부의 대일 선전 성명서 발표 [자료 4]

- 시기 : 일제의 아시아 · 태평양 전쟁 발발 직후
- 내용 : 한국광복군이 연합국의 일원으로서 독립 전쟁 중임을 세계에 알림.

② 활동

- 미얀마 · 인도 전선에 공작대 파견, 영국군과 공동 작전
- 미국 전략 정보국(OSS)과 협력하여 국내 진공 작전(독수리 작전)을 준비 → 일제의 패망으로 무산

(4) 다양한 세력의 독립운동 [자료 5]

① (화북) 조선 독립 동맹

- 결성 : 중국 화북 지방에서 한인 사회주의자들을 중심으로 결성(1942), 김두봉 주도
- 활동 : 조선 의용대 화북 지대를 조선 의용군으로 재편, 중국 공산당의 팔로군과 함께 항일 무장 투쟁 전개

② 조선 건국 동맹

- 국내에서 여운형이 중심이 되어 결성
- 일제의 징병 · 징용, 공출 등을 방해, 무장봉기 계획

③ 재미 한족 연합 위원회 : 미주 지역에서 대한인 국민회 등이 연합하여 결성

- 대한민국 임시 정부 후원 및 외교적 노력
- 한인 국방 경위대를 창설하여 국내 진공 작전(냅코 작전) 계획

(5) 국제 사회의 한국 독립 약속 : 카이로 선언(한국의 독립 첫 약속) → 얄타 회담(소련의 대일전 참전 합의) → 포츠담 선언(카이로 선언의 재확인 및 일본의 무조건 항복 촉구)

[자료 3] **대한민국 임시 정부의 이동 경로**

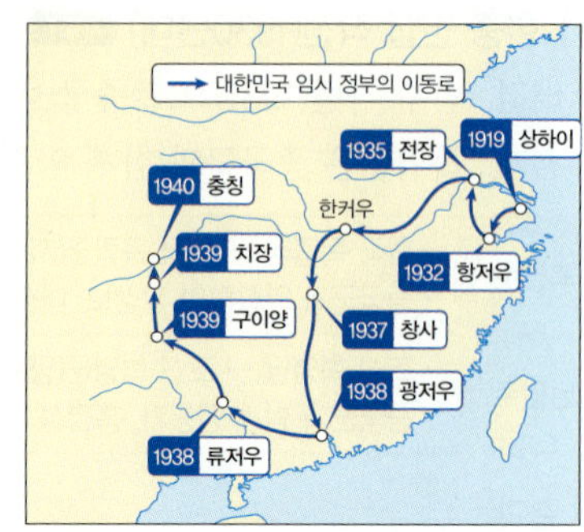

대한민국 임시 정부는 일제의 탄압을 피해 상하이를 떠나 이동하다가 중화민국이 정착한 충칭에 함께 정착하여 대일 항전을 이어 나갔다.

[자료 4] **대일 선전 성명서(1941)**

1. 한국 전 인민은 현재 이미 반침략 전선에 참가하였으니, 한 개의 전투 단위로서 추축국(독일, 이탈리아, 일본)에 전쟁을 선포한다.
3. 한국, 중국과 서태평양에서 왜구를 완전히 몰아내기 위하여 최후의 승리를 거둘 때까지 생사를 가리지 않고 맹렬히 싸운다.

대한민국 임시 정부는 연합국의 일원으로 일제에 정식으로 선전 포고를 하는 성명서를 발표하였다.

[자료 5] **다양한 세력이 꿈꾼 나라**

세력	주요 내용
대한민국 임시 정부	민주 공화정 수립, 토지 개혁, 대기업 국유화, 무상 교육
화북 조선 독립 동맹	민주 공화국 수립, 토지 분배, 의무 교육
조선 건국 동맹	일제 타도를 위한 대동단결, 민주주의에 바탕을 둔 국가 건설

광복 직전 각 독립운동 단체는 민주주의에 바탕을 둔 나라의 건설을 계획하였고, 토지 개혁과 교육 등에 관심을 두고 광복을 준비하였다.

용어 알기

선전(공포할 宣 전쟁 戰)
전쟁을 시작한다는 의사 표시를 하는 일

1 항일 전선 통합 노력과 무장 투쟁(1930~1940년대)

한국 독립군	지청천을 중심으로 중국군과 연합하여 쌍성보, 대전자령 등에서 일본군을 크게 물리침.
조선 혁명군	양세봉을 중심으로 중국군과 함께 영릉가, 흥경성 일대에서 일본군에 승리함.
조선 민족 혁명당	중국 관내의 민족주의 세력과 사회주의 세력 대부분을 통합한 중국 관내 최대 규모의 민족 통일 전선 정당
조선 의용대	중국 국민당 정부의 지원을 받아 중국 관내에서 결성한 최초의 한국인 무장 단체

2 광복을 위한 노력과 건국 준비 활동

한국 독립당	민족주의 계열의 3개 정당이 합당하여 개편된 정당으로 대한민국 임시 정부의 여당 역할을 함.
한국광복군	지청천을 총사령관으로 한 대한민국 임시 정부의 군대. 대일 선전 성명서 발표 이후 연합군의 일원으로 독립 전쟁을 수행
국내 진공 작전 (독수리 작전)	한국광복군이 연합군의 일원으로 미국 전략 정보국[OSS]과 협력하여 국내로의 진입을 준비한 작전

☑ **개념 체크**

01 빈칸에 들어갈 알맞은 말을 쓰시오.

① (　　　)이/가 이끈 한국 독립군은 중국군과 함께 쌍성보 전투에서 일본군을 물리쳤다.

② (　　　)은/는 1935년 중국 관내에서 결성한 최대 규모의 민족 통일 전선 정당이다.

③ 대한민국 임시 정부는 일본에 맞서 (　　　)을/를 발표하여 일제에 선전 포고를 하였다.

④ 조선 의용대의 일부는 화북으로 이동하여 조선 의용대 (　　　)(으)로 개편되었다.

02 옳은 내용에는 ○표, 틀린 내용에는 ×표를 하시오.

① 양세봉이 이끄는 조선 혁명군은 대전자령 전투에서 일본군에 크게 승리하였다. 　　　　　　　　　(　　)

② 조선 의용대는 중국 국민당 정부의 지원을 받아 창설한 무장 단체이다. 　　　　　　　　　　　　(　　)

③ 충칭에 정착한 대한민국 임시 정부는 주석제로 체제를 개편하고 이승만을 주석으로 선출하였다. 　　(　　)

④ 조선 건국 동맹은 국내에서 여운형이 중심이 되어 결성되었다. 　　　　　　　　　　　　　　　　(　　)

[01~02] 지도는 1930년대 (가), (나) 군사 조직의 항일 무장 투쟁을 나타낸 것이다. 물음에 답하시오.

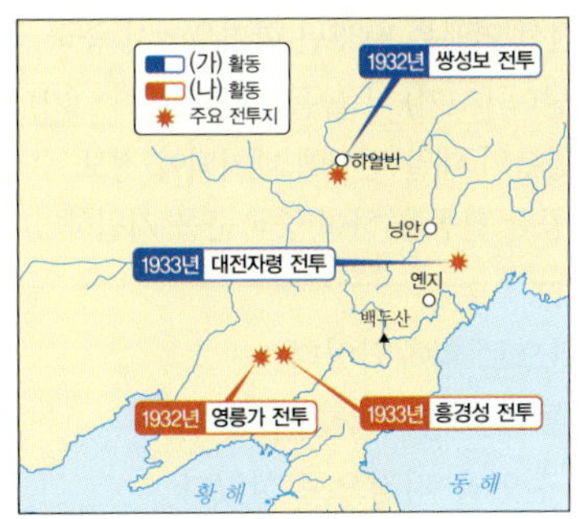

▶ 242016-0167

01 위 지도의 전투가 벌어진 배경으로 가장 적절한 것은?

① 만주 사변이 발발하였다.

② 대한국 국제가 반포되었다.

③ 카이로 선언이 발표되었다.

④ 국가 총동원법이 제정되었다.

⑤ 조선 건국 동맹이 결성되었다.

▶ 242016-0168

02 (가), (나) 군사 조직의 공통점으로 옳은 것은?

① 서울 진공 작전을 전개하였다.

② 미얀마·인도 전선에 파견되었다.

③ 중국군과 연합 작전을 전개하였다.

④ 우금치에서 일본군과 전투를 벌였다.

⑤ 자유시 참변으로 다수가 희생되었다.

기본 문제

▶ 242016-0169

03 (가) 군사 조직에 대한 설명으로 옳은 것은?

> 조선 민족 전선 연맹은 1938년 한커우에서 중국 국민당 정부의 지원을 받아 ___(가)___ 을/를 만들었다. ___(가)___ 은/는 중국 국민당 정부의 대일 전선에 배치되어 정보 수집, 포로 신문 등 후방 공작 활동을 하며 중국군을 지원하였다.

① 105인 사건으로 와해되었다.
② 황룡촌 전투에서 승리를 거두었다.
③ 조선 혁명 선언을 지침으로 삼았다.
④ 중국 관내 최초의 한국인 무장 단체이다.
⑤ 정미 7조약의 비밀 각서에 따라 해산되었다.

▶ 242016-0170

04 (가)에 들어갈 내용으로 가장 적절한 것은?

> 수행 평가 계획서
>
> 주제 : ___(가)___
> 수집 자료
> • 지청천의 사진
> • 국내 진공 작전(독수리 작전) 계획을 보도하는 미국의 신문 기사

① 한국광복군의 활동
② 청산리 전투의 결과
③ 재미 한족 연합 위원회의 결성
④ 하와이 지역의 국외 민족 운동
⑤ 홍범도 장군이 이끈 독립군의 활약상

▶ 242016-0171

05 ㉠, ㉡에 들어갈 알맞은 말을 쓰시오.

> 1942년 중국 화북 지방에서 한인 사회주의자들은 (㉠) 을/를 결성하고 김두봉을 위원장으로 선출하였다. 이들은 옌안에 자리잡고 조선 의용대 화북 지대를 (㉡)(으)로 개편하였다.

㉠ : (   ) ㉡ : (   )

▶ 242016-0172

06 (가)에 대한 설명으로 옳은 것은?

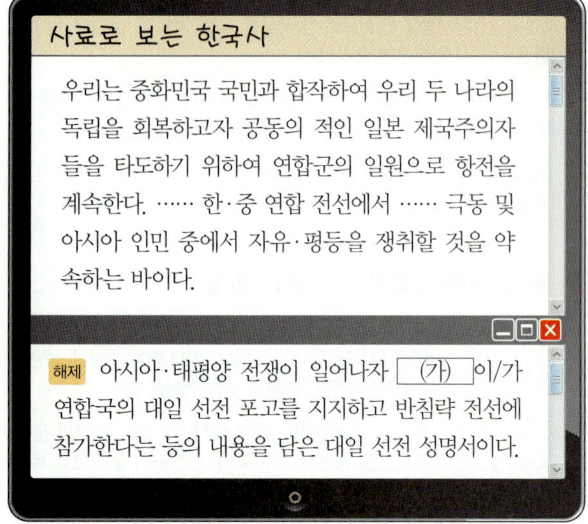

① 광무개혁을 실시하였다.
② 신흥 강습소를 설립하였다.
③ 정우회 선언을 발표하였다.
④ 고종 강제 퇴위 반대 운동을 전개하였다.
⑤ 삼균주의를 반영한 건국 강령을 발표하였다.

▶ 242016-0173

07 다음 강령이 발표된 시기를 연표에서 옳게 고른 것은?

> 본 동맹은 일본 제국주의의 조선 통치를 전복하고, 독립 자유의 조선 민주 공화국 건립을 목적으로 하여 아래의 제 임무를 규정한다.
> 1. 전 국민의 보통 선거에 의한 민주 정권을 수립한다.
> 6. 조선 내 일본 제국주의자의 모든 재산과 토지를 몰수하고, 대규모 기업을 국영화하며, 농민에게 토지를 나누어 준다.
> 9. 국민의 의무 교육 제도를 실시하고 국가가 교육비를 부담한다.

	(가)	(나)	(다)	(라)	(마)
대한 제국 수립	국권 피탈	자유시 참변	만주 사변 발발	중일 전쟁 발발	8·15 광복

① (가)   ② (나)   ③ (다)   ④ (라)   ⑤ (마)

단원 종합 문제

01 ▶ 242016-0174
다음 법령이 적용된 시기에 있었던 사실로 옳은 것은?

> 제1조 3개월 이하의 징역 또는 구류에 처해야 할 자는 그 정상에 따라 태형에 처할 수 있다.
> 제7조 태형은 태 30 이상일 경우에는 이를 한 번에 집행하지 않고 30을 넘길 때마다 1 횟수를 증가시킨다. 태형의 집행은 하루 한 회를 넘을 수 없다.
> 제11조 태형은 감옥 또는 즉결 관서에서 비밀리에 행한다.
> 제13조 본령은 조선인에 한하여 적용한다.

① 운요호 사건이 일어났다.
② 한인 애국단이 조직되었다.
③ 6 · 10 만세 운동이 전개되었다.
④ 황국 신민 서사 암송이 강요되었다.
⑤ 관리와 교원이 제복을 입고 칼을 착용하였다.

02 ▶ 242016-0175
다음 법이 시행된 시기에 볼 수 있던 모습으로 가장 적절한 것은?

> 제1조 ① 국체(천황제)를 변혁하거나 사유 재산 제도를 부인하는 것을 목적으로 결사를 조직하거나 이에 가입한 자는 10년 이하의 징역 또는 금고에 처한다.
> 제7조 이 법은 시행 구역 외에서 죄를 범한 자에게도 적용한다.
> – 『조선 총독부 관보』 –

① 3 · 1 운동에 참여하는 여성
② 13도 창의군에 합류하는 군인
③ 2 · 8 독립 선언을 발표하는 유학생
④ 신간회가 주최한 강연회에 참여하는 기자
⑤ 재판 없이 즉결 처분권을 행사하는 헌병 경찰

03 ▶ 242016-0176
다음 자료에 나타난 상황의 배경으로 가장 적절한 것은?

> 대개 조선인들이 생산한 쌀을 수출하거나 이출할 때 결코 자신들이 충분히 소비하고 남은 것을 수출하는 것이 아니다. 생계가 곤란하여 먹을 것을 먹지 못하고 파는 것이다. …… 반면. 만주산 잡곡의 수입만이 증가하는 사실은 조선인의 생활난이 점점 심각해지고 있음을 실증하는 것이다.
> – ○○일보(1927) –

① 회사령을 실시하였다.
② 남면북양 정책을 실시하였다.
③ 화폐 정리 사업이 전개되었다.
④ 산미 증식 계획을 실시하였다.
⑤ 조선 공업화 정책을 추진하였다.

04 ▶ 242016-0177
(가) 정부에 대한 설명으로 옳지 <u>않은</u> 것은?

> (가) 은/는 삼권 분립의 원칙에 따라 입법 기관인 임시 의정원, 사법 기관인 법원, 행정 기관인 국무원으로 구성되었다. 그리고 국내 독립운동을 지도하고 활동에 필요한 자금을 조달하기 위해 연통제와 교통국을 두었다.

① 연해주 지역에서 세워졌다.
② 한성 정부의 법통을 계승하였다.
③ 기관지인 독립신문을 발행하였다.
④ 군무부 아래 광복군 사령부 등을 두었다.
⑤ 구미 위원부를 두어 외교 활동을 펼쳤다.

05 ▶ 242016-0178
㉠, ㉡에 들어갈 알맞은 말을 쓰시오.

> 서간도 지역에서는 신민회의 이회영, 이상룡 등이 민족 운동을 주도하였다. 이들은 삼원보에 자치 기관인 (㉠)을/를 설립하였다. 독립군을 양성하기 위해 세운 (㉡)은/는 이후 신흥 무관 학교로 개편되었으며 지청천, 이범석 등의 독립운동가를 배출하였다.

㉠ : (   ) ㉡ : (   )

단원 종합 문제

▶ 242016-0179

06 (가) 단체에 대한 설명으로 옳은 것은?

① 3부 통합 운동을 통해 편성된 조직이다.
② 관민 공동회에서 헌의 6조를 결의하였다.
③ 조선 혁명 선언을 활동 지침으로 삼았다.
④ 연해주에서 대한 광복군 정부를 조직하였다.
⑤ 윤봉길의 상하이 훙커우 공원 의거를 지원하였다.

▶ 242016-0180

07 ㉠, ㉡에 들어갈 인물을 쓰시오.

> 봉오동 전투에서 패한 일제는 만주 지역 독립군을 공격하기 위해 대군을 파견하였다. 북간도 지역에 있던 (㉠)의 북로 군정서, (㉡)의 대한 독립군 등은 연합하여 일본군을 청산리 일대로 유인하여 큰 승리를 거두었다.

㉠ : (   )   ㉡ : (   )

▶ 242016-0181

08 다음 자료에서 설명하고 있는 운동이 전개된 배경으로 가장 적절한 것은?

> 조만식 등 민족주의 계열 인사들은 1920년에 평양에서 조선 물산 장려회를 조직하고 토산품 애용 운동을 펼쳤다. 이들은 조선 사람은 조선 사람이 지은 것을 사서 쓰고, 조선 사람은 단결하여 우리가 쓰는 물건을 스스로 제작하여 공급하자고 주장하였다.

① 고종이 서거하였다.
② 회사령이 폐지되었다.
③ 정우회 선언이 발표되었다.
④ 농촌 진흥 운동이 전개되었다.
⑤ 대한민국 임시 정부가 수립되었다.

▶ 242016-0182

09 (가)에 들어갈 지역의 명칭을 쓰시오.

> 1920년대에 농민들은 소작권 보장, 소작료 인하, 토지세의 지주 부담 등을 요구하였다. 특히 1923년 지주 문재철의 횡포에 맞서 (가) 에서 발생한 소작 쟁의에서는 소작인들이 지주와 일본 경찰의 탄압에 맞서 소작료를 낮추는 성과를 거두었다.

(   )

▶ 242016-0183

10 (가), (나)에 들어갈 단체로 옳은 것은?

> • 1927년 신간회 결성에 자극을 받은 (가) 은/는 '조선 여자의 공고한 단결과 지위 향상'을 목표로 창립된 일제 강점기 최대의 여성 단체였다.
> • 1921년 방정환 등은 (나) 을/를 조직하고 어린이 인권 향상을 위한 활동을 펼쳤다.

	(가)	(나)
①	근우회	신간회
②	조선 여자 교육회	조선 형평사
③	근우회	천도교 소년회
④	조선 형평사	신간회
⑤	조선 여자 교육회	천도교 소년회

▶ 242016-0184

11 (가) 군사 조직에 대한 설명으로 옳은 것은?

> 1단계 : 중국 관내를 기지로 삼고 …… 미국과 제휴하여 작전을 준비한다.
> 2단계 : (가) 의 일부 부대는 미군과 함께 상륙 작전을 전개하고 주력 부대는 만주 지역에서 일본군과의 전투에 참여한다.
> 3단계 : 압록강을 건너 국내로 진입한다. 그 직후 …… 전면적 혈전을 벌여 일본의 모든 침략 세력을 완전히 소탕한다.

① 화북 지방에서 결성되었다.
② 영릉가 전투에서 승리를 거두었다.
③ 이인영이 총대장에 추대되어 활동하였다.
④ 중국 관내에서 결성된 최초의 한국인 부대이다.
⑤ 영국군의 요청으로 미얀마·인도 전선에 투입되었다.

미리 보는 서술형·논술형

Step 1 서술형 연습하기 ▶ 242016-0185

다음 자료에 나타난 식민 통치 방식이 실시된 목적을 서술하시오.

> 문관과 무관 중에서 조선 총독을 임용할 수 있도록 하겠다. 헌병 경찰 제도는 보통 경찰 제도로 바꿀 것이다. 일반 관리와 교원의 제복과 칼 착용을 폐지하며, 조선인의 임용과 대우를 고려할 것이다.
> — 『조선 총독부 관보』 제2121호(1919. 9. 4.) —

답 완성하기

자료에 나타난 식민 통치 방식은 일제가 한국인의 저항을 무마하기 위해 내세운 이른바 (　　　　　)이다. 이 식민 통치 방식은 실제로는 일제가 한국인을 기만하는 민족 (　　　　) 통치였다.

Step 2 서술형 훈련하기 ▶ 242016-0186

다음 글을 읽고 물음에 답하시오.

> 1931년 김구는 독립운동의 활로를 개척하기 위해 [(가)]을/를 조직하여 의열 투쟁을 펼치고자 하였다. 단원 이봉창은 도쿄에서 일왕이 탄 마차에 폭탄을 던져 일왕을 처단하고자 하였다. 비록 불발에 그쳤지만, 일본인들에게 큰 충격을 안겨 주었다.

(1) (가)에 들어갈 단체를 쓰시오.

(　　　　　　　　　)

(2) (가) 단체가 전개한 다른 활동의 예시를 서술하시오.

____

____

____

Step 3 논술형 도전하기 ▶ 242016-0187

(가)에 들어갈 역사적 사건을 쓰고, 그 역사적 사건의 의의를 400자 이내로 논술하시오.

> 이 자료는 기미년에 일어났던 [(가)] 당시 발표된 독립 선언서의 주요 내용이에요. 이 시기 고종의 독살설이 널리 퍼지기도 했지요.

우리들은 지금 우리 조선이 독립한 나라이고 조선 사람이 자주적인 국민이라는 것을 선언하노라. 이러한 사실을 세계 여러 나라에 알려 인류 평등이라고 하는, 사람이라면 마땅히 지켜야 할 도리를 분명히 밝힌다. …… 오늘날 우리가 맡은 임무는 다만 자기의 건설에 있을 뿐이지 결코 남을 파괴하는 데 있지 않다. …… 낡은 사상과 과거 세력에 얽매여 있는 일본 정치가들의 공명심의 희생물이 된 부자연스럽고 불합리한 잘못된 상태를 개선하고 바로잡고자 하는 것이다.
— 조선 민족 대표 —

____

____

____

____

____

____

01 냉전 체제와 대한민국 정부 수립

1 8·15 광복과 통일 정부 수립을 위한 노력

(1) 냉전 체제의 형성
① 배경 : 제2차 세계 대전이 끝난 뒤, 미국과 소련 중심의 국제 질서 재편
② 전개 : 미국과 소련 간의 냉전 체제

미국	• 트루먼 독트린 : 공산주의의 확산 저지 천명 • 마셜 플랜 : 유럽의 경제 재건 계획
소련	• 코민포름(공산당 정보국) 조직 • 코메콘 : 공산 국가들 사이의 경제 원조

(2) 8·15 광복과 정부 수립을 위한 노력
① 8·15 광복(1945) : 우리 민족의 끊임없는 독립운동과 일제의 무조건 항복
② 정부 수립을 위한 노력

조선 건국 준비 위원회(건준) 자료 1	• 일제 강점기 말 국내에서 활동한 조선 건국 동맹을 이끌던 여운형이 광복 직후 안재홍과 함께 좌우익 세력을 모아 조직 • 전국 각지에 지부와 치안대를 조직 • 조선 인민 공화국 수립
한국 민주당	송진우 등 우익 세력이 조직
독립 촉성 중앙 협의회	미국에서 귀국한 이승만이 지지자들을 모아 결성
한국 독립당	김구 등 대한민국 임시 정부 요인들이 귀국한 뒤 정비

(3) 38도선의 설정과 군정

배경	• 북위 38도선을 경계로 미국과 소련이 각각 남과 북을 관할
군정	• 미국 : 38도선 이남 지역을 직접 통치, 조선 총독부의 체제와 법령 유지 • 소련 : 38도선 이북 지역에서 간접 통치, 김일성 등 공산주의자 지원

(4) 모스크바 3국 외상 회의(1945. 12.)
① 회의 결과 : 민주주의 임시 정부 수립, 미소 공동 위원회 설치, 최대 5년 기한의 한반도 신탁 통치에 관한 협약 작성 자료 2
② 전개

우익 세력	신탁 통치 반대 운동 전개
좌익 세력	처음에는 반탁 주장 → 모스크바 3국 외상 회의의 결정을 지지하는 쪽으로 입장 선회
친일 반민족 세력	반탁 운동에 적극 가담하며 반공 세력으로 변신

③ 제1차 미소 공동 위원회 개최(1946년 3월~5월) : 성과 없이 무기한 휴회 결정

(5) 좌우 합작 운동(1946~1947)

배경	제1차 미소 공동 위원회 무기 휴회, 이승만의 정읍 발언(남한만의 단독 정부 수립 주장) 등
내용	• 여운형과 김규식 등 중도 세력이 미군정의 지원하에 좌우 합작 위원회 결성 → 김구, 이승만, 한국 민주당, 박헌영 등 불참 • 좌우 합작 7원칙 발표 자료 3 → 김구와 미군정은 지지, 한국 민주당과 좌익 세력은 반대

자료 1 **조선 건국 준비 위원회 강령(1945)**

• 우리는 완전한 독립 국가 건설을 목표로 함.
• 우리는 전 민족의 정치적·경제적·사회적 기본 요구를 실현할 수 있는 민주주의 정권 수립을 목표로 함.
• 우리는 일시적 과도기에 국내 질서를 자주적으로 유지하며 대중 생활의 확보를 목표로 함.

여운형이 이끄는 조선 건국 준비 위원회는 강령을 통해 민주주의 정권 수립이라는 목표를 밝혔다.

자료 2 **모스크바 3국 외상 회의 결정**

1. 한국에 민주주의 임시 정부를 창설한다.
2. 임시 정부 조직을 돕기 위해 미소 공동 위원회를 설치한다.
3. (미소 공동 위원회의 제안은) 한국에 대한 5년 이내의 4개국 신탁 통치 협약 작성을 위해 미·소·영·중 정부의 공동 심의를 받는다.

모스크바 3국 외상 회의는 한반도에 민주주의 임시 정부 수립, 미소 공동 위원회 설치, 최대 5년 기한의 4개국 한반도 신탁 통치에 관한 협약 작성을 결의하였다.

자료 3 **좌우 합작 원칙**

1. 모스크바 3국 외상 회의의 결정에 따라 남북의 좌우 합작으로 민주주의 임시 정부를 수립할 것
2. 미소 공동 위원회의 속개를 요청하는 공동 성명을 발표할 것
3. 토지는 몰수, 유조건 몰수, 체감 매상 등으로 농민에게 무상으로 분배하고, 중요 산업을 국유화할 것
4. 친일파, 민족 반역자를 처단할 조례를 제정할 것

좌우 합작 7원칙은 토지 개혁과 친일파 처벌 등에 대한 좌우익의 의견을 절충하여 발표한 것이다.

용어 알기

신탁(믿을 信 부탁할 託)
일정한 목적을 위해 관리와 처분을 남에게 맡기는 것

반탁(반대할 反 부탁할 託)
신탁 통치를 반대하는 것

---

2 대한민국 정부 수립

(1) 5 · 10 총선거

배경	두 차례의 미소 공동 위원회 결렬 후 미국이 한반도 문제를 유엔에 이관
전개	유엔 총회, 인구 비례에 따른 남북 총선거 실시 결정 → 유엔 한국 임시 위원단 파견 → 소련이 유엔 한국 임시 위원단의 38도선 이북 방문 거부 → 유엔 소총회, 유엔 한국 임시 위원단의 선거 감시가 가능한 지역에서만 선거 결정 → 5 · 10 총선거 실시(1948)

(2) 통일 정부를 세우기 위한 노력

남북 협상 (1948. 4.) 자료 4	• 김구와 김규식이 38도선을 넘어 남북 협상(남북 연석회의)에 참여 → 단독 선거 반대, 미 · 소 군대 철수 등 공동 성명 채택 • 북한의 독자적인 정권 수립 추진, 유엔 결의에 따른 남한 단독 총선거 진행으로 성과를 거두지 못함.
제주 4 · 3 사건	• 1947년 3 · 1절 기념식에 경찰 발포 → 제주도의 좌익 세력 등이 단독 정부 수립 반대 등을 내세우며 무장봉기 → 군대와 경찰, 우익 단체 등이 무력으로 진압하는 과정에서 수많은 민간인의 희생 • 군대를 통해 제주 4 · 3 사건을 진압하는 과정에서 여수 · 순천 10 · 19 사건 발생

(3) 대한민국 정부의 수립

5 · 10 총선거 (1948)	우리 역사상 최초의 보통 선거로 제헌 국회 구성
제헌 헌법 공포 (1948. 7. 17.)	제헌 국회에서 첫 헌법 제정(대한민국 임시 정부의 법통 계승, 민주 공화국, 삼권 분립, 대통령 중심제 채택) 자료 5
대한민국 정부 수립 (1948. 8. 15.)	제헌 국회에서 대통령 이승만, 부통령 이시영 선출 → 대내외에 정부 수립 선포 → 유엔 총회에서 유엔 감시하의 선거가 가능했던 지역의 유일한 합법 정부로 승인

(4) 친일파 청산 노력과 농지 개혁 추진

반민족 행위 처벌법 (1948. 9.)	• 제헌 국회가 반민족 행위 처벌법 제정 → 국회 직속의 반민족 행위 특별 조사 위원회(반민 특위) 설치 → 친일 혐의자 체포 및 조사 • 이승만 정부가 반공을 우선시하며 반민 특위의 활동에 비협조, 경찰의 반민 특위 습격 등 • 반민족 행위 처벌법의 개정 및 폐지(1951) → 반민 특위 해체, 친일 반민족 행위자 청산 실패
농지 개혁법 (1949. 6.)	• 유상 매수 · 유상 분배의 방식으로 농지 개혁 • 가구당 3정보로 농지 소유 상한 설정, 지가 증권 발급 • 지주 · 소작제가 거의 사라지며, 농민 대부분이 자기 농지를 소유하게 됨.

(5) 북한 정권의 수립

광복 이후	조만식 등이 인민 위원회를 통해 자치
북조선 임시 인민 위원회(1946)	무상 몰수, 무상 분배 원칙의 토지 개혁과 주요 산업의 국유화 등 추진
북조선 인민 위원회(1947)	헌법 초안 마련, 조선 인민군 창설 등 단독 정권 수립 준비
북한 정권 수립 (1948. 9.)	• 대한민국 정부 수립 이후, 헌법 제정 • 김일성을 수상으로 하는 내각 구성, 정권 수립 선포

자료 4 **남북 협상(1948)**

▲ 38도선을 넘는 김구 일행

김구 일행은 남한만의 단독 선거를 반대하며 남북 협상을 위해 38도선을 넘었다.

자료 5 **제헌 헌법(1948)**

> 제1조 대한민국은 민주 공화국이다.
> 제2조 대한민국의 주권은 국민에게 있고 모든 권력은 국민으로부터 나온다.
> 제16조 모든 국민은 균등하게 교육을 받을 권리가 있다. 적어도 초등 교육은 의무적이며 무상으로 한다.
> 제84조 대한민국의 경제 질서는 모든 국민에게 생활의 기본적 수요를 충족할 수 있게 하는 사회 정의의 실현과 균형 있는 국민 경제의 발전을 기함을 목적으로 삼는다. 각인의 경제상 자유는 이 한계 내에서 보장한다.

제헌 헌법에는 대한민국 임시 정부의 건국 강령에 담겨 있는 삼균주의가 잘 반영되어 있다.

용어 알기

제헌 국회(만들 制 헌법 憲 나라 國 모일 會)
5 · 10 총선거로 구성된 우리나라 최초의 국회로, 대한민국이라는 국호와 헌법을 제정한 국회를 말함.

유상(있을 有 보상할 償)
보상이 있음.

1 8 · 15 광복과 통일 정부 수립을 위한 노력

조선 건국 준비 위원회(건준)	여운형의 조선 건국 동맹을 중심으로 조직된 단체로 전국 각지에 지부와 치안대를 조직하였고, 조선 인민 공화국 수립을 선포함.
모스크바 3국 외상 회의	미국, 영국, 소련의 외무 장관이 모스크바에서 한국 정부의 수립 방법을 논의한 회의로 민주주의 임시 정부 수립, 미소 공동 위원회 설치, 최대 5년간의 신탁 통치에 관한 협약 작성을 결정함.
미소 공동 위원회	한반도의 임시 정부 수립을 지원하기 위해 미국과 소련이 개최한 회의

2 대한민국 정부 수립

반민족 행위 특별 조사 위원회 (반민 특위)	제헌 국회에서 친일 반민족 행위자 처벌을 위해 만든 반민족 행위 처벌법에 의해 설치된 조사 기구
농지 개혁	대한민국 정부가 유상 매입, 유상 분배의 원칙에 따라 농민들에게 토지를 나누어 준 개혁

☑ 개념 체크

01 빈칸에 들어갈 알맞은 말을 쓰시오.

① 광복 직후 이승만은 (　　　)을/를 결성하였고, 김구 등 (　　　) 요인들은 개인 자격으로 귀국하였다.

② 38도선 분할 점령이 결정되면서 38도선 이북은 (　　　) 이/가, 이남은 (　　　)이/가 관할하게 되었다.

③ 김구와 김규식은 38도선을 넘어 북한 지도부와 평양에서 열린 (　　　)에 참석하였다.

④ 이승만 대통령은 1948년 8월 15일 (　　　) 정부 수립을 선포하였다.

02 옳은 내용에는 ○표, 틀린 내용에는 ×표를 하시오.

① 좌우 합작 7원칙에 좌우익은 모두 지지를 밝히며 협조하였다. (　　　)

② 모스크바 3국 외상 회의에서 최대 5년간의 한반도 신탁 통치에 관한 협약 작성 등이 결정되었다. (　　　)

③ 5 · 10 총선거의 실시 결과 제헌 국회가 구성되었다. (　　　)

④ 제헌 국회가 반민족 행위 처벌법을 제정하였다. (　　　)

▶ 242016-0188

01 (가) 단체에 대한 설명으로 옳은 것은?

> 사료로 읽는 한국사
>
> • 우리는 완전한 독립 국가 건설을 목표로 함.
> • 우리는 전 민족의 정치적·경제적·사회적 기본 요구를 실현할 수 있는 민주주의 정권 수립을 목표로 함.
> • 우리는 일시적 과도기에 국내 질서를 자주적으로 유지하며 대중 생활의 확보를 목표로 함.
>
> **해설** 이것은 광복 직후 여운형, 안재홍 등을 중심으로 조직된 　(가)　의 강령이다. 이 강령에는 완전한 독립 국가 건설과 민주주의 정권 수립을 목표로 하는 내용이 담겨 있다.

① 105인 사건을 계기로 와해되었다.
② 조선 혁명 선언을 지침으로 삼았다.
③ 조선 의용군을 군사 조직으로 삼았다.
④ 전국 각지에 지부와 치안대를 조직하였다.
⑤ 미국에서 귀국한 이승만을 중심으로 결성되었다.

▶ 242016-0189

02 (가) 회의에 대한 설명으로 옳은 것은?

> 1945년 12월, 　(가)　에서는 제2차 세계 대전 이후의 한반도 문제를 논의하였다. 이 회의에서 미국은 한국에 정부를 수립하는 방법을 두고 신탁 통치 후 정부 수립을 제안하였고, 소련은 임시 정부를 먼저 수립한 뒤 임시 정부와 함께 신탁 통치를 논의하자고 주장하였다.

① 카이로에서 개최되었다.
② 미소 공동 위원회 설치를 결정하였다.
③ 이상설, 이준 등이 특사로 파견되었다.
④ 김구, 김규식 등이 제안하여 개최되었다.
⑤ 개조파와 창조파의 대립 속에 진행되었다.

▸ 242016-0190

03 다음 자료를 발표한 단체에 대한 설명으로 옳은 것은?

> 1. 모스크바 3국 외상 회의의 결정에 따라 남북의 좌우 합작으로 민주주의 임시 정부를 수립할 것
> 2. 미소 공동 위원회의 속개를 요청하는 공동 성명을 발표할 것
> 3. 토지는 몰수, 유조건 몰수, 체감 매상 등으로 농민에게 무상으로 분배하고, 중요 산업을 국유화할 것
> 4. 친일파, 민족 반역자를 처단할 조례를 제정할 것

① 국내 진공 작전을 계획하였다.
② 3부 통합 운동의 결과 남만주에 조직되었다.
③ 남만주 삼원보에 신흥 강습소를 설립하였다.
④ 여운형과 김규식 등 중도 세력이 주도하였다.
⑤ 백정에 대한 사회적 차별을 없애고자 노력하였다.

▸ 242016-0192

05 다음 법이 제정된 정부 시기에 있었던 사실로 옳은 것은?

> • 농민이 아닌 사람의 농지, 농가 1가구당 3정보(약 3만m^2) 초과 농지는 정부가 사들인다.
> • 분배받은 농지 상환액은 평년작 주 생산물의 1.5배로 하고, 5년 동안 균등 상환한다.
> • 농가의 희망과 정부가 인정하는 사유에 따라서 일시 상환 또는 상환 기간을 단축할 수 있다.
> • 정부는 지주에게 5년 동안 균등하게 보상하고 이를 위해 지가 증권을 발급한다.

① 지계 발급 사업이 전개되었다.
② 좌우 합작 7원칙이 발표되었다.
③ 독립 협회가 강제로 해산되었다.
④ 대일 선전 성명서가 발표되었다.
⑤ 반민족 행위 처벌법이 개정되었다.

▸ 242016-0191

04 (가) 선거에 대한 설명으로 옳지 <u>않은</u> 것은?

이 사진은 ⎯(가)⎯ 선거 당시 투표에 참여하는 사람의 모습을 찍은 사진입니다. 유엔 한국 임시 위원단의 감시 아래 실시된 선거로 선거 당일 95.5%의 투표율을 기록하였습니다.

① 우리나라 최초의 보통 선거였다.
② 38도선 이남 지역에서만 실시되었다.
③ 선거 결과로 제헌 국회가 구성되었다.
④ 김구와 김규식 등이 선거에 불참하였다.
⑤ 우리나라 최초의 대통령을 뽑는 선거였다.

▸ 242016-0193

06 (가) 사건에 대한 설명으로 옳은 것은?

한국사 신문

제○○호

제주도에서는 동백꽃 배지 1만 4,232개를 시민들에게 배부하였다. 나눠 준 배지의 수는 평화 공원에 안치된 ⎯(가)⎯ 의 희생자 수를 의미한다고 한다.

⎯(가)⎯ 은/는 1947년 3월 1일 경찰의 발포를 기점으로 이듬해에 발생한 소요 사태 및 1954년까지 제주도에서 발생한 무력 충돌 및 진압 과정에서 많은 주민들이 희생당한 사건이다.

① 조선 형평사가 주도하였다.
② '내 살림, 내 것으로'라는 구호를 외쳤다.
③ 지주·소작제가 사라지는 계기가 되었다.
④ 남한만의 단독 선거 실시에 반대하며 일어났다.
⑤ 석유 회사에서 벌어진 한국인 노동자 구타 사건이 원인이었다.

02 6·25 전쟁과 남북 분단의 고착화

1 6 · 25 전쟁

(1) 배경

국내적 배경	냉전 체제 속 38도선 일대에서 남과 북의 빈번한 충돌
국제적 배경	• 국공 내전에서 공산당이 승리하며 중국 공산화(1949) • 미 · 소 양군의 한반도 철수 • 북한은 소련과 중국에서 군사력 지원을 받으며 전력 강화 • 미국의 애치슨 라인 발표 → 미국의 태평양 방위선에서 한반도와 타이완 제외 • 소련이 북한의 남침 계획 승인 • 중국이 미국의 전쟁 개입 시 참전 약속

(2) 전개 과정

① 발발 : 1950년 6월 25일 새벽, 북한의 남침으로 전쟁 시작

② 전개 : 북한군이 3일 만에 서울 함락 → 유엔군 파병 → 국군과 유엔군의 낙동강 방어선 구축 → 인천 상륙 작전으로 전세 역전 → 국군이 38도선 돌파하여 북진, 유엔군과 함께 평양 점령 → 중국군의 참전으로 다시 서울을 빼앗김(1 · 4 후퇴). → 국군과 유엔군이 서울 재수복 → 38도선 부근에서 교착 상태에 빠짐.

(3) 정전 협정의 체결

배경	소련의 제안으로 정전 협상 시작
과정	휴전선 설정, 포로 송환 방식에 따른 입장 차이로 2년 동안 지속
결과	• 정전 협정 체결(1953. 7.) : 휴전선 결정, 비무장 지대(DMZ) 설치, 포로 송환은 자유의사 존중 자료1 • 이승만 정부는 미국과 한미 상호 방위 조약 체결(1953. 10.) 자료2

(4) 전쟁의 피해와 영향

인명 피해	수백만 명의 군인과 민간인 희생(국민 보도 연맹 사건 등) → 수많은 이산가족과 전쟁고아 발생
물적 피해	농촌의 황폐화, 산업 시설과 사회 기반 시설의 파괴 → 식량 등 전반적인 거의 모든 물자의 부족 상태 지속
이념 대립 심화	남북 상호 간에 이념 대립과 적대감이 커짐. → 남북 분단의 고착화

자료1 정전 협정문(1953. 7. 27.)

1조 1항 한 개의 군사 분계선(휴전선)을 확정하고 쌍방이 이 선으로부터 각기 2km씩 후퇴하여 비무장 지대를 설정한다.

3조 51항 쌍방은 송환을 원하는 전쟁 포로를 포로가 된 당시 그들이 속한 일방에 직접 송환한다. 나머지 전쟁 포로는 중립국 송환 위원회에 넘긴다.

정전 협정이 체결되며 6 · 25 전쟁은 일단락되었다. 이후 휴전선을 중심으로 남과 북의 분단 상황은 더욱 고착화되어 현재에까지 이르고 있다.

자료2 한미 상호 방위 조약

3. 각 당사국은 …… 공통한 위험에 대처하기 위하여 각자의 헌법상의 수속에 따라 행동할 것을 선언한다.

4. 상호적 합의에 의하여 미합중국의 육군, 해군과 공군을 대한민국의 영토 내와 그 부근에 배치하는 권리를 대한민국은 이를 허락하고 미합중국은 이를 수락한다.

한미 상호 방위 조약은 이승만 정부의 요구에 따라 6 · 25 전쟁이 끝난 직후 체결되었다. 이 조약에 따라 미군은 한국에 계속 주둔하게 되었다.

용어 알기

휴전선(쉴 休 전쟁 戰 실 線)
정전 협정 이후 남과 북을 가르는 분단선

비무장 지대(아닐 非 무기 武 마당 場 땅 地 띠 帶)
남과 북이 휴전선에서 각각 남북으로 2km까지 군대를 주둔시키거나 무기를 배치하지 않는 지역을 말함.

자세히 살펴보기 6·25 전쟁의 전개 과정

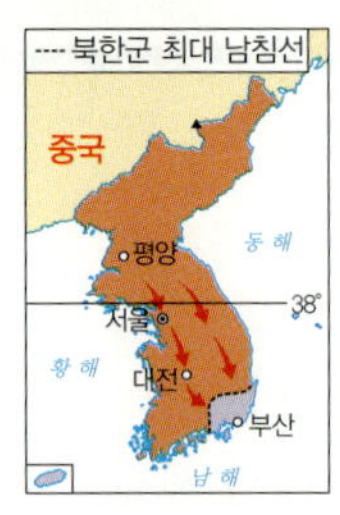

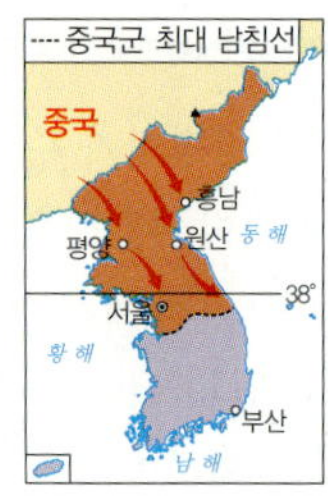

북한의 남침으로 시작된 6 · 25 전쟁에서 국군과 유엔군은 낙동강 전선까지 밀려났지만, 인천 상륙 작전이 성공하며 38도선을 넘어섰다. 북진하던 국군과 유엔군은 중국군이 참전하며 혼란에 빠졌지만 1953년 정전 협정이 체결되며 휴전선과 비무장 지대가 정해졌다.

❷ 6 · 25 전쟁 이후 남북의 변화와 분단의 고착화

(1) 발췌 개헌과 정권 연장

배경	• 제2대 국회의원 선거 결과 국회 내 이승만 지지 세력 축소 • 거창 학살 사건과 국민 방위군 사건이 밝혀지며 이승만 정부에 대한 여론 악화
전개	이승만 정부가 자유당을 창당하고 직선제 개헌안을 국회에 제출 → 국회에서 이를 부결하자, 이승만 정부가 계엄령을 선포한 뒤 공포 분위기 속에 기립 표결 → 직선제 개헌안 통과(발췌 개헌, 1952) **자료3**

(2) 사사오입 개헌과 종신 집권

배경	이승만 대통령의 종신 집권을 위한 개헌
내용	개헌 당시의 대통령에 한해 중임 제한 조항 미적용
전개	개헌에 필요한 2/3의 찬성표인 136표에 1표 부족하여 개헌안 부결 → 자유당이 사사오입(반올림)의 논리를 내세워 개헌안을 통과시킴(1954).

(3) 반공 독재 체제의 강화

① 진보당 사건 : 1956년 제3대 대통령 선거에서 무소속 조봉암의 선전 → 자유당 정권의 위기감 고조 → 진보당의 조봉암에게 간첩 혐의를 씌워 사형에 처함.

② 국가 보안법 개정 : 비판 세력의 탄압을 위한 법 개정 **자료4**

③ 경향신문 폐간 : 비판적 언론 통제

> **자세히 살펴보기** **진보당 사건**
>
> 
>
> 제3대 대통령 선거에서 무소속 후보 조봉암이 높은 득표율을 기록하였다. 이후 조봉암이 평화 통일론을 내세우며 진보당을 창당하자 이승만 정부는 반공을 앞세우며 진보당을 탄압하고, 조봉암을 간첩으로 몰아 재판에 세웠다. 당시 재판부는 조봉암에게 간첩 혐의를 적용하여 사형을 선고하였고, 바로 집행되었다. 2011년 대법원은 진보당 창당과 관련한 조봉암 사건에 적용된 간첩 혐의가 무죄임을 밝히고 과거의 판결을 바로잡았다.

(4) 전후 복구를 위한 노력

① 귀속 재산을 민간에 매각, 원조로 들어온 물자를 분배 → 특정 기업에 혜택이 집중되며 정경 유착, 독과점의 문제가 나타나기 시작

② 미국의 원조와 삼백 산업

• 미국이 공산주의의 확산을 막기 위해 한국에 밀, 사탕수수, 면화 등 원조

• 미국의 원조로 국내에서는 삼백 산업 등 소비재 산업 발달 → 한국의 식량 문제 해결에 도움이 되었으나, 농촌 경제는 타격을 입음.

(5) 전쟁 후 북한의 모습

사회주의 독재 체제 강화	김일성이 6 · 25 전쟁을 거치면서 반대 세력을 숙청하고 1인 독재 체제 강화
전후 복구	• 전후 복구 3개년 계획과 경제 개발 5개년 계획 추진 • 천리마 운동 : 1950~60년대 대중의 노동력을 동원하여 생산성을 높이려 함. • 사회주의 경제 체제 강화 : 농지를 협동조합 소유로 전환

자료3 **발췌 개헌안(일부)**

제31조 입법권은 국회가 행한다. 국회는 민의원과 참의원으로써 구성한다.

제53조 대통령과 부통령은 국민의 보통 · 평등 · 직접 · 비밀 투표에 의하여 각각 선거한다. 국회 폐회 중에 대통령과 부통령을 선거할 때에는 그 선거 보고를 받기 위하여 양원의 의장은 국회의 집회를 공고하여야 한다.

이승만 정부는 헌법을 바꾸어 정권을 연장하기 위해, 정부의 개헌안과 국회의 개헌안 내용 중 필요한 내용만을 발췌하여 대통령 직선제와 양원제 국회를 주요 내용으로 하는 발췌 개헌안을 통과시켰다. 국회를 양원으로 구성하는 것은 유보되었다가 4 · 19 혁명 이후에 이루어졌다.

자료4 **국가 보안법 개정안(1959)**

제22조 (명예 훼손)
① 제6조 내지 제8조에 규정된 결사, 집단 또는 단체를 위하여 또는 그 지령을 받고 집회하거나 문서, 녹음반, 도화 기타 표현물을 반포하여 공연히 헌법상의 기관에 대한 명예를 훼손한 자는 10년 이하의 징역에 처한다.
② 전항에서 헌법상 기관이라 함은 대통령, 국회 의장, 대법원장을 말한다.

이승만 정부는 반공 독재 체제를 강화하고자 국가 보안법을 개정하여 비판 세력을 탄압하였다.

용어 알기

삼백 산업(셋 三 흰 白 생산할 産 업 業)
미국의 원조로 받은 원재료인 밀가루, 설탕, 면직물이 모두 흰색이어서 이들 원재료를 가공하여 판매한 산업을 일컫는 말

1 6 · 25 전쟁

애치슨 라인	1950년 1월 미국의 국무 장관 애치슨이 발표한 미국의 태평양 방위선
정전 협정	1953년 7월 27일 유엔군 총사령관과 북한군 최고 사령관, 중국 인민 지원군 사령관 사이에 체결된 한국 군사 정전에 관한 협정을 일컫는 용어
한미 상호 방위 조약	1953년 10월에 한국과 미국 사이에 맺어진 조약으로 한국의 방위를 위해 미국과 맺은 군사 동맹

2 6 · 25 전쟁 이후 남북의 변화와 분단의 고착화

발췌 개헌	6 · 25 전쟁 중 이승만 대통령이 재선을 위해 기립 표결로 통과시킨 직선제를 골자로 한 헌법 개정
사사오입 개헌	개헌 당시 대통령에 한해 중임 제한 적용을 철폐하기 위해 사사오입이라는 억지 논리로 통과시킨 헌법 개정
진보당 사건	이승만 정부가 진보당 당수였던 조봉암에게 간첩 혐의를 씌워 사형시킨 사건

☑ **개념 체크**

01 빈칸에 들어갈 알맞은 말을 쓰시오.

① 1950년 6월 25일 새벽, 북한군의 전면적인 (   )(으)로 전쟁이 발발하였다. 북한군은 개전 3일 만에 서울을 점령하였다.

② 6 · 25 전쟁이 끝난 후 한국과 (   )은/는 한미 상호 방위 조약을 체결하였다.

③ 제3대 국회 의원 선거에서 다수당이 된 자유당은 개헌 당시 대통령에 한하여 연임 횟수 제한을 철폐하는 개헌안을 (   )의 논리로 통과시켰다.

④ 전후 미국의 원조 속에 한국 경제는 밀가루, 설탕, 면직물을 중심으로 한 (   )이/가 발달하였다.

02 옳은 내용에는 ○표, 틀린 내용에는 ×표를 하시오.

① 국군과 유엔군이 38도선을 넘어 북진하자 중국은 대규모 병력을 보내 북한을 지원하였다. (   )

② 이승만 정부는 1952년 부산 일대에 계엄령을 선포하고, 대통령 간선제를 주 내용으로 하는 개헌안을 통과시켰다. (   )

③ 무소속 후보였던 조봉암이 대통령 선거에서 많은 득표를 하자, 이승만 정부는 민주당을 해산하고 조봉암을 사형에 처했다. (   )

▶ 242016-0194

01 (가) 라인이 발표된 이후의 상황으로 옳은 것은?

① 제헌 국회가 구성되었다.
② 반민 특위가 조직되었다.
③ 6 · 25 전쟁이 발발하였다.
④ 조선 인민군이 창설되었다.
⑤ 제1차 미소 공동 위원회가 개최되었다.

▶ 242016-0195

02 밑줄 친 '전쟁' 중에 있었던 사실로 옳은 것은?

> • 전쟁을 일으킨 지 3일 만에 서울을 점령한 북한군은 인민 재판으로 지주와 우익 인사 등을 반동분자로 몰아 처형하였고, 전라남도 영광과 충청남도 서천 등에서도 많은 민간인을 학살하였다.
> • 전쟁이 일어나자 이승만 정부는 북한에 협력할 가능성이 있다는 구실로 법적 절차 없이 국민 보도 연맹원을 구금하고 학살하였다.

① 천리마 운동이 실시되었다.
② 사사오입 개헌이 통과되었다.
③ 인천 상륙 작전이 전개되었다.
④ 제1차 한일 협약이 체결되었다.
⑤ 대한민국 건국 강령이 발표되었다.

03 다음 협정으로 중단된 전쟁의 결과로 옳은 것만을 **보기**에서 고른 것은?

▶ 242016-0196

- 한 개의 군사 분계선을 확정하고 쌍방이 이 선으로부터 각기 2km씩 후퇴함으로써 비무장 지대를 설정한다.
- 한국 경외로부터 증원하는 작전 비행기, 장갑 차량, 무기 및 탄약을 들여오는 것을 정지한다.

보기

ㄱ. 회사령이 폐지되었다.
ㄴ. 이산가족이 발생하였다.
ㄷ. 한미 상호 방위 조약이 체결되었다.
ㄹ. 타이완이 미국 방위선에서 제외되었다.

① ㄱ, ㄴ　　　② ㄱ, ㄷ　　　③ ㄴ, ㄷ
④ ㄴ, ㄹ　　　⑤ ㄷ, ㄹ

04 밑줄 친 '이 개헌안'에 대한 설명으로 옳은 것은?

▶ 242016-0197

법령으로 보는 한국사

제31조 입법권은 국회가 행한다. 국회는 민의원과 참의원으로써 구성한다.
제53조 대통령과 부통령은 국민의 보통·평등·직접·비밀 투표에 의하여 각각 선거한다. 국회 폐회 중에 대통령과 부통령을 선거할 때에는 그 선거 보고를 받기 위하여 양원의 의장은 국회의 집회를 공고하여야 한다.

해설 이 개헌안은 정부의 개헌안과 국회의 개헌안 내용 중 필요한 내용만을 발췌하여 대통령 직선제와 양원제 국회를 주요 내용으로 하고 있다. 이승만 정부는 계엄령을 선포한 뒤 국회에서 기립 표결을 통해 이 개헌안을 통과시켰다.

① 6·25 전쟁 중에 통과되었다.
② 사사오입의 논리가 적용되었다.
③ 5·10 총선거를 통해 결정되었다.
④ 대한민국 정부 수립 이전에 제정되었다.
⑤ 개헌 당시 대통령의 중임 제한을 폐지하였다.

05 밑줄 친 '피고인'에 대한 설명으로 옳은 것은?

▶ 242016-0198

피고인은 …… 진보당 창당과 관련한 이 사건 재심 대상 판결로 사형이 집행되기에 이르렀는바, 이 사건 재심에서 피고인에 대한 공소 사실 대부분이 무죄로 밝혀졌으므로 이제 뒤늦게나마 재심 판결로써 그 잘못을 바로잡고 …….

– 대법원 판결문, 2011. 1. 20. –

① 경향신문을 폐간시켰다.
② 평화 통일을 주장하였다.
③ 한국 민주당을 창당하였다.
④ 조선 물산 장려회를 조직하였다.
⑤ 5·10 총선거에 참여하지 않았다.

06 ㉠, ㉡에 들어갈 알맞은 말을 쓰시오.

▶ 242016-0199

(㉠) 전쟁 이후 복구와 경제 재건 과정에서 미국의 경제 원조는 큰 도움이 되었다. 한국 정부는 철강과 기계 등 생산 시설 복구와 경제 건설에 필요한 생산재 원조를 요청하였으나, 미국은 주로 소비재와 잉여 농산물인 밀가루와 설탕 등을 원조하였다. 이러한 상황에서 미국의 잉여 농산물을 가공한 제분업, 제당업, 면방직 공업 등 이른바 (㉡)을/를 중심으로 공업화가 진행되었다.

㉠ : (　　　　　　　　) ㉡ : (　　　　　　　　　　)

07 (가)에 들어갈 내용으로 가장 적절한 것은?

▶ 242016-0200

수행 평가 보고서

- 탐구 주제 : 6·25 전쟁 이후 사회 변화
- 조사 자료
  – 미국식 문화가 반영된 영화
  – 　　　(가)
  – 국산 농산물 가격 변화 그래프

① 반탁 운동 포스터
② 반공 교육을 위한 교재
③ 산미 증식 계획을 풍자한 그림
④ 여수·순천 10·19 사건을 보도한 신문
⑤ 국가 총동원법에 따라 공출된 물자의 종류

03 민주화를 위한 노력

1 4 · 19 혁명

(1) 3 · 15 부정 선거

의도	고령(80대 중반)인 이승만 대통령이 건강상의 문제가 생길 경우 헌법상 부통령이 대통령직 계승 → 이승만과 자유당의 부통령 후보 이기붕을 당선시키기 위해 공무원과 경찰 등을 동원하여 관권 선거 기획
내용	3~9인조 공개 투표, 4할 사전 투표 등의 3 · 15 부정 선거 자행 → 마산을 포함한 전국 곳곳에서 부정 선거를 비판하는 시위가 일어남(3 · 15 의거). → 4월 초 마산 지역에서 실종되었던 김주열의 시신 발견 → 이승만 정부가 시위를 공산당이 조종한 것처럼 몰아가며 탄압 **자료 1** → 시위가 더욱 거세지며 확산

(2) 4 · 19 혁명

배경	이승만 정부의 독재와 부정부패, 3 · 15 부정 선거
전개	• 4월 19일 서울에서 학생과 시민 수만 명이 시위에 나서며 전국 확산 → 시위대가 경무대로 향하자 경찰이 시위대에 발포, 희생자 발생 → 이승만 정부가 비상계엄을 선포하고 군대를 동원 • 4월 25일 대학교수들도 재선거를 요구하는 시국 선언 발표 **자료 2** • 4월 26일 시위 1주일 만에 이승만 대통령 사임 성명 발표

(3) 장면 내각 성립과 내각 책임제 개헌

① 배경 : 4 · 19 혁명으로 허정 과도 정부 구성

② 전개

• 헌법 개정: 내각 책임제와 양원제 국회

• 헌법 개정에 따른 총선거 실시: 민주당의 압승 → 국회가 윤보선을 대통령으로 선출하고 장면이 국무총리로 취임 → 장면 내각 성립

③ 장면 내각의 정책과 한계

정책	• 민주화와 경제 발전을 국정 지표로 내세움. → 경제 개발 5개년 계획 수립 • 지방 자치제 실시, 공무원 공개 채용 제도 도입
한계	• 민주당 내부의 파벌 대립 • 부정 선거 및 부정 축재 관련자 처벌에 소극적 • 민주화 요구를 제대로 수용 못함.

자세히 살펴보기　**4·19 혁명 이후의 통일 운동**

민족 자주 통일 중앙 협의회는 …… 민족 자주 · 평화 · 민주란 3대 원칙에서 통일을 실현하기 위한 국민운동을 전개하려 한다. …… 평화적이란 반공 북진 통일이 아닌 '북의 공존을 인정하는 대북 평화 통일'을 의미하는 것이다.　　　　– 민국일보, 1961. 2. 26. –

반공과 북진 통일을 내세웠던 이승만 정부가 퇴진하자 여러 사회단체와 학생들은 반공주의와 냉전을 비판하며 남북의 자주적 · 평화적 통일과 교류를 주장하였다. 장면 내각은 이러한 민간 차원의 통일 운동에 부정적이었고, 5 · 16 군사 정변이 일어나며 통일 운동은 중단되었다.

자료 1　시위에 대한 이승만 정부의 태도

우리 정부는 마산 사건을 공산당과 결부시켜 …… 선전하기 바쁜 듯한 경향을 보이고 있다. …… 3 · 15 부정 선거에 항의하거나 국민 주권의 탈환을 위한 국민 운동이 일어나면 곧 공산당으로 몰겠다는 정부의 위협으로 느껴지기 쉽기 때문이다.

　　　　– 조선일보, 1960. 4. 16. –

이승만 정부는 3 · 15 부정 선거 반대 시위를 공산당이 배후에서 조종한 것처럼 몰아가며 탄압하였다.

자료 2　대학교수단의 시국 선언문

1. 마산, 서울, 기타 각지의 학생 데모는 주권을 빼앗긴 국민의 울분을 대신하여 궐기한 학생들의 순진한 정의감의 발로이며 부정과 불의에 항거하는 민족정기의 표현이다.
2. 이 데모를 공산당의 조종이나 야당의 사주로 보는 것은 고의의 왜곡이며 학생들 정의감의 모독이다.
5. 3 · 15 선거는 부정 선거이다. 공명선거에 의하여 정 · 부통령 선거를 다시 하라.

　　　　– 동아일보, 1960. 4. 25. –

258명의 대학교수들은 '학생들의 피에 보답하자'라고 외치면서 3 · 15 부정 선거를 자행한 이승만의 퇴진을 요구하였다. 하루 후 이승만은 대통령직에서 물러나 하와이로 망명길에 올랐다.

용어 알기

관권 선거(관청 官 권력 權 가릴 選 들 擧)
선거 과정에 국가 기관 또는 국가 권력이 개입하여 치러지는 선거

과도 정부(지날 過 건널 渡 정치 政 관청 府)
새로운 정부가 출범하거나 국가가 세워질 때 시스템을 갖추기 전까지 일시적으로 운영하는 정부 체제

2 5 · 16 군사 정변과 박정희 정부의 수립

(1) 5 · 16 군사 정변
① 발생 : 1961년 5월 16일, 박정희를 중심으로 한 일부 군인들이 사회 혼란 수습을 명분으로 정변을 일으킴.

② 전개
- 박정희를 중심으로 한 일부 군부 세력이 혼란 수습을 구실로 정변
- 정권을 손에 넣은 뒤, 반공을 국시로 내건 혁명 공약을 발표하고 전국에 비상계엄을 선포하며 헌법의 기능을 정지시킴. 자료 3
- 국가 재건 최고 회의 → 입법 · 사법 · 행정권을 장악하기 위해 설치한 기구

③ 군정 실시
- 정치인의 활동을 금지하고 언론 압박
- 중앙정보부 설치 및 비밀리에 민주 공화당 창당
- 대통령 중심제와 국회 단원제로 헌법 개정

④ 제5대 대통령 선거(1963) : 박정희가 민주 공화당 후보로 출마 → 대통령에 당선

(2) 한일 협정

배경	경제 개발을 위한 자금 마련
전개	• 일본으로부터 경제 개발 자금을 마련하기 위해 한일 국교 정상화 추진 • 일본의 사죄 없는 협상 진행에 시민이 저항(6 · 3 시위, 1964) • 박정희 정부가 계엄을 선포하여 시위를 진압 → 한일 협정 체결(1965)

자세히 살펴보기   **6·3 시위(1964)**

박정희 정부는 군사 정변의 정당성을 확보하고자 경제 발전을 추진하였고, 경제 개발 자금 마련을 위해 일본과 국교 정상화를 적극 추진하였다. 이 과정에서 일본은 경제 협력 자금이라는 명목의 지원금과 유 · 무상의 차관을 약속하였다. 이에 학생과 시민들은 식민지 지배에 대한 사죄와 배상이 이뤄지지 않은 한일 회담을 비판하며 시위를 전개하였다(6 · 3 시위, 1964).

(3) 베트남 전쟁 파병(1964~1973)

배경	미국의 요청 → 자유 민주주의 수호를 내세워 베트남 파병 단행
영향	• 경제 개발에 필요한 미국의 기술과 차관을 지원받음. • 국군의 현대화에 필요한 물자 지원(브라운 각서) 자료 4 • 베트남 건설 사업 참여를 통한 외화 획득 • 수많은 젊은이의 희생과 고엽제 피해 • 베트남 민간인 희생, 라이따이한(한국인 2세) 문제 등

(4) 3선 개헌
① 전개 : 박정희 재선(1967) → 북한의 도발 → 반공 정책 강화(향토 예비군 창설, 주민 등록 제도 강화, 국민 교육 헌장 제정 등)

② 3선 개헌 추진 : 대통령의 3회 연임을 허용하는 개헌안 통과(1969)

자료 3   **혁명 공약(1961)**

> 1. 반공을 국시의 제일의(義)로 삼는다.
> 4. 국가 자주 경제 재건에 총력을 기울인다.
> 6. 과업이 성취되면 양심적인 정치인들에게 정권을 이양한다.

박정희와 일부 군부 세력은 사회 혼란 수습을 구실로 정변을 일으킨 뒤, 혁명 공약을 발표하였다. 당시에는 정치에 참여하지 않겠다고 하였으나, 박정희는 1963년 전역한 뒤 민주 공화당 후보로 대통령 선거에 출마하였다.

자료 4   **브라운 각서**

> • 대한민국 국군의 현대화 계획을 위해 상당량의 장비를 제공하며 파병에 따른 경비를 부담한다.
> • 베트남 전쟁 보급 물자와 용역, 장비를 대한민국에서 구매하며 각종 사업에 한국을 참여시킨다.
> • 한국의 경제 발전을 지원하기 위해 차관을 제공한다.

박정희 정부는 베트남 파병을 통해 미국으로부터 국군의 현대화와 경제 발전을 위한 자금을 마련할 수 있었다.

용어 알기

중앙정보부(가운데 中 가운데 央 뜻 情 알릴 報 관청 府)
1961년 국가 안전 보장을 명분으로 설치되었으나 박정희의 정권 창출과 권력 유지에 활용됨. 이후 국가 안전 기획부를 거쳐 현재 국가 정보원으로 개편됨.

라이따이한
베트남에 파병된 한국인과 베트남인 사이에서 태어난 자식을 일컫는 말

❸ 유신 체제의 성립과 붕괴

(1) 10월 유신

① 배경
- 닉슨 독트린 발표로 냉전 완화 → 미국이 북한과의 화해 권고, 주한 미군 일부 철수
- 박정희 정부의 장기 집권과 경기 침체로 국민의 불만도 높아져 감.

② 과정
- 박정희 정부가 북한과 함께 7·4 남북 공동 성명 발표
- 비상계엄을 선포하고, 국회 해산 → 헌법 개정

③ 유신 헌법의 주요 내용 [자료 5]
- 대통령의 임기를 6년으로 늘리고, 중임 횟수 제한 삭제 → 장기 독재를 위한 기반 마련
- 통일 주체 국민 회의 조직 → 간접 선거로 대통령 선출
- 대통령의 권한 강화 : 국회 의원 1/3 추천권, 국회 해산권, 법관 인사권, 긴급 조치권 부여 → 헌법에 보장된 국민의 기본권 제한 가능

(2) 유신 체제에 대한 저항과 탄압

① 저항 : 개헌 청원 100만인 서명 운동, 천주교 정의 구현 전국 사제단의 조직, 언론 자유 수호 투쟁, 3·1 민주 구국 선언 발표(1976) 등 [자료 6]

② 탄압 : 잇따른 긴급 조치를 발표하며 정부 비판 억압, 2차 인혁당 사건을 조작하며 민주화 운동 탄압

(3) 유신 체제의 붕괴

배경	• 통일 주체 국민 회의에서 박정희를 대통령으로 선출(5선 연임), 장기 독재에 따른 저항 • 국회 의원 선거에서 야당이 높은 득표율 기록 • 제2차 석유 파동으로 경제 침체 • YH 무역 사건 → 박정희 정부의 강제 진압 • 야당 총재인 김영삼을 국회 의원직에서 제명 → 부마 민주 항쟁 발생
붕괴	시위 수습 방안을 놓고 정부 내 갈등 → 10·26 사태(중앙정보부장 김재규에 의해 대통령 박정희 피살)

자세히 살펴보기   부마 민주 항쟁(1979)

1970년대 후반 민심은 국회 의원 선거에서 야당에 더 많은 표를 주고 있었고, 유신 체제는 한계에 다다르고 있었다. 한편 제2차 석유 파동으로 부산과 마산 일대의 경기 침체가 심해져 가며 민심도 나빠져 갔다. 이러한 상황에서 YH 무역 사건과 신민당 총재 김영삼의 국회 의원 제명 등이 이어지자, 부산과 마산(창원) 지역에서는 '유신 철폐', '독재 타도'를 외치는 시위가 일어났는데, 이를 부마 민주 항쟁이라고 한다.

▲ 10·16 부마 민중 항쟁 탑

[자료 5] 유신 헌법(1972)

제39조 통일 주체 국민 회의에서 토론 없이 무기명 투표로 선거한다.

제40조 ① 통일 주체 국민 회의는 국회 의원 정수의 3분의 1에 해당하는 수를 선거한다.
② 제1항의 국회 의원의 후보자는 대통령이 일괄 추천하며 …… 출석 대의원 과반수의 찬성으로 당선을 결정한다.

제53조 대통령은 …… 신속한 조치를 할 필요가 있다고 판단할 때에는 내정·외교·국방·경제·재정·사법 등 국정 전반에 걸쳐 필요한 긴급 조치를 할 수 있다.

박정희는 유신 헌법을 통해 대통령의 권한을 절대적으로 강화하고, 영구적인 집권을 꾀하였다.

[자료 6] 3·1 민주 구국 선언(1976)

대한민국의 정통성은 민주주의에 있다. …… 우리는 국민의 자유를 억압하는 긴급 조치를 곧 철폐하고 민주주의를 요구하다가 투옥된 민주 인사들과 학생들을 석방하라고 요구한다. 국민의 의사가 자유롭게 표명될 수 있도록 언론·집회·출판의 자유를 국민에게 돌리라고 요구한다.

함석헌, 김대중 등은 이 선언을 통해 유신 체제를 비판하고, 긴급 조치 철폐, 정권 퇴진 등을 요구하였다.

용어 알기

독트린(Doctrine)
정치적으로 국가의 외교 방향을 선포하는 것을 말함. 대표적인 독트린으로는 트루먼 독트린, 닉슨 독트린이 있음.

인혁당 (사람 人 혁명 革 무리 黨)
인민 혁명당의 약자

4 5 · 18 민주화 운동과 6월 민주 항쟁

(1) 12 · 12 사태(12 · 12 군사 반란)와 신군부의 권력 장악
① 배경 : 10 · 26 사태 이후 비상계엄 선포 → 통일 주체 국민 회의에서 최규하를 대통령으로 선출
② 신군부의 군사 반란
- 전두환 등 신군부의 군사 반란(12 · 12 사태, 1979) → 학생과 시민들은 신군부에 맞서 전국적인 시위
- 신군부는 전국으로 비상계엄 확대, 김대중 등 야당 주요 인사 체포

(2) 5 · 18 민주화 운동(1980) 자료 7

전개	5월 18일, 전남대학교 앞 학생들의 시위에 대한 공수 부대의 폭력적 진압 → 분노한 시민들이 시위에 합류, 확산 → 계엄군이 시민들에게 발포 → 시민들이 계엄군의 폭력적 진압에 항의하여 시민군을 조직하고 평화적 협상 시도 → 5월 27일 새벽, 계엄군은 헬기와 탱크를 동원하여 시민군을 무력 진압
의의	• 신군부의 불법적 정권 탈취와 국가 폭력에 맞선 민주화 운동 • 1980년대 민주화 운동의 토대로 자리함.

(3) 전두환 정부
① 국가 보위 비상 대책 위원회 조직, 정권 장악 → 정치인의 정치 활동 규제, 언론사 통폐합, 삼청 교육대 운영
② 전개 : 신군부의 압력 속에 최규하 대통령 사퇴 → 통일 주체 국민 회의에서 전두환을 대통령으로 선출(1980. 8.) → 헌법 개정(임기 7년의 단임제, 간접 선거제) → 다시 전두환을 대통령으로 선출(1981. 2.)
③ 민주화 운동의 탄압과 유화 정책
- 국가 보안법을 통해 민주화 운동 탄압, 보도 지침을 통해 언론 통제
- 유화 정책 : 야간 통행금지 전면 해제, 중 · 고등학생의 두발과 교복 자유화

(4) 대통령 직선제 요구와 6월 민주 항쟁

배경	민주화 추진 협의회 조직 → 직선제 개헌 요구
전개	• 박종철 고문치사 사건(1987) : 경찰의 고문으로 대학생 사망, 전두환 정부의 사건 은폐 • 4 · 13 호헌 조치 : 전두환 정부의 직선제 개헌 요구 거부 • 민주 헌법 쟁취 국민운동 본부 결성 : '호헌 철폐', '독재 타도' 주장 → 시위 도중 대학생 이한열 사망 • 범국민적인 6월 민주 항쟁으로 확대 : 6 · 10 국민대회 개최 자료 8
결과	전두환 정부가 6 · 29 민주화 선언을 통해 직선제 개헌, 언론의 자유 등을 받아들임.
의의	• 학생, 시민, 농민, 노동자 등 다양한 계층이 참여한 민주화 운동 • 군사 독재를 끝내고, 평화적 정권 교체의 길을 열었음. • 6월 민주 항쟁 이후 각 분야에서 민주주의가 발전하는 데 기여

자료 7 5 · 18 민주화 운동

▲ 시위대에 폭력을 행사하는 계엄군

▲ 전남도청 앞 광장에 모인 시민들

1980년 5월 신군부는 광주에 군대를 투입하여 시위대를 폭력적으로 진압하며 발포하였다. 광주 시민들은 시민군을 조직하여 맞섰으나, 신군부는 탱크와 헬기까지 동원하여 유혈 진압하였다.

자료 8 6 · 10 국민대회 선언문(1987)

> 오늘 우리는 40년 독재 정치를 청산하고 희망찬 민주 국가를 건설하기 위한 거보를 전 국민과 함께 내딛는다.
> 국가의 미래요 소망인 꽃다운 젊은이를 야만적인 고문으로 죽여 놓고 그것도 모자라 뻔뻔스럽게 국민을 속이려 했던 현 정권에게 국민의 분노가 무엇인지를 분명히 보여 주고, 국민적 여망인 개헌을 일방적으로 파기한 4 · 13 폭거를 철회시키기 위한 민주 장정을 시작한다.

민주 헌법 쟁취 국민운동 본부는 4 · 13 호헌 조치 철폐와 대통령 직선제 개헌을 요구하는 선언문을 작성하여 발표하였다.

용어 알기

단임제(홑 單 맡길 任 제도 制)
단 한 번만 재직하는 것

유화 정책(달랠 宥 화할 和 정치 政 대책 策)
달래고 타협하는 과정을 통해 현상을 유지하는 정책

호헌(보호할 護 헌법 憲)
(현행) 헌법을 보호함.

1 4 · 19 혁명

3 · 15 부정 선거	1960년 3월 15일, 이승만과 자유당 부통령 후보 이기붕을 당선시키기 위해 이승만 정부와 자유당이 온갖 수단을 동원하여 저지른 관권 선거
내각 책임제	다수당의 당 대표(당수)가 내각의 수반인 국무총리가 되어 정부를 통제하는 제도

2 5 · 16 군사 정변과 박정희 정부의 수립

한일 협정	한국과 일본이 국교를 맺은 협정, 한국과 일본의 기본 관계에 대한 조약과 이 조약에 딸린 4개 협정을 함께 부르는 용어
3선 개헌	대통령의 3회 연임을 허용하는 개헌안을 통과시킨 것 (1969)

3 유신 체제의 성립과 붕괴

통일 주체 국민 회의	유신 헌법에 따라 구성된 기관으로 간접 선거를 통해 대통령을 선출함.

4 5 · 18 민주화 운동과 6월 민주 항쟁

6 · 29 민주화 선언	6월 민주 항쟁으로 전두환 정부가 여당 대표 노태우를 통해 직선제 개헌을 받아들이겠다고 발표한 선언

☑ 개념 체크

01 빈칸에 들어갈 알맞은 말을 쓰시오.

① 1960년에 일어난 (　　　)은/는 시민의 손으로 독재 정권을 무너뜨린 민주 혁명으로 현재까지도 헌법 정신에 잘 남아 있다.

② 1961년 5월 16일, (　　　)을/를 중심으로 한 일부 군부 세력이 정변을 일으켜 권력을 장악하였다.

③ 1972년 박정희 정부는 현행 헌법이 평화 통일을 뒷받침할 수 없다는 명분을 내세우며 전국에 비상계엄을 선포하고 (　　　) 헌법을 제정하였다.

④ 신군부의 권력 장악에 맞서 광주에서는 1980년 (　　　) 이/가 일어났다.

02 옳은 내용에는 ○표, 틀린 내용에는 ×표를 하시오.

① 1960년 이승만 정부와 자유당은 3 · 15 부정 선거를 통해 이기붕 후보를 대통령에 당선시켰다.　　　(　　　)

② 박정희 정부는 미국의 요청에 따라 베트남 전쟁에 국군을 파견하였다.　　　(　　　)

③ 부산과 마산(창원) 지역에서 부마 민주 항쟁이 일어나기 직전 12 · 12 사태가 일어났다.　　　(　　　)

④ 전두환 정부는 6 · 29 민주화 선언을 발표하며 직선제 개헌, 언론의 자유 보장 등을 약속하였다.　　　(　　　)

▶ 242016-0201

01 다음 시국 선언문이 발표된 이후의 사실로 옳은 것은?

> 〈대학교수단의 시국 선언문〉
> 1. 마산, 서울, 기타 각지의 학생 데모는 주권을 빼앗긴 국민의 울분을 대신하여 궐기한 학생들의 순진한 정의감의 발로이며 부정과 불의에 항거하는 민족정기의 표현이다.
> ⋮
> 5. 3·15 선거는 부정 선거이다. 공명선거에 의하여 정·부통령 선거를 다시 하라.

① 좌우 합작 위원회가 조직되었다.
② 대한민국 임시 정부가 수립되었다.
③ 이승만이 대통령 자리에서 물러났다.
④ 사사오입의 논리로 헌법이 개정되었다.
⑤ 북한의 남침으로 6 · 25 전쟁이 시작되었다.

▶ 242016-0202

02 (가) 내각에 대한 설명으로 옳은 것은?

> 제3차 개헌
> 1. 시기 : 1960년
> 2. 주요 개정 내용
>   – 내각 책임제
>   – 민의원, 참의원의 양원제 국회
> 3. 결과 : 새 헌법에 따라 실시된 총선거의 결과에 따라 ▢ (가) ▢ 이/가 세워짐.

① 을미개혁을 추진하였다.
② 경제 개발 5개년 계획을 마련하였다.
③ 중앙정보부를 설치하고 언론을 압박하였다.
④ 태양력 사용, 단발령 시행 등 개혁을 추진하였다.
⑤ 유상 매수, 유상 분배 원칙의 농지 개혁을 실시하였다.

▶ 242016-0203

03 다음 조약을 체결한 정부에 대한 설명으로 옳은 것은?

> 제1조 1. 일본국은 대한민국에 대하여
> ⓐ 3억 불과 동등한 …… 일본국의 생산물 및 일본인의 용역을 무상으로 제공한다.
> ⓑ 2억 불과 동등한 …… 차관을 …… 행한다.
> 제2조 1. 양 체약국은 양 체약국 및 그 국민(법인을 포함함)의 재산, 권리 및 이익과 양 체약국 및 그 국민 간의 청구권에 관한 문제가 …… 완전히 그리고 최종적으로 해결된 것이 된다는 것을 확인한다.

① 6·3 시위를 진압하였다.
② 4·19 혁명으로 무너졌다.
③ 삼청 교육대를 운영하였다.
④ 야간 통행금지를 전면 해제하였다.
⑤ 진보당 사건을 일으켜 독재 체제를 강화하였다.

▶ 242016-0204

04 다음 자료를 활용한 탐구 활동으로 가장 적절한 것은?

> • 미국은 파병 비용을 부담하고 한국군의 장비를 현대화한다.
> • 미국은 한국에 군사 원조와 차관을 제공한다.

① 유엔 소총회의 결의 내용을 살펴본다.
② 원산 총파업이 일어난 배경을 정리한다.
③ 국가 재건 최고 회의의 역할을 분석한다.
④ 부마 민주 항쟁이 일어난 배경을 조사한다.
⑤ 한국군을 베트남 전쟁에 파병한 과정을 알아본다.

▶ 242016-0205

05 ㉠, ㉡에 들어갈 알맞은 말을 쓰시오.

> 1969년 (㉠)이/가 발표된 이후 냉전 체제가 완화되었다. 이러한 국제 정세는 반공을 앞세운 박정희 정부에 불리하게 작용하였고, 경기 침체로 국민의 불만도 커졌다. 박정희 정부는 북한과 7·4 남북 공동 성명을 발표한 뒤, 안보 위기와 평화 통일에 대비한다는 구실로 대통령 중임 제한 조건을 삭제한 (㉡)을/를 국민 투표로 확정하였다.

㉠ : (　　　　　　　)　㉡ : (　　　　　　　)

▶ 242016-0206

06 다음 자료와 관련된 민주화 운동에 대한 설명으로 옳은 것은?

> • 우리 공수 부대가 벌이는 폭력을 광주 시민들이 다 지켜보고 경악했다. …… 정신 교육을 받은 대로 시민을 '적' 또는 '빨갱이'로 간주하고 폭력을 자행하는 동료들을 대놓고 막을 수도 없었다.
> 　　　　　　　　　 － 광주에 투입된 계엄군 ○○○의 증언 －
> • 우리는 왜 총을 들 수밖에 없었는가? …… 계엄 당국은 18일 오후부터 공수 부대를 대량 투입하여 시내 곳곳에서 학생, 젊은이들에게 무차별 살상을 자행하였으니! …… 협상이 올바른 방향으로 진행된다면 즉각 총을 놓겠습니다.
> 　　　　　　　　　　　　　　 － 광주 시민 궐기문 －

① 3·1 민주 구국 선언을 발표하였다.
② 박종철 사망의 진상 규명을 요구하였다.
③ 대대적인 부정 선거에 맞서 저항하였다.
④ 신군부의 불법적 권력 장악에 항쟁하였다.
⑤ 굴욕적인 한일 회담을 반대하며 일어났다.

▶ 242016-0207

07 다음 자료에 나타난 민주화 운동의 결과로 옳은 것은?

> 6월에 열린 국민대회에서는 시민들이 대거 참여하며 '독재 타도', '호헌 철폐' 등의 구호를 외쳤다. 이 시위는 범국민적으로 확대되며 커져 나갔다.

① 3선 개헌이 단행되었다.
② 5·16 군사 정변이 일어났다.
③ 6·29 민주화 선언이 발표되었다.
④ 반민족 행위 처벌법이 제정되었다.
⑤ 한미 상호 방위 조약이 체결되었다.

04 산업화의 성과와 사회·환경 문제

1 정부 주도의 경제 개발과 산업화

(1) 1960~1970년대의 경제 개발 5개년 계획

① 제1, 2차 경제 개발 5개년 계획(1962~1971)

자금	차관 도입, 한일 협정을 통해 마련한 자금, 베트남 전쟁 특수에 따른 외화 수입, 독일에 파견한 광부와 간호사 등이 송금한 외화 등
추진	정부 주도로 외국에서 원료와 자본을 들여와 국내의 값싼 노동력을 활용하여 가공·수출
성과	• 신발, 의류, 섬유, 가발 등 노동 집약적 경공업 성장 • 경부 고속 국도 개통(1970) 등 사회 간접 자본 확대 • 포항 종합 제철 공장 착공 등 철강·화학 산업 육성에도 관심
한계	1960년대 말부터 외채 상환 압박 → 경제 침체, 기업 위기 고조 → 8·3 조치(1972)로 기업의 사채를 조정하고 상환을 유예하는 특혜 제공

② 제3, 4차 경제 개발 5개년 계획(1972~1981)

추진	• 중화학 공업 적극 육성 → 석유 화학, 조선, 철강, 금속, 전자 등에 대한 투자 증가 • 포항, 울산, 창원 등 경상도 해안 지역에 대규모 산업 단지 조성
중동 진출	제1차 석유 파동 → 기업들이 적극적으로 중동 건설 사업에 진출 → 외화를 벌어 위기 극복에 기여
성과	• 수출 100억 달러 달성 자료1 → '한강의 기적' • 중화학 공업의 비중이 경공업의 비중 추월
위기	중화학 공업에 대한 중복 투자, 물가 상승, 제2차 석유 파동으로 경제 위기 고조

(2) 1980년대의 경제 상황

① 전두환 정부의 정책 : 물가 상승 억제, 중복 투자 조정 및 부실기업 정리
② 3저 호황 자료2 : 1980년대 중반 저달러, 저유가, 저금리의 3저 현상 → 수출 증대 (무역 수지 흑자)
③ 한계 : 대기업들이 여러 분야에 진출하면서 외채 급증

(3) 산업화의 그림자

① 사회적 격차 발생

• 저임금·저곡가 정책에 따른 빈부 격차, 도시와 농촌 간 소득 격차 등 발생
• 지역 간 산업 발전 격차 발생

② 재벌 중심 산업 구조

• 정부로부터 각종 특혜를 받은 일부 대기업이 재벌로 성장
• 정부의 산업 육성 및 수출 정책에 협조하며 경제 성장에 기여
• 정경 유착과 경제 독점으로 기업 간 공정 경쟁과 중소기업 성장 저해

③ 대외 의존도 심화

• 외국 자본에 의지하여 외채 부담 증가
• 내수보다 대외 무역이 큰 비중 차지

자료1 **수출 100억 달러 달성**

1970년대 초 제1차 석유 파동이 일어나 우리 경제에 큰 위기가 닥쳤다. 하지만 기업들의 중동 진출을 통해 이를 극복할 수 있었고, 1977년 당초 계획보다 4년 앞서 수출 100억 달러를 처음으로 달성하였다.

자료2 **3저 호황**

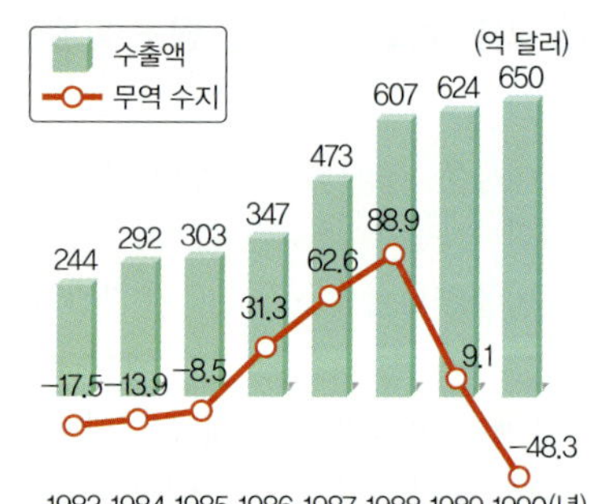

1980년대 중반부터 본격화된 저달러, 저유가, 저금리의 3저 호황으로 우리 경제는 처음으로 무역 수지 흑자를 달성할 수 있었다.

---

2 산업화에 따른 사회 · 문화 변화

(1) 경제 성장에 따른 도시와 농촌의 변화

① 도시화

- 산업화가 진전되면서 일자리를 찾아 도시로 이주하는 인구 증가 → 빈민촌 형성 (달동네, 판자촌), 광주 대단지 사건(1971) 등 발생
- 교통, 공해 등 도시 문제 발생 → 지하철과 쓰레기 소각장 등 확충 노력

② 노동 문제 [자료 3]

- 산업화에 따른 노동자 증가, 정부의 저임금 정책 → 노동 조건 악화
- 전태일이 근로 기준법 준수를 요구하며 분신(1970) → 노동 운동 활성화

③ 농촌 문제

- 정부의 저곡가 정책, 도시와 농촌 간 소득 격차 심화 → 새마을 운동(1970) 추진 [자료 4]
- 농민 운동 : 함평 고구마 사건 등 발생, 외국 농산물 수입 반대 운동 전개

(2) 사회 · 문화의 변화

환경	• 산업화에 따른 자원 고갈과 환경 문제 대두 • 주요 사건 : 온산병, 낙동강 페놀 오염 사건 등 • 대응 : 환경청 설치, 국가 환경 선언문 발표, 각종 시민 단체 활동
교육	• 초등학교 의무 교육 실시(1950년대) • 입시 경쟁 과열 → 중학교 무시험 실시(1960년대), 고교 평준화(1970년대), 과외 금지 · 대학 졸업 정원제(1980년대) • 국가주의 교육 : 국민 교육 헌장 제정 등
언론	• 이승만 정부 : 정부에 비판적인 경향신문 폐간 • 박정희 정부 : 언론 통제 강화 → 동아일보 기자들의 자유 언론 실천 선언 • 전두환 정부 : 언론사 통폐합, 보도 지침을 통해 언론 통제
대중 문화	• 1950년대 이후 라디오, 텔레비전 보급 → 음악 · 영화 등 대중문화 유행, 청년 문화(청바지, 통기타) 확산 • 박정희 정부의 검열 · 통제 : 장발과 미니스커트 단속, 금지곡 지정, 영화의 사전 검열 • 스포츠 문화 확산 : 전두환 정부 시기 프로 야구 등 프로 스포츠 출범, 서울 올림픽 대회 (1988) 등 대규모 스포츠 행사 유치
생활 양식	• 주거 : 아파트 등 공동 주택 확산, 세탁기 · 냉장고 · 가스레인지 등 가전제품의 보급 • 의류 : 섬유 산업의 발전 → 기성복 생산 본격화 • 식생활 : 혼식과 분식 장려로 밀가루 음식 소비 증대, 산업화의 진전에 따라 가공 식품 확산, 외식 문화 확산에 따라 외식업 성장 및 패스트푸드점 증가

 장발과 미니스커트 단속

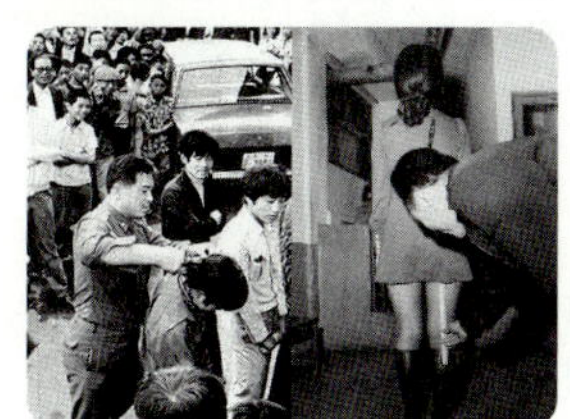

1970년대 서구의 청년 문화가 우리나라에도 확산되면서 장발과 미니스커트가 유행하였다. 박정희 정부는 이를 체제에 대한 저항이라고 보고, 풍기 문란을 이유로 단속하였다.

자료 3 노동 문제

(종업원) 3만여 명의 40%를 차지하는 시다공은 평균 연령이 15세의 어린이들로서 굶주림과 어려운 현실을 이기려고 하루에 70원 내지 100원의 급료를 받으며 1일 15시간의 작업을 합니다. …… 1일 15시간의 작업 시간을 1일 10∼12시간으로 단축해 주십시오.

평화 시장의 재단사였던 전태일은 노동청에 진정서를 보내는 등 열악한 노동 환경을 고발하였으나 받아들여지지 않았다. 전태일은 결국 근로 기준법 준수를 요구하며 분신하였고, 이는 이후 노동 운동의 성장에 영향을 끼쳤다.

자료 4 새마을 운동

박정희 정부가 근면, 자조, 협동을 내걸고 추진한 새마을 운동은 농촌의 환경 개선에 일정한 성과를 거두었다. 하지만 농가 소득 증대에는 실패하였고, 유신 체제 유지에 이용되었다는 지적도 받았다.

졸업 정원제(마칠 卒 학업 業 정할 定 인원 員 제도 制)
대학 입학 정원을 늘리고 정해진 인원만 졸업하도록 하여 대학 입시에 따른 치열한 경쟁을 완화하려 한 제도

기성복(이미 旣 완성 成 옷 服)
일정한 기준 치수에 따라 미리 여러 벌을 지어 놓고 파는 옷

1 정부 주도의 경제 개발과 산업화

경부 고속 국도	박정희 정부가 1970년에 개통
중동 진출	제1차 석유 파동 당시 우리 기업들이 중동 건설 사업에 진출하여 외화 획득
3저 호황	저달러, 저유가, 저금리의 3저 현상 → 무역 수지 흑자 달성

2 산업화에 따른 사회 · 문화 변화

새마을 운동	근면 · 자조 · 협동을 내걸고 농촌 환경 개선에 기여하였으나 유신 체제 유지에 이용되었다는 비판이 제기됨.
전태일	근로 기준법 준수를 요구하며 분신하여 노동 운동이 활성화되는 계기가 됨.
낙동강 페놀 오염 사건	1991년 영남 지역의 낙동강에 유해 물질인 페놀이 유출된 사건
자유 언론 실천 선언	유신 체제 이후 언론 탄압에 맞서 동아일보 기자들이 발표

☑ 개념 체크

01 빈칸에 들어갈 알맞은 말을 고르시오.

① 제1, 2차 경제 개발 5개년 계획의 결과 노동 집약적인 (중공업, 경공업)이 성장하였다.

② 제(1, 2)차 석유 파동 이후 우리 기업들이 중동의 건설 사업에 본격적으로 진출하여 외화를 벌어들였다.

02 빈칸에 들어갈 알맞은 말을 쓰시오.

① 1977년 한국 경제는 처음으로 수출 (   )억 달러를 달성하였다.

② 한국 경제는 1980년대 저달러, (   ), 저금리 현상에 힘입어 무역 수지 흑자를 기록하였다.

03 옳은 내용에는 ○표, 틀린 내용에는 ×표를 하시오.

① 1970년 전태일은 근로 기준법 준수를 요구하며 분신하였다.　　　　　　　(　)

② 전두환 정부는 새마을 운동을 시작하였다.　(　)

③ 이승만 정부 시기 동아일보 기자들이 자유 언론 실천 선언을 발표하였다.　　　　　　(　)

④ 라디오와 텔레비전의 보급은 대중문화 확산에 기여하였다.　　　　　　　　　　　　(　)

▶ 242016-0208

01 다음 연설이 이루어진 정부 시기의 상황으로 옳은 것은?

> 우리 민족의 숙원이던 서울─부산 간 고속 도로의 완전 개통을 보게 된 것을 국민 여러분들과 더불어 경축해 마지않는 바입니다. …… 이 경부 고속 도로야말로 우리의 조국 근대화의 상징적인 도로이며, 남북통일과 직결되는 도로라고 말한 것을 기억합니다.

① 발췌 개헌이 단행되었다.

② 귀속 재산 처리가 시작되었다.

③ 토지 조사 사업이 실시되었다.

④ 낙동강 페놀 오염 사건이 일어났다.

⑤ 제2차 경제 개발 5개년 계획이 추진되었다.

▶ 242016-0209

02 (가) 시기의 변화가 나타난 배경으로 가장 적절한 것은?

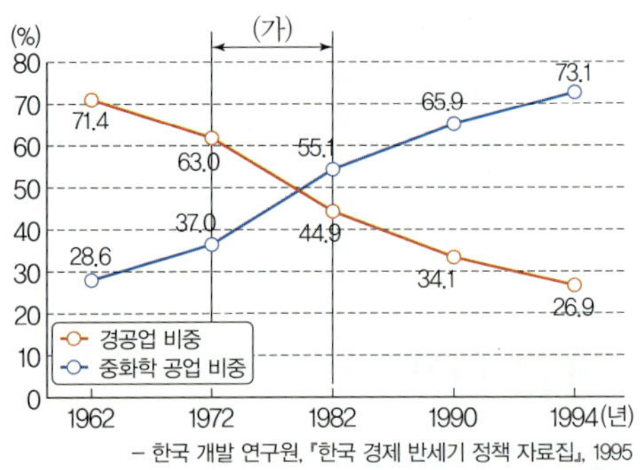

— 한국 개발 연구원, 「한국 경제 반세기 정책 자료집」, 1995

① 회사령이 폐지되었다.

② 농지 개혁이 착수되었다.

③ 원산 총파업이 발생하였다.

④ 국가 총동원법이 제정되었다.

⑤ 제3, 4차 경제 개발 5개년 계획이 전개되었다.

► 242016-0210

03 밑줄 친 '정부'에 대한 설명으로 옳은 것만을 <u>보기</u> 에서 고른 것은?

보기

ㄱ. 4·19 혁명으로 붕괴되었다.

ㄴ. 포항 종합 제철 공장을 건설하였다.

ㄷ. 3정보 초과 농지를 지주에게 매수하였다.

ㄹ. 경상도 지역에 대규모 산업 단지를 조성하였다.

① ㄱ, ㄴ ② ㄱ, ㄷ ③ ㄴ, ㄷ
④ ㄴ, ㄹ ⑤ ㄷ, ㄹ

► 242016-0211

04 (가) 시기의 변화가 나타난 배경을 알아보기 위한 탐구 활동으로 가장 적절한 것은?

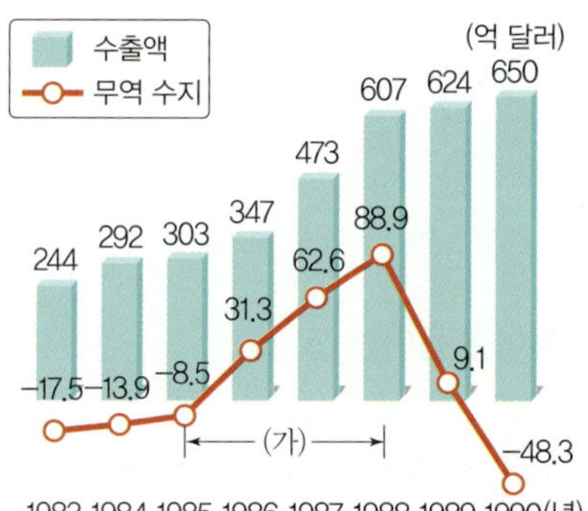

① 3저 현상이 끼친 영향을 알아본다.

② 한일 협정의 체결 과정을 정리한다.

③ 삼백 산업의 성장 배경을 파악한다.

④ 베트남 전쟁 특수의 양상을 찾아본다.

⑤ 동양 척식 주식회사의 설립 목적을 조사한다.

► 242016-0212

05 ㉠과 ㉡에 들어갈 용어를 쓰시오.

산업화 과정에서 도시와 농촌 간의 소득 격차는 더욱 커졌다. 이에 당시 정부는 근면, 자조, 협동을 구호로 내걸고 (㉠) 운동을 추진하였다. 한편, 노동자들 역시 저임금과 장시간 노동에 내몰렸다. 당시 노동자들의 열악한 처지를 고발하던 (㉡)은/는 1970년 근로 기준법 준수를 외치며 분신하였고, 이는 이후 노동 운동이 활성화되는 계기가 되었다.

㉠ : (   ) ㉡ : (   )

► 242016-0213

06 (가)에 들어갈 내용으로 적절하지 <u>않은</u> 것은?

탐구 활동 보고서

• 목적 : 다양한 자료를 활용하여 산업화 시기의 문화 경향을 살펴보고자 한다.

• 수집 자료

1. 장발과 미니스커트 단속 사진

2. ____(가)____

3. 금지곡의 종류와 사유

① 혼·분식을 장려하는 포스터

② 도시 빈민들의 삶을 다룬 소설

③ 반민특위의 해체 소식을 알리는 신문 기사

④ 동아일보 기자들의 언론 자유 실천 선언문

⑤ 국민 교육 헌장을 암송하는 학생들의 사진

► 242016-0214

07 (가) 정부에 대한 설명으로 옳은 것은?

__(가)__ 시기에는 컬러텔레비전 방송이 시작되고 상업적 프로 스포츠 시대가 열리는 등 대중문화가 발달하였다. 하지만 언론과 문화에 대한 통제는 여전하였다. 이러한 통제는 6월 민주 항쟁으로 정치적 민주화가 이루어지면서 점차 풀리기 시작하였다.

① 경향신문을 폐간하였다.

② 고교 평준화 정책을 마련하였다.

③ 대학 졸업 정원제를 실시하였다.

④ 초등학교 의무 교육제를 도입하였다.

⑤ 중학교 무시험 진학을 처음 시행하였다.

단원 종합 문제

▶ 242016-0215

01 (가) 인물에 대한 설명으로 옳은 것은?

> 조선 건국 동맹을 비밀리에 이끌던 [(가)]은/는 일제의 패망 직전 조선 총독부와 치안 유지 및 행정권 이양을 교섭하였다. 이에 일제로부터 정치 활동 불간섭을 약속받고 안재홍과 함께 조선 건국 준비 위원회를 조직하였다.

① 조선 의용대를 창설하였다.
② 좌우 합작 위원회를 주도하였다.
③ 김구와 함께 남북 협상에 참여하였다.
④ 상하이 훙커우 공원에서 의거를 감행하였다.
⑤ 대한민국 정부의 초대 부통령에 선출되었다.

▶ 242016-0216

02 다음 결정이 이루어진 시기를 연표에서 옳게 고른 것은?

> 유엔 한국 임시 위원단이 총선거를 감시하고 협의할 수 있었던 남한 지역에서 효과적인 통제 및 관할권을 보유한 합법적인 정부가 수립되었으며, 이 정부는 선거가 가능하였던 한반도 내에서 유일한 합법 정부임을 승인한다.

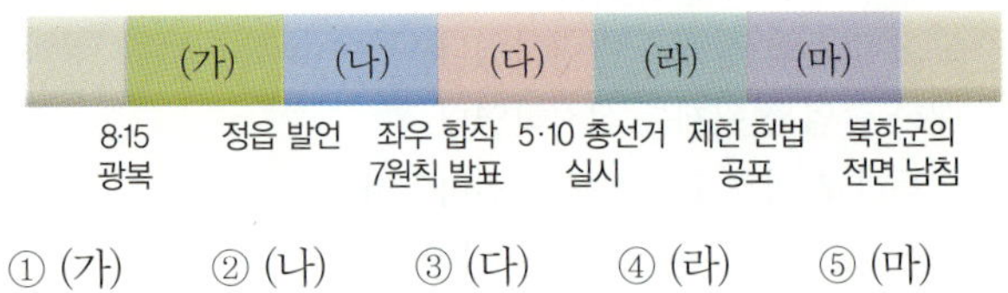

① (가)　　② (나)　　③ (다)　　④ (라)　　⑤ (마)

▶ 242016-0217

03 다음을 활용한 탐구 주제로 가장 적절한 것은?

> 이 방위선은 알류샨 열도에서 일본을 거쳐 오키나와, 필리핀 군도로 이어진다. …… 기타 태평양 지역은 …… 군사적 공격에서 안전을 보장할 수 없다는 점을 명백히 밝힌다.

① 만주 사변의 영향
② 6·25 전쟁의 배경
③ 한국광복군의 활동
④ 브라운 각서의 내용
⑤ 38도선 설정의 과정

▶ 242016-0218

04 (가)에 들어갈 내용으로 가장 적절한 것은?

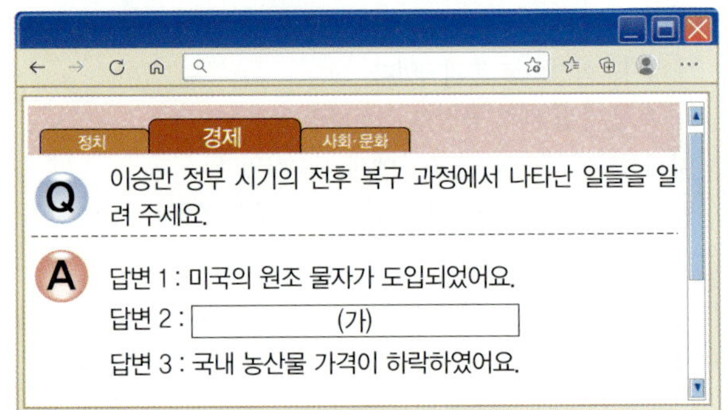

① 삼백 산업이 성장하였어요.
② 천리마 운동이 전개되었어요.
③ 긴급 조치 9호가 발동되었어요.
④ 무역 수지 흑자가 달성되었어요.
⑤ 경부 고속 국도가 개통되었어요.

▶ 242016-0219

05 (가)에 들어갈 용어를 쓰시오.

> 당시 헌법에 따르면 대통령은 2번까지만 가능하였다. 여당인 자유당은 당시 대통령에 한해 중임 제한 규정을 적용하지 않는다는 개헌안을 발의하였다. 이 개헌안은 국회 표결 결과 정족수 1명이 모자라 부결되었으나, 이틀 후 국회 의장은 [(가)]의 논리를 적용하여 개헌안이 통과되었다고 선포하였다.

(　　　　　)

▶ 242016-0220

06 (가), (나) 시기 사이에 있었던 사실로 옳은 것은?

> (가) 정부통령 선거가 열린 3월 15일 경찰과 정치 폭력배 등이 동원되어 4할 사전 투표, 3~9인조 투표, 투표함 바꿔치기 등 대대적인 선거 부정이 자행되었다.
> (나) 서울을 비롯한 전국 대도시에 계엄령이 선포되었으나 대학 교수단까지 나서서 대통령의 퇴진을 요구하는 시위를 벌였다. 결국 대통령은 사임 성명을 발표하고 대통령직에서 물러났다.

① 김주열의 시신이 발견되었다.
② 장면이 국무총리에 취임하였다.
③ 이한열이 최루탄을 맞고 쓰러졌다.
④ 조봉암에 대한 사형 판결이 내려졌다.
⑤ 박종철이 경찰의 고문으로 사망하였다.

▶ 242016-0221

07 ㉠, ㉡에 들어갈 알맞은 말을 쓰시오.

> 박정희를 중심으로 하는 일부 군부 세력은 정변을 일으켰다. 이들은 전국에 비상계엄을 선포하고 (㉠)을/를 설치하여 군정을 실시하였다. 그리고 중앙정보부를 설치하고 비밀리에 (㉡)을/를 창당하였다.

㉠ : (   ) ㉡ : (   )

▶ 242016-0222

08 다음 민주화 운동 당시에 제기된 구호로 가장 적절한 것은?

> 정부의 탄압에도 불구하고 명동 성당을 비롯하여 시내 곳곳에서 대규모 시위가 매일 전개되었고, 지방의 주요 도시에서도 시위가 이어졌다. 국민적 저항에 굴복한 정부는 6·29 민주화 선언을 통해 직선제 개헌과 민주화 조치를 약속하였다.

① 3선 개헌을 철회하라!
② 유신 헌법을 폐지하라!
③ 호헌 조치를 철폐하라!
④ 신탁 통치에 반대한다!
⑤ 굴욕적인 한일 회담 중지하라!

▶ 242016-0223

09 (가)에 들어갈 내용으로 적절한 것만을 보기 에서 고른 것은?

> 박정희 정부는 자립 경제를 달성할 수 있는 기반을 마련하고자 하였다. 이를 위해 외국에서 자금과 기술을 도입하여 수출 위주의 성장 전략을 펼치려 하였는데, 산업화에 필요한 자금은 (가) 등으로 어느 정도 충당할 수 있었다.

보기

ㄱ. 한일 협정을 통해 들어온 자금
ㄴ. 토지 조사 사업으로 늘어난 세입
ㄷ. 독일에 파견된 광부와 간호사의 송금
ㄹ. 독립 공채를 발행하여 외국으로부터 확보한 재원

① ㄱ, ㄴ　　　② ㄱ, ㄷ　　　③ ㄴ, ㄷ
④ ㄴ, ㄹ　　　⑤ ㄷ, ㄹ

▶ 242016-0224

10 다음 변화가 나타난 배경을 알아보기 위한 탐구 활동으로 적절한 것만을 보기 에서 고른 것은?

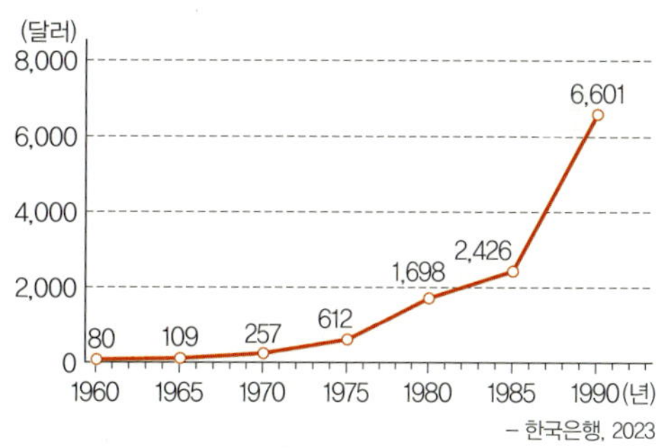

▲ 1인당 국민 소득의 변화

보기

ㄱ. 3저 현상이 끼친 영향을 파악한다.
ㄴ. 농지 개혁법이 제정된 배경을 알아본다.
ㄷ. 중동 건설 사업 진출의 성과를 조사한다.
ㄹ. 국가 총동원법에 따른 수탈 사례를 수집한다.

① ㄱ, ㄴ　　　② ㄱ, ㄷ　　　③ ㄴ, ㄷ
④ ㄴ, ㄹ　　　⑤ ㄷ, ㄹ

한국사 2

미리 보는 서술형·논술형

Step 1 서술형 연습하기   ▶ 242016-0225

밑줄 친 '결정 사항'의 내용을 서술하시오.

> 미국, 영국, 소련의 외무 장관이 제2차 세계 대전 이후의 문제를 처리하기 위해 모스크바에 모였다. 여기에서 한국 문제도 논의되었는데, 그 결정 사항을 두고 좌우의 대립이 심해졌다.

답 완성하기

자료는 1945년 12월에 열린 (   ) 3국 외상 회의에 대한 것이다. 여기서 한반도에 민주주의 (   ) 정부를 수립하고, 이를 위해 (   ) 공동 위원회를 설치하며, 최대 5년간의 (   ) 통치에 대해 협의한다는 내용이 결정되었다.

Step 2 서술형 훈련하기   ▶ 242016-0226

다음 글을 읽고 물음에 답하시오.

> 제1조 ① 대한민국은 민주 공화국이다.
> 제39조 ① 대통령은 (가) 에서 토론 없이 무기명 투표로 선거한다.
> 제47조 대통령은 임기는 6년으로 한다.

(1) (가)에 들어갈 기구를 쓰시오.

(   )

(2) 위 헌법에 따라 부여된 대통령의 권한을 세 가지 서술하시오.

Step 3 논술형 도전하기   ▶ 242016-0227

다음 상황이 나타난 배경을 당시 정부의 경제 정책과 관련지어 200자 이내로 서술하시오.

> 평화 시장 내 2만여 종업원의 90% 이상이 평균 연령 18세의 여성이며, 40%를 차지하는 견습공들은 평균 연령 15세의 어린이들로 굶주림과 어려운 현실을 이기려고 하루 90~100원의 급료를 받으며 16시간의 작업을 합니다.

01 6월 민주 항쟁 이후 민주화 과정과 사회·문화 변동

1 평화적 정권 교체와 시민 사회의 성장

(1) 노태우 정부(1988~1993)

① 성립 : 6·29 민주화 선언에 따른 개헌(대통령 5년 단임제, 직선제) → 김영삼·김대중 등 야당의 분열 → 민주 정의당의 노태우 당선

② 주요 정책

- 제13대 국회 의원 총선거에서 야당이 다수 의석 차지(여소야대) → 3당 합당 단행 **자료 1**
- 북방 외교 : 소련·중국 등 사회주의 국가와 수교, 북한과의 관계 개선 도모

(2) 김영삼 정부(1993~1998)

① 성립 : 제14대 대통령 선거에서 민주 자유당의 김영삼 당선(문민정부)

② 주요 정책

- 사회 개혁 : 공직자 재산 공개, 금융 실명제 시행 **자료 2**, 군부 내 하나회 해체
- 역사 바로 세우기 : 전두환·노태우 등 12·12 군사 반란 및 5·18 민주화 운동 진압 관련자 처벌, 조선 총독부 건물 철거 등
- 임기 말 외환 위기 발생 → 국제 통화 기금[IMF]에 구제 금융 요청

(3) 김대중 정부(1998~2003)

① 성립 : 외환 위기 속에서 제15대 대통령 선거 실시 → 김대중 당선

② 의의 : 대한민국 정부 수립 이후 최초의 선거를 통한 평화적 정권 교체

③ 주요 정책

경제	국제 통화 기금 관리 체제 극복
사회	국가 인권 위원회, 의문사 진상 규명 위원회 등 설치
남북 관계 개선	대북 화해 협력 정책 → 금강산 관광 사업 시행, 남북 정상 회담 개최

(4) 평화적 정권 교체의 정착

노무현 정부(2003~2008)	• 지역 균형 발전을 위해 행정 수도 이전 등 추진 • 진실 화해를 위한 과거사 정리 위원회 출범
이명박 정부(2008~2013)	• 실용주의 등 표방 → 규제 완화, 세금 감면 등 실시 • 4대강 정비 사업, 미국산 쇠고기 수입 → 시민 사회와 갈등
박근혜 정부(2013~2017)	• 대한민국 최초의 여성 대통령, 청탁 금지법 등 제정 • 민간인에 의한 국정 농단 의혹 → 국회의 탄핵 → 헌법 재판소의 탄핵 인용 → 대통령 파면
문재인 정부(2017~2022)	소득 주도 성장 표방, 코로나바이러스 감염증–19에 대응
윤석열 정부(2022~)	공정과 상식을 내걸고 당선

(5) 지방 자치 제도 : 제헌 헌법에 명시 → 최초의 지방 의회 선거(1952) → 박정희 정부 시기 중단 → 노태우 정부 시기 재개 → 김영삼 정부 시기 전면 실시

(6) 시민 사회 성장 : 노동 운동(노동자 대투쟁, 민주노총 결성), 농민 운동, 각종 시민 단체 결성(여성·환경·인권 운동 등) → 시민 의식 성장 → 촛불 집회

자료 1 3당 합당

국회의 다수를 차지한 야당 주도로 5·18 민주화 운동의 진상과 전두환 정부의 비리를 규명하는 청문회가 열렸다. 이런 상황에서 집권 여당이었던 민주 정의당과 김영삼이 이끌던 통일 민주당, 김종필이 이끌던 신민주 공화당이 합당하여 민주 자유당이라는 거대 여당이 탄생하였다. 이로 인해 여소야대 구도가 뒤집혔다.

자료 2 금융 실명제

> 저는 헌법에 의거하여 금융 실명 거래 및 비밀 보장에 관한 대통령 긴급 명령을 반포합니다. …… 이 시간 이후 모든 금융 거래는 실명으로만 이루어집니다. 금융 실명제가 실시되지 않고는 이 땅의 부정부패를 원천적으로 봉쇄할 수가 없습니다.

이전까지는 가명, 무기명 금융 거래가 허용되어 뇌물 수수와 불법 자금 은닉 등 범죄가 빈번하였다. 하지만 김영삼 정부가 금융 실명제를 실시한 이후 투기 및 부정부패 자금 등의 추적이 쉬워졌다. 또한 금융 소득의 실제 소유자가 밝혀져 조세 부담의 투명성도 높아졌다.

용어 알기

문민(글 文 사람 民)
직업 군인이 아닌 일반 국민

❷ 외환 위기 극복과 사회·문화의 변동

(1) 외환 위기

① 세계화
- 미국, 영국 등 선진국들이 신자유주의에 기초한 시장 개방 논의 → 우루과이 라운드 타결, 세계 무역 기구[WTO] 출범, 시장 개방 압력 고조
- 김영삼 정부의 경제 정책 **자료3** : 쌀을 제외한 농산물 시장 개방, 경제 협력 개발 기구[OECD] 가입, 상품과 자본 시장 개방, 기업 규제 완화

② 외환 위기의 발생과 극복

배경	• 기업들이 해외에서 낮은 이자로 외화 도입, 무리하게 자금을 빌려 사업 확장 • 반도체 가격의 하락으로 무역 적자 증가 → 한보 등 국내 대기업의 부도 → 기업에 돈을 빌려준 금융 기관들의 위기 고조 • 동남아시아 여러 나라에서 발생한 외환 위기의 확산 → 한국 금융 시장 불안 고조
상황	한국 신용 등급 하락 → 외국 투자자들의 한국 투자 자본 회수 → 주가 폭락, 환율 폭등 → 외환 보유고 감소 → 외채에 의존하던 기업들의 연쇄 부도
극복	• 국제 통화 기금[IMF]의 요구 : 재정 지출 축소, 공기업 민영화, 부실기업 정리, 시장 개방, 노동 시장 유연화 등 • 강도 높은 구조 조정 단행, 부실기업과 은행 통폐합, 공적 자금 투입, 민간 차원의 금 모으기 운동 → 김대중 정부 시기 국제 통화 기금의 지원금 조기 상환(2001)
영향	노동자 대량 해직, 비정규직 노동자 증가, 자영업자 도산 → 빈부 격차 심화

③ 외환 위기 이후 경제 상황 **자료4**
- 자유 무역 협정[FTA] 확대 : 칠레, 미국, 유럽 연합[EU], 중국 등
- 반도체, 디스플레이, 스마트폰 등 첨단 기술 정보 산업 육성
- 1인당 국민 소득 3만 달러 달성, 무역 대국으로 발전

(2) 사회 · 문화의 변동

① 사회 양극화

양상	• 외환 위기 이후 대기업과 중소기업, 정규직과 비정규직 간 격차 심화 • 해외 농산물 수입으로 농민 타격
대응	국민 기초 생활 보장법 제정 등

② 다문화 사회 : 외국인 이주 노동자 · 국제결혼 · 북한 이탈 주민 증가

양상	• 경제 성장에 기여, 농어촌 지역 활기, 문화 다양성 증진 • 문화적 차이와 사회적 차별 · 편견 존재
대응	외국인 처우 개선법 · 다문화 가족 지원법 등 제정, 다문화 교육 실시 등

③ 고령화 · 저출생 현상 : 경제 성장 · 의료 기술 발달 · 출산 기피

고령화	경제 성장, 의료 기술 발달 → 노인 복지 문제 대두(기초 연금 제도 등)
저출생	청년 실업 증가, 교육비 지출 증가 등 → 결혼과 출산 기피 현상

자료3 김영삼 정부의 경제 정책

> 21세기를 눈앞에 두고 세계는 지금 새로운 질서가 펼쳐지고 있습니다. 새해와 더불어 세계 무역 기구[WTO] 체제가 출범하며 나라와 나라 사이에, 지역과 지역 사이에 치열한 무한 경쟁이 벌어지는 시대가 온 것입니다. 올해, 정부는 물론 모든 국민이 세계화를 본격 추진하는 해가 되어야 할 것입니다.

김영삼 대통령은 1995년 신년사에서 신자유주의를 본격 표방하였다. 신자유주의는 정부의 시장 개입을 줄이고 기업 등 경제 주체의 자율성을 확대하면 경제적 효율성이 늘어나 경제 성장에 긍정적인 영향을 끼칠 것이라고 보는 이론이다. 김영삼 정부는 이러한 입장에서 공기업 민영화, 금융 · 기업 규제 완화, 시장 개방 확대 등을 추진하였다.

자료4 외환 위기 이후 경제 상황

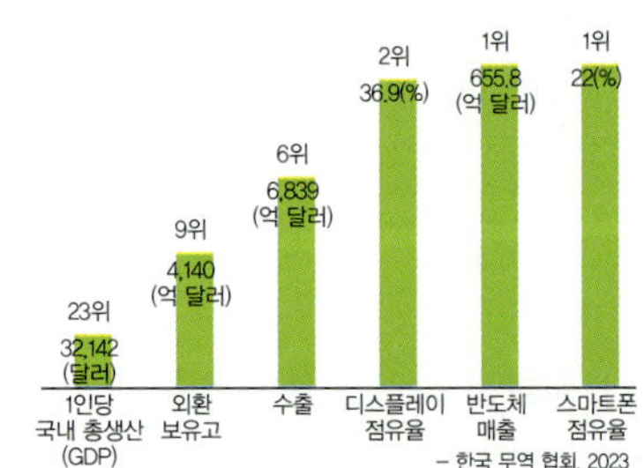

외환 위기 이후 반도체 등 세계적으로 경쟁력을 가진 산업이 약진하였고, 정보 통신 산업이 발전하면서 한국은 무역 대국으로 성장하였다.

용어 알기

외채(외국 外 빚 債)
외국에서 들여온 빚

부도(아닐 不 줄 渡)
기한이 되어도 약속한 대금을 지급하지 못하는 것

📝 필수 개념

1 평화적 정권 교체와 시민 사회의 성장

북방 외교	소련, 중국 등 사회주의 국가와 수교
금융 실명제	금융 거래의 투명성을 높이기 위해 실명으로만 금융 거래를 하게 하는 제도
지방 자치제	지역 주민이 선출한 자치 단체장과 지방 의회가 해당 지역의 일을 처리하는 제도

2 외환 위기 극복과 사회·문화의 변동

신자유주의	정부의 시장 개입을 줄이고 경제 주체의 자율성을 확대하면 경제 성장에 기여할 것이라고 보는 경제 이론
세계화	신자유주의에 기초한 선진국들의 시장 개방 압력에 대한 김영삼 정부의 정책 방향
외환 위기	외국 자본의 급격한 유출로 인해 발생하는 경제 위기로 1990년대의 상황이 대표적임.
국민 기초 생활 보장법	생활이 어려운 국민의 최저 생활을 보장하기 위해 시행된 법률

☑ 개념 체크

01 빈칸에 들어갈 알맞은 말을 고르시오.

① 6월 민주 항쟁의 결과 대통령 (직선제, 간선제)로 개헌이 이루어졌다.

② 1987년에 치러진 대통령 선거 결과 (노태우, 노무현)이/가 대통령에 당선되었다.

③ 여소야대의 상황에서 3당 합당이 이루어져 (민주 정의당, 민주 자유당)이 창당되었다.

④ (김영삼, 김대중) 정부 말기에 외환 위기가 발생하였다.

02 옳은 내용에는 ○표, 틀린 내용에는 ×표를 하시오.

① 노태우 정부는 소련, 중국 등 사회주의 국가들과 수교하는 북방 외교를 펼쳤다. ( )

② 김대중 정부는 금융 거래를 실명으로만 하게 하는 금융 실명제를 전격 실시하였다. ( )

③ 1990년대 후반 동남아시아 여러 나라에서 발생한 외환 위기는 우리나라에도 영향을 끼쳤다. ( )

④ 외환 위기 이후 우리나라는 칠레를 시작으로 세계 여러 나라와 자유 무역 협정[FTA]을 체결하였다. ( )

기본 문제

▶ 242016-0228

01 (가) 인물의 대통령 재임 기간에 있었던 사실로 옳은 것만을 보기 에서 고른 것은?

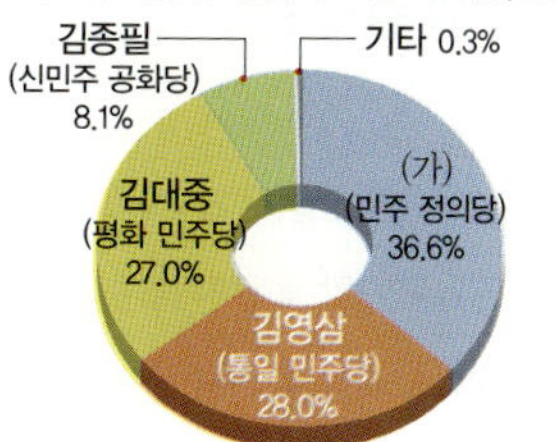

제13대 대통령 선거 후보별 득표율(1987)

> **보기**
>
> ㄱ. 3당 합당이 단행되었다.
> ㄴ. 남북 정상 회담이 개최되었다.
> ㄷ. 금융 실명제가 전면 실시되었다.
> ㄹ. 소련, 중국과 수교가 이루어졌다.

① ㄱ, ㄴ　　② ㄱ, ㄹ　　③ ㄴ, ㄷ
④ ㄴ, ㄹ　　⑤ ㄷ, ㄹ

▶ 242016-0229

02 (가)에 들어갈 내용으로 가장 적절한 것은?

> 외국 자본은 한국에 투자하였던 자금을 빠르게 회수해 갔다. 정부는 보유하고 있던 외환으로 위기를 해결하려 하였으나, 외환 보유액이 급격히 줄어들면서 기업과 금융 기관들이 외채를 상환할 수 없는 지경에 이르렀다. 결국 김영삼 정부는
>
> (가)

① 상품과 자본 시장을 개방하였다.

② 국민 기초 생활 보장법 등을 제정하였다.

③ 경제 협력 개발 기구[OECD]에 가입하였다.

④ 칠레와 자유 무역 협정[FTA]을 체결하였다.

⑤ 국제 통화 기금[IMF]에 구제 금융을 요청하였다.

02 한반도 분단 극복과 동아시아 평화를 위한 노력

1 남북통일과 평화를 위한 노력

(1) 북한의 권력 세습과 경제 변화

① 3대 세습

김일성	사회주의 헌법(1972) : 주체사상과 주석제를 통해 권력 절대화
김정일	김일성 사망 후 권력 승계(국방 위원장) → 선군 정치, 핵 개발
김정은	김정일 사망 후 권력 세습 → 핵 문제를 두고 한국·미국 등과 협상 및 대립 반복

② 경제 변화 : 1980년대 이후 사회주의 국가들이 몰락하면서 경제 위기 고조

1980년대	합작 회사 경영법 제정(합영법, 1984) : 외국 자본 유치 시도
1990년대	• 나진·선봉 등 경제특구 설치 • 경제 위기 심화(고난의 행군) → 자생적인 장마당 확산
2000년대 이후	• 7·1 경제 관리 개선 조치(2002) • 남북 경제 협력 강화 : 개성 공단 운영 등

(2) 남북통일을 위한 노력

장면 정부	4·19 혁명 이후 민간에서 통일 운동 확산 → 소극적으로 대응
박정희 정부	• 반공 중시, 서울·울진·삼척 등에 북한 간첩 침투 → 대립 고조 • 닉슨 독트린 발표 등으로 냉전 체제 완화 → 7·4 남북 공동 성명 발표(1972) 자료1 → 남북 적십자 회담 등 개최
전두환 정부	남한 수해 → 북한의 구호물자 제공 → 이산가족 고향 방문단 및 공연 예술단 상호 방문(1985)
노태우 정부	냉전 해체, 북방 외교 → 남북 유엔 동시 가입(1991), 남북 기본 합의서(1991) → 한반도 비핵화 공동 선언 채택(1991)
김영삼 정부	북한의 핵 개발 시도 및 핵 확산 금지 조약 탈퇴(1993) → 긴장 고조
김대중 정부	금강산 관광 등 대북 화해 협력 정책 → 제1차 남북 정상 회담(6·15 남북 공동 선언, 2000) 자료2
노무현 정부	제2차 남북 정상 회담(10·4 남북 정상 선언, 2007)
이명박 정부	금강산 관광 사업 중단, 북한의 연평도 포격 사건 등 긴장 고조
박근혜 정부	북한의 미사일 발사와 핵 실험 강행 → 개성 공단 사업 중단
문재인 정부	• 평창 동계 올림픽에 북한 선수단 참가 • 판문점에서 남북 정상 회담 개최, 북미 정상 회담 개최

(3) 동아시아의 갈등 해결 노력

① 독도 수호 : 연합국 최고 사령관 각서(독도를 한국 영토로 표기), 평화선 선언(1952), 독도 의용 수비대(1953), 독도의 달 지정(2005, 매년 10월), 독도 경비대

② 역사 갈등 : 일본의 우경화(침략 전쟁 미화, 야스쿠니 신사 참배, 역사 교과서 왜곡, 침략 전쟁 피해자 외면 등), 중국의 동북공정(고조선, 고구려, 발해 등을 자국 역사로 편입 시도)

자료1 7·4 남북 공동 성명

> 첫째, 통일은 …… 자주적으로 해결해야 한다.
> 둘째, 통일은 …… 평화적 방법으로 실현해야 한다.
> 셋째, 사상과 이념, 제도의 차이를 초월해 우선 하나의 민족으로서 민족적 대단결을 도모해야 한다.

남과 북이 합의한 자주, 평화, 민족적 대단결의 통일 원칙은 이후 남북 대화의 기본 원칙이 되었다. 하지만 7·4 남북 공동 성명 이후 유신 헌법과 사회주의 헌법이 제정되는 등 독재 체제 강화에 이용되었다는 평가를 받기도 한다.

자료2 6·15 남북 공동 선언

> 1. 남과 북은 나라의 통일 문제를 그 주인인 우리 민족끼리 서로 힘을 합쳐 자주적으로 해결해 나가기로 했다.
> 2. 남과 북은 나라의 통일을 위한 남측의 연합제 안과 북측의 낮은 단계의 연방제 안이 서로 공통성이 있다고 인정하고 앞으로 이 방향에서 통일을 지향해 나가기로 하였다.

분단 이후 처음 열린 남북 정상 회담 결과 6·15 남북 공동 선언이 발표되었고, 이후 개성 공단 사업 등 남북 교류가 활발히 전개되었다.

용어 알기

주체사상(주인 主 몸 體 생각 思 생각 想)
사상, 정치, 경제, 군사 분야에서 주체성을 확보해야 생존이 가능하다는 이론으로 김일성 개인숭배와 반대파 숙청, 권력 세습에 이용됨.

우경화(우익 右 기울 傾 될 化)
우익적인 사상으로 기울어짐.

✏️ 필수 개념

1 남북통일과 평화를 위한 노력

합영법	외국 자본 유치를 위해 북한이 1984년 제정한 법률
경제특구	경제 활성화를 목적으로 특별한 법률로 경제 활동을 보장하는 지역
7·4 남북 공동 성명	남북이 자주, 평화, 민족 대단결의 평화 원칙에 합의하고 발표한 성명
금강산 관광	김대중 정부 시기부터 시작된 대북 화해 협력 정책
6·15 남북 공동 선언	제1차 남북 정상 회담 결과 발표된 공동 선언
개성 공단	남북 경제 협력의 일환으로 조성된 공업 지구
야스쿠니 신사	일본의 전쟁 범죄자들까지 신격화해 제사를 지내는 종교 시설
동북공정	고조선, 고구려, 발해 등을 중국 역사로 편입하기 위한 프로젝트

☑️ 개념 체크

01 빈칸에 들어갈 알맞은 말을 쓰시오.

① 1972년 제정된 (　　　) 헌법은 김일성의 권력을 절대화하였다.

② 김일성 사망 후 (　　　)이/가 북한의 권력을 세습하였다.

③ 북한은 1984년 (　　　)을/를 제정해 외국 자본을 유치하려 하였다.

④ 1990년대 이후 북한은 나진과 선봉을 시작으로 각지에 (　　　)을/를 설치하여 경제 위기를 극복하기 위해 노력하고 있다.

02 옳은 내용에는 ○표, 틀린 내용에는 ×표를 하시오.

① 남과 북은 냉전 체제가 완화되는 상황에서 1972년 자주, 평화, 민족적 대단결이라는 통일 원칙에 합의하고 7·4 남북 공동 성명을 발표하였다. 　　　(　　　)

② 노태우 정부 시기 남한의 수해에 북한이 구호물자를 제공한 것을 계기로 이산가족 고향 방문단의 상호 방문이 이루어졌다. 　　　(　　　)

③ 김대중 정부는 적극적인 북방 외교를 통해 남북 유엔 동시 가입과 남북 기본 합의서 채택 등을 이끌어 냈다. 　　　(　　　)

④ 이승만 정부는 1952년 평화선을 긋고 독도가 우리 영토임을 선언하였다. 　　　(　　　)

기본 문제

▶ 242016-0230

01 (가)에 들어갈 내용으로 적절한 것만을 보기 에서 고른 것은?

〈북한의 정치·경제 변화〉

사회주의 헌법이 제정되었다.

↓

(가)

↓

김정은이 권력을 차지하였다.

보기

ㄱ. 합영법이 제정되었다.
ㄴ. 선군 정치가 표방되었다.
ㄷ. 정전 협정이 체결되었다.
ㄹ. 북미 정상 회담이 개최되었다.

① ㄱ, ㄴ　　　② ㄱ, ㄷ　　　③ ㄴ, ㄷ
④ ㄴ, ㄹ　　　⑤ ㄷ, ㄹ

▶ 242016-0231

02 밑줄 친 '회담'의 결과로 옳은 것은?

> 평양이 열렸다. 뜨겁게 손잡았다. 역사를 새로 쓴다.
> 남북 정상, 분단 55년 만에 첫 회담
>
> – 중앙일보(2000. 6. 14.) –

① 금강산 관광이 시작되었다.
② 남북이 유엔에 동시 가입하였다.
③ 울진에 북한의 간첩이 침투하였다.
④ 6·15 남북 공동 선언이 발표되었다.
⑤ 한반도 비핵화 공동 선언이 이루어졌다.

단원 종합 문제

▶ 242016-0232

01 다음 상황이 나타난 배경을 알아보기 위한 탐구 활동으로 적절한 것만을 **보기** 에서 고른 것은?

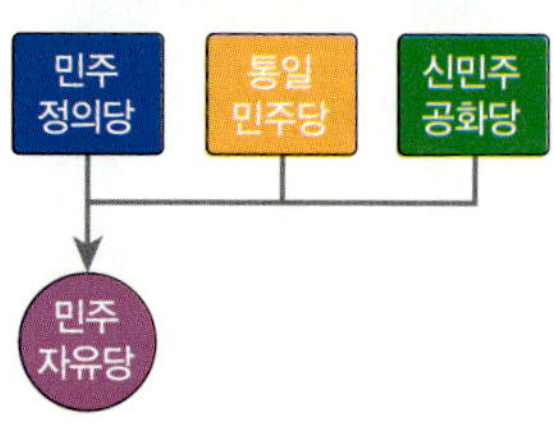

보기

ㄱ. 5·10 총선거의 결과를 찾아본다.
ㄴ. 발췌 개헌 당시의 사진 자료를 수집한다.
ㄷ. 당시 국회의 의석 분포를 정당별로 정리한다.
ㄹ. 5·18 민주화 운동 진상 규명 청문회의 개최 과정을 조사한다.

① ㄱ, ㄴ   ② ㄱ, ㄷ   ③ ㄴ, ㄷ
④ ㄴ, ㄹ   ⑤ ㄷ, ㄹ

▶ 242016-0233

02 (가)에 들어갈 내용으로 가장 적절한 것은?

수행 평가 계획서

주제 : ▢ (가) ▢

수집 자료

• 구속 재판받는 전두환, 노태우 대통령 사진
• 금융 실명제 전면 실시를 보도하는 신문 기사

---

① 6월 민주 항쟁의 배경
② 12 · 12 군사 반란의 결과
③ 김영삼 정부의 주요 정책
④ 3선 개헌에 대한 당시의 반응
⑤ 박종철 고문치사 사건의 영향

▶ 242016-0234

03 다음을 발표한 정부에 대한 설명으로 옳은 것은?

정부 수립 50년 만에 선거를 통해 처음 이루어진 여야 정권 교체를 여러분과 함께 기뻐하면서 …… 진정한 '국민의 정부'를 탄생시킨 국민 여러분께 찬양과 감사의 말씀을 드리는 바입니다. …… 오늘은 이 땅에서 처음으로 민주적 정권 교체가 실현되는 자랑스러운 날입니다.

---

① 청탁 금지법 등을 제정하였다.
② 군부 내 하나회를 해체하였다.
③ 4대강 정비 사업을 추진하였다.
④ 조선 총독부 건물을 철거하였다.
⑤ 국제 통화 기금[IMF] 관리 체제를 극복하였다.

▶ 242016-0235

04 (가), (나) 정부를 옳게 짝지은 것은?

(가) 지역 균형 발전을 위해 행정 수도 이전을 추진하였고, 진실·화해를 위한 과거사 정리 위원회를 조직하였다.
(나) 실용주의를 내세워 시장 원리를 강조하며 기업에 대한 각종 규제를 철폐하였고, 방대한 예산을 투입하여 4대강 정비 사업을 추진하였다.

	(가)	(나)
①	김대중 정부	박근혜 정부
②	노무현 정부	이명박 정부
③	노무현 정부	김대중 정부
④	이명박 정부	노무현 정부
⑤	박근혜 정부	이명박 정부

▶ 242016-0236

05 (가)에 들어갈 용어를 쓰시오.

2002년 미군 장갑차 사고로 숨진 여중생을 추모하기 위한 ▢ (가) ▢ 집회를 시작으로 2008년에는 미국산 쇠고기 수입 반대, 이후 2010년대 들어서는 세월호 참사 특별법 제정, 국정 농단 의혹 규명을 요구하는 ▢ (가) ▢ 집회가 전개되었다. 비폭력 평화 시위의 형태로 전개된 ▢ (가) ▢ 집회는 1987년 민주화 이후 시민 의식 성장을 보여 주는 대표적인 사례이다.

(   )

▶ 242016-0237

06 다음 상황에서 김영삼 정부가 추진한 정책으로 옳은 것은?

> 1980년대 이후 선진 자본주의 국가들은 전면적인 시장 개방을 논의하였다. 이 과정에서 우루과이 라운드가 타결되고 세계 무역 기구[WTO] 체제가 출범하였다.

① 농지 개혁에 나섰다.
② 베트남에 국군을 파병하였다.
③ 한일 기본 조약을 체결하였다.
④ 소련 등 사회주의 국가와 수교하였다.
⑤ 경제 협력 개발 기구[OECD]에 가입하였다.

▶ 242016-0238

07 ㉠, ㉡에 들어갈 알맞은 말을 쓰시오.

> 1990년대 중반부터 무역 적자가 대폭 증가하였고, 과도한 부채를 갚지 못한 대기업들의 연쇄 부도가 이어졌다. 이런 상황에서 동남아시아에서 발생한 (㉠) 위기까지 겹쳤다. 외국 투자자들이 한국에 투자한 자본을 회수하면서 위기가 더욱 심해지자, 1997년 정부는 (㉡)에 구제 금융 지원을 요청하였다.

㉠ : (   ) ㉡ : (   )

▶ 242016-0239

08 밑줄 친 '위기'를 극복하는 과정에서 있었던 사실로 옳은 것만을 보기 에서 고른 것은?

보기
ㄱ. 전태일이 분신하였다.
ㄴ. 빈부 격차가 심화되었다.
ㄷ. 많은 노동자가 해고되었다.
ㄹ. 자유 무역 협정이 체결되었다.

① ㄱ, ㄴ   ② ㄱ, ㄷ   ③ ㄴ, ㄷ
④ ㄴ, ㄹ   ⑤ ㄷ, ㄹ

▶ 242016-0240

09 다음 합의가 이루어진 시기를 연표에서 옳게 고른 것은?

> **제1조** 남과 북은 서로 상대방의 체제를 인정하고 존중한다.
> **제4조** 남과 북은 상대방을 파괴·전복하려는 일체 행위를 하지 아니한다.
> **제15조** 남과 북은 민족 전체의 복리 향상을 위해 경제 교류와 협력을 실시한다.

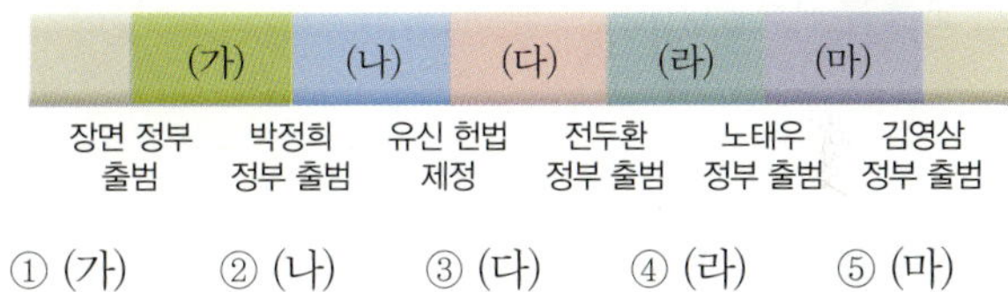

① (가)   ② (나)   ③ (다)   ④ (라)   ⑤ (마)

▶ 242016-0241

10 (가), (나)가 발표된 시기 사이에 있었던 사실로 옳은 것은?

> (가) 남과 북은 나라의 통일 문제를 그 주인인 우리 민족끼리 서로 힘을 합쳐 자주적으로 해결해 나가기로 하였다.
> – 제1차 남북 정상 회담 결과 발표 –
>
> (나) 남과 북은 군사적 적대 관계를 종식하고 한반도에서 긴장 완화와 평화를 보장하기 위해 긴밀히 협력하기로 하였다.
> – 제2차 남북 정상 회담 결과 발표 –

① 합영법이 제정되었다.
② 개성 공단이 운영되었다.
③ 사회주의 헌법이 마련되었다.
④ 7·4 남북 공동 성명이 발표되었다.
⑤ 북한이 핵 확산 금지 조약을 탈퇴하였다.

미리 보는 서술형·논술형

Step 1 서술형 연습하기　▶ 242016-0242

다음 과정을 거쳐 수립된 정부의 주요 정책을 쓰시오.

> 15년 만에 국민이 직접 대통령을 뽑는 선거가 실시되었다. 6월 민주 항쟁에 앞장섰던 야당이 분열하면서 여당의 후보가 대통령에 당선되었다.

답 완성하기

자료는 6월 민주 항쟁의 결과 개정된 헌법에 따라 치러진 대통령 선거에 대한 것이다. 선거 결과 수립된 (　　　　) 정부는 (　　　　　) 자치제를 부분적으로 재개하였고, (　　　　) 체제가 해체되는 속에서 (　　　　), 중국 등과 수교하는 등 (　　　　) 외교를 추진하였다.

Step 2 서술형 훈련하기　▶ 242016-0243

다음 글을 읽고 물음에 답하시오.

> 지역 주민이 직접 선출한 자치 단체장과 지방 의회가 해당 지역의 일을 처리하는 제도로, 우리 헌법에서는 풀뿌리 민주주의를 실현하고 효과적으로 권력을 통제하기 위해 이를 보장하고 있다.

(1) 밑줄 친 '제도'의 명칭을 쓰시오.

(　　　　　　　　　　)

(2) 6월 민주 항쟁 이후 위 제도의 변화 과정을 구체적으로 서술하시오.

____

____

____

____

Step 3 논술형 도전하기　▶ 242016-0244

다음 성명의 명칭을 쓰고, 성명이 끼친 영향과 한계를 400자 이내로 논술하시오.

> 첫째, 통일은 외세에 의존하거나 외세의 간섭을 받음이 없이 자주적으로 해결하여야 한다.
> 둘째, 통일은 상대방을 반대하는 무력행사에 의거하지 않고 평화적 방법으로 실현하여야 한다.
> 셋째, 사상과 이념, 제도의 차이를 초월하여 우선 하나의 민족으로서 민족적 대단결을 도모하여야 한다.

____

____

____

____

____

내신기본	유형기본	기출	심화	
올림포스	올림포스 유형편	올림포스 전국연합학력평가 기출문제집	올림포스 고난도	올림포스 고급영어독해
국		국		
영		영		영
수	수	수	수	

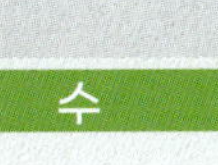

고등학교
입 문 서
NO. 1

고등
예비
과정

한국사

| 정답과 해설

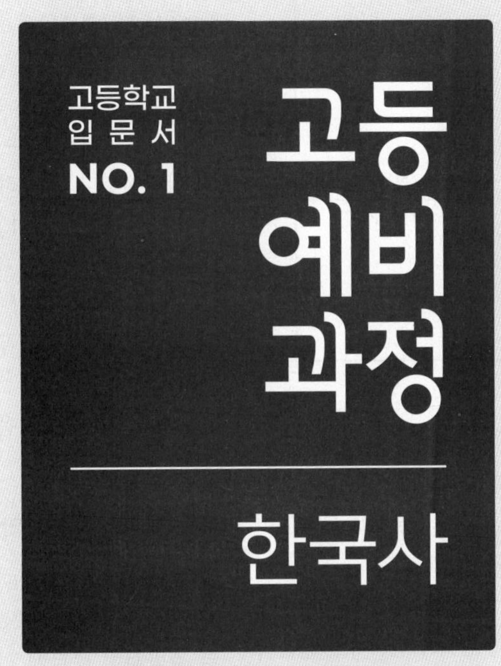

정답과 해설

정답과 해설

I. 근대 이전 한국사의 이해

01 고대 국가의 성장

01 ① 신석기　② 8조법　③ 소수림왕
　　④ 마립간　⑤ 녹읍
02 ① ○　② ×　③ ×　④ ○　⑤ ○

01 ②　**02** ②　**03** 부여　**04** ④
05 ④　**06** ㉠ 내물왕　㉡ 마립간
07 ④　**08** ⑤

01 신석기 시대의 사회 모습 파악

정답 찾기 자료는 빗살무늬 토기이다. 빗살무늬 토기는 신석기 시대의 대표적인 도구이다. 신석기 시대에는 농경과 목축이 시작되었다.

오답 피하기 ① 비파형 동검은 청동기 시대의 대표적인 도구이다.
③ 고조선은 왕 아래에 상, 대부, 장군 등의 관직을 설치하였다.
④ 옥저와 동예는 왕이 없고, 읍군과 삼로가 통치하였다.
⑤ 구석기 시대에는 이동 생활을 하면서 주로 동굴이나 바위 그늘에서 생활하였다.

02 고조선의 특징 파악

정답 찾기 자료는 고조선에서 사회 질서 유지를 위해 제정한 8조법이다. 고조선은 청동기 문화를 배경으로 건국된 우리 역사상 최초의 국가였다.

오답 피하기 ① 불교는 삼국 시대에 수용되었다.
③ 철기 문화를 바탕으로 부여, 고구려, 옥저와 동예, 삼한 등의 국가가 성립되었다.
④ 통일 신라의 신문왕은 유학 교육 기관으로 중앙에 국학을 설립하였다.
⑤ 고구려는 제가 회의에서 국가의 중대사를 결정하였다.

03 부여의 특징 이해

정답 찾기 철기 문화를 배경으로 만주 쑹화강 유역 평야 지대에서 성장한 부여는 왕이 중앙을 다스리고 마가, 우가, 저가, 구가 등의 가(加)들이 사출도를 관할하였다. 또한 12월에 영고라는 제천 행사를 거행하였다.

04 고구려의 발전 과정 이해

정답 찾기 태조왕과 장수왕의 활동을 통해 자료가 고구려의 발전 과정을 나타낸 것임을 알 수 있다. 고구려는 1세기에 즉위한 태조왕 때 옥저를 복속하고 랴오둥 지역으로 진출하였으며, 5세기 장수왕 때 평양으로 천도하고 백제의 한성을 함락하였다. 고구려는 4세기 후반 소수림왕 때 율령을 반포하고 불교를 수용하였다.

오답 피하기 ① 6세기 신라 지증왕은 우산국을 복속하였다.
② 6세기 백제 무령왕이 22담로에 왕족을 파견하였다.
③ 8세기 전반 발해 무왕 때 장문휴가 당의 산둥 지방을 공격하였다.
⑤ 6세기 신라 진흥왕은 화랑도를 국가적 조직으로 개편하였다.

05 백제의 특징 파악

정답 찾기 부여와 고구려계 유이민 세력이 한강 유역의 토착 세력과 결합하여 건국하였다는 점, 마한의 여러 소국 중 하나로 출발하여 빠르게 성장하였다는 점, 3세기 고이왕 때는 한강 유역 대부분을 차지하였다는 점 등을 통해 밑줄 친 '이 나라'가 백제임을 알 수 있다. 백제는 6세기 성왕 때 중흥을 모색하면서 웅진에서 사비로 천도하였다.

오답 피하기 ① 신라는 기밀 사무를 관장하고 왕명을 수행하는 기구로 집사부를 설치하였다.
② 신라 법흥왕이 금관가야를 복속하였다.
③ 고조선은 한 무제의 침략을 받아 멸망하였다.
⑤ 신라는 삼국 통일 무렵 감찰 기구로 사정부를 설치하였다.

06 신라의 발전 과정 파악

정답 찾기 신라에서 김씨에 의한 왕위 계승권을 확립하였고, 왕호를 이사금에서 대군장을 뜻하는 말로 바꾸었다는 점을 통해 자료가 4세기 후반 내물왕 때의 왕권 강화와 관련된 것임을 알 수 있다. 따라서 ㉠에는 내물왕이, ㉡에는 마립간이 들어가야 한다.

07 5세기 삼국의 정세 파악

정답 찾기 고구려가 한강 유역을 차지하고 있고 고구려의 수도가 평양이라는 것 등을 통해 지도가 5세기의 정세를 나타낸 것임을 알 수 있다. 5세기에 고구려가 한강 이남 지역까지 진출하자 위기에 처한 백제는 신라와 나제 동맹을 맺어 고구려에 대항하였다.

오답 피하기 ① 통일 신라의 신문왕은 교육 기관으로 국학을 설립하였다.
② 7세기 후반 통일 신라 신문왕 때 김흠돌의 난이 일어났다.
③ 백제는 4세기 후반 근초고왕이 평양성을 공격하였다.
⑤ 신라는 7세기에 매소성과 기벌포에서 당군을 격퇴하고 삼국 통일을 완성하였다.

08 발해의 특징 파악

정답 찾기 자료는 발해의 3성 6부를 나타낸 것이다. 발해는 9세기 선왕 이후 주변국으로부터 해동성국이라 불렸다.

오답 피하기 ① 통일 신라는 중앙군으로 9서당을 두었다.
② 신라 말인 900년에 견훤이 백제 부흥을 내걸고 완산주에서 후백제를 건국하였다.
③ 고구려 을지문덕은 살수에서 수의 군대를 격퇴하고 대승을 거두었다.
④ 통일 신라는 전국을 9주 5소경 체제로 정비하였다.

02 고려의 통치 체제

개념 체크
본문 16쪽

01 ① 광종 ② 어사대 ③ 중방 ④ 쌍성총관부
02 ① ○ ② × ③ × ④ ×

기본 문제
본문 16~17쪽

01 ⑤   **02** ②   **03** ㉠ 도병마사 ㉡ 식목도감
04 ③   **05** ②   **06** 최충헌   **07** ③   **08** ②

01 후삼국의 통일 과정 이해

정답 찾기 (가)는 왕건이 왕위에 오른 918년 고려 건국의 사실, (나)는 태조 왕건이 936년 후백제를 격파하고 후삼국을 통일한 사실을 보여 준다. 고려 태조는 신라에 우호적인 정책을 펼쳐 935년 신라 경순왕의 항복을 받았다.

오답 피하기 ① 무신 집권기에 최우는 정방을 설치하여 인사권을 장악하였다.
② 견훤은 900년에 후백제를 건국하였다.
③ 1170년 정중부 등이 무신에 대한 차별 대우에 반발하여 무신 정변을 일으켰다.
④ 고려 성종 때 최승로가 시무 28조를 올렸다.

02 광종의 업적 파악

정답 찾기 노비를 안검(상세히 조사)하여 옳고 그름을 가리도록 명령하였다는 점 등을 통해 밑줄 친 '국왕'이 노비안검법을 실시한 고려 광종임을 알 수 있다. 광종은 과거제를 도입하여 유학을 익힌 신진 인사를 등용하였다.

오답 피하기 ① 고려 태조는 후대의 왕에게 국가 운영의 방향을 제시하는 훈요 10조를 남겼다.
③ 신라는 내물왕 때 왕호를 이사금에서 마립간으로 바꾸었다.
④ 고려 성종은 최승로의 건의를 수용하여 12목을 설치하고 지방관을 파견하였다.
⑤ 고구려 광개토 대왕이 신라에 침입한 왜군을 격퇴하였다.

03 고려의 중앙 정치 기구 이해

정답 찾기 자료는 고려의 중앙 정치 기구에 대한 설명이다. 고려만의 독자적인 기구이며 국방 문제를 담당하였다는 점에서 ㉠은 도병마사, 법률, 제도 등을 논의하였다는 점에서 ㉡은 식목도감임을 알 수 있다.

04 고려의 특징 이해

정답 찾기 지도는 고려의 지방 행정 조직인 5도 양계를 나타낸 것이다. 고려는 과거와 함께 음서로 관리를 선발하였다.

오답 피하기 ① 백제 무령왕은 22담로에 왕족을 파견하였다.
② 통일 신라는 중앙군으로 9서당, 지방군으로 10정을 설치하였다.

④ 신라 진흥왕은 화랑도를 국가적 조직으로 개편하여 인재를 양성하였다.

⑤ 고구려는 제가 회의에서 국가의 중대사를 결정하였다.

05 묘청의 서경 천도 운동 시기 파악

정답 찾기 묘청 등 서경 세력이 서경 천도와 금국 정벌을 주장하고 있는 것을 통해 자료가 서경 천도 운동에 대한 것임을 알 수 있다. 묘청 등이 서경 천도를 주장하다가 뜻대로 되지 않자, 1135년에 서경을 근거지로 반란을 일으켰다. 이자겸의 난은 1126년에 발생하였고, 무신 정변은 1170년에 일어났다.

06 최충헌의 활동 파악

정답 찾기 교정도감을 설치하여 최고 권력 기구로 삼았고 사병 조직인 도방을 확대하였다는 점에서 자료의 밑줄 친 '그'가 최충헌임을 알 수 있다. 무신 정변 직후 권력 다툼으로 최고 집권자가 여러 차례 교체되었으나 최충헌이 권력을 잡으면서 점차 안정되었다.

07 대몽 항쟁 시기의 모습 파악

정답 찾기 몽골병의 침략에 맞서 노비군과 잡류 별초만이 이를 격퇴하였다는 점 등을 통해 자료는 대몽 항전 시기의 상황임을 알 수 있다. 몽골 침략에 맞서 1231년 충주성에서 노비가 주축이 된 군대가 몽골군을 물리쳤다. 몽골이 침략할 당시 고려의 최고 권력자는 최씨 무신 정권의 최우였다.

오답 피하기 ① 고려군이 일본 원정에 동원된 것은 고려가 몽골에 항복한 이후 원의 간섭을 받던 시기였다.

② 주자감은 발해의 최고 교육 기관이었다.

④ 사정부는 신라의 감찰 기구였다.

⑤ 고려 말 신진 사대부는 권문세족의 비리를 비판하였다.

08 공민왕의 개혁 정치 이해

정답 찾기 기철 등 친원 세력을 숙청하고 정동행성 이문소를 폐지하였다는 점, 왕실 호칭과 관제를 복구하였다는 점 등을 통해 자료는 공민왕의 개혁 정치에 대한 것임을 알 수 있다. 따라서 (가)에는 공민왕의 개혁 정치와 관련된 내용이 들어가야 한다. 고려는 권세가들이 부당하게 빼앗은 토지를 주인에게 돌려주고 불법적으로 노비가 된 자들의 신분을 되찾아 주기 위해 여러 차례에 걸쳐 전민변정도감을 설치하였다. 공민왕 때 설치된 것이 대표적이다.

오답 피하기 ① 고조선은 8조법을 제정하여 사회 질서를 유지하였다.

③ 고구려 소수림왕은 태학을 설립하고 율령을 반포하였다.

④ 통일 신라의 신문왕은 관료전을 지급하고 녹읍을 폐지하여 귀족의 경제력을 약화시키고자 하였다.

⑤ 통일 신라는 전국을 9주 5소경 체제로 정비하였다.

03 조선의 성립과 발전

개념 체크
본문 21쪽

01 ① ○ ② ○ ③ × ④ ×

02 ① 세종 ② 현량과 ③ 이조 전랑 ④ 병자호란

기본 문제
본문 21~22쪽

01 ③ **02** ② **03** 수령 **04** ① **05** ②

06 동인 **07** ④ **08** ⑤

01 태종의 활동 파악

정답 찾기 의정부의 서사를 나누어 6조에 귀속하였다는 점 등을 통해 자료가 6조 직계제 실시와 관련된 것임을 알 수 있다. 6조 직계제는 국왕 중심의 정치를 강화하던 조선 태종 때에 처음 시행되었다. 태종은 16세 이상의 모든 남자에게 호패를 소지하게 하는 호패법을 실시하였다.

오답 피하기 ① 최씨 무신 정권 시기 최우가 정방을 설치하여 인사권을 장악하였다.

② 고려 태조는 후대의 왕에게 국가 운영의 방향을 제시하는 훈요 10조를 남겼다.

④ 단종을 몰아내고 왕위에 오른 세조는 집현전과 경연을 폐지하였다.

⑤ 조선 성종은 『경국대전』을 완성해 반포하였다.

02 3사의 역할 파악

정답 찾기 자료는 의정부와 6조 등의 내용을 통해 조선 시대 중앙 정치 조직임을 알 수 있다. 따라서 사헌부, 사간원, 홍문관을 가리키는 (가)는 3사에 해당한다. 3사는 조선 시대에 언론 활동을 담당하였다.

오답 피하기 ① 조선 시대 국정을 총괄하는 최고 권력 기구는 의정부였다.

③ 발해의 3성 6부와 고려의 2성 6부는 당의 3성 6부의 영향을 받아 설치되었다.

④ 재신과 추밀이 참여하는 회의 기구는 고려 시대의 도병마사와 식목도감이다.

⑤ 고려 무신 정권 시기 최우는 정방을 설치해 인사권을 장악하였다.

03 조선 시대의 지방 행정 조직 이해

정답 찾기 각 도에 관찰사를 파견하였다는 점 등을 통해 자료는 조선 시대 지방 행정 조직에 대한 것임을 알 수 있다. 조선은 각 도에 관찰사를 파견하였고, 도 아래의 모든 군현에는 수령을 파견하였다.

04 훈구의 특징 파악

정답 찾기 15세기 중앙 정치는 세조의 즉위 과정에서 공을 세운 세력이 장악하고 있었다는 점 등을 통해 (가) 정치 세력이 훈구임을 알 수 있다. 훈구는 연산군의 폭정에 반발하여 중종반정을 일으켰다.

오답 피하기 ② 12세기에 묘청 등이 풍수지리설을 앞세워 서경 천도 운동을 전개하였다.

③ 무신 정권 시기에 정권을 장악한 최충헌은 교정도감을 통해 권력을 행사하였다.

④ 조선 시대 지방 사림은 16세기 이후 서원을 설립하여 세력을 확대하였다.

⑤ 고구려는 제가 회의를 통해 국가의 중대사를 결정하였다.

05 조광조의 개혁 정치 시기 파악

정답 찾기 김종직의 「조의제문」을 빌미로 사화가 일어났다는 점에서 (가)는 1498년에 일어난 무오사화임을 알 수 있다. 또한 사림이 이조 전랑의 임명 문제 등을 두고 동인과 서인으로 갈라서면서 붕당이 출현하였다는 점에서 (나)는 16세기 후반 선조 때의 사실임을 알 수 있다. 중종 때 조광조가 급진적 개혁을 추진하자, 훈구의 반발로 1519년 기묘사화가 일어났다.

오답 피하기 ① 임진왜란 당시 조선군이 일본군에 잇따라 패배하자 선조는 의주로 피란하였다.

③ 고려 무신 정권기에 망이·망소이가 봉기를 일으켰다.

④ 고려 말 이성계가 요동 정벌에 반발해 위화도 회군을 단행하였다.

⑤ 고려 말 공민왕은 신돈을 등용하고 전민변정도감을 설치하였다.

06 동인의 특징 파악

정답 찾기 이황과 조식의 학문을 계승하였다는 점, 영남 지역의 사림이 중심을 이루었다는 점 등을 통해 (가) 붕당이 동인임을 알 수 있다.

07 임진왜란 중의 사실 파악

정답 찾기 조선의 인구 감소와 문화유산 소실을 가져왔다는 점, 명의 국력이 약화되고 여진이 성장하게 되었다는 점, 일본에 에도 막부가 수립되었다는 점 등을 통해 밑줄 친 '이 전쟁'이 임진왜란임을 알 수 있다. 임진왜란의 전개 과정에서 조·명 연합군이 평양성을 탈환하였다.

오답 피하기 ① 무신 정변은 고려 시대인 1170년에 일어났다.

② 고려 최씨 무신 정권기에 만적 등이 봉기를 모의하였다.

③ 병자호란 당시 인조는 남한산성으로 피란하여 항전하였다.

⑤ 고려는 일반 행정 구역인 5도와 군사 행정 구역인 양계로 나누어 지방을 다스렸다.

08 광해군의 중립 외교 이해

정답 찾기 국왕이 강홍립에게 지시하였다는 점, 명군 장수들의 명령을 그대로 따르지만 말고 신중하게 처신하도록 한 점 등을 통해 자료는 광해군의 중립 외교 정책과 관련된 것임을 알 수 있다. 광해군은 명이 쇠약해지고 후금이 강성해지는 상황에서 명이 조선에 지원군 파병을 요청하자, 강홍립이 이끄는 조선군을 파병하였다. 하지만 후금과의 전면적인 충돌을 피하는 중립 외교를 전개하였다.

오답 피하기 ① 병자호란의 결과 조선은 청과 군신 관계를 맺었다.

② 조선이 일본과의 교역에 대한 통제를 강화하자, 이에 반발하여 일본인들이 3포 왜란을 일으켰다.

③ 고려 정부의 개경 환도 결정에 반발하여 삼별초가 강화도에서 봉기하였다.

④ 원은 고려의 영토를 빼앗아 화주에 쌍성총관부를 설치하였다.

04 조선 후기의 새로운 흐름

개념 체크
본문 25쪽

01 ① 속오군 ② 서인 ③ 세도 정치 ④ 경복궁
02 ① 비변사 ② 정조 ③ 홍경래의 난 ④ 호포제

기본 문제
본문 25~26쪽

01 ④ **02** ① **03** 훈련도감 **04** ①
05 ③ **06** ④ **07** ④ **08** 당백전

01 비변사의 특징 파악

정답 찾기 일시적인 전쟁 때문에 설치한 것, 오늘에 와서는 큰일이건 작은 일이건 중요한 것으로 취급되지 않는 것이 없다고 한 것 등을 통해 (가) 기구가 조선 후기에 최고 권력 기구가 된 비변사임을 알 수 있다. 비변사의 기능이 강화되면서 왕권이 약화되고 의정부와 6조가 유명무실하게 되었다.

오답 피하기 ① 조선 세종은 학문 연구 기관으로 집현전을 설치하여 정책을 뒷받침하게 하였다.

② 정동행성은 원이 고려와 강화를 맺은 후 일본 원정을 위해 설치한 기구이다.

③ 고려의 독자적 기구인 도병마사와 식목도감은 재신과 추밀의 합의제로 운영되었다.

⑤ 지방 사족은 향촌 자치 기구인 향약을 기반으로 세력을 확장하였다.

02 서인의 특징 파악

정답 찾기 숙종 때 환국이 여러 차례 일어났는데, 그 과정에서 노론과 소론으로 나뉘어졌다는 점 등을 통해 (가) 붕당이 서인임을 알 수 있다. 서인은 광해군의 정책에 반발해 인조반정을 일으켰다.

오답 피하기 ② 12세기에 묘청 등 서경 세력이 풍수지리설을 내세워 서경 천도 운동을 전개하였다.

③ 중종 때 조광조의 급진적 개혁에 대해 훈구가 반발하면서 기묘사화가 일어났다.

④ 최씨 무신 정권 시기에 최우는 정방을 설치해 인사권을 장악하였다.

⑤ 광해군 때 북인 정권은 중립 외교 정책을 지지하였다.

03 훈련도감의 특징 파악

정답 찾기 임진왜란 중에 설치된 군영으로, 급료를 받는 상비군으로 구성되었고 삼수병으로 조직되었다는 점 등을 통해 자료의 군영이 훈련도감임을 알 수 있다.

04 영조의 업적 파악

정답 찾기 신문고를 다시 설치하도록 명하였다는 점, 이조는 탕평의 정신을 수용토록 하라고 한 점 등을 통해 자료의 정책을 추진한 국왕이 조선 영조임을 알 수 있다. 영조는 농민의 군포 부담을 1필로 줄여 주는 균역법을 시행하였다.

오답 피하기 ② 조선 정조는 관리를 재교육하는 초계문신제를 실시하였다.

③ 고려 후기에 전민변정도감이 여러 차례 설치되어 권세가들이 부당하게 빼앗은 토지와 노비를 원래 주인에게 돌려주고, 불법적으로 노비가 된 자를 양인 신분으로 회복시켜 주었다. 공민왕 때 설치된 것이 대표적이다.

④ 백제 무령왕은 22담로에 왕족을 파견하였다.

⑤ 인조반정 이후 정권을 잡은 서인은 친명 배금 정책을 추진하였다.

05 정조의 정책 파악

정답 찾기 노론, 소론, 남인을 고루 관직에 기용하였다는 점, 규장각을 강력한 정치 기구로 육성하였다는 점 등을 통해 자료가 정조의 정책에 대한 것임을 알 수 있다. 정조는 자신의 정치적 이상을 실현하는 상징적 도시로 수원 화성을 건설하였다.

오답 피하기 ① 고려 공민왕은 쌍성총관부를 공격하여 원에 빼앗겼던 영토를 회복하였다.
② 조선 전기에 사림과 훈구의 대립 과정에서 사화가 일어났다.
④ 고려 말 이성계는 요동 정벌에 반대하여 위화도 회군을 단행하였다.
⑤ 신라 지증왕 때 이사부가 우산국을 정벌하였다.

06 홍경래의 난 이해

정답 찾기 평서대원수, 조정에서 관서를 버림이 썩은 흙과 다름없다는 것 등을 통해 자료가 1811년에 일어난 홍경래의 난에 대한 것임을 알 수 있다. 홍경래의 난은 정부의 평안도 지역에 대한 차별과 지배층의 수탈에 맞서 일어났다.

오답 피하기 ① 몽골 침입 당시 김윤후가 이끄는 부곡민들이 처인성 전투에서 승리하였다.
② 고려 정부의 개경 환도 결정에 반발해 삼별초가 강화도에서 봉기하였다.
③ 조선 정조는 왕권 강화를 위해 친위 부대인 장용영을 설치하였다.
⑤ 임진왜란 당시 활약한 의병으로는 곽재우 등이 대표적이다.

07 흥선 대원군의 정책 파악

정답 찾기 호포를 징수하여, 귀천 없이 국세를 고르게 부담하니 쌓인 폐단이 한꺼번에 정리되었다는 점 등을 통해 (가) 인물이 호포제를 실시한 흥선 대원군임을 알 수 있다. 흥선 대원군은 비변사를 축소·폐지하고 의정부와 삼군부의 기능을 부활시켰다.

오답 피하기 ① 고려 태조는 후대의 왕에게 국가 운영의 방향을 제시하는 훈요 10조를 남겼다.
② 조선 정조는 육의전을 제외한 시전 상인들의 금난전권을 철폐하는 통공 정책을 실시하였다.
③ 고려 공민왕은 반원 정책을 추진하면서 정동행성 이문소를 폐지하였다.

⑤ 조선의 성종 등이 훈구 공신을 견제하기 위해 사림을 등용하였다.

08 경복궁 중건 이해

정답 찾기 임진왜란 때 불타 버린 경복궁을 다시 지으면서 부족한 공사비를 마련하기 위해 고액 화폐를 발행하였다는 점 등을 통해 (가)가 당백전임을 알 수 있다.

단원 종합 문제　　　　본문 27~28쪽

01 ②　　02 ①　　03 ③　　04 ③
05 풍수지리설　　06 ③　　07 ③　　08 ④
09 ③　　10 ④

01 청동기 시대의 모습 파악

정답 찾기 금속을 재료로 도구를 만들어 사용하기 시작하였다는 점, 사유 재산과 계급이 발생했다는 점, 비파형 동검과 거친무늬 거울 사진 등을 통해 (가) 시대가 청동기 시대임을 알 수 있다. 청동기 시대에는 지배층의 무덤으로 추정되는 고인돌이 제작되었다.

오답 피하기 ① 삼국 시대에 불교가 전래되었다.
③ 과거제는 고려 광종 때 도입되었다.
④ 농경과 목축이 처음 시작된 것은 신석기이다.
⑤ 철기 문화를 바탕으로 마한, 진한, 변한의 삼한이 성립되었다.

02 법흥왕의 업적 파악

정답 찾기 금관국의 김구해가 항복하였다는 내용을 통해 밑줄 친 '왕'이 신라 법흥왕임을 알 수 있다. 법흥왕은 율령을 반포하고 불교를 공인하였다.

오답 피하기 ② 고구려 소수림왕이 태학을 설립하였다.

③ 조선 세종은 궁궐에 집현전을 설치하였다.

④ 고려 광종은 본래 양인이었으나 불법으로 노비가 된 사람들을 양인으로 회복시키는 노비안검법을 시행하였다.

⑤ 백제 무령왕은 22담로에 왕족을 파견하여 지방 통제를 강화하였다.

03 발해의 특징 파악

정답 찾기 부여씨와 고씨가 망한 다음에 김씨의 신라가 남에 있다는 점, 대씨가 세운 나라라는 점, 남북국이라고 한 점 등을 통해 (가) 국가가 발해임을 알 수 있다. 발해는 최고 교육 기관으로 주자감을 설치하고 인재를 양성하였다.

오답 피하기 ① 고려를 세운 태조 왕건은 수도를 송악(개성)으로 옮겼다.

② 고조선은 한 무제의 침략을 받아 멸망하였다.

④ 통일 신라는 군사·행정의 요충지에 5소경을 설치하였다.

⑤ 조선은 의정부와 6조를 중심으로 중앙 정치 기구를 정비하였는데, 의정부가 국정을 총괄하였다.

04 고려 성종의 정책 파악

정답 찾기 최승로가 지방관 파견을 건의하고 있는 점 등을 통해 자료의 건의를 받아들인 국왕이 고려 성종임을 알 수 있다. 성종은 최승로의 건의를 받아들여 지방에 12목을 설치하고 지방관을 파견하였다.

오답 피하기 ① 고려 공민왕 등이 성균관을 정비하였다.

② 고려 무신 정권 시기에 최충헌은 교정도감을 설치해 최고 권력 기구로 삼았다.

④ 조선 세종 등이 재상에게 많은 권한을 부여하는 의정부 서사제를 실시하였다.

⑤ 통일 신라의 신문왕이 관료전을 지급하고 녹읍을 폐지하였다.

05 풍수지리설의 이해

정답 찾기 묘청 등 서경 세력이 근거로 제시하였다는 점, 산이나 땅, 하천 등의 모양이 인간의 운명에 영향을 끼친다는 점, 서경 땅이 명당이라며 서경 천도를 추진하였다는 점 등을 통해 (가) 사상이 풍수지리설임을 알 수 있다.

06 무신 정변 발생 시기 파악

정답 찾기 이고 등이 국왕을 호종한 문관과 대소 신료 및 환관 등에게 해를 입혔다는 점, 개경에 있는 문신 50여 명을 죽인 후 정중부 등이 왕을 환궁시켰다는 점 등을 통해 자료의 사건이 1170년에 일어난 무신 정변임을 알 수 있다. 이자겸의 난은 1126년, 몽골의 1차 침입은 1231년의 사실이다.

07 조선의 특징 파악

정답 찾기 종묘와 새 궁궐, 건춘문, 영추문, 광화문 등의 시설을 세우고 6조, 사헌부 등 각 관청을 두었다는 점 등을 통해 밑줄 친 '이 국가'가 조선임을 알 수 있다. 조선은 전국을 8도로 나누어 다스렸다.

오답 피하기 ① 백제 성왕은 중흥을 도모하면서 웅진에서 사비로 천도하였다.

② 나당 연합군의 공격을 받아 백제와 고구려가 차례로 멸망하였다.

④ 신라 진흥왕은 화랑도를 국가적 조직으로 개편하였다.

⑤ 고구려는 왕과 가(加)들이 모인 제가 회의에서 국가의 중대사를 결정하였다.

08 훈구와 사림의 특징 파악

정답 찾기 세조의 즉위 과정에서 공을 세웠다는 점 등을 통해 (가) 세력이 훈구 세력임을 알 수 있고, 성종이 이들을 견제하기 위해 등용하였다는 점 등을 통해 (나) 세력이 사림 세력임을 알 수 있다. 사림은 서원과 향약을 기반으로 지방에서 세력을 확대하였다.

오답 피하기 ① 사림은 선조 때 척신 정치 청산과 이조 전랑 임명 문제를 둘러싸고 동인과 서인으로 분화되어 붕당을 형성하였다.

② 인조반정으로 정권을 잡은 서인은 친명 배금 정책을 추진하였다.

③ 훈구는 폭압적인 정치를 펴던 연산군을 쫓아내고 중종을 새 왕으로 세운 중종반정을 일으켰다.

⑤ 현종 때 효종의 국장 과정에서 서인과 남인이 예송을 벌였다.

09 임진왜란 중에 있었던 사실 파악

정답 찾기 지도에서 행주 대첩, 명량 대첩, 진주 대첩, 한산도 대첩 등의 내용을 통해 (가) 전쟁이 임진왜란임을 알 수 있다. 임진왜란의 전개 과정에서 조명 연합군이 평양성을 탈환하였다.

오답 피하기 ① 병자호란 당시 인조는 남한산성으로 피란하여 항전하였다.
② 고려 공민왕이 쌍성총관부를 공격하여 원에 빼앗긴 영토를 회복하였다.
④ 나당 전쟁 당시 신라군은 기벌포에서 당군을 격퇴하였다.
⑤ 중방은 고려 시대에 상장군과 대장군 등으로 구성된 무신 회의 기구였다.

10 흥선 대원군의 정책 파악

정답 찾기 고종의 아버지, 서원 철폐, 호포제 실시, 비변사를 축소·폐지하고 의정부와 삼군부의 기능을 부활시켰다는 점 등을 통해 자료가 흥선 대원군의 정책에 대한 것임을 알 수 있다. 흥선 대원군은 왕실의 권위를 높이기 위해 경복궁을 중건하였다.

오답 피하기 ① 조선 세종이 훈민정음을 창제하였다.
② 고려 말 이성계 등 신흥 무인 세력은 홍건적과 왜구의 침략을 격퇴하는 과정에서 성장하였다.
③ 조선 영조는 붕당 정치의 폐단을 극복하기 위해 탕평파를 육성해 국정을 운영하였다.
⑤ 조선 철종은 삼정의 문란을 바로잡기 위해 삼정이정청을 설치하였다.

미리 보는 **서술형·논술형**   본문 29쪽

Step 1 | 서술형 연습하기

모범 답안 자료는 (8조법)의 일부이다. 이를 통해 (고조선) 사회가 생명을 존중하고 노동력과 (사유 재산)을 중시하였음을 알 수 있다.

평가 기준

상	8조법을 제시하고, 고조선 사회가 생명 존중, 노동력 중시, 사유 재산을 중시하였음을 모두 서술한 경우
중	8조법을 제시하고, 고조선 사회가 생명 존중, 노동력 중시, 사유 재산을 중시했다는 내용 중에서 2가지만 서술한 경우
하	8조법만 제시하거나 고조선 사회가 생명 존중, 노동력 중시, 사유 재산을 중시했다는 내용 중에서 1가지만 서술한 경우

Step 2 | 서술형 훈련하기

모범 답안 (1) 전민변정도감
(2) 권세가가 빼앗은 토지를 본래 주인에게 돌려주고, 본래 양인이지만 억울하게 노비가 된 자를 양인으로 풀어 주기 위해 전민변정도감을 설치하였다.
| 필수 키워드 | 전민변정도감, 토지, 본래 주인, 노비, 양인 등

평가 기준

상	기구의 명칭을 정확히 쓰고, 설치 목적 2가지를 정확하게 서술한 경우
중	기구의 명칭을 정확히 쓰고, 설치 목적 중 1가지만을 정확하게 서술한 경우
하	기구의 명칭만 정확히 쓴 경우

Step 3 | 논술형 도전하기

모범 답안 (가) 국왕은 조선 영조, (나) 국왕은 조선 정조이다. 붕당 간에 극심한 대립이 이어지는 상황에서 영조는 탕평파를 육성하여 국정을 운영하는 탕평 정치를 추진하였고, 정조는 영조의 탕평 정치를 계승하여 노론, 소론, 남인을 고루 관직에 기용하는 적극적인 탕평 정치를 추진하였다. 탕평 정치로 정국이 안정되자 영조와 정조는 모두 민생 안정을 위한 개혁 정치를 추진하였다.
| 논리적 전개 예시 | 자료의 내용을 통해 (가), (나) 국왕이 누구인지 파악한다. → 영조와 정조 시기의 정치 상황을 파악한다. → 영조와 정조의 공통점을 정리해 서술한다.

평가 기준

평가 충실도	정해진 분량 기준을 충족시킴. (단, 제시된 질문과 전혀 상관없는 내용으로 답변했을 시에는 분량 기준을 충족시키지 못한 것으로 간주함.)
역사적 이해력	영조와 정조 때의 정치 상황을 이해하고 영조와 정조의 공통점을 설명함.
글의 타당성	영조와 정조 때의 정치 상황과 영조와 정조의 공통점을 역사적 사실에 근거하여 제시함.
글의 논리성	전체적인 글의 구성과 짜임새가 매끄러우며, 서술 내용에 역사적 오류가 없음.

II. 근대 이전 한국사의 탐구

01 국제 관계와 대외 교류

개념 체크

본문 33쪽

01 ① 신라도　② 벽란도　③ 강화도　④ 쓰시마섬
02 ① ×　② ○　③ ○　④ ×

기본 문제

본문 33~34쪽

01 ⑤　**02** ④　**03** ①　**04** ⑤　**05** ②
06 ①　**07** ④　**08** ㉠ 통신사 ㉡ 연행사　**09** ④

01 고구려의 독자적 천하관 이해

정답 찾기 자료는 고구려 광개토 대왕릉비문의 일부이다. 고구려는 광개토 대왕 때 '영락'이라는 독자적 연호를 사용하고, 백제와 신라를 자신들의 조공국으로 인식하는 등 독자적 천하관을 가지고 있었다.

오답 피하기 ① 신라는 당과 연합하여 백제와 고구려를 무너뜨린 후 당군마저 격파하고 삼국을 통일하였다.
② 몽골이 고려를 침략하자 최씨 무신 정권은 강화도로 수도를 옮기고 대몽 항쟁을 전개하였다.
③ 병자호란 이후 조선은 명에 대한 의리를 지키고 청에 대한 치욕을 씻기 위해 청을 정벌하자는 북벌 운동을 추진하였다.
④ 위만이 집권한 이후 고조선은 한과 한반도 남부의 진 사이에서 중계 무역을 통해 성장하였다.

02 장보고의 활동 파악

정답 찾기 (가) 인물은 통일 신라의 장보고이다. 그는 지금의 완도에 군사·무역 기지인 청해진을 설치하였다.

오답 피하기 ① 몽골이 고려를 침입하였을 당시 김윤후는 처인성에서 몽골 장수 살리타를 사살하였다.
② 최승로는 고려 성종에게 시무 28조를 올려 유교 이념을 바탕으로 국가를 운영할 것을 주장하였다.
③ 발해의 장문휴는 무왕 때 수군을 이끌고 당의 등주를 공격하였다.
⑤ 고구려의 을지문덕은 살수에서 수의 군대를 크게 물리친 살수 대첩을 이끌었다.

03 발해의 대외 교류 파악

정답 찾기 밑줄 친 '이 나라'는 발해이다. 발해는 신라도를 비롯한 여러 교통로를 통해 당, 일본, 신라 등과 교류하였고, 이에 따라 당에 발해관이 설치되기도 하였다.

오답 피하기 ② 백제는 침류왕 때 동진으로부터 불교를 수용하였다.
③ 고려 시대에는 예성강 하구의 벽란도가 국제 무역항으로 번성하였다.
④ 신라는 한강 유역을 장악하면서 당항성을 통해 중국과 직접 교역이 가능해졌다.
⑤ 고구려는 5세기부터 중국의 남북조 모두와 조공·책봉 관계를 맺고 교류하였다.

04 고려와 거란의 대외 관계 파악

정답 찾기 거란은 고려와의 관계 개선을 시도하였으나 뜻대로 되지 않자 대군을 이끌고 고려를 침략하였다. 이때 서희는 외교 담판에 나섰고, 이를 통해 강동 6주를 획득하였다(1차 침입). 이후 거란은 강조의 정변을 구실로 고려를 다시 침입하였으나 양규의 활약으로 퇴각하였다(2차 침입). 이후 다시 침입한 거란을 강감찬이 귀주에서 크게 물리쳤다(3차 침입, 귀주 대첩). 따라서 일어난 순서대로 배열하면 (다)-(나)-(가)가 된다.

05 별무반의 이해

정답 찾기 (가)에 들어갈 용어는 별무반이다. 별무반은 윤관의 건의에 따라 편성한 특수 부대로, 신기군, 신보군, 항마군 등으로 구성되었다. 윤관은 별무반을 이끌고 여진을 몰아낸 후 동북 9성을 쌓았다.

오답 피하기 ① 9서당은 통일 신라의 중앙군으로 신라인을 비롯하여 옛 고구려와 백제 유민, 말갈인 등으로 구성되었다.
③ 삼별초는 고려 무신 정권 시기에 조직되었으며 고려 정부가 개경으로 환도를 결정하자 이에 반발하여 봉기하였다.
④ 화랑도는 신라의 청소년 수련 단체로 진흥왕 때 국가적 조직으로 개편되었다.
⑤ 장용영은 왕권 강화를 위해 조선 정조가 설치한 국왕 친위 부대였다.

06 고려와 몽골의 전쟁 과정 이해

정답 찾기 밑줄 친 '전쟁'은 몽골 사신의 피살 사건을 구실로 1231년에 시작된 고려와 몽골의 전쟁이다. 몽골이 고려를 침략하자 당시의 실권자였던 최우의 주장에 따라 고려 정부가 강화도로 천도하였다.

오답 피하기 ② 병자호란 당시 조선의 인조는 남한산성으로 피란하여 청에 항전하였다.
③ 7세기에 고구려는 당의 침략에 대비하여, 11세기에 고려는 거란과 여진의 침략에 대비하여 천리장성을 축조하였다.
④ 임진왜란 당시 이순신이 이끄는 조선 수군은 한산도 해전 등에서 일본군을 격퇴하였다.
⑤ 신라는 7세기 후반 매소성 전투와 기벌포 해전에서 당군을 격퇴하고 삼국 통일을 완성하였다.

07 조선의 여진에 대한 외교 정책 이해

정답 찾기 밑줄 친 '저들'은 여진이다. 조선은 국경 지역에 무역소를 설치하고 귀화를 장려하는 등의 회유책과 군대를 동원하여 여진을 토벌하고 4군 6진 지역을 개척하는 등의 강경책을 함께 사용하는 교린 정책을 폈다.

오답 피하기 ① 신라 지증왕 때 이사부가 우산국을 복속시켰다.
② 조선 세종 때 이종무 등이 왜구의 소굴인 쓰시마섬을 정벌하였다.
③ 공민왕은 쌍성총관부를 공격하여 원에 빼앗겼던 영토를 되찾았다.
⑤ 조선 전기 세종 때 일본의 교역 요청에 따라 부산포, 제포, 염포의 3포를 개방하고 제한적인 교역을 허용하였다.

08 조선 후기의 대외 관계 파악

정답 찾기 ㉠은 통신사, ㉡은 연행사이다. 임진왜란 이후 조선 정부는 에도 막부의 요청에 따라 대규모 통신사를 파견하여 일본과 교류하였다. 또한 조선은 병자호란 이후 청과 군신 관계를 체결하고 사절단으로 연행사를 파견하였다.

09 백두산정계비 이해

정답 찾기 자료는 백두산정계비가 표시된 지도와 백두산정계비문의 내용이다. 조선 숙종 때 조선과 청은 대표를 파견하여 국경을 확정해 백두산정계비를 세웠다. 이후 19세기 후반에 이르러 토문강의 위치를 둘러싸고 조선과 청 사이에 간도 영유권 문제가 발생하였다.

오답 피하기 ① 조선 후기 영조는 붕당 간의 세력 균형을 도모하기 위해 탕평 정치를 추진하였다.
② 활발한 정복 활동을 통해 영토를 확장한 신라 진흥왕은 정복 지역을 둘러보고 4개의 순수비를 세웠다.
③ 홍경래의 난은 1811년 평안도 지방에 대한 차별과 세도 정치의 폐단에 반발하여 일어났다.
⑤ 고려 인종 때 묘청과 정지상 등은 풍수지리설을 내세워 서경 천도를 주장하였다.

02 수취 체제와 경제생활

개념 체크
본문 38쪽

01 ① 관료전 ② 『농사직설』 ③ 공인 ④ 금난전권
02 ① ○ ② × ③ ×

기본 문제
본문 38~39쪽

01 ③　**02** ②　**03** ④　**04** ②　**05** ④
06 ②　**07** 모내기법(이앙법)　**08** ③

01 신라촌락문서의 작성 목적 파악

정답 찾기 (가) 문서는 신라촌락문서이다. 통일 신라는 세금 징수와 노동력 동원을 위해 3년마다 신라촌락문서를 작성하였다.

오답 피하기 ① 신라촌락문서는 4개 촌락의 인구, 토지의 종류와 면적, 소와 말의 수, 수목의 종류와 수 등을 기록한 것으로 상공업의 진흥과는 관계가 없다.
② 조선 정부는 1862년 임술 농민 봉기의 배경으로 지목된 삼정의 문란을 해결하기 위해 삼정이정청을 설치하였으나 큰 성과를 거두지 못하였다.
④ 권문세족은 불법적인 방법으로 토지와 노비를 확대하여 대농장을 경영하였다. 이에 고려 공민왕은 권문세족의 경제 기반을 약화시키고 국가 재정을 확충하기 위해 전민변정도감을 설치하였다.
⑤ 신라는 6세기 중엽 한강 유역을 장악한 이후 당항성을 통해 중국과 직접 교류할 수 있게 되었다.

02 전시과의 이해

정답 찾기 (가) 토지 제도는 전시과이다. 고려는 국가에 봉사하는 대가로 관리 등에게 토지의 수조권을 지급하는 전시과 제도를 운영하였다.

오답 피하기 ① 통일 신라의 신문왕은 귀족의 경제 기반을 약화시키기 위해 관료전을 지급하고 녹읍을 폐지하였다.
③ 고려 말 신진 사대부의 경제적 기반을 마련하기 위해 과전법이 실시되었다.
④ 과전법이 시행되면서 과전의 일부가 수신전, 휼양전이라는 이름으로 세습되었다.
⑤ 녹읍은 신라의 귀족이 수조권을 행사하고 토지에 딸린 노동력을 징발할 수 있었던 토지였다.

03 고려의 경제 상황 파악

정답 찾기 자료의 삼한통보, 활구(은병)는 고려의 화폐이다. 고려 전기에는 소의 주민들이 광물, 자기 등을 관청에 공물로 납부하는 소 수공업이 발달하였다.

오답 피하기 ① 조선 세종 때 우리 실정에 맞는 농사법을 정리한 『농사직설』이 편찬되었다.
② 조선 후기에는 담배, 인삼 등의 상품 작물이 재배되는 등 상품 화폐 경제가 발달하였다.
③ 조선 후기 청과의 무역 과정에서 책문 후시 등이 발달하였다. 책문 후시에서 만상은 금이나 인삼 등을 수출하고, 비단과 약재 등을 수입하였다.
⑤ 당과의 교류가 활발해지면서 중국의 산둥반도와 창장강 하류 등지에 신라인의 집단 거주지인 신라방이 형성되었다.

04 직전법의 시행 배경 파악

정답 찾기 조선 전기 과전법 체제에서 수신전, 휼양전 등으로 세습되는 토지가 늘어 새로 관직에 나갈 관리들에게 지급할 토지가 부족해지는 문제가 나타났다. 이에 세조는 현직 관리에게만 토지를 지급하는 직전법을 실시하였다.

오답 피하기 ① 조선의 관리들이 수조권을 남용하여 과다하게 수취함으로써 농민 불만이 고조되자, 성종은 지방 관청에서 수확량을 조사하여 조세를 거둔 후 관리에게 지급하는 관수 관급제를 실시하였다.
③ 고려 태조는 후삼국 통일 과정에서 공을 세운 사람에게 역분전을 지급하였다.

④ 고려 경종 때 마련된 시정 전시과는 관품과 인품 등을 기준으로 전현직 관리에게 수조권을 지급하였다.
⑤ 조선은 16세기 중엽에 직전법을 폐지하여 관리에게 수조권을 지급하는 제도를 없애고 녹봉만을 지급하였다.

05 조선 시대 수취 체제의 문란 파악

정답 찾기 자료에서 방납의 폐단, 군역의 폐단 등의 내용을 통해 조선 시대에 수취 체제가 문란해진 상황임을 알 수 있다.

오답 피하기 ① 무신 정변은 고려 문벌 사회가 동요하는 가운데 무신에 대한 차별과 이에 따른 불만으로 발생하였다.
② 고려 전기에 신진 세력과 문벌, 또는 문벌 간의 대립이 발생하면서 문벌 사회가 동요하였다. 이자겸의 난, 묘청의 서경 천도 운동 등이 대표적이다.
③ 신라 말 중앙 정부의 통치력이 약화되자 지방에서 호족 세력이 성장하였다.
⑤ 전민변정도감은 권세가들이 부당하게 빼앗은 토지를 본래 소유주에게 돌려주고 불법적으로 노비가 된 자를 양인으로 해방시키기 위해 고려 후기 여러 차례 설치되었다.

06 균역법의 이해

정답 찾기 밑줄 친 '방법'은 균역법의 실시로 인한 국가 재정 수입의 감소를 보완하기 위한 것이다. 영조는 군포 징수에 여러 가지 문제가 발생하며 백성들의 부담이 늘어나고 원성이 커지자 농민의 군포 부담을 1필로 줄이는 균역법을 시행하였다. 또한 재정 수입의 감소분을 보충하기 위해 지주에게 1결당 미곡 2두의 결작을 징수하였고, 일부 부유층에게 선무군관이라는 칭호를 주고 군포를 징수하였다.

오답 피하기 ① 고구려 고국천왕은 봄에 곡식을 빌려주고 가을에 추수한 것으로 갚도록 하는 진대법을 시행하여 가난한 농민을 구제하려 하였다.
③ 조선 세종은 전세를 풍흉에 따라 9등급으로 나누어 4~20두까지 납부하게 하는 연분9등법을 실시하였다.
④ 조선 정부는 방납의 폐단을 해결하기 위해 공물을 현물이 아니라 토지 결수에 따라 쌀, 동전 등으로 납부하게 하는 대동법을 시행하였다.
⑤ 조선 정조는 육의전을 제외한 시전 상인의 금난전권을 폐지하여 사상들의 상업 활동을 보장하였다.

07 모내기법(이앙법) 이해

정답 찾기 (가)에 해당하는 농법은 모내기법(이앙법)이다. 조선 후기에는 모내기법이 확산되면서 김매기에 필요한 노동력이 줄어들고 농업 생산력이 높아졌다. 이로써 한 사람이 경작할 수 있는 면적이 늘어나면서 광작이 성행하게 되었다.

08 조선 후기 경제 상황 파악

정답 찾기 자료에서 상평통보를 주조하여 유통시키도록 하였다는 내용을 통해 자료에 나타난 시기는 조선 후기임을 알 수 있다. 조선 후기 상공업이 발달하면서 금속 화폐인 상평통보가 전국적으로 유통되었다. 또한 송상, 만상 등의 사상이 성장하였으며, 일부 사상은 독점적 도매상인인 도고로 성장하여 상업 자본을 축적하였다.

오답 피하기 ① 9세기 전반 통일 신라의 장보고는 지금의 완도에 군사·무역 기지인 청해진을 설치하였다.
② 고려 후기에 문익점이 원에서 목화씨를 들여오면서 목화 재배가 시작되었다.
④ 6세기 초 신라 지증왕은 수도 금성에 동시라는 시장을 개설하고 이를 감독하기 위한 관청으로 동시전을 두었다.
⑤ 고려 시대에는 벽란도가 국제 무역항으로 번성하였는데, 이곳을 통해 송의 상인과 아라비아 상인 등이 고려와 무역하였다.

03 신분제와 사회 구조

개념 체크 본문 43쪽

01 ① 하호 ② 문벌 ③ 노비종모법
02 ① ○ ② × ③ ○

기본 문제 본문 43~44쪽

01 ① **02** ③ **03** ② **04** ② **05** ⑤
06 공명첩 **07** ⑤

01 고대 신분제 사회의 특징 파악

정답 찾기 자료는 고구려 무용총에 그려진 「접객도」이다. 주인과 손님은 크게, 시중드는 사람은 작게 묘사한 것은 당시 신분의 차이를 반영한 것으로 보인다. 이를 통해 고대 사회는 신분제가 존재하였음을 알 수 있다.

오답 피하기 ② 풍수지리설은 산이나 물, 땅의 모양을 살펴 도읍, 주거지, 묘지 등을 정하는 이론으로, 신라 말부터 유행하였다.
③ 조선 후기 영조 때 아버지가 노비라도 어머니가 양인이면 그 자녀가 양인이 되는 노비종모법이 시행되었다.
④ 양반층이 분화되어 중앙의 권반, 지방의 향반 또는 몰락한 양반인 잔반이 되는 시기는 조선 후기이다.
⑤ 화랑도는 신라의 청소년 수련 단체로 진흥왕 때 국가적 조직으로 개편되었다.

02 신라의 사회 모습 파악

정답 찾기 자료는 골품에 따라 가옥의 크기와 장식 등이 규제되는 모습을 보여 주고 있다. 신라는 골품제에 따라 개인의 정치 활동과 사회 활동의 범위를 엄격하게 제한하였다. 골품제는 관등 승진의 제한은 물론 가옥의 규모와 장식물, 복색이나 수레 등 일상생활까지 규제하는 기준이 되었다.

오답 피하기 ① 고구려에서는 여러 가들이 모인 제가 회의에서 나라의 중요한 일을 결정하였다.
② 발해는 중앙 교육 기관인 주자감을 설립하여 인재를 양성하였다.
④ 고려 광종 때 과거제가 도입된 이후 과거제를 통해 부분적으로 신분 이동이 가능하였다.
⑤ 조선 성종 때부터 사림이 본격적으로 중앙 정계에 진출하여 훈구 세력의 부정과 비리를 비판하였다. 이에 사림과 훈구의 대립이 심화되었고 여러 차례의 사화가 발생하였다.

03 고려의 백정 이해

정답 찾기 (가)에는 백정이 들어가야 한다. 백정의 '백'은 '없다', '정'은 '직역'을 의미한다. 고려 시대에는 직역이 없던 양인 농민층을 백정이라고 불렀다.

오답 피하기 ① 조선 시대 양반은 좁은 의미로 문반과 무반을 함께 부르는 명칭이었다. 양반은 과거 등을 통해 관직에 진출하였고, 국역 면제 등 각종 특권을 누렸다.
③ 고려의 향리는 서리, 하급 장교 등과 함께 중간 계층에 속하였다. 향리는 직역에 종사한 대가로 토지를 받아 생활하였다.

④ 조선 시대 중인은 양반과 상민의 중간 신분으로 주로 역관, 의관, 율관 등의 전문 기술직이나 행정 실무를 담당하였다.
⑤ 골품제에 따라 진골에 비해 차별받던 6두품 세력 중 일부는 신라 말 지방 호족과 연계하여 새로운 사회 건설을 모색하였다.

04 고려 사회의 신분 변동 파악

정답 찾기 자료는 고려 사회의 신분 변동 사례를 나타낸 것이다. 고려 시대는 엄격한 양천제 사회였지만 신라 골품제 사회보다는 개방적인 사회였다. 향·부곡·소 등 특수 행정 구역이 일반 군현으로 승격되기도 하였고, 외거 노비가 재산을 모아 양인이 되기도 하였다.

오답 피하기 ① 이자겸의 난과 묘청의 서경 천도 운동이 문벌 사회의 모순이 표면화된 대표적인 사건이다.
③ 신라 말에는 지방에서 독자적인 행정권과 군사권을 장악한 호족이 성장하였다.
④ 통일 후 신라는 고구려와 백제의 귀족 및 유민들은 물론 말갈인까지 신라의 체제 안에 포함하는 등 민족 융합을 위해 노력하였다.
⑤ 조선 후기에는 농업 생산력의 증대와 상품 화폐 경제의 발달을 배경으로 기존의 양반 중심의 신분제가 크게 동요하였다.

05 조선의 서얼 이해

정답 찾기 (가)는 서얼이다. 서얼은 양반과 그의 양인 첩 또는 천인 첩 사이에서 태어난 자식을 일컫는 말이다. 서얼은 문과에 응시할 수 없었고, 무관직이나 기술관에 등용되는 등 관직 진출에도 제한을 받았다. 이에 조선 후기 서얼은 집단 상소를 통해 관직 진출에 대한 차별을 철폐해 줄 것을 요구하였다. 그 결과 정조 때에는 서얼 출신인 박제가, 이덕무 등이 규장각 검서관에 등용되기도 하였다.

오답 피하기 ① 고려의 향·부곡·소에 거주하는 사람들은 일반 군현에 거주하는 주민들에 비해 조세의 부담이 컸으며, 과거 응시와 거주 이전에 제한이 있는 등 차별을 받았다.
② 노비는 재산으로 취급되어 매매·상속·증여의 대상이 되었다.
③ 신라 말 지방에서 성장한 호족들이 성주나 장군을 자처하였다.
④ 조선 시대 양인 중에서 천역을 담당하는 계층을 신량역천이라 불렀다. 봉수군, 조졸, 나장 등이 이에 해당한다.

06 공명첩 이해

정답 찾기 (가)는 공명첩이다. 조선 정부는 임진왜란 이후 부족한 재정 보충을 위해 명목상의 관직 임명장인 공명첩을 발행하였다. 조선 후기에는 경제력을 갖춘 상민이 공명첩을 구입하여 양반 신분을 취득할 수 있었다.

07 조선 후기 신분 변동의 이해

정답 찾기 자료는 조선 순조 때 내려진 공노비 해방에 대한 것이다. 조선 후기에 신분제의 동요로 상민의 수가 감소하자 순조는 부족해진 군역 대상자를 늘리고 재정을 보충하기 위해 중앙 관서의 공노비 6만 6천여 명을 해방시켰다. 조선 후기에는 부유한 농민이 양반 족보의 매입이나 위조 등을 통해 신분을 상승시키기도 하였다.

오답 피하기 ① 통일 신라 신문왕은 귀족의 경제 기반을 약화시키기 위해 녹읍을 폐지하였다.
② 만적은 고려 무신 정권기 신분 해방을 주장하며 봉기를 모의하였다.
③ 정중부, 이의방 등이 고려 의종 때 무신 차별에 대한 불만으로 무신 정변을 일으켜 권력을 장악하였다.
④ 노비안검법은 고려 광종 때 실시되었는데, 불법으로 노비가 된 사람들의 양인 신분을 되찾아 주어 호족과 공신 세력 약화에 영향을 끼쳤다.

04 다양한 사상과 문화 교류

개념 체크
본문 49쪽

01 ① 아미타 ② 해동 천태종 ③ 실학
02 ① × ② ○ ③ ○

기본 문제
본문 49~50쪽

01 ①	**02** 독서삼품과	**03** ②	**04** ④
05 ⑤	**06** 『삼강행실도』	**07** ⑤	**08** ③

01 발해의 문화유산 파악

정답 찾기 밑줄 친 '이 나라'는 발해이다. 이불병좌상은 두 부처가 나란히 앉아 있는 모습의 불상으로 발해의 대표적인 문화유산이다. 발해는 중앙 교육 기관으로 주자감을 설립하고 유교 경전을 가르쳤다.

오답 피하기 ② 조선 세종 때 우리 실정에 맞는 농사법을 정리한 『농사직설』이 편찬되었다.
③ 고려는 몽골과의 전쟁 중에 부처의 힘으로 외적을 물리치려는 염원을 담아 팔만대장경을 조판하였다.
④ 조선 후기에는 서민 문화의 발달로 판소리가 유행하였다.
⑤ 통일 신라 시기 토함산에 경주 석굴암 석굴이 조성되었다.

02 독서삼품과 이해

정답 찾기 자료는 독서삼품과에 관한 것이다. 신라는 원성왕 때 유교 경전의 이해 수준을 시험하여 이해 정도를 상·중·하로 나눈 후 이를 참고하여 관리 선발에 활용하고자 독서삼품과를 마련하였다. 그러나 진골 귀족의 반발로 제 기능을 발휘하지 못하였다.

03 삼국 시대 도교의 유행 이해

정답 찾기 제시된 문화유산은 각각 고구려의 강서 고분 사신도 중 하나인 「현무도」, 백제의 산수무늬 벽돌이다. 삼국 시대에 도교가 전래되어 귀족 사회를 중심으로 널리 유행하였다. 그 결과 도교의 영향을 받은 문화유산이 제작되었는데, 고구려 고분의 사신도, 백제의 산수무늬 벽돌이 이에 해당한다. 고구려 고분의 사신도는 동서남북을 지키는 도교의 방위신을 그린 것이고, 백제의 산수무늬 벽돌은 도교의 이상 세계를 표현한 것으로 알려져 있다.

오답 피하기 ① 삼국 시대에 각국이 중앙 집권적 고대 국가로 발전하는 과정에서 불교가 수용되었다. 고구려는 4세기에 전진으로부터, 백제는 동진으로부터 불교를 수용하였다. 신라에서는 고구려로부터 불교가 수용된 이후에도 귀족의 반발로 공인되지 못하다가, 이차돈의 순교를 계기로 법흥왕 때 공인되었다.
③ 경주 출신의 몰락 양반인 최제우가 동학을 창시하였다. 동학은 시천주 사상을 바탕으로 인간 평등을 강조하며 교세를 확장하였다.
④ 성리학은 고려 후기 안향에 의해 원으로부터 본격적으로 소개되어 신진 사대부 세력에 의해 수용되었다. 16세기에 이

르러 조선에서는 성리학에 대한 이해가 심화되었는데, 대표적인 성리학자로는 이황과 이이가 있다.
⑤ 풍수지리설의 영향으로 서경 길지설과 남경 길지설 등이 대두되었다.

04 지눌의 활동 파악

정답 찾기 밑줄 친 '이 인물'은 고려의 승려 지눌이다. 고려 무신 정권 시기 지눌은 세속화된 불교를 개혁하기 위해 수선사를 중심으로 결사 운동을 전개하여 개혁적인 승려와 지방민으로부터 많은 호응을 얻었다. 그리고 정혜쌍수와 돈오점수를 내세워 선종을 중심으로 교종을 포용하였다.

오답 피하기 ① 고려 인종 때 묘청 등 서경 세력은 풍수지리설을 내세워 서경 천도를 주장하였다.
② 고려의 승려 의천이 화엄종을 중심으로 교종을 통합하고 해동 천태종을 창시하여 선종까지 통합하고자 하였다.
③ 신라의 승려 의상은 영주 부석사를 비롯한 여러 사원을 건립하여 불교문화의 폭을 확대하였다.
⑤ 신라의 승려 혜초는 인도와 중앙아시아를 순례한 뒤 『왕오천축국전』이라는 기행문을 저술하였다.

05 삼국사기의 특징 파악

정답 찾기 (가) 서적은 『삼국사기』이다. 『삼국사기』는 고려 시대에 김부식이 왕의 명령에 따라 편찬한 역사서로, 유교적 합리주의 사관에 따라 기전체 형식으로 서술된 우리나라에서 현존하는 가장 오래된 역사서이다.

오답 피하기 ① 정통성과 대의명분을 강조한 성리학적 유교 사관을 바탕으로 편찬된 역사서로는 이제현의 『사략』이 대표적이다.
② 유득공은 『발해고』를 저술하여 발해를 본격적으로 우리 역사로 다루었다.
③ 이규보가 지은 『동명왕편』은 고구려 동명왕의 업적을 칭송한 영웅 서사시로 고구려 계승 의식을 드러내고 있다.
④ 일연이 편찬한 『삼국유사』와 이승휴가 지은 『제왕운기』는 단군을 우리 민족의 시조로 서술한 고려 후기의 대표적인 역사서이다.

06 삼강행실도 이해

정답 찾기 밑줄 친 '이 책'은 『삼강행실도』이다. 세종 때 처음 편찬된 『삼강행실도』는 모범이 될 만한 충신, 효자, 열녀를 뽑

아 그 행적을 그림으로 그리고 설명을 덧붙여 만든 책이다. 성종 때에는 백성들의 이해를 돕도록 한글로 관련 내용을 추가하여 유교 윤리를 보급하기 위해 노력하였다.

07 박제가의 활동 파악

정답 찾기 자료의 인물은 박제가이다. 조선 후기 실학자 박제가는 청에 다녀온 후 『북학의』를 저술하여 상공업의 진흥과 청 문물의 적극적인 도입을 주장하였다.

오답 피하기 ① 조선 후기 실학자인 정약용은 토지를 공동으로 경작한 뒤 노동량에 따라 수확량을 분배하는 여전론을 주장하였다.
② 조선 후기에 김정호는 10리마다 눈금을 표시한 「대동여지도」를 제작하였다.
③ 고려 숙종 대 윤관은 여진 정벌을 위한 특수 부대인 별무반 편성을 건의하였다.
④ 조선 중종 때 주세붕은 안향을 추모하기 위해 백운동 서원을 건립하였다.

08 조선 후기 서민 문화의 이해

정답 찾기 김홍도의 풍속화 「서당도」가 그려진 시기는 조선 후기이다. 조선 후기 서민의 경제력이 향상되고 서당 교육이 확대되어 서민층이 새로운 문화 주체로 성장하면서 한글 소설 등 서민 문화가 발전하였다.

오답 피하기 ① 원 간섭기에는 고려와 원 사이에 경제·문화·인적 교류가 활발하였다. 그리하여 몽골의 풍속이 고려에서 유행하였으며(몽골풍), 원의 지배층 사이에 고려의 풍습이 유행하기도 하였다(고려양).
② 상감 청자는 표면에 홈을 파낸 뒤에 다른 색의 흙을 채워 넣어 무늬를 만든 것으로 고려 시대의 대표적인 자기이다.
④ 경주 불국사는 삼국 통일 이후 신라가 세운 대표적인 사찰이다.
⑤ 광개토 대왕릉비는 고구려 광개토 대왕의 업적을 기념하기 위해 아들인 장수왕이 세운 것이다.

단원 종합 문제

본문 51~52쪽

01 신라방 **02** ④ **03** ④ **04** ③ **05** ④
06 ① **07** ② **08** ① **09** ③
10 ㉠ 서원 ㉡ 향약

01 통일 신라의 대외 교류 이해

정답 찾기 ㉠은 신라방이다. 통일 신라와 당의 교류가 활발해지면서 중국의 산둥반도 연안 등지에 신라인의 집단 거주지인 신라방이 형성되었다.

02 고려와 거란의 대외 관계 파악

정답 찾기 (가)는 거란이다. 거란이 고려를 처음 침입했을 때 서희는 적장 소손녕과 외교 담판을 벌여 강동 6주 지역을 확보하였다. 이후 거란은 강조의 정변을 구실로 고려를 다시 침입하였으나 양규의 활약으로 퇴각하였다. 이후 다시 침입한 거란을 강감찬이 귀주에서 크게 물리쳤다.

오답 피하기 ① 장보고는 완도에 청해진을 설치하고 해적을 소탕하였으며, 당과 신라, 일본을 연결하는 동아시아의 교통과 무역을 장악하였다.
② 7세기 전반 백제의 잦은 공격을 받아 위협을 느낀 신라가 김춘추를 당으로 보내 나당 동맹을 성사시켰다.
③ 조선 세종은 왜구의 침략이 계속되자 이종무 등을 보내 왜구의 소굴인 쓰시마섬을 정벌하였다.
⑤ 고려의 윤관은 별무반을 이끌고 여진을 정벌한 후 동북 9성을 축조하였다.

03 조선 전기의 대외 관계 파악

정답 찾기 조선은 명에 대해서는 사대 외교를 전개하였고, 여진에 대해서는 군대를 동원하여 토벌하고 4군 6진 지역을 개척하였다. 따라서 (가)에는 일본과의 관계에 해당하는 내용이 들어가야 함을 알 수 있다. 조선은 세종 때 일본의 교역 요청에 따라 부산포, 제포, 염포의 3포를 개방하고 제한적인 교역을 허용하였다.

오답 피하기 ① 조선은 병자호란 이후 청과 군신 관계를 체결하고 사절단으로 연행사를 파견하였다.
② 발해는 무왕 때 장문휴가 이끄는 수군을 보내 당의 산둥반도를 공격하였다.

③ 고려 무신 정권기에 최우는 몽골과의 항쟁을 위해 강화도로 천도하였다.

⑤ 고려 후기에 공민왕은 쌍성총관부를 공격하여 원에 빼앗겼던 영토를 되찾았다.

④ 화백 회의는 신라의 귀족들이 모여 만장일치로 국가 중대사를 의결하였던 기구이다.

⑤ 향·부곡·소는 고려 시대의 특수 행정 구역으로, 이곳의 주민들은 일반 군현민에 비해 세금 부담이 컸고, 거주지 이전에 제한을 받았다.

04 통일 신라의 경제 상황 이해

정답 찾기 (가) 국가는 신라이다. 통일 후 신라의 신문왕은 귀족의 경제 기반을 약화시키기 위해 관료전을 지급하고 녹읍을 폐지하였다. 또한 성덕왕은 백성에게 정전을 지급하였다. 통일 신라 시기에는 세금 징수를 목적으로 3년마다 촌주가 신라촌락문서를 작성하였다.

오답 피하기 ① 백제는 지방 통제를 강화하기 위해 22담로에 왕족을 파견하였다.

② 원 간섭기에는 많은 고려 여성이 공녀로 원에 끌려갔다.

④ 가야에서는 철이 많이 생산되어 낙랑과 왜에 수출되었다.

⑤ 조선 후기 상공업이 발달하면서 금속 화폐인 상평통보가 전국적으로 유통되었다.

05 조선 후기 경제 상황 파악

정답 찾기 담배 등의 상품 작물이 재배되고, 김홍도의 풍속화가 그려진 시기는 조선 후기이다. 송상, 만상 등의 사상은 조선 후기 상품 화폐 경제의 발달에 따라 성장하였다.

오답 피하기 ① 진대법은 가난한 농민을 구제하기 위해 봄에 곡식을 빌려주고 가을에 추수한 것으로 갚게 하는 제도로 고구려 고국천왕 때 실시되었다.

② 고려 시대에는 관리 등에게 전지와 시지를 지급하는 전시과 제도가 운영되었다.

③ 철제 농기구는 철기 시대 이후에 사용되었다.

⑤ 고려 시대에는 벽란도가 국제 무역항으로 번성하였다.

06 고려 시대 노비의 특징 이해

정답 찾기 (가) 신분은 노비이다. 고려는 광종 때 본래 양인이었으나 불법으로 노비가 된 자들을 조사하여 양인으로 신분을 회복시켜 주는 노비안검법을 시행하였다. 노비는 재산으로 취급되어 매매·상속·증여의 대상이 되었다.

오답 피하기 ② 고려 시대에는 직역이 없던 양인 농민층을 백정이라고 불렀다.

③ 신라의 6두품은 골품에 따라 최고 관등에 오르지 못하고 아찬까지만 승진할 수 있었다.

07 조선 후기 신분제의 동요 파악

정답 찾기 자료의 상황이 나타난 시기는 조선 후기이다. 조선 정부는 부족한 재정을 보충하기 위해 명목상의 관직 임명장인 공명첩을 발행하였다. 이를 통해 조선 후기에는 경제력을 갖춘 농민 등이 공명첩을 구입하여 양반 신분을 취득할 수 있었다. 양반의 수가 늘어나면서 기존의 양반 중심의 신분 질서는 크게 동요하였다.

오답 피하기 ① 고려 무신 정권기에 망이·망소이가 공주 명학소에서 봉기를 일으켰다.

③ 부여의 마가, 우가, 저가, 구가 등 제가가 별도로 사출도를 다스렸다.

④ 고조선은 사회 질서를 유지하기 위해 8조법을 만들어 시행하였다.

⑤ 신라 말 중앙 정부의 통치력이 약화되자 지방에서 호족 세력이 성장하였다.

08 신라의 문화유산 이해

정답 찾기 제시된 문화유산은 임신서기석이고, 이를 남긴 국가는 신라이다. 임신서기석은 신라의 두 청년이 유교 경전을 공부할 것을 맹세한 내용이 새겨진 비석이다. 신라는 통일 이후 신문왕 때 국학을 설립하여 유학 교육을 장려하였다.

오답 피하기 ② 조선 정조는 정치적 기능과 군사·상업적 기능을 함께 고려한 수원 화성을 축조하였다.

③ 발해는 중앙 정치 조직으로 당의 3성 6부제를 수용하였다. 그러나 그 명칭과 운영 방식에는 독자성이 있어, 6부를 둘로 나누어 관할하고 6부의 명칭에는 유교 덕목을 반영하였다.

④ 팔만대장경은 고려 시대에 부처의 힘으로 몽골의 침입을 막고자 하는 염원을 담아 조판되었다.

⑤ 백제 성왕은 중흥의 기틀을 마련하기 위해 웅진에서 사비로 천도하였다.

09 성리학의 특징 파악

정답 찾기 (가) 학문은 성리학이다. 고려 후기에 신진 사대부는 고려 사회를 개혁하기 위해 성리학을 적극 수용하여 사상적 기반으로 삼았다.

오답 피하기 ① 도교는 신선 사상을 바탕으로 여러 신앙이 결합되어 불로장생과 현세구복을 추구하였다.
② 신라 법흥왕이 이차돈의 순교를 계기로 불교를 공인하였다.
④ 고려 인종 때 묘청과 정지상 등은 풍수지리설을 바탕으로 서경 천도를 주장하였다.
⑤ 천주교는 17세기 청을 왕래하던 사신들에 의해 우리나라에 서학으로 소개되었다.

10 서원과 향약 이해

정답 찾기 ⍛은 서원, ⍛은 향약이다. 지방 사족은 서원과 향약을 바탕으로 향촌 사회에 대한 지배력을 강화시켜 나갔다.

미리 보는 **서술형·논술형**　　　본문 53쪽

Step 1 | 서술형 연습하기

모범 답안 자료에 나타난 지도는 (「곤여만국전도」)로 (중국) 중심의 세계관이 동요하는 데 영향을 끼쳤다.

평가 기준

상	지도의 명칭을 명확히 쓰고, 지도의 전래가 끼친 영향을 정확하게 서술한 경우
중	지도의 명칭을 명확히 쓰고, 지도의 전래가 끼친 영향을 서술하였으나 내용이 다소 미흡한 경우
하	지도의 명칭만 명확히 쓴 경우

Step 2 | 서술형 훈련하기

모범 답안 (1) 대동법
(2) 토지를 많이 가진 지주들의 부담은 늘고, 토지가 없는 농민의 부담은 줄어들었다. 중앙 관청에서 필요로 하는 물품을 구입하여 조달하고 이윤을 남기는 상인인 공인이 성장하였다. 공인의 활동으로 장시가 성행하고 화폐 유통이 증가하면서 조선의 상품 화폐 경제가 발달하게 되었다.

| 필수 키워드 | 대동법, 공인, 상품 화폐 경제 발달 등

평가 기준

상	제도의 명칭을 명확히 쓰고, 제도의 영향을 정확하게 서술한 경우
중	제도의 명칭을 명확히 쓰고, 제도의 영향을 서술하였으나 내용이 다소 미흡한 경우
하	제도의 명칭만 명확히 쓴 경우

Step 3 | 논술형 도전하기

모범 답안 ⍛ 농업 중심 개혁론자인 유형원은 신분에 따라 차등을 두어 일정한 면적의 토지를 나누어 주는 균전론을 제시하였다. 이익은 생활에 필요한 최소한의 토지인 영업전을 매매하지 못하게 하는 한전론을 주장하였다. 정약용은 토지를 공동으로 경작한 뒤 노동량에 따라 수확량을 분배하는 여전론을 제안하였다.
⍛ 상공업 중심 개혁론자인 유수원은 사농공상의 직업적 평등을 강조하였다. 홍대용은 기술 혁신과 문벌 제도 폐지를 주장하였다. 박지원은 청에 다녀온 후 『열하일기』를 저술하여 수레와 선박의 이용 및 화폐 유통의 필요성을 강조하였다. 박제가는 『북학의』를 저술하여 수레와 선박의 이용을 강조하고 절약보다는 소비를 권장하였다.

| 논리적 전개 예시 | 농업 중심의 개혁론과 상공업 중심의 개혁론을 제안한 학자들을 구분한다. → 학자들의 주장을 정리한다.

평가 기준

평가 충실도	정해진 분량 기준을 충족시킴(단, 제시된 질문과 전혀 상관 없는 내용으로 답변했을 시에는 분량 기준을 충족시키지 못한 것으로 간주함).
고차적 인지 능력	농업 중심의 개혁론과 상공업 중심의 개혁론을 제안한 학자들을 명확하게 구분하고 그들의 주장을 옳게 정리함.
글의 논리성	전체적인 글의 구성과 짜임새가 매끄러움.

III. 근대 국가 수립의 노력

01 국제 질서의 변동과 개항

개념 체크
본문 56쪽

01 ① 병인양요 ② 제너럴 셔먼호 ③ 척화비 ④ 운요호
⑤ 미국
02 ① × ② × ③ × ④ × ⑤ ○

기본 문제
본문 56~57쪽

01 ① **02** ③ **03** ① **04** ⑤ **05** ④
06 ⑤ **07** 『조선책략』 **08** ③

01 병인양요의 배경 파악

정답 찾기 강화읍에 있는 외규장각의 서적을 포장하여 프랑스로 발송하겠다는 보고서는 병인양요 당시 작성된 것이다. 흥선 대원군이 천주교를 탄압한 병인박해를 구실로 병인양요가 발발하였다.

오답 피하기 ② 임술 농민 봉기는 세도 정치의 폐단 등으로 인해 1862년에 일어났다.

③ 조일 수호 조규(강화도 조약)는 1876년에 체결되었다.

④ 흥선 대원군은 신미양요 이후 전국에 척화비를 세웠다.

⑤ 김홍집이 들여온 『조선책략』이 유포되어 조미 수호 통상 조약 체결이 추진되는 데 영향을 끼쳤다.

02 서양 열강의 침입 격퇴 과정 이해

정답 찾기 (가)는 신미양요(1871), (나)는 병인양요(1866), (다)는 제너럴 셔먼호 사건(1866), (라)는 오페르트의 남연군 묘 도굴 미수 사건(1868)이다. 이를 순서대로 하면 (다)-(나)-(라)-(가)이다.

03 신미양요의 배경 파악

정답 찾기 진무 중군 어재연이 적과 싸우다 순직한 것은 미국이 침략한 신미양요 때의 사실이다. 미국이 제너럴 셔먼호 사건을 구실로 1871년 강화도를 침략하였다(신미양요).

오답 피하기 ② 고려 인종 때 묘청 등은 서경 천도 운동을 전개하였다.

③ 고려 무신 정권기에 망이·망소이가 봉기를 일으켰다.

④ 조선 인조는 병자호란 때 남한산성으로 피란하였다.

⑤ 병인양요 때 한성근 부대가 문수산성에서 프랑스군에 맞서 싸웠다.

04 오페르트의 남연군 묘 도굴 미수 사건의 이해

정답 찾기 독일 상인 오페르트 일당이 충남 덕산에 있는 흥선 대원군의 아버지 남연군의 묘를 도굴하려다 실패하였다. 이 편지는 실패한 이후 보낸 것이다.

오답 피하기 ① 조선 정조는 국왕의 친위 부대인 장용영을 설치하여 왕권을 강화하려 하였다.

② 삼별초는 고려 정부가 개경 환도를 결정하자 강화도에서 봉기한 이후 진도, 제주도로 이동하여 항쟁하였다.

③ 홍경래는 1811년 평안도 지방에 대한 차별 대우에 반발하여 봉기를 일으켰다.

④ 조미 수호 통상 조약에는 거중 조정, 관세 부과, 최혜국 대우 조항 등이 포함되어 있다.

05 강화도 조약의 내용 파악

정답 찾기 자료는 제7관의 해안 측량권 허가와 제10관의 영사 재판권 허용 등을 담은 강화도 조약이다. 강화도 조약은 조선이 맺은 최초의 근대적 조약으로 부산 외에 원산, 인천이 개항되는 계기가 되었다.

오답 피하기 ㄱ. 조미 수호 통상 조약에는 양국의 거중 조정 내용이 포함되었다.

ㄷ. 비변사는 조선 중종 때 왜구와 여진의 침입에 대비하여 임시 기구로 설치되었다. 이후 임진왜란을 거치며 기능이 강화되어 조선 후기에 국정 전반을 관장하게 되었다.

06 강화도 조약의 배경 이해

정답 찾기 자료는 일본 군함 운요호가 강화도와 영종도에서 일으킨 운요호 사건이다. 일본은 1875년 운요호 사건을 일으켜 이를 계기로 이듬해 조선과 강화도 조약을 체결하였다.

오답 피하기 ① 임진왜란은 1592년에 일어났다.

② 조선 효종은 병자호란 이후 청에 당한 치욕을 씻고자 북벌 운동을 추진하였다.

③ 조선 정부가 일본 외교 문서의 형식과 내용이 이전과 다르다며 접수를 거부하자 일본 내에서 정한론이 일어났다.

④ 통신사는 개항 이전 조선이 일본에 파견한 사절단이다.

07 조선책략의 내용 파악

정답 찾기 제2차 수신사로 1880년 일본에 파견된 김홍집은 청의 외교관 황준헌이 쓴 『조선책략』을 가지고 돌아왔다. 황준헌은 이 책에서 조선이 청과 친하고, 일본과 연대를 맺고, 미국과 연합하여 러시아의 남하를 막아야 한다고 주장하였다.

08 조미 수호 통상 조약의 내용 파악

정답 찾기 자료는 제1관의 거중 조정, 제14관의 최혜국 대우가 규정된 조미 수호 통상 조약이다. 조미 수호 통상 조약에는 관세 부과 조항이 포함되어 있다.

오답 피하기 ① 조선은 청의 주선으로 미국과 조약을 체결하였다.

② 조미 수호 통상 조약은 조선이 서구 열강과 최초로 체결한 조약이다.

④ 조미 수호 통상 조약을 통해 조선은 처음으로 미국에 최혜국 대우 조항을 인정하였다.

⑤ 조미 수호 통상 조약을 통해 조선은 미국에 영사 재판권을 인정하였다.

02 근대 국가 수립을 위한 노력

개념 체크

본문 63쪽

01 ① 통리기무아문 ② 보빙사 ③ 조청 상민 수륙 무역 장정 ④ 급진 ⑤ 거문도 ⑥ 전주 화약 ⑦ 군국기무처 ⑧ 러시아 ⑨ 헌의 6조 ⑩ 지계

02 ① × ② ○ ③ ○ ④ × ⑤ × ⑥ ○ ⑦ × ⑧ × ⑨ × ⑩ ×

기본 문제

본문 64~65쪽

01 ④　**02** ②　**03** ②　**04** ④　**05** ②
06 군국기무처　**07** ⑤　**08** ⑤　**09** ②

01 개화 정책의 내용 파악

정답 찾기 1881년에 5군영을 2영으로 개편, 무위영 소속 신식 군대인 별기군 편성 등의 군제 개편이 이루어졌다. 조선 정부는 1880년에 개화 정책을 총괄하기 위해 통리기무아문을 설치하였다.

오답 피하기 ① 주자감은 발해의 중앙 교육 기관이다.

② 독립 협회는 1898년에 만민 공동회를 개최하였다.

③ 지눌은 고려 무신 정권기에 수선사 결사를 결성하였다.

⑤ 1884년에 일어난 갑신정변 당시 개화당 세력은 인민 평등권의 제정을 포함한 개혁 정강을 발표하였다.

02 제물포 조약의 이해

정답 찾기 자료는 조선이 일본에 배상금 지불, 일본 공사관에 경비병 주둔 허용 등을 규정한 제물포 조약이다. 임오군란 이후 조선은 일본과 제물포 조약을 체결하여 일본 공사관 경비를 위한 일본군 주둔을 허용하였다.

오답 피하기 ① 조미 수호 통상 조약(1882), 조일 통상 장정(1883) 등은 최혜국 대우 조항을 포함하였다.

③ 영선사는 1881년 조선이 서양 무기 제조술을 배울 유학생들을 청에 파견할 때 이들을 인솔한 사신이다.

④ 조선은 강화도 조약에서 일본에 영사 재판권을 인정하였다.

⑤ 조선 고종 때 흥선 대원군은 신미양요 이후 전국에 척화비를 세웠다.

03 급진 개화파의 특징 이해

정답 찾기 김옥균이 차관 도입에 실패하였다는 것, 집권 사대당과 공존할 수 없다는 것 등을 통해 밑줄 친 '우리 당'이 급진 개화파임을 알 수 있다. 급진 개화파는 일본의 메이지 유신을 모델로 하였다.

오답 피하기 ① 급진 개화파는 서양의 문물·사상·제도까지 수용하는 급진적 개혁을 추구하였다.

③ 급진 개화파는 청과의 사대 관계를 청산하려 하였다.

④ 온건 개화파는 동도서기의 입장에서 개혁을 추진하였다.

⑤ 위정척사 세력은 조선의 전통적 유교 질서를 유지하려 하였다.

04 고부 농민 봉기의 이해

정답 찾기 자료는 고부 군수 조병갑과 탐학한 관리를 처벌하기 위한 고부 농민 봉기의 참여를 호소하며 돌린 사발통문

의 내용이다. 고부 농민 봉기는 1894년 고부 군수 조병갑이 만석보 등을 쌓아 수세를 거두는 등 착취를 일삼자 이에 저항하여 일어났다. 갑신정변은 1884년, 을미사변은 1895년에 일어났다.

05 교정청 설치 배경 파악

정답 찾기 1894년 제1차 봉기 때 전주성을 점령한 동학 농민군은 정부와 전주 화약을 맺은 후 철수하였다. 이후 정부는 교정청을 설치하여 폐정을 개혁하려 하였다.

오답 피하기 ① 별무반은 윤관의 건의에 따라 고려 시대에 편성되었다.
③ 홍범 14조는 제2차 갑오개혁 시기에 반포되었다.
④ 아관 파천은 1896년에 단행되었다.
⑤ 1862년에 일어난 임술 농민 봉기에 대한 대책으로 삼정이정청이 설치되었으나 큰 성과를 거두지는 못하였다.

06 군국기무처의 활동 파악

정답 찾기 군국기무처는 1894년에 일본이 경복궁을 점령하고 개혁을 강요하면서 설치되어 제1차 갑오개혁을 주도하였다. 국정 전 분야에 걸친 개혁안을 의결하였고, 제2차 갑오개혁이 추진되면서 폐지되었다.

07 독립 협회의 활동 파악

정답 찾기 조선의 자주독립을 널리 알리기 위해 독립문을 건립하였다는 것, 인민의 교육, 의회 설립 등을 주제로 토론회를 개최하였다는 것 등을 통해 (가) 단체는 독립 협회임을 알 수 있다. 독립 협회는 관민 공동회에서 헌의 6조를 결의하였다. 또한 1898년 만민 공동회를 개최하여 러시아의 절영도 조차 요구를 저지하였다.

오답 피하기 ㄱ. 보수적인 유생들은 성리학적 질서를 지키기 위해 1860년대부터 1880년대까지 위정척사 운동을 전개하였다.
ㄴ. 조선 후기 실학자 박제가 등은 청의 문물을 배우자고 주장하였다.

08 대한 제국의 정책 이해

정답 찾기 강력한 황제권을 확립하기 위해 1899년 대한국 국제를 반포한 (가) 정부는 대한 제국이다. 대한 제국은 광무개혁 때 지계를 발급하였다.

오답 피하기 ① 조선 세종 때 4군 6진 지역을 개척하였다.
② 고려 공민왕은 정동행성 이문소를 폐지하였다.
③ 조선은 사헌부, 사간원, 홍문관을 일컫는 3사를 두어 권력 독점을 견제하였다.
④ 발해는 5경 15부 62주의 지방 행정 구역을 갖추었다.

09 독립 협회 해산 시기 파악

정답 찾기 (가)는 1898년 관민 공동회에서 결의된 헌의 6조이고, (나)는 1899년 반포된 대한국 국제이다. 대한 제국은 1898년 헌의 6조 발표 이후에 독립 협회를 해산시키고, 1899년 광무개혁의 일환으로 대한국 국제를 반포하였다.

오답 피하기 ① 조선 정조는 왕권 강화를 위해 친위 부대인 장용영을 설치하였다.
③ 대한 제국은 1897년에 수립되었다.
④ 1884년 우정총국 개국 축하연을 이용하여 갑신정변이 일어났다.
⑤ 갑신정변의 영향으로 톈진 조약이 체결되었다.

03 개항 이후 사회·경제의 변화와 문화 변동

개념 체크 본문 69쪽

01 ① 거류지 ② 조일 통상 장정 ③ 러시아
02 ① × ② ○ ③ ×

기본 문제 본문 69~70쪽

01 ④ **02** ⑤ **03** ① **04** 황국 중앙 총상회
05 ④ **06** 대한매일신보 **07** ④

01 상권 수호 운동의 배경 이해

정답 찾기 자료는 외국인들이 내지에 와서 점포를 열어 상권을 장악한 상황에서 상권 수호를 주장하는 내용이다. 조청 상민 수륙 무역 장정을 통해 허가받은 청 상인은 내지 통상을 할 수 있게 되었다. 이후 외국 상인들의 상권 침탈이 심화되어 상권 수호 운동이 전개되었다.

오답 피하기 ① 조선 후기 세도 정치 시기에 삼정의 문란이 극심하였다.

② 조선 정조가 육의전을 제외한 시전 상인의 금난전권을 폐지하였다.

③ 러일 전쟁 중 일본이 황무지 개간권을 요구하였다.

⑤ 양 난 이후 궁핍한 재정을 보충하기 위해 국가에 곡식을 바치는 대가로 공명첩을 발행하였다.

02 화폐 정리 사업의 이해

정답 찾기 구 백동화 등의 교환 조건 및 내용을 규정한 화폐 정리 사업에 관한 자료이다. 재정 고문 메가타의 주도로 백동화를 일본 제일 은행권으로 교환하도록 한 화폐 정리 사업이 시행되었다.

오답 피하기 ① 흥선 대원군이 집권한 시기에 경복궁 중건 비용을 마련하기 위해 당백전이 발행되었다.

② 조선 후기 방납의 폐단이 심해지자 광해군 때 대동법이 경기도에서 처음 실시되었다.

③ 대한 제국은 지계아문에서 지계를 발급하였다.

④ 송상, 만상 등의 사상은 조선 후기 상품 화폐 경제가 발달하는 과정에서 성장하였다.

03 방곡령의 내용 이해

정답 찾기 큰 침수로 많은 곡식이 피해를 입었는데, 콩 등이 흉작이 되면 식량난을 겪을 것이 예상되어 선포하려 한다는 점에서 (가) 명령은 방곡령임을 알 수 있다. 방곡령은 각 지역의 지방관이 선포할 수 있었다.

오답 피하기 ② 방곡령은 조일 통상 장정(1883)의 규정을 근거로 하였다.

③ 대한 제국의 지계 발급은 근대적 토지 소유를 인정하려는 목적이었다.

④ 대동법 시행 후 공인의 활동이 상품 화폐 경제 발달에 영향을 끼쳤다.

⑤ 대동법은 공물을 현물 대신 쌀, 포목, 동전 등으로 내게 하였다.

04 황국 중앙 총상회의 이해

정답 찾기 시전 상인이 설치하였다는 것, 외국인의 상업 행위를 규제하려 한다는 것 등을 통해 (가)에 들어갈 단체의 명칭은 1898년에 조직된 황국 중앙 총상회임을 알 수 있다.

05 국채 보상 운동의 이해

정답 찾기 국채를 갚으려 석 달간 담배를 안 피우고 금전을 모으는 등의 민족 운동은 국채 보상 운동이다. 국채 보상 운동은 통감부의 탄압과 방해로 실패하였다.

오답 피하기 ① 국채 보상 운동은 국채 보상 기성회 등이 주도하였다.

② 1895년의 을미사변과 단발령을 배경으로 을미의병이 일어났다.

③ 화폐 정리 사업은 1904년에 체결된 재정·외교 고문 용빙에 관한 협정서를 근거로 임명된 재정 고문 메가타가 주도하였다. 국채 보상 운동은 1907년에 시작되었다.

⑤ 군국기무처는 1894년에 제1차 갑오개혁을 추진하였다.

06 대한매일신보의 이해

정답 찾기 한국에서 외국인(영국인)이 발간한다는 것, 확증이 있는 일본의 악정을 반대한다는 것 등을 통해 (가) 신문은 대한매일신보임을 알 수 있다. 대한매일신보는 영국인 베델이 발행인이었다.

07 근대 문물의 수용 이해

정답 찾기 「경부 철도가」는 철도의 긍정적인 면을 나타내며, 대한매일신보 기사는 철도 부설로 토지 약탈이 이루어졌다는 부정적인 면을 나타내고 있다. 철도는 대량 수송과 빠른 운송으로 생활의 편리를 가져왔지만, 대륙 침략과 경제적 약탈에 이용되었다.

오답 피하기 ① 조선 후기 서민의 경제력이 향상되고, 서당 교육이 확대되어 서민층이 새로운 문화 주체로 성장하면서 한글 소설 등 서민 문화가 발전하였다.

② 제1차 갑오개혁 때 신분제 폐지와 과부의 재가 허용 등이 이루어졌다.

③ 시전 상인들은 1898년에 황국 중앙 총상회를 조직하여 상권 수호 운동을 전개하였다.

⑤ 조선 후기에 박제가 등을 중심으로 청의 문물을 배우자는 북학 사상이 대두되었다.

04 국권 침탈과 국권 수호 운동

개념 체크

본문 74쪽

01 ① 헤이그 ② 한일 신협약(정미 7조약) ③ 서울 ④ 대한 자강회
02 ① ○ ② × ③ ○ ④ ○ ⑤ ×

기본 문제

본문 74~75쪽

01 ① **02** ④ **03** ④ **04** ⑤
05 을사늑약 체결 **06** ⑤ **07** ②

01 재정·외교 고문 용빙에 관한 협정서의 이해

정답 찾기 자료는 일본 정부가 추천한 일본인 1명을 재정 고문으로 삼는다는 재정·외교 고문 용빙에 관한 협정서이다. 러일 전쟁 중 재정·외교 고문 용빙에 관한 협정서를 근거로 재정 고문에는 메가타, 외교 고문에는 스티븐스가 임명되었다.

오답 피하기 ② 1882년에 체결한 조미 수호 통상 조약에는 거중 조정, 관세 부과 등의 내용이 규정되어 있다.
③ 을사늑약의 체결 결과 통감부가 설치되었다.
④ 13세기에 고려 정부가 개경으로 환도를 결정하자 이에 반발한 삼별초는 강화도에서 봉기하여 대몽 항쟁을 전개하였다.
⑤ 『조선책략』의 영향으로 조미 수호 통상 조약이 체결되었다.

02 을사늑약의 이해

정답 찾기 자료는 이토가 군대를 동원하여 위협하고 외부대신의 도장을 빼앗아 날인한 1905년 을사늑약의 체결 과정이다. 을사늑약의 체결 결과 대한 제국의 외교권이 박탈되었다.

오답 피하기 ① 아관 파천은 1896년에 단행되었다.
② 조선 태종과 세조 때 6조 직계제가 채택되었다.
③ 신미양요 이후 전국에 척화비가 건립되었다.
⑤ 1881년에 이만손 등이 영남 만인소를 제출하였다.

03 헤이그 특사 사건의 이해

정답 찾기 자료는 1907년 네덜란드 헤이그에 특사로 파견된 이상설, 이준, 이위종의 연설문이다. 고종은 헤이그 특사 사건을 구실로 강제 퇴위당하였다.

오답 피하기 ① 삼국 간섭은 1895년에 일어났다.
② 홍범 14조는 제2차 갑오개혁 과정에서 반포되었다.
③ 동학 농민 운동의 전개 과정에서 농민군과 정부 사이에 전주 화약이 체결되었다.
⑤ 톈진 조약으로 청과 일본의 군대가 동시에 철수하였다.

04 을미의병의 이해

정답 찾기 국모의 원수와 부모에게서 받은 머리털을 베어버리는 변고로 일어난 밑줄 친 '의병'은 을미의병이다. 을미의병은 고종의 해산 권고 조칙으로 자진 해산하였다.

오답 피하기 ① 정미의병 때 13도 창의군이 조직되었다.
② 임진왜란 때 의병들이 관군과 함께 적에 맞서 싸웠다.
③ 정미의병에 해산 군인이 가담하여 규모가 확대되고 전투력이 강화되었다.
④ 서울 진공 작전 후 호남 의병들이 '남한 대토벌 작전'으로 피해를 입었다.

05 을사의병의 이해

정답 찾기 억압으로 한 조각의 종이에 조인하였다는 것, 5백 년 전해 오던 종묘사직이 망했다는 것 등을 통해 밑줄 친 ㉠이 가리키는 사건은 을사늑약 체결이라는 것을 알 수 있다.

06 보안회의 활동 파악

정답 찾기 자료는 러일 전쟁 중 일본인 나가모리에게 전국의 진황지 등의 개간권을 허가하라는 러일 전쟁 중 일본의 요구 내용이다. 보안회는 반대 시위를 전개하여 일본의 황무지 개간권 요구를 철회시켰다.

오답 피하기 ① 나철, 안중근 등은 의열 투쟁을 전개하였다.
② 대한 자강회는 전국에 지회를 설치하고 월보를 간행하는 등 애국 계몽 운동을 전개하였다.
③ 이소응과 유인석 등은 을미의병 때 활약하였다.
④ 만민 공동회에서 열강의 이권 침탈을 규탄하였다.

07 신민회의 활동 파악

정답 찾기 남만주로 집단 이주하려고 기도하였고, 무관 학교를 설립한 것을 통해 (가) 단체는 신민회임을 알 수 있다. 신민회는 민족 산업을 육성하기 위해 태극 서관과 자기 회사를 운영하였다.

오답 피하기 ① 13도 창의군은 서울 진공 작전을 추진하였다.

③ 동학 농민 운동의 전개 과정에서 전주 화약이 체결된 후 농민군이 집강소를 설치하여 개혁을 추진하였다.
④ 대한 자강회는 고종 강제 퇴위 반대 운동을 전개하였다.
⑤ 독립 협회는 모금 운동으로 독립문을 건립하였다.

단원 종합 문제
본문 76~77쪽

01 ④ **02** 조사 시찰단 **03** ③ **04** ⑤
05 ④ **06** 독립 협회 **07** 국채 보상 운동
08 ① **09** ③ **10** ③

01 급진 개화파의 이해

정답 찾기 양반을 제거하자는 것, 문벌을 폐하자는 것, 학교를 설립하자는 것 등을 통해 자료는 급진 개화파의 주장임을 알 수 있다. 급진 개화파는 일본의 메이지 유신을 모델로 삼았다.

오답 피하기 ① 위정척사 운동은 성리학적 질서를 지키며, 성리학 이외의 종교와 사상을 배척하자는 것이다.
② 흥선 대원군은 통상 수교를 거부하는 정책을 실시하였다.
③ 최익현, 이만손 등은 위정척사 운동을 전개하였다.
⑤ 강화도 조약 체결 과정에서 개항을 둘러싼 찬성과 반대 주장이 제기되었다.

02 조사 시찰단의 이해

정답 찾기 국내의 개화 정책에 대한 반대 여론으로 1881년 비밀리에 일본에 파견된 밑줄 친 '이들'은 조사 시찰단이다. 이들이 귀국 후 작성한 보고서가 개화 정책을 추진하는 데 뒷받침이 되었다.

03 갑신정변의 이해

정답 찾기 밑줄 친 '실패'는 일본의 원조를 약속받은 김옥균 등 급진 개화파가 일으킨 갑신정변의 실패에 해당한다. 갑신정변은 청의 군사적 개입과 일본군의 후퇴 등으로 3일 만에 실패하였다.

오답 피하기 ① 제1차 갑오개혁은 경복궁을 점령한 일본의 강요로 시작되었다.
② 대한 제국은 전제 군주제를 지향하였다.
④ 청일 전쟁에서 승리한 일본은 제2차 갑오개혁 때 조선의 내정에 적극 간섭하였다.

⑤ 갑신정변은 위로부터의 개혁이고, 동학 농민 운동은 아래로부터의 개혁이다.

04 동학 농민 운동의 제2차 봉기 파악

정답 찾기 일본군이 경복궁을 점령하고 임금을 핍박하여 참을 수 없다는 전봉준의 편지는 동학 농민 운동의 전개 과정에서 작성되었다. 전주 화약이 체결된 이후 조선 정부가 청·일 양국 군대의 철수를 요구하였으나 일본이 군대를 동원하여 경복궁을 점령하고, 청일 전쟁을 일으켰다. 이에 전봉준 등 동학 농민군은 다시 봉기하였다(제2차 봉기).

오답 피하기 ① 조선의 친명배금 정책을 구실로 1627년 후금이 조선을 침략하여 정묘호란이 일어났다.
② 위화도 회군은 1388년에 이성계가 단행하였다.
③ 1890년대 초반 동학교도들이 교조 신원 운동을 전개하였다.
④ 세도 정치의 폐단이 심화되는 상황에서 1862년에 임술 농민 봉기가 발생하였다.

05 중국과 체결한 조약 비교

정답 찾기 (가) 조약은 1882년에 체결된 조청 상민 수륙 무역 장정이고, (나) 조약은 1899년에 체결된 한청 통상 조약이다. 청일 전쟁에서 패한 청은 조선에 대한 권리를 포기하였고, 이후 대한 제국과 대등한 입장에서 한청 통상 조약을 체결하였다.

오답 피하기 ① (가)는 조선이 청과 체결하였다.
② (가)는 청 상인의 영사 재판권만 인정하는 불평등 조약이었다.
③ 갑신정변의 영향으로 한성 조약과 톈진 조약이 체결되었다.
⑤ 강화도 조약이 체결된 이후 일본에 수신사가 파견되었다.

06 독립 협회의 활동 파악

정답 찾기 만민 공동회를 개최하여 열강의 이권 침탈을 규탄하고 민권 운동을 전개한 (가) 단체는 독립 협회이다.

07 국채 보상 운동의 이해

정답 찾기 김광제, 서상돈 등이 일제의 경제 침탈에 맞서 전개한 밑줄 친 '민족 운동'은 국채 보상 운동이다. 국채 보상 운동은 국민의 성금으로 나랏빚을 갚기 위해 전개되었다.

08 을사늑약의 이해

정답 찾기 일본이 대한 제국의 외교권을 강탈하여 청과 간도 협약을 체결하는 배경이 된 (가) 조약은 을사늑약이다. 을사늑약의 결과 통감부가 설치되었다.

 ② 조선 세종 때 4군 6진 지역이 개척되었다.
③ 강화도 조약에 따라 부산, 원산, 인천이 개항되었다.
④ 1866년에 일어난 제너럴 셔먼호 사건을 구실로 미국은 1871년에 신미양요를 일으켰다.
⑤ 재정·외교 고문 용빙에 관한 협정서를 근거로 메가타가 재정 고문으로 파견되었다.

09 을미의병의 이해

정답 찾기 유인석과 이소응 등 양반 유생들은 을미사변과 단발령에 반발하여 을미의병을 일으켰다. 을미의병은 아관 파천 이후 고종이 단발령을 철회하고 해산을 권고하는 조칙을 발표하자 대부분 해산하였다.

오답 피하기 ① 세도 정치 시기에 삼정의 문란이 극심하였다.
② 신미양요는 1871년에 미국이 제너럴 셔먼호 사건을 빌미로 강화도를 침공하면서 일어났다.
④ 1866년 병인양요를 일으킨 프랑스군은 강화도에서 철수하면서 외규장각 도서를 약탈해 갔다.
⑤ 1907년에 해산된 군인들은 정미의병에 가담하였다.

10 애국 계몽 운동의 이해

정답 찾기 총을 드는 사람이나 칼을 드는 사람도 필요하지만 백성들이 깨어 있어야 한다는 글과 대한 자강회 월보를 통해 (가)는 애국 계몽 운동의 사례임을 알 수 있다. 애국 계몽 운동 단체인 신민회는 오산 학교와 대성 학교를 세워 민족 교육을 실시하였으며, 대한 자강회는 강연회를 개최하고 월보를 간행하는 등 계몽 운동을 전개하였다.

오답 피하기 ① 을사늑약 체결 이후 전개된 항일 의거 활동으로는 장인환·전명운 의거, 안중근 의거 등이 있다.
② 정미의병 시기에 의병 연합 부대인 13도 창의군이 조직되어 1908년 서울 진공 작전을 전개하였다.
④ 동학 농민군은 전주 화약을 맺고 전라도 각지에 집강소를 설치하여 폐정 개혁을 실천하였다.
⑤ 제2차 갑오개혁 시기에 반포된 교육입국 조서에 따라 한성 사범 학교와 소학교 등이 설립되었다.

미리 보는 서술형·논술형   본문 78쪽

Step 1 | 서술형 연습하기

모범 답안 제2차 수신사로 일본에 갔던 (김홍집)이 가지고 온 『조선책략』이 널리 유포되면서 (미국)과의 수교가 추진되었다.

평가 기준

상	인물, 책 이름, 국가 세 가지를 정확하게 서술한 경우
중	인물, 책 이름, 국가 중 두 가지를 정확하게 서술한 경우
하	인물, 책 이름, 국가 중 한 가지만 정확하게 서술한 경우

Step 2 | 서술형 훈련하기

모범 답안 (1) 미군 또는 미국 군대
(2) 미국이 1871년(신미년)에 제너럴 셔먼호 사건을 구실로 통상을 요구하며 조선의 강화도를 침략하였다.
| 필수 키워드 | 미국, 1871년(신미년), 제너럴 셔먼호 사건, 통상 요구, 강화도, 침략 등

평가 기준

상	누가, 언제, 왜, 어디서, 무엇을 했나의 내용 중 5가지를 정확하게 서술한 경우
중	누가, 언제, 왜, 어디서, 무엇을 했나의 내용 중 3~4가지를 정확하게 서술한 경우
하	누가, 언제, 왜, 어디서, 무엇을 했나의 내용 중 1~2가지를 정확하게 서술한 경우

Step 3 | 논술형 도전하기

모범 답안 온건 개화파의 주장은 서양의 과학 기술만 받아들이자는 주장이다. 나는 이러한 주장에 반대한다. 왜냐하면 근본적인 것이 바뀌지 않고는 큰 변화를 이루기가 어렵기 때문이다. 유교 윤리를 중시하여 머리카락을 자르지 않은 채 상투를 틀어 갓을 쓰고, 옷은 양복을 입는다면 어울리지 않는다고 생각할 것이다. 청일 전쟁에서 청이 패한 것을 보면 중체서용을 내세웠던 청의 양무운동이 한계가 있음을 알 수 있다. 그러므로 서양의 제도나 사상까지 수용하여 근대화를 이루어야 한다.
| 논리적 전개 예시 | 자료를 읽고 온건 개화파의 주장을 한 문장으로 요약한다. → 온건 개화파의 주장에 대한 찬성 또는 반대의 견해를 선택한다. → 반대를 선택했다면 온건 개화파의 문제점을 지적한다. → 주장을 뒷받침할 만한 근거를 제시한다.

평가 기준

자료 이해력	자료의 핵심 내용을 한 문장으로 요약함.
글의 타당성	찬성, 또는 반대의 견해에서 자신의 주장을 내세움.
글의 논리성	자신의 주장을 뒷받침할 만한 논리적 근거를 제시함.
충실성	정해진 분량을 충족함.

I. 일제 식민 통치와 민족 운동

01 제국주의 질서와 일제의 식민 통치 정책

개념 체크
본문 82쪽

01 ① 헌병 ② 치안 유지법 ③ 징용 ④ 국민학교
02 ① × ② × ③ ○ ④ ○

기본 문제
본문 82~83쪽

01 ① **02** ⑤ **03** ② **04** ④
05 치안 유지법 **06** ⑤ **07** ⑤

01 일제의 무단 통치의 실상 파악

정답 찾기 칼을 짚고 앉아 있는 교사, 태형 도구 등을 통해 (가)에는 무단 통치의 실상이 들어가야 한다는 것을 알 수 있다.

오답 피하기 ② 일제는 중일 전쟁을 일으킨 후 전쟁 수행에 필요한 인력과 물자 동원을 원활하게 할 목적으로 국가 총동원법을 제정하고 징용, 공출 등의 방법으로 전시 동원 체제를 강화하였다.
③ 일제는 1920년부터 이른바 '문화 정치'를 실시하였다.
④ 일제의 국권 침탈에 맞선 의병 항쟁이 이어지자, 일제는 1909년 호남에서 '남한 대토벌' 작전을 벌였다.
⑤ 일제는 1910년 한국 병합 조약을 통해 우리나라의 국권을 빼앗았다.

02 일제 무단 통치 시기의 사회 모습 파악

정답 찾기 헌병 경찰 제도 시행, 선생님이 칼을 차고 교단에 올랐다는 내용 등을 통해 (가) 시기가 일제의 무단 통치 시기임을 알 수 있다. 신민회는 1911년 일제가 조작한 105인 사건으로 와해되었다.

오답 피하기 ① 신식 군대인 별기군은 1880년대 고종의 개화 정책 추진 과정에서 창설된 신식 군대였다.
② 일제는 1937년 중일 전쟁 발발 이후 한국인의 민족의식을 말살하기 위해 황국 신민 서사를 암송하도록 강요하였다.
③ 만민 공동회는 1898년 독립 협회가 자주 국권을 수호하고 자유 민권을 신장시키며 자강 개혁을 실현하기 위해 개최하였다.

④ 제1차 한일 협약(1904)에 따라 재정 고문으로 파견된 메가타가 대한 제국의 재정을 일본에 예속시키고자 화폐 정리 사업을 추진하였다.

03 이른바 '문화 정치' 시기의 사회 모습 파악

정답 찾기 자료에서 3·1 운동의 영향으로 통치 방식이 변경되었다는 내용에서 밑줄 친 ㉠이 적용된 시기는 1920년대 이른바 '문화 정치' 시기를 가리킴을 알 수 있다. 대한 제국 시기에 서울의 시전 상인들은 황국 중앙 총상회를 조직하여 상권 수호 운동을 전개하였다.

오답 피하기 ① 치안 유지법은 1925년에 제정된 법으로, 일제는 이를 바탕으로 사회주의자와 독립운동가를 탄압하였다.
③ 1920년대에 조선일보와 동아일보 등이 창간되었다.
④ 일제는 이른바 '문화 정치'를 표방한 1920년대 지방 행정 자문 기관인 부·면 협의회를 민선 또는 관선으로 구성하게 하였다.
⑤ 3·1 운동 이후 일제는 헌병 경찰제를 보통 경찰제로 바꾸었다.

04 이른바 '문화 정치'의 사례 파악

정답 찾기 자료는 3·1 운동 이후 대폭 늘어난 보통 경찰의 경찰 기관, 경찰 인원, 경찰 비용 등을 통해 이른바 '문화 정치'의 실상을 보여 주고 있다.

오답 피하기 ① 을미개혁은 1895년 을미사변 직후 성립한 김홍집 내각이 시행하였다.
② 애국 계몽 운동은 을사늑약을 전후하여 교육을 장려하고 산업을 진흥시키고자 개화 지식인들을 중심으로 전개되었다.
③ 일제는 1930년대에 대륙 침략을 본격적으로 전개하면서 한국인의 민족의식을 말살하여 침략 전쟁에 동원하기 위해 황국 신민화 정책을 추진하였다.
⑤ 조선 정부는 개화 정책 담당 기구로 1880년 통리기무아문을 설치하여 군제 개편 등을 추진하였다.

05 치안 유지법의 특징 이해

정답 찾기 자료는 1925년에 제정된 일제의 치안 유지법이다. 일제는 1925년 천황제와 사유 재산 제도를 부정하는 사상을 탄압하기 위해 치안 유지법을 제정하였다. 일제는 이를 통해 독립운동가와 사회주의자를 탄압하였다.

06 황국 신민화 정책 시기의 상황 파악

정답 찾기 자료는 일제의 민족 말살 통치 시기에 암송이 강요된 황국 신민 서사이다. 1937년 중일 전쟁 발발 이후 일제는 민족 말살 통치를 본격적으로 전개하면서 일본식 성명 사용을 강요하였다. 또한 전시 동원 체제를 강화하면서 한국인 여성들을 일본군 '위안부'로 강제 동원하기도 하였다.

오답 피하기 ㄱ. 대한 제국은 1899년 황제권을 강화하기 위해 대한국 국제를 반포하였다.

ㄴ. 일제는 1912년에 조선 태형령을 제정하여 한국인에게만 신체에 고통을 가하는 태형을 적용하였다. 조선 태형령은 1920년에 폐지되었다.

07 민족 말살 통치 파악

정답 찾기 자료에서 애국반, 황국 신민 서사, 내선 일체 등을 통해 일제의 민족 말살 통치 시기의 상황임을 알 수 있다. 일제는 1937년 중일 전쟁을 일으킨 후 한국인을 침략 전쟁에 동원하기 위해 민족 말살 통치를 본격화하여 황국 신민 서사 암송, 신사 참배 등을 강요하였다.

오답 피하기 ① 헌병 경찰제는 1910년대 실시되었는데, 3·1 운동 직후 보통 경찰제로 바뀌었다.

② 대한 제국은 구본신참을 개혁의 기본 방향으로 삼아 광무개혁을 추진하였다.

③ 군국기무처는 제1차 갑오개혁을 주도한 기구로 1894년에 설치되었다.

④ 제1차 조선 교육령은 1912년에 제정되었으며, 이에 따라 보통학교의 수업 연한은 4년으로 정해졌다.

02 경제 구조의 변화와 경제생활

개념 체크
본문 86쪽

01 ① 회사령 ② 산미 증식 계획 ③ 국가 총동원법 ④ 공출
02 ① ○ ② × ③ ○

기본 문제
본문 86~87쪽

01 ④   **02** ①   **03** ⑤   **04** ④   **05** ③
06 남면북양 정책   **07** ②   **08** ③

01 토지 조사 사업의 영향 파악

정답 찾기 자료는 1912년에 발표된 토지 조사령이다. 대한 제국은 광무개혁을 추진하면서 양전 사업을 실시하고 근대적 토지 소유 증명 문서인 지계를 발급하였다.

오답 피하기 ① 일제가 추진한 토지 조사 사업의 실질적인 목적은 지세 수입을 늘려 식민지 지배에 필요한 재정을 확보하는 것이었다.

② 토지 조사 사업의 결과 경제적으로 어려워진 농민들은 화전민이 되거나 만주, 연해주, 일본 등지로 이주하였다.

③ 토지 조사 사업의 결과 이전에 통감부가 국유지로 편입하였던 황실 소유의 토지는 조선 총독부의 소유지가 되거나 동양 척식 주식회사에 넘어갔다.

⑤ 토지 조사 사업에 따라 농민들이 종래 가지고 있던 관습적 경작권을 인정받지 못하게 되었다.

02 1910년대 경제 상황 파악

정답 찾기 자료는 1910년에 제정되었다가 1920년에 폐지된 회사령이다. 일제가 자원 약탈을 위해 1910년대에 삼림령, 어업령, 조선 광업령을 제정하였다.

오답 피하기 ② 1862년에 일어난 임술 농민 봉기에 대한 대책으로 삼정이정청이 설치되었으나 큰 성과를 거두지는 못하였다.

③ 1938년 국가 총동원법을 제정하여 본격적으로 인력과 물자의 수탈에 나섰다. 일제는 한국인들을 징용, 징병 등의 방식으로 강제 동원하였고, 미곡과 금속류 등을 군수 물자로 강제 공출하였다.

④ 제1차 한일 협약(1904)으로 대한 제국의 재정 고문으로 파견된 메가타는 백동화 등을 일본 제일 은행권으로 교환하는 화폐 정리 사업을 추진하였다.
⑤ 개항 이후 일본으로 지나치게 쌀이 유출되고 곡물 가격이 폭등하자, 조선의 일부 지방관들은 방곡령을 선포하였다.

03 회사령 폐지가 끼친 영향 파악

정답 찾기 (가)에는 회사령 폐지가 끼친 영향이 들어가야 한다. 일제는 한국인의 기업 설립과 민족 자본의 성장을 억제하기 위해 1910년에 회사령을 제정하였다. 회사령은 1920년에 폐지되어 회사 설립이 허가제에서 신고제로 바뀌었다.
오답 피하기 ① 원산 총파업은 1929년에 발생하였다.
② 일제는 1925년 천황제와 사유 재산 제도를 부정하는 사상을 탄압하기 위해 치안 유지법을 제정하였다.
③ 당백전은 경복궁 중건에 필요한 재원을 마련하기 위해 흥선 대원군 집권 시기에 발행되었다.
④ 일제는 중일 전쟁을 일으킨 후 전쟁 수행에 필요한 인력과 물자 동원을 원활하게 할 목적으로 국가 총동원법을 제정하고 징용, 공출 등의 방법으로 전시 동원 체제를 강화하였다.

04 산미 증식 계획의 전개 과정 파악

정답 찾기 그래프는 쌀 생산량과 쌀의 일본 이출량을 나타낸 것이다. 일제는 자국의 쌀 부족 문제를 해결하기 위해 1920년부터 한국에서 산미 증식 계획을 실시하였다. 그 결과 목표한 만큼 쌀 생산량이 늘지 않았으나, 일본으로 이출되는 쌀의 양은 해마다 증가하였다.
오답 피하기 ① 갑오개혁은 1894년부터 실시되었다.
② 임술 농민 봉기는 삼정의 문란, 세도 정치의 폐해 등이 원인이 되어 1862년에 발생하였다.
③ 조선 후기에 대동법이 시행되면서 국가의 필요 물품을 관청에 납품하는 공인이 성장하였다.
⑤ 조선은 1883년 일본과 조일 통상 장정을 체결하였다. 이 조약에는 방곡령, 관세 부과, 최혜국 대우 등과 관련된 조항이 포함되었다.

05 국가 총동원법이 끼친 영향 파악

정답 찾기 자료는 일제가 1938년에 발표한 국가 총동원법이다. 중일 전쟁을 일으킨 일제는 1938년 국가 총동원법을 제정하여 한국의 인적·물적 자원을 수탈하였다. 일제는 1937

년 중일 전쟁을 일으킨 뒤 한반도를 침략 전쟁의 군수 물자를 생산하는 기지로 만들기 위한 병참 기지화 정책을 본격화하였다.
오답 피하기 ① 조선은 개화 정책의 하나로 1881년에 신식 군대인 별기군을 창설하였다.
② 흥선 대원군은 환곡의 폐단을 바로잡기 위해 사창제를 실시하였다.
④ 1894년 설치된 군국기무처가 제1차 갑오개혁을 주도하였다.
⑤ 1880년대 독일 부영사 부들러가 조선 중립화 방안을 조선 정부에 건의하였으며, 유길준도 조선의 중립화를 제기하였다.

06 남면북양 정책의 내용 파악

정답 찾기 밑줄 친 '이 정책'은 남면북양 정책이다. 남면북양 정책은 대공황 이후 일제가 일본 방직 산업의 원료를 확보하기 위해 한반도의 남쪽에서는 면화를 키우고, 북쪽에서는 양을 사육하도록 강요한 것이다.

07 일제의 전시 물자 수탈 파악

정답 찾기 자료에서 공출, 배급제 등을 통해 일제가 침략 전쟁을 확대하면서 전시 물자를 수탈한 상황임을 알 수 있다. 일제는 1937년 중일 전쟁을 일으킨 후 한국인을 침략 전쟁에 동원하기 위해 민족 말살 통치를 본격화하여 황국 신민 서사 암송, 신사 참배 등을 강요하였다.
오답 피하기 ① 조선 총독부는 1910년대에 헌병 경찰 제도를 시행하였다가 3·1 운동을 계기로 보통 경찰 제도로 바꾸었다.
③ 국채 보상 운동은 1907년 대구에서 시작되어 전국으로 확산되었다.
④ 일제는 1908년 동양 척식 주식회사를 설립하여 대한 제국에 대한 경제적 침략을 강화하였다.
⑤ 시전 상인들이 1898년에 조직한 황국 중앙 총상회는 외국 상인의 침투를 저지하는 상권 수호 운동을 전개하였다.

08 일제의 전시 동원 체제 시기의 상황 파악

정답 찾기 (가)는 국가 총동원법으로 인적 수탈, 물적 수탈을 위해 1938년에 만들어졌다. 일제는 1937년 중일 전쟁을 일으킨 후 이듬해 국가 총동원법을 제정하여 대대적으로 인력과 물자의 수탈에 나섰다. 일제는 1925년 천황제와 사유 재산 제도를 부정하는 사상을 탄압하기 위해 치안 유지법을 제정하였다. 일제는 이를 통해 사회주의자와 독립운동가를 탄압하였다.

오답 피하기 ① 1937년 중일 전쟁을 일으킨 일제는 1938년 국가 총동원법을 제정한 뒤 한국인들을 징병 등의 방식으로 강제 동원하였다.
② 일제는 1939년부터 국민 징용령 등으로 군수 공장 등지에 청장년들을 끌고 가 강제 노동을 시켰다.
④ 일제는 중일 전쟁 발발 이후 한반도를 침략 전쟁에 필요한 군수 물자를 생산하는 곳으로 만드는 병참 기지화 정책을 추진하였다.
⑤ 일제는 중일 전쟁 발발 이후 한국인의 민족의식을 말살하기 위해 황국 신민 서사를 암송하도록 강요하였다.

03 민족 운동의 전개와 분화

개념 체크
본문 93쪽

01 ① 독립 의군부 ② 신흥 강습소 ③ 2·8 ④ 상하이 ⑤ 연통제 ⑥ 조선 혁명 선언 ⑦ 정우회 ⑧ 광주 학생 항일 운동
02 ① ○ ② × ③ × ④ ○ ⑤ × ⑥ ○ ⑦ ○ ⑧ ×

기본 문제
본문 94~95쪽

01 ① **02** ⑤ **03** ⑤ **04** ② **05** ③
06 ④ **07** ② **08** 신간회 **09** ⑤ **10** ③

01 독립 의군부의 특징 파악

정답 찾기 자료에서 1910년대 활동한 국내 항일 비밀 결사, 임병찬 등이 고종의 밀명을 받아 1912년에 조직했다는 것 등을 통해 (가) 단체는 독립 의군부임을 알 수 있다. 나라를 되찾은 후 고종을 복위시키려는 복벽주의를 내세운 단체로는 1912년에 조직된 독립 의군부가 대표적이다.

오답 피하기 ② 독립 협회는 1898년 관민 공동회를 열고 헌의 6조 결의를 주도하였다.

③ 신민회는 1911년 일제가 조작한 105인 사건으로 와해되었다.
④ 서상돈 등의 주도로 시작된 국채 보상 운동은 국민의 성금을 모아 나라의 빚을 갚고 국권을 지키자는 운동으로, 1907년부터 전개되었다.
⑤ 1890년대 초반 동학교도들이 최제우의 억울함을 풀어 줄 것과 포교의 자유를 허용할 것을 요구하며 교조 신원 운동을 전개하였다.

02 1910년대 국외 독립운동 기지 파악

정답 찾기 (가)는 서간도 삼원보, (나)는 북간도 옌지(연길), (다)는 연해주 블라디보스토크이다. 대한 광복군 정부는 1914년 연해주의 블라디보스토크에서 수립되었다.

오답 피하기 ① 권업회는 1911년 이상설 등이 연해주 블라디보스토크에 조직한 단체이다.
② 대한인 국민회는 미주 지역에서 창설되었다.
③ 신한청년당은 1918년 김규식, 여운형 등에 의해 중국 상하이에서 결성되었다.
④ 명동 학교는 북간도 지역에 세워졌다.

03 3·1 운동의 영향 이해

정답 찾기 자료에서 일제의 무단 통치에 맞서 일어났다는 것, 일제 강점기 최대 규모의 항일 운동이라는 것을 통해 밑줄 친 '이 운동'이 3·1 운동임을 알 수 있다. 3·1 운동은 일제가 무단 통치의 한계를 인식하고 이른바 '문화 정치'로 통치 방식을 바꾸는 데 영향을 끼쳤다.

오답 피하기 ① 1862년에 일어난 임술 농민 봉기의 배경으로 삼정의 문란이 지목되자 이를 해결하고자 삼정이정청이 설치되었다.
② 임오군란(1882)의 영향으로 조선에 대한 청의 내정 간섭이 심화되었으며, 일본 공사관에 경비병 주둔을 허용하는 제물포 조약이 체결되었다.
③ 조선 정부는 1880년에 통리기무아문을 설치하여 개화 정책을 추진하였다.
④ 고종은 을사늑약의 부당함을 세계에 알리기 위해 1907년 네덜란드 헤이그에 특사를 파견하였다.

04 대한민국 임시 정부의 활동 파악

정답 찾기 자료에서 독립 공채, 연통제와 교통국 등을 통해 (가)가 대한민국 임시 정부임을 알 수 있다. 대한민국 임시 정

부는 국제 무대에서의 외교 활동으로 독립을 달성하고자 미국 워싱턴에 구미 위원부를 설치하였다.

오답 피하기 ① 대한 제국은 원수부를 설치하여 황제가 군대를 통솔하게 하였다.

③ 제2차 갑오개혁 때 고종은 교육입국 조서를 반포하여 근대 교육의 중요성을 강조하였다. 이후 한성 사범 학교 관제, 소학교령, 외국어 학교 관제 등이 발표되었다.

④ 조선 정부는 청의 알선과 제2차 수신사 김홍집이 가져온 『조선책략』의 영향을 받아 1882년 미국과 조미 수호 통상 조약을 체결하였다.

⑤ 1904년에 결성된 보안회는 일제의 황무지 개간권 요구를 철회시켰다.

05 국외 무장 투쟁의 전개 이해

정답 찾기 (가) 시기는 청산리 대첩이 있었던 1920년 10월에 해당하며 (나) 시기는 3부가 성립한 1920년대 전반에 해당한다. 참의부, 정의부, 신민부는 1923~1925년에 성립하였다. 자유시 참변은 자유시로 이동한 독립군이 내부의 주도권 분쟁과 러시아 혁명군에 의한 무장 해제 과정에서 희생된 사건이다(1921).

오답 피하기 ① 국민부와 혁신 의회는 1920년대 말에 결성되었다.

② 13도 창의군은 1908년에 서울 진공 작전을 전개하였다.

④ 1925년 미쓰야 협정의 체결로 인해 만주에서 독립군의 활동은 크게 위축되었다.

⑤ 홍범도가 이끈 대한 독립군 등 독립군 연합 부대는 1920년 6월 봉오동 전투에서 일본군을 격퇴하였다.

06 의열단의 활동 파악

정답 찾기 자료에서 김상옥 열사가 단원이었다는 것, 김원봉의 주도로 결성되었다는 것 등을 통해 (가) 단체는 의열단임을 알 수 있다. 의열단은 김원봉의 요청으로 신채호가 1923년 작성한 「조선 혁명 선언」을 활동 지침으로 삼았다.

오답 피하기 ① 독립 협회는 모금 활동을 통해 비용을 마련하여 독립문을 건립하였다.

② 1898년 독립 협회 주도로 개최된 관민 공동회에서 헌의 6조가 결의되었다.

③ 평안도 지역민에 대한 차별과 세도 정권의 수탈 등에 반발하여 1811년 홍경래 등이 신흥 상공업 세력, 광산 노동자, 빈농 등을 모아 봉기하였다.

⑤ 1907년 일제가 헤이그 특사 사건을 구실로 고종을 강제 퇴위시키자 대한 자강회가 이를 규탄하는 운동을 전개하였다.

07 물산 장려 운동의 특징 파악

정답 찾기 자료에서 조선 물산을 먹고 입고 쓰자, 조선 물산을 팔고 사자, 우리의 원료 자본 기술로 등을 통해 물산 장려 운동 당시 만들어진 광고임을 알 수 있다. 1920년 평양에서 조만식 등의 주도로 시작된 물산 장려 운동은 전국으로 확산되었다. 하지만 일부 상인의 농간으로 상품 가격만 오르는 경우가 있었고, 사회주의자로부터 자본가와 상인의 이익만을 추구하는 이기적인 운동이라는 비판을 받았다.

오답 피하기 ① 김옥균, 박영효 등 급진 개화파는 1884년 갑신정변을 일으켰다.

③ 대동법은 조선 후기 광해군 때 방납의 폐단을 해결하기 위해 경기도에서 시행되었고, 시행 지역이 점차 확대되었다.

④ 1907년 국채 보상 운동은 대구에서 시작되어 언론 기관의 호응 속에 전국으로 확산되었다.

⑤ 제2차 갑오개혁 시기에 고종은 근대적 개혁을 통해 국가를 발전시키겠다는 의지를 담아 홍범 14조를 반포하였다.

08 신간회의 강령 이해

정답 찾기 자료는 신간회의 강령으로 (가)에 해당하는 단체는 신간회이다. 사회주의 계열에서 발표한 정우회 선언을 계기로 1927년에 사회주의 세력과 비타협적 민족주의 세력이 연대하여 신간회를 결성하였다.

09 신간회의 활동 파악

정답 찾기 자료의 1920년대 국내 민족 운동의 흐름 표에서 (가) 단체는 신간회이다. 신간회는 1929년에 일어난 광주 학생 항일 운동의 진상을 규명하기 위해 현지에 조사단을 파견하였으며, 민중 대회를 계획하여 광주 학생 항일 운동을 전국적으로 확산시키기 위해 노력하였다.

오답 피하기 ① 1894년 동학 농민군은 정부와 전주 화약을 체결하고 전주성에서 물러났다.

② 조선 숙종 때 조선과 청은 '서쪽은 압록강, 동쪽은 토문강을 경계로 한다.'라는 내용의 백두산정계비를 세웠다.

③ 신민회는 태극 서관과 자기 회사 등을 운영하였다.

④ 이봉창과 윤봉길은 김구를 중심으로 결성된 한인 애국단의 단원으로 활동하였다.

10 6·10 만세 운동의 특징 파악

정답 찾기 자료에서 순종 황제의 국장에서 격문을 뿌리며 만세를 불렀다는 것 등을 통해 (가) 운동은 6·10 만세 운동임을 알 수 있다. 6·10 만세 운동은 1926년 순종의 장례일에 맞춰 학생들을 중심으로 전개되었고, 민족주의 세력과 사회주의 세력이 연대하는 계기가 되어 민족 협동 전선이 추진되었다. 그 결과 1927년에 신간회가 결성되었다.

오답 피하기 ① 통감부는 을사늑약의 체결에 따라 1906년에 설치되어 1910년에 한국 병합 조약으로 조선 총독부가 설치될 때까지 존속하였다. 국채 보상 운동 등이 통감부의 탄압으로 실패하였다.

② 독립문 건립, 만민 공동회 개최 등이 독립 협회의 주도로 이루어졌다.

④ 조선은 1876년 강화도 조약을 체결한 이후 일본에 수신사라는 사절단을 파견하였다. 김기수, 김홍집 등이 수신사로 일본에 다녀왔다.

⑤ 3·1 운동 이후 각지에서 임시 정부가 수립되자 연해주의 대한 국민 의회, 상하이의 대한민국 임시 정부, 서울의 한성 정부가 통합하여 한성 정부의 정통성을 계승한 대한민국 임시 정부를 상하이에 수립하였다(1919).

04 사회·문화의 변화와 대중 운동

개념 체크

본문 99쪽

01 ① 북촌 ② 조선어 학회 ③ 박은식
02 ① ○ ② × ③ ○

기본 문제

본문 99~100쪽

01 ④   **02** ⑤   **03** ④   **04** 조선 형평사
05 ⑤   **06** ②   **07** ③

01 일제 식민지 근대화의 실상 파악

정답 찾기 지도는 일제가 한반도에 완성한 X자형 간선 철도망을 나타내고 있다. 1896년에 고종이 거처를 러시아를 옮긴 아관 파천이 단행되었는데, 이후 러시아를 비롯한 열강의 조선에 대한 이권 침탈이 심화되었다. 고종은 1897년 환궁하였다.

오답 피하기 ① 일제 강점기 형성된 신흥 도시는 철도역과 항만을 중심으로 발달하였다.

② 철도는 일제가 대륙 침략 전쟁을 확대하는 군사적 수단이었다.

③ 일제가 부설한 철도는 한국의 각종 물자를 수탈하는 데 활용되었다.

⑤ 철도 노선의 확대로 국내는 물론 만주와 중국 등지로 오가는 사람들이 많아졌다.

02 1920년대 중후반 경제 상황 파악

정답 찾기 그래프의 (가) 시기는 1924~1930년이며, 이 시기에는 일제의 산미 증식 계획이 추진되고 있었다. 1920년부터 일제가 추진한 산미 증식 계획의 진행 과정에서 소작농은 지주가 떠넘긴 수리 조합비 등을 부담하게 되었다.

오답 피하기 ① 일제는 1937년 중일 전쟁을 일으킨 후 군량미 확보를 위해 미곡 공출제를 시행하였다.

② 대한 제국은 광무개혁의 일환으로 지계아문을 설치하고 토지 소유자에게 지계를 발급하였다.

③ 일제는 1910년대 헌병 경찰에 의한 무단 통치를 실시하였다.

④ 일제의 탄압이 강화되면서 1930년대 농민 운동은 사회주의 세력과 연계하여 비합법 조직인 혁명적 농민 조합을 중심으로 펼쳐졌다.

03 방정환의 활동 파악

정답 찾기 자료에서 어린이날이 만들어진 배경, 어린이를 인격체로 대하자고 주장했다는 것, 잡지 『어린이』 간행을 주도했다는 것 등을 통해 밑줄 친 '그'가 방정환임을 알 수 있다. 천도교 소년회 활동을 주도한 방정환 등은 어린이날을 제정하고, 잡지 『어린이』를 간행하였다.

오답 피하기 ① 진단 학회는 실증 사학의 입장에서 한국사를 연구하고 『진단 학보』를 간행하였다.

② 원산 총파업은 일제 강점기인 1929년에 원산 지역 노동자들의 주도로 일어났다.

③ 나운규가 제작한 영화 「아리랑」은 일제 강점기인 1926년에 개봉하였다.

⑤ 1927년 신간회 창립을 계기로 여성 단체들은 이념을 초월한 민족 협동 전선으로 근우회를 결성하였다.

04 조선 형평사의 특징 이해

정답 찾기 자료에서 계급을 타파하고 모욕적인 칭호를 폐지하자는 것, 백정이 압박을 받아 왔다는 것 등을 통해 밑줄 친 '본사'가 조선 형평사임을 알 수 있다. 일제 강점기에 백정들은 차별 대우에 항의하며 1923년 경남 진주에서 조선 형평사를 만들고 백정에 대한 평등한 대우를 요구하는 형평 운동을 전개하였다.

05 조선어 학회의 활동 이해

정답 찾기 자료에서 조선어 연구회를 확대·개편한 조직, 한글 맞춤법 통일안과 표준어를 제정하는 등 한글 연구를 위해 노력하였다는 것 등을 통해 (가) 단체가 조선어 학회임을 알 수 있다. 조선어 학회는 우리말(조선말) 큰사전의 편찬을 시도하였으나 일제가 조선어 학회를 강제로 해산시켜 완성하지 못하였다. 우리말 큰사전은 광복 후에 원고가 발견되어 완간되었다.

오답 피하기 ① 독립 협회는 1898년 관민 공동회를 개최하였다.
② 일본에 진 빚을 갚자는 국채 보상 운동은 국권 피탈 이전인 1907년에 대구에서 시작되었다.
③ 고종의 강제 퇴위를 반대한 단체는 대한 자강회 등이었다.
④ 조만식 등은 1920년 평양에서 조선 물산 장려회를 설립하였다.

06 박은식의 활동 이해

정답 찾기 자료에서 「유교구신론」 발표, 『한국독립운동지혈사』 저술, 대한민국 임시 정부의 제2대 대통령 역임 등을 통해 박은식에 해당하는 내용임을 알 수 있다. 『한국통사』는 박은식이 저술한 책으로 '국혼'의 중요성을 강조하였다.

오답 피하기 ① 독립 협회는 모금 활동을 통해 비용을 마련하여 독립문을 건립하였다.
③ 진단 학회는 실증 사학의 대표적인 연구 단체로 1934년에 이병도 등이 조직하였다.
④ 최익현은 위정척사파 인물로 1870년대 강화도 조약을 전후하여 왜양일체론을 내세우며 개항 반대 운동을 전개하였다.

⑤ 1909년 안중근은 만주 하얼빈에서 이토 히로부미를 처단하였다.

07 대종교의 활동 이해

정답 찾기 자료에서 나철, 오기호 등이 창시하였다는 것, 단군 숭배 사상을 널리 전파해 민족의식을 높이고자 했다는 것 등을 통해 (가) 종교는 대종교임을 알 수 있다. 대종교 계열의 인사들은 국권 피탈 이후 북간도에서 독립운동 단체인 중광단을 조직하였다.

오답 피하기 ① 1890년대 초반 동학교도가 최제우의 억울함을 풀어 줄 것과 포교의 자유를 허용할 것을 요구하며 교조 신원 운동을 전개하였다.
② 불교에서는 일제가 한국 불교계를 장악하려는 목적으로 제정한 사찰령을 폐지하려는 운동을 전개하였다.
④ 천도교는 『개벽』, 『신여성』 등의 잡지를 만들어 민족의식을 높였고, 청년·여성·소년 운동 등 대중 운동을 전개하였다.
⑤ 원불교는 불교의 생활화와 대중화를 추구하면서 저축 운동, 허례허식 폐지, 금주, 단연 등 새 생활 운동을 전개하였다.

05 독립 국가 건설 노력

개념 체크
본문 103쪽

01 ① 지청천　② (조선) 민족 혁명당　③ 대일 선전 성명서
④ 화북 지대
02 ① ×　② ○　③ ×　④ ○

기본 문제
본문 103~104쪽

01 ①　　**02** ③　　**03** ④　　**04** ①
05 ㉠ (화북) 조선 독립 동맹　㉡ 조선 의용군
06 ⑤　　**07** ⑤

01 한중 연합 작전의 배경 이해

정답 찾기 (가)는 지청천이 이끄는 한국 독립군, (나)는 양세봉이 이끄는 조선 혁명군이다. 1931년 만주 사변이 발발하면서 중국 내 항일 감정이 고조되며 중국인과 한국인의 항일 연합 전선이 형성되었다.

오답 피하기 ② 고종은 1899년 황제의 전제권을 규정한 대한국 국제를 반포하였다.
③ 1943년 미국, 영국, 중국의 정상이 모여 카이로 회담을 개최하고 적당한 시기에 한국을 독립시킬 것을 처음으로 결의하였다.
④ 1938년 일제는 국가 총동원법을 제정하였다.
⑤ 1944년 여운형의 주도로 국내에서 조선 건국 동맹이 결성되었다.

02 한중 연합 작전의 이해

정답 찾기 (가)는 한국 독립군, (나)는 조선 혁명군으로 1930년대 중국군과 연합하여 일본군에 맞서 싸웠다.

오답 피하기 ① 이인영을 총대장으로 하는 13도 창의군은 1908년 서울 진공 작전을 벌였다.
② 한국광복군은 미얀마·인도 전선에 공작대를 파견하여 영국군과 공동 작전을 펼쳤다.
④ 동학 농민군은 우금치에서 관군과 일본군에 맞서 싸웠으나 패배하였다.
⑤ 청산리 대첩 이후 일본군을 피해 자유시로 이동한 독립군은 러시아 혁명군에 의한 무장 해제 과정에서 큰 피해를 입었다.

03 조선 의용대의 활동 이해

정답 찾기 조선 민족 전선 연맹은 중국 국민당 정부의 지원을 받아 조선 의용대를 창설하였다. 조선 의용대는 중국 관내 최초의 한국인 무장 단체이다.

오답 피하기 ① 신민회는 일제가 날조한 105인 사건으로 와해되었다.
② 동학 농민군은 황룡촌에서 관군을 크게 물리쳤다.
③ 의열단은 신채호의 「조선 혁명 선언」을 지침으로 삼아 활동하였다.
⑤ 1907년에 체결된 정미 7조약의 부속 각서에 따라 대한 제국의 군대가 해산되었다.

04 한국광복군의 활동 파악

정답 찾기 자료의 지청천, 국내 진공 작전 등을 통해 (가)에 들어갈 주제가 대한민국 임시 정부의 군사 조직인 한국광복군과 관련된 것임을 알 수 있다. 한국광복군은 지청천을 총사령관으로 하여 일제에 맞서 싸웠다.

오답 피하기 ② 청산리 대첩은 1920년 북로 군정서군과 홍범도가 이끄는 독립군 연합 부대가 일본군을 크게 격파한 전투이다.
③ 재미 한족 연합 위원회는 미주 지역에서 대한인 국민회 등 한국인 단체들이 연합하여 결성하였다.
④ 박용만 등이 하와이에서 대조선 국민 군단을 결성하였다.
⑤ 홍범도 장군이 이끄는 대한 독립군 등 독립군 연합 부대가 봉오동 전투에서 승리하였다.

05 (화북) 조선 독립 동맹의 활동 이해

정답 찾기 ㉠은 (화북) 조선 독립 동맹이고, ㉡은 조선 의용군이다. 1942년에 중국 화북 지방에서 한인 사회주의자들이 결성한 (화북) 조선 독립 동맹은 조선 의용대 화북 지대를 조선 의용군으로 개편하여 군사 조직으로 삼았다.

06 대한민국 임시 정부의 활동 파악

정답 찾기 (가)는 충칭에서 대일 선전 성명서를 발표한 대한민국 임시 정부이다. 대한민국 임시 정부는 삼균주의를 반영한 건국 강령을 발표하였다.

오답 피하기 ① 고종은 1897년 황제에 오른 뒤 광무개혁을 추진하였다.
② 신민회는 남만주 삼원보에 신흥 강습소를 설립하였다.
③ 1926년 사회주의 계열에서 정우회 선언을 발표하여 비타협적 민족주의 세력과의 제휴를 주장하였다.
④ 고종 강제 퇴위 반대 운동을 전개한 단체는 대한 자강회 등이다.

07 (화북) 조선 독립 동맹 강령의 발표 시기 파악

정답 찾기 자료는 (화북) 조선 독립 동맹이 발표한 강령이다. (화북) 조선 독립 동맹은 중일 전쟁 발발(1937) 이후인 1942년에 결성된 단체로 8·15 광복(1945) 전 민주 공화국 수립, 토지 분배, 의무 교육 등을 내용을 담은 강령을 발표하였다. 따라서 강령이 발표된 시기는 (마)이다.

01 ⑤　　**02** ④　　**03** ④　　**04** ①
05 ㉠ 경학사　㉡ 신흥 강습소　　**06** ③
07 ㉠ 김좌진　㉡ 홍범도　　**08** ②
09 암태도　**10** ③　　**11** ⑤

01 조선 태형령 적용 시기의 사실 파악

정답 찾기 조선 태형령은 1912년에 제정되어 3·1 운동 이후인 1920년에 폐지되었다. 1910년대는 무단 통치의 시기로 관리와 교원이 제복을 입고 칼을 착용하였다.

오답 피하기 ① 1875년 일어난 운요호 사건을 구실로 강화도 조약이 체결되었다.
② 김구 등은 대한민국 임시 정부의 침체를 극복하기 위해 1931년 한인 애국단을 조직하였다.
③ 1926년 순종의 장례일에 맞추어 6·10 만세 운동이 전개되었다.
④ 중일 전쟁 발발 이후 일제는 한국인에 대한 민족 말살 정책의 일환으로 황국 신민 서사 암송을 강요하였다.

02 치안 유지법 시행 시기의 사실 이해

정답 찾기 일제는 1925년 사회주의 운동의 확산을 막기 위해 치안 유지법을 제정하였고 조선에서는 주로 독립운동을 탄압하는 용도로 활용하였다. 1927년 국내 민족 유일당 운동의 결과로 신간회가 결성되었다.

오답 피하기 ① 1919년 전국 곳곳에서 3·1 운동이 일어났다.
② 13도 창의군은 1907년 8도 의병을 규합하여 조직되었다. 이인영을 총대장으로 하였고, 해산 군인 약 3천 명 등이 합류하여 1만 명 정도의 규모였다. 1908년 서울 진공 작전을 벌였으나 목적을 달성하지 못한 채 해산하였다.
③ 1919년 일본 도쿄에서 한국인 유학생들이 2·8 독립 선언을 발표하였다.
⑤ 1910년대 일제는 무단 통치를 실시하면서 헌병 경찰 제도를 실시하였다. 헌병 경찰 제도는 1920년대부터 이른바 '문화 정치'가 시행되면서 보통 경찰 제도로 바뀌었다.

03 산미 증식 계획의 실시 의도 파악

정답 찾기 제시된 자료는 1927년 기사로 산미 증식 계획으로 생산된 쌀이 일본으로 대량 유출되면서 조선인 농민들이 만주산 잡곡으로 어려운 생활을 하고 있음을 묘사하고 있다. 일제는 자국 내 부족한 쌀을 확보하기 위해 1920년부터 산미 증식 계획을 추진하였다.

오답 피하기 ① 1912년 조선 총독부의 허가를 받아야만 회사를 설립할 수 있게 한 회사령이 공포되었다.
② 일제는 일본의 방직업자들에게 공업 제품의 원료를 제공하고자 남면북양 정책을 실시하였다.
③ 재정 고문 메가타의 주도로 백동화를 일본 제일 은행권으로 교환하도록 한 화폐 정리 사업이 전개되었다.
⑤ 대공황 이후 일제는 일본, 한국, 만주를 연결하는 경제 블록을 조성하였다. 이후 일제는 만주 지역을 농업·원료 지대로, 한국을 기초 공업 지대로, 일본 본토를 정밀 공업 지대로 설정하고 조선 공업화 정책을 추진하였다.

04 대한민국 임시 정부의 활동 이해

정답 찾기 자료는 대한민국 임시 정부에 대한 설명이다. 1919년 상하이에 세워진 대한민국 임시 정부는 삼권 분립의 원칙에 의해 임시 의정원(입법), 법원(사법), 국무원(행정)으로 구성되었다. 또 국내 독립운동을 지도하고, 활동에 필요한 자금을 조달하기 위해 연통제와 교통국을 두었다.

오답 피하기 ② 대한민국 임시 정부는 한성 정부의 정통성을 계승하고, 대한 국민 의회 등 여러 임시 정부를 통합하여 1919년 9월 상하이에 수립되었다.
③ 대한민국 임시 정부는 기관지인 독립신문을 발행하여 독립운동 소식을 알렸다.
④ 대한민국 임시 정부는 군사 부분에서 국무원 아래 군무부를 설치하였고, 군무부 아래에는 광복군 사령부와 광복군 총영 등을 두었다. 또 육군 주만 참의부를 편성하여 무장 투쟁을 펼쳤다.
⑤ 대한민국 임시 정부는 미국에 구미 위원부를 두어 외교 활동을 펼쳐 나갔다.

05 서간도 지역의 독립운동 파악

정답 찾기 서간도 지역에서는 신민회 회원들이 독립운동을 벌였으며, 경학사를 중심으로 신흥 강습소를 세워 독립군을 양성하였다. 신흥 강습소는 신흥 무관 학교로 개편되었다. ㉠에 들어갈 용어는 경학사이고, ㉡에 들어갈 용어는 신흥 강습소이다.

06 의열단의 활동 이해

정답 찾기 (가) 단체는 의열단이다. 1919년 만주에서 김원봉 등이 주도하여 조직한 의열단은 일제의 식민 통치 기관을 파괴하고 침략 원흉을 응징하는 의열 투쟁을 전개하였다. 김익상, 김상옥 등은 국내에 침투하여 각각 조선 총독부, 종로 경찰서에 폭탄을 투척함으로써 의열단의 이름을 떨쳤다. 의열단은 신채호가 작성한 조선 혁명 선언을 활동 지침으로 삼았다.

오답 피하기 ① 1920년대 만주에서는 3부 통합 운동이 전개되어 국민부와 혁신 의회가 성립되었다.
② 독립 협회는 관민 공동회에서 관민이 합심하여 국정을 운영하자는 헌의 6조를 결의하였다.
④ 1914년 권업회의 이상설 등이 연해주에 대한 광복군 정부를 수립하였다.
⑤ 한인 애국단 단원인 윤봉길은 상하이 홍커우 공원에 폭탄을 던졌다.

07 청산리 대첩의 내용 이해

정답 찾기 1920년 청산리 대첩은 김좌진의 북로 군정서, 홍범도의 대한 독립군 등 독립군 연합 부대가 함께 싸운 전투로 독립군 역사상 가장 큰 승리를 기록하였다.

08 물산 장려 운동의 배경 파악

정답 찾기 자료에서 설명하고 있는 운동은 물산 장려 운동이다. 물산 장려 운동은 1920년 회사령 폐지를 계기로 한국인의 회사 설립 증가와 일제의 일본 상품 관세 폐지 움직임 등을 배경으로 민족 산업을 보호하고자 전개된 운동이다.

오답 피하기 ① 고종의 갑작스러운 죽음으로 일제가 고종을 독살하였다는 소문이 퍼지며 반일 감정이 높아졌다. 고종의 장례식 이틀 전인 3월 1일 대규모 만세 시위가 전개되었다 (3·1 운동).
③ 1926년 사회주의 계열에서 정우회 선언을 발표하여 비타협적 민족주의 세력과의 제휴를 주장하였고, 이는 1927년 신간회 창립을 가져왔다.
④ 농촌 진흥 운동은 1932년부터 식민지 지배 체제를 안정시키기 위해 일제가 추진한 운동이다.
⑤ 3·1 운동을 배경으로 대한민국 임시 정부가 수립되었다.

09 암태도 소작 쟁의의 내용 이해

정답 찾기 자료의 내용은 1923년 암태도에서 일어난 암태도 소작 쟁의이며, 암태도 소작 쟁의로 인해 소작료를 낮추는 성과를 거두었다.

10 1920년대 대중 운동의 내용 파악

정답 찾기 자료에서 설명하고 있는 단체는 근우회와 천도교 소년회이다. 근우회는 신간회 창립과 더불어 민족주의 계열과 사회주의 계열로 나뉘어 있던 여성 운동 진영이 하나로 합쳐진 단체이다. 천도교 소년회 활동을 주도한 방정환 등은 어린이날을 제정하고, 잡지 『어린이』를 간행하였다.

11 한국광복군 활동의 이해

정답 찾기 자료는 1945년 3월에 수립된 국내 진공 작전 계획의 일부로 (가) 군사 조직은 한국광복군이다. 1940년 창설된 한국광복군은 미얀마·인도 전선에 공작대를 파견하여 영국군과 함께 공동 작전을 펼쳤다.

오답 피하기 ① 조선 의용대의 일부 부대는 적극적인 무장 투쟁을 위해 화북 지역으로 이동하여 조선 의용대 화북 지대로 편성되었다. 이후 이들은 조선 의용군으로 개편되었다.
② 양세봉이 이끈 조선 혁명군은 영릉가 전투에서 일본군에 승리하였다.
③ 의병 지도자들은 이인영을 총대장으로 추대하여 13도 창의군을 결성하였다.
④ 중국 관내에서 결성된 최초의 한국인 부대는 조선 의용대이다.

미리 보는 서술형·논술형   본문 107쪽

Step 1 | 서술형 연습하기

모범 답안 자료에 나타난 식민 통치 방식은 일제가 한국인의 저항을 무마하기 위해 내세운 이른바 ('문화 정치')이다. 이 식민 통치 방식은 실제로는 일제가 한국인을 기만하는 민족 (분열) 통치였다.

평가 기준

상	식민 통치 방식의 명칭을 명확히 쓰고, 식민 통치 방식이 실시된 실제 이유를 정확하게 파악하여 서술한 경우
중	식민 통치 방식의 명칭을 명확히 쓰고, 식민 통치 방식의 실시 목적을 서술하였으나 내용이 다소 미흡한 경우
하	식민 통치 방식만 명확히 쓴 경우

Step 2 | 서술형 훈련하기

모범 답안 (1) 한인 애국단

(2) 상하이 훙커우 공원에서 윤봉길이 기념식장에 폭탄을 던져 일본군 장성과 주요 인물이 죽거나 크게 다쳤다.

| 필수 키워드 | 상하이, 윤봉길, 폭탄

평가 기준

상	장소와 인물, 활동에 따른 결과를 역사적 맥락에 따라 정확하게 서술한 경우
중	장소와 인물, 활동에 따른 결과를 단순하게 나열하여 서술한 경우
하	장소와 인물만 명확히 쓴 경우

Step 3 | 논술형 도전하기

모범 답안 자료는 기미 독립 선언서의 일부 내용이다. (가)는 3·1 운동이다. 3·1 운동의 의의는 첫째, 남녀노소 모두가 참여한 거국적 민족 운동이며, 둘째, 한국인의 단합된 독립 의지를 전 세계에 알렸다는 점에서 큰 의미가 있다. 셋째, 3·1 운동에 참여한 여러 주체인 노동자, 농민, 청년 등 다양한 계층은 3·1 운동 이후 주체성을 가지고 다양한 사회 운동을 전개하였다. 넷째, 3·1 운동을 계기로 최초의 민주 공화제 정부인 대한민국 임시 정부가 수립되었으며, 중국과 인도 등 세계 약소민족의 반제국주의 운동에 긍정적 영향을 끼쳤다.

| 논리적 전개 예시 | 자료를 읽고 자료의 출처가 기미 독립 선언서임을 이해하고, 조선 민족 대표 용어를 통해 민족 대표들이 작성했음을 파악한다. → 기미 독립 선언서를 발표하며 시작되는 역사적 사건이 3·1 운동임을 파악한다. → 3·1 운동의 의의를 3가지 이상 서술한다.

평가 기준

평가 충실도	정해진 분량인 400자의 10% 가감 분량인 360~400자 정도의 글쓰기인지 확인한다.
역사적 사건 파악	출처와 자료의 내용을 상호 맥락적으로 파악하여 역사적 사건이 3·1 운동임을 파악한다.
글의 타당성	3·1 운동의 의의를 최소 3가지 이상 유기적으로 타당하게 제시한다.
글의 논리성	3·1 운동의 의의를 역사적 맥락을 감안하여 오류 없이 제시한다.

Ⅱ. 대한민국의 발전

01 냉전 체제와 대한민국 정부 수립

개념 체크
본문 110쪽

01 ① 독립 촉성 중앙 협의회, 대한민국 임시 정부 ② 소련, 미국 ③ 남북 협상(남북 연석회의) ④ 대한민국
02 ① × ② ○ ③ ○ ④ ○

기본 문제
본문 110~111쪽

01 ④ **02** ② **03** ④ **04** ⑤ **05** ⑤
06 ④

01 조선 건국 준비 위원회의 활동 파악

정답 찾기 자료에서 광복 직후 여운형 등을 중심으로 조직된 단체라는 점에서 (가) 단체가 조선 건국 준비 위원회임을 알 수 있다. 광복 직후 여운형은 조선 건국 동맹을 중심으로 좌익과 우익을 아울러 조선 건국 준비 위원회(건준)를 조직하였다. 조선 건국 준비 위원회는 전국에 지부와 치안대를 조직하고 식량과 생활필수품을 확보하는 등 사회 안정에 힘썼다. 그리고 조선 인민 공화국 수립을 선포하고 각 지부를 인민 위원회로 전환하였다.

오답 피하기 ① 애국 계몽 운동 단체인 신민회는 일제가 조작한 105인 사건으로 와해되었다.

② 1919년 김원봉 등이 만주에서 결성한 의열단은 신채호가 작성한 「조선 혁명 선언」을 활동 지침으로 삼았다.

③ 1942년에 중국 화북 지역에서 한국인 사회주의자들이 중심이 되어 (화북) 조선 독립 동맹을 결성하였다. (화북) 조선 독립 동맹은 조선 의용대 화북 지대를 조선 의용군으로 개편하고 군사 조직으로 삼았다.

⑤ 미국에서 돌아온 이승만은 지지자들을 모아 독립 촉성 중앙 협의회를 결성하였다.

02 모스크바 3국 외상 회의 전개 과정 파악

정답 찾기 자료의 (가) 회의는 모스크바 3국 외상 회의이다. 광복 후 모스크바 3국 외상 회의에서 한반도에 민주주의 임

시 정부 수립, 미소 공동 위원회 설치, 최고 5년 기한 4개국에 의한 한반도 신탁 통치에 관한 협약 작성 등이 결정되었다.

오답 피하기 ① 카이로 회담에서는 미국, 영국, 중국의 정상들이 적당한 시기에 한국을 독립시킬 것을 처음으로 결의하였다.
③ 1905년 일제가 대한 제국에 을사늑약을 강요해 외교권을 빼앗자, 고종은 조약 체결의 부당함을 알리고자 1907년 헤이그 만국 평화 회의에 이상설, 이준 등을 특사로 파견하였다.
④ 김구, 김규식 등은 평양을 방문하여 북한의 정치 지도자들과 만나 통일 정부 수립을 위해 남북 협상을 추진하였다.
⑤ 일제에 연통제와 교통국이 발각되면서 대한민국 임시 정부가 재정난에 빠지고, 외교 독립론이 열강의 무관심 속에 성과를 거두지 못하자 독립운동 방법론을 놓고 국민 대표 회의가 열렸다. 이 회의는 개조파와 창조파의 대립 속에 진행되었으며, 성과 없이 결렬되었다.

03 좌우 합작 위원회의 활동 이해

정답 찾기 자료는 좌우 합작 7원칙으로 이를 발표한 단체는 좌우 합작 위원회이다. 좌우 합작 위원회는 처음에는 미군정의 지지 속에 조직되었고, 여운형과 김규식 등 중도 세력이 주도하였다.

오답 피하기 ① 대한민국 임시 정부는 국내 진공 작전을 계획하였다.
② 3부 통합 운동의 결과 남만주에는 국민부가 조직되었다. 국민부는 조선 혁명당을 결성하고 그 아래 조선 혁명군을 두어 활동하였다.
③ 신민회는 일제의 국권 침탈이 본격화하는 상황 속에서 독립 전쟁의 기반을 마련하기 위해 국외 독립운동 기지 건설에 힘써 남만주(서간도) 지역의 삼원보에 신흥 강습소를 세웠다.
⑤ 1923년 경남 진주에서 백정에 대한 사회적 차별을 없애고, 저울처럼 평등한 사회를 만들겠다고 주장한 단체는 조선 형평사이다. 조선 형평사는 전국으로 조직을 확대하며 노동 운동, 농민 운동 등에 협력하기도 하였다.

04 5·10 총선거의 내용 이해

정답 찾기 (가) 선거는 1948년 5월 10일에 진행된 5·10 총선거이다. 1947년 5월에 개최된 제2차 미소 공동 위원회가 아무런 성과 없이 끝이 나자, 미국은 한반도 문제를 유엔 총회에 넘겼고, 유엔은 미국의 제안대로 유엔 감시하에 인구 비례에 따른 남북한 총선거를 실시하여 한반도에 정부를 세울

것을 결정하였다. 이에 소련이 반대하자 유엔은 소총회를 열어 선거 감시가 가능한 지역에서만 선거를 치르기로 결정하였다. 5·10 총선거로 뽑힌 국회 의원들로 구성된 제헌 국회는 나라 이름을 대한민국으로 정하고, 제헌 헌법을 제정하여 선포하였다. 우리나라 최초의 대통령은 제헌 국회에서 선출되었다.

오답 피하기 ① 5·10 총선거는 만 21세 이상 국민이 참여한 보통·평등·직접·비밀 선거였다.
② 5·10 총선거는 유엔 한국 임시 위원단의 감시 아래 선거가 가능했던 38도선 이남 지역에서만 실시되었다.
③ 5·10 총선거의 결과 제주도 2곳을 제외한 198명의 국회 의원이 선출되었으며, 제헌 국회를 구성하였다.
④ 5·10 총선거에는 김구, 김규식 등 남북 협상파와 일부 좌익 세력이 참여하지 않았다.

05 농지 개혁의 내용 이해

정답 찾기 이승만 정부는 1949년 6월에 농지 개혁법을 제정하고, 1950년 3월에 개정된 법을 바탕으로 '유상 매수, 유상 분배'의 방식으로 농지 개혁을 실시하였다. 제헌 국회는 이승만 정부 수립 이후 반민족 행위자를 처벌하기 위해 반민족 행위 처벌법을 제정하고 반민 특위를 설치하였다. 그러나 이승만 정부의 방해로 반민 특위 활동은 어려움을 겪었으며, 반민족 행위 처벌법도 재판 청구가 가능한 기간을 단축하는 내용으로 개정되었다.

오답 피하기 ① 대한 제국은 광무개혁을 추진하면서 양전 사업을 실시하고 근대적 토지 소유 증명 문서인 지계를 발급하였다.
② 여운형과 김규식을 중심으로 한 중도 세력은 좌우 합작 위원회를 구성하고 1946년 10월 좌우 합작 7원칙을 발표하였다.
③ 고종은 황국 협회와의 충돌을 구실로 군대를 동원하여 독립 협회를 강제 해산시켰다.
④ 1941년 대한민국 임시 정부는 대일 선전 성명서를 발표하며 일제에 정식으로 선전 포고를 하였으며, 연합국의 일원으로 독립 전쟁을 수행함을 전 세계에 알렸다.

06 제주 4·3 사건 이해

정답 찾기 (가) 사건은 제주 4·3 사건이다. 1947년 3월 1일 경찰의 발포를 기점으로 시작된 제주 4·3 사건은 5·10 총선거를 앞두고 제주도에서 남조선 노동당(남로당) 당원들을 중심으로 한 무장대가 단독 선거에 반대하며 무장봉기를 일으

킨 사건이었다. 이후 제주 4·3 사건은 1954년까지 계속 이어졌다.

오답 피하기 ① 조선 형평사는 백정에 대한 차별 철폐 및 권리 보장을 주장하였다.
② 물산 장려 운동에서 '내 살림, 내 것으로'라는 구호가 사용되었다.
③ 농지 개혁으로 지주·소작제가 거의 소멸되고 농민 대다수가 자기 소유의 토지를 갖게 되었다.
⑤ 원산의 석유 회사에서 벌어진 한국인 노동자 구타 사건을 계기로 원산 총파업이 시작되었다.

02 6·25 전쟁과 남북 분단의 고착화

개념 체크

본문 114쪽

01 ① 남침 ② 미국 ③ 사사오입(반올림) ④ 삼백 산업
02 ① ○ ② × ③ ×

기본 문제

본문 114~115쪽

01 ③   **02** ③   **03** ③   **04** ①   **05** ②
06 ㉠ 6·25 ㉡ 삼백 산업   **07** ②

01 애치슨 라인과 6·25 전쟁 배경 파악

정답 찾기 (가)는 애치슨 라인으로 1950년 1월에 미국 국무 장관인 애치슨이 발표하였다. 미국의 태평양 방위선에서 한반도와 타이완이 제외된다는 내용을 담고 있었다. 애치슨 라인이 발표된 이후 1950년 6월 25일 북한군의 남침으로 6·25 전쟁이 발발하였다.

오답 피하기 ① 1948년 5·10 총선거의 결과 제헌 국회가 구성되었다.
② 제헌 국회는 이승만 정부 수립 이후 반민족 행위자를 처벌하기 위해 반민족 행위 처벌법을 제정하고 반민 특위를 설치하였다.
④ 1947년 2월 북한은 북조선 인민 위원회를 조직하고 이듬해 조선 인민군을 창설하며 단독 정부 수립을 준비하였다.

⑤ 1946년 3월, 미국과 소련은 덕수궁에서 모스크바 3국 외상 회의의 결정 사항을 이행하기 위한 제1차 미소 공동 위원회를 개최하였다.

02 6·25 전쟁 과정에 대한 이해

정답 찾기 자료에서 전쟁을 일으킨 지 3일 만에 북한군이 서울을 점령했다는 점, 전쟁 중 국민 보도 연맹 사건이 일어났다는 점 등을 통해 밑줄 친 '전쟁'은 6·25 전쟁임을 알 수 있다. 국군과 유엔군이 인천 상륙 작전에 성공하여 6·25 전쟁의 전세를 역전시켰고 이후 서울을 수복하였다.

오답 피하기 ① 북한은 1950년대 후반부터 생산력을 높이기 위해 천리마 운동을 전개하였다.
② 이승만 정부는 1954년 사사오입의 논리를 적용하여 개헌안을 통과시켰다.
④ 1904년 일본이 대한 제국의 내정 개선을 구실로 고문 정치를 실시하기 위해 제1차 한일 협약 체결을 강요하였다.
⑤ 대한민국 임시 정부는 1941년 대한민국 건국 강령을 발표하였다.

03 6·25 전쟁의 영향 파악

정답 찾기 자료는 1953년 7월 27일에 맺어진 정전 협정의 내용이고 정전 협정으로 중단된 전쟁은 6·25 전쟁이다. 6·25 전쟁으로 수많은 이산가족과 전쟁고아가 발생하였고, 산업 및 사회 기반 시설이 파괴되었다. 이승만 정부는 6·25 정전 협정이 조인된 직후 한미 상호 방위 조약을 체결하였고, 이에 따라 미군은 한반도에 계속 주둔할 수 있게 되었다.

오답 피하기 ㄱ. 회사령은 1920년에 폐지되었다.
ㄹ. 1950년 1월 애치슨 라인이 발표되며 미국의 태평양 방위선에서 한국과 타이완이 제외되었다.

04 발췌 개헌의 내용 이해

정답 찾기 발췌 개헌은 6·25 전쟁 중이던 1952년 임시 수도 부산에서 제정되었다. 국회 의원 선거에서 반 이승만 세력이 대거 당선되자, 재선이 어려워진 이승만 정부는 국회 의원이 아닌 국민에게 선거권을 주고자 하였다. 이에 계엄령을 선포하고 군인과 경찰을 동원해 공포 분위기 속에서 기립 표결을 통해 헌법을 개정하였다.

오답 피하기 ② 1954년 제출된 개헌안이 정족수 미달로 1표가 부족해서 부결되자, 자유당은 사사오입의 논리를 통해 이를 통과시켰다(사사오입 개헌).

③ 5·10 총선거는 제헌 국회 의원을 뽑는 선거였다.
④ 대한민국 임시 정부 헌장, 대한민국 건국 강령 등이 대한민국 정부 수립 이전에 제정되었다.
⑤ 1954년 이승만 정부는 개헌 당시 대통령인 자신에 한해 헌법의 3선 금지 조항을 적용하지 않는다는 내용의 개헌을 추진하였고, 개헌안은 사사오입의 논리로 통과되었다.

05 진보당 사건의 내용 이해

정답 찾기 자료에서 진보당 창당과 관련이 있으며, 사형당했다는 내용을 통해 밑줄 친 '피고인'은 진보당을 창당한 조봉암임을 알 수 있다. 조봉암은 제3대 대통령 선거에 출마하여 무소속 돌풍을 일으켰다. 이후 조봉암이 평화 통일을 내세우며 진보당을 창당하자, 이승만 정부는 조봉암에게 간첩 혐의 등을 씌우고 사형을 집행하였다.

오답 피하기 ① 이승만 정부는 정부에 비판적이었던 경향신문을 폐간시켰다.
③ 광복 직후 송진우와 김성수 등이 한국 민주당을 창당하였다.
④ 1920년 조만식 등이 평양에서 조선 물산 장려회를 조직하였다.
⑤ 김구, 김규식 등은 남한만의 단독 선거에 반대하며 5·10 총선거에 참여하지 않았다. 조봉암은 제헌 국회 의원 중 한 명이다.

06 6·25 전쟁 후 복구 과정 파악

정답 찾기 ㉠에 들어갈 말은 6·25, ㉡에 들어갈 말은 삼백산업이다. 이승만 정부는 미국의 원조를 기반으로 전후 복구 사업을 추진하였다. 미국의 원조는 밀가루, 설탕, 면화 등 소비재 산업의 원료에 집중되었고 이를 바탕으로 삼백 산업이 발달하였다.

07 6·25 전쟁 이후 사회 모습 이해

정답 찾기 자료는 6·25 전쟁 이후 사회 변화에 대한 수행 평가 보고서이다. 6·25 전쟁 이후 미국에서 다량의 농산물이 수입되면서 국내 농산물 가격이 폭락하였고, 미국 문화가 확산되었다. 한편, 반공 체제가 강화되었고 학교에서는 반공 교육이 체계화되었다.

오답 피하기 ① 1945년 모스크바 3국 외상 회의 결과가 전해지자 우익 진영은 반탁 운동을 전개하였다.

③ 일제는 자국 내 부족한 쌀을 확보하기 위해 1920년대부터 산미 증식 계획을 추진하였다.
④ 1948년 이승만 정부가 제주 4·3 사건 진압을 위해 여수 주둔 군대에 출동 명령을 내리자, 일부 군인들이 통일 정부 수립 등을 주장하며 여수·순천 지역을 점령하였다. 여수·순천 10·19 사건이 진압되는 과정에서 수많은 민간인이 희생되었다.
⑤ 1938년 일제는 전쟁 수행에 필요한 인적, 물적 자원을 동원하기 위해 국가 총동원법을 제정하였다.

03 민주화를 위한 노력

개념 체크
본문 120쪽

01 ① 4·19 혁명 ② 박정희 ③ 유신 ④ 5·18 민주화 운동
02 ① × ② ○ ③ × ④ ○

기본 문제
본문 120~121쪽

01 ③ **02** ② **03** ① **04** ⑤
05 ㉠ 닉슨 독트린 ㉡ 유신 헌법 **06** ④ **07** ③

01 대학교수단의 시국 선언문 내용 파악

정답 찾기 자료는 4·19 혁명 때 대학교수들이 발표한 시국 선언문이다. 대학교수단은 이 시국 선언문에서 3·15 부정 선거와 현재의 데모(4·19 혁명)를 언급하며 이승만 대통령의 퇴진과 재선거를 요구하였다. 이후 이승만 대통령은 하야한 뒤 미국으로 망명하였다.

오답 피하기 ① 1946년 미군정의 지원 속에 여운형, 안재홍 등 중도 세력은 좌우 합작 위원회를 조직하여 활동하였다.
② 1919년 3·1 운동이 전국적으로 일어난 뒤, 상하이에서는 한성 정부의 법통을 이은 대한민국 임시 정부가 수립되었다.
④ 1954년 이승만 정부는 장기 집권을 위해 개헌 당시 대통령인 이승만에 한해 중임 제한 규정을 적용하지 않는다는 개헌안을 발의하였다. 이 개헌안은 1표 차이로 부결되었으나, 사사오입의 논리를 적용하며 통과되었다.
⑤ 1950년 북한의 남침으로 시작된 6·25 전쟁은 약 3년 만인 1953년 7월에 정전 협정이 체결되며 일단락되었다.

02 장면 내각의 활동 이해

정답 찾기 자료에서 1960년 내각 책임제, 양원제 국회 등을 통해 (가) 내각은 장면 내각임을 알 수 있다. 장면 내각은 내각 책임제하에서 국무총리인 장면이 이끄는 정부로, 민주화와 경제 발전을 국정 목표로 내세웠다. 지방 자치제를 시행하고 경제 개발 5개년 계획을 마련하였다.

오답 피하기 ① 1895년 단발령의 실시, 양력 사용 등을 내용으로 하는 을미개혁이 추진되었다.
③ 박정희와 일부 군인들은 5·16 군사 정변을 일으킨 뒤 중앙정보부를 설치하고 언론을 압박하였다.
④ 김홍집 내각은 태양력 사용, 단발령 시행 등의 을미개혁을 추진하였다.
⑤ 이승만 정부는 유상 매수·유상 분배의 원칙에 따라 농지 개혁을 실시하였다.

03 한일 협정 체결 시기 정부의 활동 파악

정답 찾기 자료는 한일 협정의 일부인 '재산 및 청구권에 관한 문제의 해결과 경제 협력에 관한 협정'이다. 박정희 정부는 경제 발전 자금을 확보하기 위해 한일 국교 정상화를 추진하였다. 그 과정에서 일본의 식민 지배에 대한 사죄와 배상 등이 포함되지 않았다는 사실이 알려지면서 6·3 시위가 전개되었다. 박정희 정부는 비상계엄령을 선포하고 시위를 진압하였다.

오답 피하기 ② 4·19 혁명의 결과 이승만 정부가 무너지고 내각 책임제와 양원제 국회를 주요 내용으로 한 개헌이 이루어졌다.
③ 전두환 정부는 사회 정화를 구실로 삼청 교육대를 운영하여 군사 훈련과 강제 노역을 강요하였다.
④ 전두환 정부는 정권에 대한 반발을 누그러뜨리려 야간 통행금지를 전면 해제하였다.
⑤ 이승만 정부는 조봉암과 진보당 간부들에게 간첩 혐의를 씌워 구속하고 진보당의 정당 등록을 취소하였다. 이후 조봉암의 사형을 집행하였다(진보당 사건).

04 브라운 각서의 내용 이해

정답 찾기 자료에서 미국이 파병 비용을 부담하고 한국에 군사 원조와 차관을 제공한다는 점을 통해 브라운 각서에 관한 자료임을 알 수 있다. 박정희 정부는 한국군의 베트남 추가 파병을 조건으로 브라운 각서를 체결하고 미국으로부터 군사적·경제적 지원을 약속받았다.

오답 피하기 ① 유엔 소총회의 결정에 따라 선거가 가능한 38도선 이남 지역에서 5·10 총선거가 실시되었다.
② 1929년 원산 총파업은 석유 회사의 일본인 감독이 한국인 노동자를 구타한 사건을 계기로 일어났다.
③ 박정희를 중심으로 한 일부 군부 세력은 5·16 군사 정변을 일으키고 국가 재건 최고 회의를 설치하여 군정을 실시하였다. 국가 재건 최고 회의는 1963년 박정희가 대통령에 당선되기 전까지 존속하였다.
④ YH 무역 사건에 항의하던 김영삼이 국회 의원직에서 제명되자 부산과 마산 일대에서 유신에 반대하는 부마 민주 항쟁이 일어났다.

05 닉슨 독트린과 10월 유신의 내용 파악

정답 찾기 1969년 닉슨 독트린이 발표되며 냉전 체제가 완화되자 반공에 기반한 박정희 정부는 어려움을 겪을 수밖에 없었다. 박정희 정부는 7·4 남북 공동 성명을 발표한 뒤, 안보 위기와 평화 통일에 대비한다는 명분을 구실로 유신 헌법을 통과시켰다. 유신 헌법으로 대통령의 임기는 6년으로 정해졌으나, 중임 제한을 받지 않아 종신 집권이 가능해졌다.

06 5·18 민주화 운동의 의의 이해

정답 찾기 공수 부대가 벌이는 폭력을 시민들이 보고 경악했다는 점, 계엄 당국이 공수 부대를 투입했다는 점 등을 통해 자료에서 설명하고 있는 민주화 운동이 5·18 민주화 운동임을 알 수 있다. 5·18 민주화 운동 당시 광주 시민들은 신군부 세력의 퇴진과 계엄령 철회 등을 요구하며 시위를 전개하였다.

오답 피하기 ① 1976년 함석헌, 김대중 등은 유신 체제를 비판하는 3·1 민주 구국 선언을 발표하였다.
② 1987년 민주화 운동 중 연행된 박종철이 경찰의 고문으로 사망하였고, 천주교 정의 구현 전국 사제단이 박종철 고문치사 사건이 은폐·조작되었음을 폭로하였다.
③ 4·19 혁명은 3·15 부정 선거라는 대대적인 부정 선거에 맞선 민주화 운동이다.
⑤ 박정희 정부가 한일 국교 정상화를 위한 회담을 진행한 것에 반발하여 1964년 한일 회담 반대 시위(6·3 시위)가 일어났다.

07 6월 민주 항쟁의 의의 이해

정답 찾기 자료의 '독재 타도', '호헌 철폐' 구호 등을 통해 자료에 나타난 민주화 운동이 6월 민주 항쟁임을 알 수 있다. 6월 민주 항쟁은 박종철 고문치사 사건 이후 민주 헌법 쟁취 국민운동 본부가 중심이 되어 일어났다. 6월 민주 항쟁이 이어지자, 전두환 정부는 여당 대통령 후보인 노태우를 통하여 6·29 민주화 선언을 발표하고 대통령 직선제를 내용으로 하는 헌법 개정을 약속하였다.

오답 피하기 ① 1969년 박정희 정부는 대통령의 3회 연임을 허용하는 개헌을 단행하였다.
② 박정희를 중심으로 한 일부 군사 세력은 5·16 군사 정변을 일으키고 국가 재건 최고 회의를 설치하여 군정을 실시하였다.
④ 제헌 국회에서 민족정기를 바로 세우기 위해 반민족 행위 처벌법을 제정하였다.
⑤ 1953년 정전 협정이 체결된 직후 한미 상호 방위 조약이 체결되었다.

04 산업화의 성과와 사회·환경 문제

개념 체크
본문 124쪽

01 ① 경공업 ② 1 **02** ① 100 ② 저유가
03 ① ○ ② × ③ × ④ ○

기본 문제
본문 124~125쪽

01 ⑤ **02** ⑤ **03** ④ **04** ①
05 ㉠ 새마을 ㉡ 전태일 **06** ③ **07** ③

01 1970년의 상황의 이해

정답 찾기 경부 고속 국도는 박정희 정부 시기인 1970년에 완전 개통되었다. 이 시기에는 제2차 경제 개발 5개년 계획이 추진되었다.

오답 피하기 ① 발췌 개헌은 이승만 정부 시기인 1952년에 단행되었다.
② 이승만 정부 시기부터 귀속 재산 처리가 시작되었다.

③ 토지 조사 사업은 1910년대에 실시되었다.
④ 낙동강 페놀 오염 사건은 1991년에 일어났다.

02 제3, 4차 경제 개발 5개년 계획의 성과 이해

정답 찾기 제3, 4차 경제 개발 5개년 계획(1972~1981)으로 중화학 공업이 육성되면서 1970년대 말 중화학 공업의 비중이 경공업을 앞질렀다.

오답 피하기 ① 1920년에 해당한다.
② 이승만 정부 시기에 해당한다.
③ 1929년의 사실이다.
④ 국가 총동원법은 1938년에 제정되었다.

03 박정희 정부의 정책 파악

정답 찾기 수출 100억 달러는 박정희 정부 때인 1977년에 처음 달성되었다. 박정희 정부는 포항 종합 제철 공장을 건설하였으며, 경상도 지역에 대규모 산업 단지를 조성하는 등 산업화에 박차를 가하였다.

오답 피하기 ㄱ. 이승만 정부가 4·19 혁명으로 무너졌다.
ㄷ. 이승만 정부가 추진한 농지 개혁에 해당한다.

04 1980년대 중반의 경제 상황 이해

정답 찾기 한국 경제는 1980년대 중반 저달러, 저유가, 저금리의 3저 현상에 힘입어 무역 수지 흑자를 달성하였다.

오답 피하기 ② 한일 협정은 1965년에 체결되었다.
③ 6·25 전쟁 이후 삼백 산업이 성장하였다.
④ 베트남 전쟁 특수는 1960년대 중반 이후에 해당한다.
⑤ 동양 척식 주식회사는 일제가 설립하였다.

05 산업화 시기 농촌 · 노동 운동의 이해

정답 찾기 박정희 정부는 1970년부터 농촌의 근대화를 목표로 새마을 운동을 추진하였다. 한편, 전태일은 열악한 노동 현실을 고발하면서 분신하였고, 이는 노동 운동이 활성화되는 계기가 되었다.

06 1960~1980년대의 사회 상황 파악

정답 찾기 반민특위는 이승만 정부 시기 제헌 국회 주도로 친일파 청산을 목표로 활동하였으나 이승만 정부의 비협조 등으로 해체되었다.

오답 피하기 ① 박정희 정부가 혼·분식을 장려하였다.
② 산업화에 따른 도시화의 결과 도시 빈민 문제가 불거졌다.
④ 박정희 정부 시기 동아일보 기자들이 언론 자유 실천 선언에 나섰다.
⑤ 박정희 정부가 국민 교육 헌장을 제정하였다.

07 전두환 정부의 정책 이해

정답 찾기 (가) 정부는 전두환 정부이다. 전두환 정부는 대학 졸업 정원제를 통해 입시 과열 문제에 대응하는 한편, 대학생들의 민주화 운동 참여를 낮추려 하였다.
오답 피하기 ① 이승만 정부에 해당한다.
② 박정희 정부에 해당한다.
④ 이승만 정부에 해당한다.
⑤ 박정희 정부에 해당한다.

단원 종합 문제
본문 126~127쪽

01 ②　　02 ⑤　　03 ②　　04 ①
05 사사오입　　06 ①
07 ㉠ 국가 재건 최고 회의 ㉡ 민주 공화당
08 ③　　09 ②　　10 ②

---

01 여운형의 활동 이해

정답 찾기 (가)는 여운형이다. 여운형은 김규식 등과 함께 좌우 합작 위원회의 활동을 주도하였다.
오답 피하기 ① 김원봉 등에 해당한다.
③ 김규식에 해당한다.
④ 윤봉길에 해당한다.
⑤ 이시영에 해당한다.

02 대한민국 정부의 수립 시기 파악

정답 찾기 자료는 유엔이 1948년 8월 15일 수립된 대한민국 정부를 승인한 것이다. 1948년 7월 17일 제헌 국회가 제헌 헌법을 공포하였고, 이후 대한민국 정부가 수립되었다. 1950년 북한군의 전면 남침으로 6·25 전쟁이 일어났다.

03 애치슨 선언의 영향 이해

정답 찾기 자료는 1950년 1월에 발표된 애치슨 선언으로 대한민국을 미국의 태평양 방위선에서 배제하였으며, 이는 북한이 6·25 전쟁을 일으키는 데 영향을 끼쳤다.
오답 피하기 ① 일제가 1931년 만주 사변을 일으켰다.
③ 대한민국 임시 정부가 창설한 한국광복군은 국내 진공 작전을 추진하는 등 독립운동에 앞장섰다.
④ 베트남 전쟁 추가 파병의 대가로 브라운 각서가 맺어졌다.
⑤ 38도선은 1945년에 설정되었다.

04 6·25 전쟁 전후 복구 사업 전개의 이해

정답 찾기 6·25 전쟁 이후 미국의 원조 물자를 가공하는 삼백 산업이 발달하였다.
오답 피하기 ② 천리마 운동은 북한에서 1950년대 후반 추진되었다.
③ 유신 헌법에 따라 긴급 조치가 발동되었다.
④ 1980년대 중반 3저 호황에 따라 무역 수지 흑자가 달성되었다.
⑤ 경부 고속 국도는 1970년에 개통되었다.

05 사사오입 개헌의 내용 이해

정답 찾기 1954년 이승만 정부는 개헌 당시의 대통령, 즉 이승만에 한해 중임 제한을 적용하지 않는 개헌안을 제출하였으나 국회에서 1표 차이로 부결되었다. 하지만 이승만 정부는 사사오입의 논리를 적용하여 개헌안을 다시 통과시켰다.

06 4·19 혁명의 전개 파악

정답 찾기 (가)는 1960년 3·15 부정 선거, (나)는 1960년 4·19 혁명의 결과 이승만이 대통령직에서 물러나는 상황이다. 3·15 부정 선거를 규탄하는 시위 도중 실종된 김주열의 시신이 발견되면서 4·19 혁명이 확산되었다.
오답 피하기 ② 4·19 혁명의 결과에 해당한다.
③ 1987년 6월 민주 항쟁에 해당한다.
④ 1958년 진보당 사건으로 조봉암이 사형 판결을 받았다.
⑤ 1987년 6월 민주 항쟁과 관련 있다.

07 5·16 군사 정변 이후의 상황 이해

정답 찾기 1961년 5·16 군사 정변을 일으킨 박정희 등 군부 세력은 국가 재건 최고 회의를 설치하여 군정에 나섰고, 비밀리에 민주 공화당을 창당하였다.

08 6월 민주 항쟁의 전개 파악

정답 찾기 자료는 1987년 전개된 6월 민주 항쟁에 대한 것이다. 1987년 4월 13일 전두환이 발표한 호헌 조치는 6월 민주 항쟁의 배경이 되었다. 시민들은 호헌 철폐를 주장하며 대통령 직선제 개헌을 요구하였다.

오답 피하기 ① 3선 개헌은 1969년에 이루어졌다.
② 1972년에 제정된 유신 헌법은 1980년에 폐지되었다.
④ 1945년에 열린 모스크바 3국 외상 회의 결정에 대한 반응이다.
⑤ 박정희 정부 당시 한일 회담에 대한 반응이다.

09 제1, 2차 경제 개발 계획의 추진 이해

정답 찾기 박정희 정부는 한일 협정을 통해 확보한 자금, 베트남 특수에 따른 외화, 독일에 파견한 광부와 간호사들의 송금, 미국이 지원한 자금 등을 토대로 경제 개발 5개년 계획을 추진하였다.

오답 피하기 ㄴ. 토지 조사 사업은 1910년대 일제가 추진하였다.
ㄹ. 대한민국 임시 정부에 해당한다.

10 1960~1980년대 경제 성장 이해

정답 찾기 한국 경제는 1970년대 제1차 석유 파동을 중동 진출을 통해 극복하였고 연평균 10% 대의 성장을 기록하였다. 1980년대에는 3저 현상에 힘입어 무역 수지 흑자를 기록하였다.

오답 피하기 ㄴ. 농지 개혁법은 이승만 정부 시기에 제정되었다.
ㄹ. 국가 총동원법에 따라 일제가 인적·물적 수탈을 자행하였다.

미리 보는 **서술형·논술형**   본문 128쪽

Step 1 | 서술형 연습하기

모범 답안 자료는 1945년 12월에 열린 (모스크바) 3국 외상 회의에 대한 것이다. 여기서 한반도에 민주주의 (임시) 정부를 수립하고, 이를 위해 (미소) 공동 위원회를 설치하며, 최대 5년간의 (신탁) 통치에 대해 협의한다는 내용이 결정되었다.

평가 기준

상	모스크바라는 지명과 그 결정 사항을 정확히 쓴 경우
중	모스크바라는 지명을 정확히 쓰고 그 결정 사항에 대한 서술이 미흡한 경우
하	모스크바라는 지명만 명확히 쓴 경우

Step 2 | 서술형 훈련하기

모범 답안 (1) 통일 주체 국민 회의
(2) 유신 헌법에 따라 대통령은 국회 의원 3분의 1 추천권, 국회 해산권, 법관 임명권, 긴급 조치권을 행사할 수 있었다.
| 필수 키워드 | 유신 헌법, 국회 의원 추천, 국회 해산, 법관 임명, 긴급 조치

평가 기준

상	유신 헌법의 명칭과 대통령의 권한 3가지를 정확히 서술한 경우
중	유신 헌법의 명칭은 정확히 썼으나, 대통령의 권한을 2가지만 쓴 경우
하	유신 헌법의 명칭은 정확히 썼으나, 대통령의 권한을 1가지 이하로 쓴 경우

Step 3 | 논술형 도전하기

모범 답안 자료는 전태일이 노동 실태를 조사한 것이다. 당시 박정희 정부와 기업은 수출 주도의 경제 정책 아래 수출 제품의 가격 경쟁력을 유지하기 위해 노동자들의 권리를 제한하고 저임금 정책을 고수하였다. 이에 많은 노동자가 낮은 임금을 받으며 열악한 작업 환경에서 장시간 노동에 시달렸다.
| 논리적 전개 예시 | 자료를 읽고 어떤 상황인지 파악한다. → 자료가 작성된 시기를 작성 인물을 토대로 추론한다. → 당시 경제 정책을 정리한다.

평가 기준

평가 충실도	정해진 분량 기준을 충족함. (단, 제시된 질문과 전혀 상관없는 내용으로 답변했을 시에는 분량 기준을 충족하지 못한 것으로 간주함.)
고차적 인지 능력	1960년대 경제 개발 정책의 특징을 수출, 임금, 자본 등의 차원에서 분석함.
글의 타당성	경제 정책과 노동 실태에 대한 분석 및 그 근거가 타당하게 연결되어 있음.
글의 논리성	전체적인 글의 구성과 짜임새가 매끄러우며, 주장과 근거의 연결이 자연스러움.

III. 오늘날의 대한민국

01 6월 민주 항쟁 이후 민주화 과정과 사회·문화 변동

개념 체크
본문 131쪽

01 ① 직선제 ② 노태우 ③ 민주 자유당 ④ 김영삼
02 ① ○ ② × ③ ○ ④ ○

기본 문제
본문 131쪽

01 ②   **02** ⑤

01 노태우 정부의 정책 파악

정답 찾기 (가) 인물은 1987년 대통령에 당선된 노태우이다. 노태우 정부는 여소야대의 국면을 타개하기 위해 3당 합당을 단행하였고, 소련·중국과 수교하는 등 북방 외교를 전개하였다.
오답 피하기 ㄴ. 남북 정상 회담은 김대중, 노무현, 문재인 정부 시기에 이루어졌다.
ㄷ. 김영삼 정부에 해당한다.

02 외환 위기의 발생 이해

정답 찾기 자료는 1997년 외환 위기에 대한 것이다. 외환 위기가 발생하자 김영삼 정부는 국제 통화 기금[IMF]에 구제 금융을 요청하였다.
오답 피하기 ① 외환 위기 이전에 해당한다.
② 김대중 정부가 국민 기초 생활 보장법을 제정하였다.
③ 외환 위기 이전 선진 자본주의 국가들의 개방 압력에 대응하여 김영삼 정부 시기에 경제 협력 개발 기구[OECD] 가입이 이루어졌다.
④ 외환 위기 이후인 2004년에 해당한다.

02 한반도 분단 극복과 동아시아 평화를 위한 노력

개념 체크
본문 133쪽

01 ① 사회주의 ② 김정일 ③ 합영법 ④ 경제특구
02 ① ○ ② × ③ × ④ ○

기본 문제
본문 133쪽

01 ①   **02** ④

01 북한의 3대 세습 과정 파악

정답 찾기 사회주의 헌법은 1972년에 제정되었다. 2011년 김정일 사망 후 김정은이 권력을 세습하였다. ㄱ. 합영법은 1984년에 제정되었다. ㄴ. 1994년 권력을 세습한 김정일이 선군 정치를 표방하였다.
오답 피하기 ㄷ. 정전 협정은 1953년 체결되었다.
ㄹ. 북미 정상 회담은 김정은 집권 시기에 이루어졌다.

02 제1차 남북 정상 회담의 이해

정답 찾기 밑줄 친 '회담'은 2000년에 열린 제1차 남북 정상 회담이다. 제1차 남북 정상 회담의 결과 6·15 남북 공동 선언이 발표되었다.
오답 피하기 ① 금강산 관광은 제1차 남북 정상 회담 이전부터 시작되었다.
② 1991년 남과 북이 유엔에 동시 가입하였다.
③ 박정희 정부 시기 울진과 삼척에 북한의 무장간첩이 침투하였다.
⑤ 노태우 정부 시기에 한반도 비핵화 공동 선언이 이루어졌다.

단원 종합 문제
본문 134~135쪽

01 ⑤	**02** ③	**03** ⑤	**04** ②	**05** 촛불
06 ⑤	**07** ㉠ 외환	㉡ 국제 통화 기금[IMF]	**08** ③	
09 ⑤	**10** ②			

01 3당 합당의 배경 이해

정답 찾기 자료는 1990년에 이루어진 3당 합당에 대한 것이다. 1987년 대통령 선거에서 노태우가 당선되었으나, 이듬해 치러진 국회 의원 총선거에서는 야당이 국회의 다수를 차지하였다. 이후 국회는 5·18 민주화 운동의 진상과 전두환 정부의 비리를 규명하는 청문회를 열었다. 이러한 상황에서 노태우 정부는 3당 합당을 통해 민주 자유당을 창당하여 여소 야대의 국면을 뒤집었다.

오답 피하기 ㄱ. 5·10 총선거는 1948년에 치러졌다.
ㄴ. 발췌 개헌은 1952년에 이루어졌다.

02 김영삼 정부의 정책 이해

정답 찾기 김영삼 정부(1993~1998)는 12·12 군사 반란과 부정 축재의 책임을 물어 전두환, 노태우 두 전직 대통령을 구속하였다. 또 금융 실명제와 공직자 재산 공개를 통해 사회 전반의 투명성을 높였다.

오답 피하기 ① 6월 민주 항쟁은 대통령 직선제 개헌 등을 요구하며 전두환 정부 시기인 1987년에 일어났다.
② 12·12 군사 반란으로 신군부가 권력을 장악하였다.
④ 3선 개헌은 1969년에 이루어졌다.
⑤ 박종철 고문치사 사건은 1987년 6월 민주 항쟁의 도화선이 되었다.

03 김대중 정부의 정책 이해

정답 찾기 김대중 정부는 대한민국 정부 수립 이후 최초로 선거를 통한 평화적인 여야 정권 교체로 성립하였다. 김대중 정부 시기 국제 통화 기금에서 빌린 자금을 모두 갚았다.

오답 피하기 ① 박근혜 정부에 해당한다.
② 김영삼 정부에 해당한다.
③ 이명박 정부에 해당한다.
④ 김영삼 정부에 해당한다.

04 노무현 정부와 이명박 정부 파악

정답 찾기 노무현 정부는 지역 균형 발전을 위해 행정 수도 이전을 추진하였으나 국민 투표 문제로 실패하였고, 그 대신 행정 중심 복합 도시인 세종시를 건설하였다. 실용주의를 내세운 이명박 정부는 4대강 정비 사업을 추진하였다.

05 시민 의식의 성장과 촛불 집회 이해

정답 찾기 1987년 6월 민주 항쟁 이후 시민의 정치 참여가 확대되었다. 시민들은 다양한 형태의 집회를 통해 정치적 의사를 표현하였는데, 2000년대 이후 촛불 집회는 시민들이 자발적으로 참여하는 시위 형태로 자리잡았다.

06 김영삼 정부의 경제 정책 이해

정답 찾기 1980년대 이후 우루과이 라운드 타결, 세계 무역 기구[WTO] 출범 등 시장 개방 압력이 거세졌다. 이런 상황에서 세계화를 표방한 김영삼 정부는 신자유주의 정책을 펼쳐 공기업을 민영화하고 경제 협력 개발 기구[OECD]에 가입하였다.

오답 피하기 ① 이승만 정부가 농지 개혁을 추진하였다.
② 박정희 정부가 베트남 파병의 대가로 미국으로부터 차관 등을 제공받았다.
③ 박정희 정부가 한일 기본 조약을 통해 확보한 자금을 경제 개발에 활용하였다.
④ 노태우 정부가 북방 외교를 펼쳐 소련, 중국 등 사회주의 국가와 수교하였다.

07 외환 위기의 발생 파악

정답 찾기 1990년대 중반 국내 경제가 어려운 가운데 동남 아시아에서 발생한 외환 위기의 여파가 미치면서 외환 위기가 발생하였고, 김영삼 정부가 국제 통화 기금[IMF]에 구제 금융을 요청하였다.

08 외환 위기의 극복 이해

정답 찾기 밑줄 친 '위기'는 1990년대 후반 발생한 외환 위기이다. 우리나라는 외환 위기를 빠르게 극복하였으나 그 과정에서 대량 해고가 이어지고 비정규직 채용이 늘어나 고용 안정성이 떨어지고 소득 격차가 커졌다.

오답 피하기 ㄱ. 전태일은 1970년에 분신하였다.

ㄹ. 우리나라는 국제 통화 기금[IMF]의 구제 금융을 상환한 이후인 2004년 칠레와 첫 번째 자유 무역 협정[FTA]을 맺었다.

09 남북 기본 합의서 채택 시기 파악

정답 찾기 자료는 노태우 정부 때인 1991년 채택된 남북 기본 합의서이다. 1991년 남북 유엔 동시 가입과 남북 기본 합의서 채택이 이루어졌다. 노태우 정부는 1987년 출범하였고, 김영삼 정부는 1993년에 출범하였다.

10 2000년대 초반 남북 관계의 이해

정답 찾기 (가)는 6·15 남북 공동 선언(2000), (나)는 10·4 남북 정상 선언(2007)이다. 6·15 남북 공동 선언 이후 개성 공단이 착공되어 운영되다가 박근혜 정부 시기에 중단되었다.

오답 피하기 ① 합영법은 1984년에 제정되었다.
③ 사회주의 헌법은 1972년에 제정되었다.
④ 7·4 남북 공동 성명은 1972년에 발표되었다.
⑤ 북한은 1993년 핵 확산 금지 조약을 탈퇴하였다.

미리 보는 서술형·논술형   본문 136쪽

Step 1 | 서술형 연습하기

모범 답안 자료는 6월 민주 항쟁의 결과 개정된 헌법에 따라 치러진 대통령 선거에 대한 것이다. 선거 결과 수립된 (노태우) 정부는 (지방) 자치제를 부분적으로 재개하였고, (냉전) 체제가 해체되는 속에서 (소련), 중국 등과 수교하는 등 (북방) 외교를 추진하였다.

평가 기준

상	노태우 정부의 명칭을 정확히 쓰고 노태우 정부의 정책을 정확히 서술한 경우
중	노태우 정부의 명칭을 정확히 쓰고 노태우 정부의 정책에 대한 서술이 미흡한 경우
하	노태우 정부의 명칭만 명확히 쓴 경우

Step 2 | 서술형 훈련하기

모범 답안 (1) 지방 자치 제도
(2) 지방 자치 제도는 5·16 군사 정변 이후 시행이 유보되었다가 노태우 정부 시기에 부분 시행되었고, 김영삼 정부 시기에 전면 시행되었다.
| 필수 키워드 | 지방 자치, 노태우 정부, 김영삼 정부

평가 기준

상	제도의 명칭과 변천 과정을 정확히 서술한 경우
중	제도의 명칭을 정확히 썼으나 변천 과정의 서술이 약간 미흡한 경우
하	제도의 명칭만 정확히 서술한 경우

Step 3 | 논술형 도전하기

모범 답안 자료는 1972년 발표된 7·4 남북 공동 성명이다. 여기서 남과 북이 합의한 자주, 평화, 민족 대단결의 통일 원칙은 이후 남북 대화의 기준이 되었다. 하지만 후속 성과를 남기지 못하였고 통일을 추진한다는 명분 아래 남과 북이 각각 유신 헌법과 사회주의 헌법을 제정해 독재에 이용되었다는 비판을 받기도 한다.
| 논리적 전개 예시 | 자료를 읽고 자료가 어떤 성명인지 파악한다. → 성명의 주요 내용을 정리한다. → 성명에 제시된 통일 원칙을 추출한다. → 유신 헌법과 사회주의 헌법의 제정 시기를 비교한다.

평가 기준

평가 충실도	정해진 분량 기준을 충족함. (단, 제시된 질문과 전혀 상관없는 내용으로 답변했을 시에는 분량 기준을 충족하지 못한 것으로 간주함.)
고차적 인지 능력	7·4 남북 공동 성명의 발표와 유신 헌법, 사회주의 헌법의 관련성을 설명함.
타당성	한계에 대한 분석과 그 근거가 타당하게 연결되어 있음.
논리성	전체적인 글의 구성과 짜임새가 매끄러우며, 주장과 근거의 연결이 자연스러움.

인용 사진 출처

- **국립김해박물관**　갈돌과 갈판(8쪽)
- **국립중앙박물관**　빗살무늬 토기(8, 11쪽) / 금동 미륵보살 반가 사유상(45쪽) / 김홍도의 「씨름」(48쪽) / 「까치와 호랑이」(민화)(48쪽) / 『삼국사기』(50쪽) / 김홍도의 「서당」(50쪽) / 김홍도의 「담배 썰기」(51쪽)
- **국립경주박물관**　비파형 동검(27쪽) / 임신서기석(45, 52쪽) / 백제의 산수무늬 벽돌(49쪽)
- **국립부여박물관**　거친무늬 거울(27쪽) / 백제 금동 대향로(45쪽)
- **서울대학교규장각한국학연구원**　서북피아양계만리일람지도(34쪽)
- **국립민속박물관**　삼한통보(38쪽) / 공명첩(44쪽) / 천상열차분야지도(47쪽)
- **뉴스뱅크**　고구려 무용총의 「접객도」(43쪽) / 물산 장려 운동 포스터(95쪽) / 38도선을 넘는 김구 일행(109쪽) / 5·10 총선거(111쪽) / 진보당 사건(113쪽) / 6·3 시위(117쪽) / 5·18 민주화 운동 당시 계엄군(119쪽) / 5·18 민주화 운동 당시 시민들(119쪽) / 6월 민주 항쟁(121쪽) / 수출 100억 달러 기념물(122, 125쪽) / 장발 단속(123쪽) / 미니스커트 단속(123쪽) / 새마을 운동(123쪽)
- **대한민국역사박물관 근현대사 아카이브**　10·16 부마 민중 항쟁 탑(118쪽)
- **국립고궁박물관**　측우기(47쪽)
- **국립한글박물관**　『삼강행실도』(47, 50쪽) / 대한 자강회 월보(77쪽)
- **간송미술문화재단**　신윤복의 「단오풍정」(48쪽)
- **강화역사박물관**　수자기(54쪽)
- **(사)일제강제동원시민모임**　신사 참배(81쪽)
- **독립기념관**　칼을 짚고 앉아 있는 교사와 학생(82쪽) / 독립 공채(89쪽) / 어린이날 포스터(97쪽) / 박은식(100쪽)
- **서울역사박물관**　일제 강점기 혼마치 일대(96쪽) / 토막민 거주지 빈민촌(96쪽)
- **재단법인 현담문고**　모던 걸과 모던 보이(96쪽)

고등학교
입문서
NO. 1

고등
예비
과정

한국사

50일 통합과학

수능 필수 과목 '통합과학'도 이제 50일로 끝낸다
50개 핵심테마 섬네일로 가볍게 시작해 빠르게 완성

내신 중점 ★ 고1~2 권장

구분	고교 입문		기초	기본 + 연습		특화
국어	고등 예비 과정	내 등급은?	윤혜정의 개념의 나비효과 입문 편 + 워크북 어휘가 독해다! 수능 국어 어휘			국어의 원리
영어			정승익의 수능 개념 잡는 대박구문 주혜연의 해석공식 논리 구조편	(기본서) 올림포스 ·········· (유형서) 올림포스 유형편	올림포스 전국연합 학력평가 기출문제집	Grammar POWER Reading POWER Listening POWER Voca POWER (고급) 올림포스 고급영어독해
수학			(기초) 50일 수학 + 기출 워크북 매쓰 디렉터의 고1 수학 개념 끝장내기			(고급) 올림포스 고난도 수학의 왕도
한국사 사회				(기본서) 개념완성 ·········· 개념완성 문항편	개념완성 전국연합 학력평가 기출문제집	고등학생을 위한 多담은 한국사 연표
과학			50일 통합과학			(인공지능) 수학과 함께하는 고교 AI 입문 수학과 함께하는 AI 기초

과목	시리즈명	특징	난이도	권장 학년
전 과목	고등예비과정	예비 고등학생을 위한 과목별 단기 완성		예비 고1
국/영/수	내 등급은?	고1 첫 학력평가 + 반 배치고사 대비 모의고사		예비 고1
	올림포스	내신과 수능 대비 EBS 대표 국어·수학·영어 기본서		고1~2
	올림포스 전국연합학력평가 기출문제집	전국연합학력평가 문제 + 개념 기본서		고1~2
한/사/과	개념완성&개념완성 문항편	개념 한 권 + 문항 한 권으로 끝내는 한국사·탐구 기본서		고1~2
	개념완성 전국연합학력평가 기출문제집	전국연합학력평가 문제 + 개념 기본서		고1~2
국어	윤혜정의 개념의 나비효과 입문 편 + 워크북	윤혜정 선생님과 함께 시작하는 국어 공부의 첫걸음		예비 고1~고2
	어휘가 독해다! 수능 국어 어휘	학평·모평·수능 출제 필수 어휘 학습		예비 고1~고2
	국어의 원리	원리로 이해하는 내신과 수능 대비 국어 특화서		고1~2
영어	정승익의 수능 개념 잡는 대박구문	정승익 선생님과 CODE로 이해하는 영어 구문		예비 고1~고2
	주혜연의 해석공식 논리 구조편	주혜연 선생님과 함께하는 유형별 지문 독해		예비 고1~고2
	Grammar POWER	구문 분석 트리로 이해하는 영어 문법 특화서		고1~2
	Reading POWER	수준과 학습 목적에 따라 선택하는 영어 독해 특화서		고1~2
	Listening POWER	유형 연습과 모의고사·수행평가 대비 올인원 듣기 특화서		고1~2
	Voca POWER	영어 교육과정 필수 어휘와 어원별 어휘 학습		고1~2
	올림포스 고급영어독해	영어 독해력을 높이는 영미 문학/비문학 읽기		고2~3
수학	50일 수학 + 기출 워크북	50일 만에 완성하는 초·중·고 수학의 맥		예비 고1~고2
	매쓰 디렉터의 고1 수학 개념 끝장내기	스타강사 강의, 손글씨 풀이와 함께 고1 수학 개념 정복		예비 고1~고1
	올림포스 유형편	유형별 반복 학습을 통해 실력 잡는 수학 유형서		고1~2
	올림포스 고난도	1등급을 위한 고난도 유형 집중 연습		고1~2
	수학의 왕도	직관적 개념 설명과 세분화된 문항 수록 수학 특화서		고1~2
한국사	고등학생을 위한 多담은 한국사 연표	연표로 흐름을 잡는 한국사 학습		예비 고1~고2
과학	50일 통합과학	50일 만에 통합과학의 핵심 개념 완벽 이해		예비 고1~고1
기타	수학과 함께하는 고교 AI 입문/AI 기초	파이선 프로그래밍, AI 알고리즘에 필요한 수학 개념 학습		예비 고1~고2